厚德远志

上海市药材有限公司七十年发展纪实（1955—2025）

张聪　凌文婕　主编

中国出版集团　东方出版中心

图书在版编目（CIP）数据

厚德远志：上海市药材有限公司七十年发展纪实：
1955—2025 / 张聪，凌文婕主编 . -- 上海：东方出版
中心，2024.12. -- ISBN 978-7-5473-2609-1

I. F426.77

中国国家版本馆 CIP 数据核字第 2024X3S026 号

厚德远志：上海市药材有限公司七十年发展纪实（1955—2025）

主　　编　张　聪　凌文婕
策划/责编　戴欣倍
装 帧 设 计　余佳佳

出 版 人　陈义望
出版发行　东方出版中心
地　　址　上海市仙霞路345号
邮政编码　200336
电　　话　021-62417400
印 刷 者　上海盛通时代印刷有限公司

开　　本　710mm×1000mm　1/16
印　　张　27
插　　页　16
字　　数　460千字
版　　次　2024年12月第1版
印　　次　2024年12月第1次印刷
定　　价　98.00元

地道药材 道地服务

弘扬国药 造福世人

胡问遂（当代中国书法大家，上海中国画院一级美术师、曾任上海文史馆馆员）题词

对得起老祖宗
对得起老中医
对得起老百姓

任德权

任德权（原国家食品药品监督管理局副局长、国家中医药管理局原副局长）题词

中华良药

王龙兴（原上海市食品药品监督管理局局长、上海市卫生局党委书记）题词

揚鞭奮蹄

砥礪前行

顾振乐（曾任中国书法家协会会员、上海市文史馆馆员，上海市药材有限公司退休职工）题词

公司现址——霍山路519号保利绿地广场C座

公司旧址——大陆饭店（西藏中路69号）

公司旧址——老市府大楼（汉口路239号）

企业瑰宝——堂簿

上海市药材公司对私营商业社会主义改造工作办公室
全体人员合影（1956年），前排右四为公司单裕民副
经理（主持工作）

公司干部在种植药材现场（20世纪60年代初）

公司第二任党委书记李嘉和（右）与第三任党委书记顾铭锡

公司第一任经理李廷奎（右）与第三任总经理许锦柏

公司第五次党代会，部分与会代表合影

公司党史大事记定稿会全体与会者合影（1988年），前排左起：
许锦柏、谢霖富、方国风、王永信、李廷奎、沈惠民、顾铭锡、
李嘉和

公司深化改革干部学习班（左起：吴伟英、
许琴法、廖有全、杨义根）

上海雷允上药业原董事长朱翔（左）、公司
原党委书记兼总经理陈保华（中）、公司原
总经理陆培康（右）合影

公司 2019 年工作会议，与会集团领导和公司班子成员合影

西红花获国家科技进步二等奖证书（1987年）

公司引种的西红花球茎、西红花 GAP 种植基地

藏红花系列产品

新药 证书

编号：（73）卫药证字Z-70号

上海市中药研究所、上海市中药研究所制药厂

你单位研制的新药　人工麝香　，
根据《中华人民共和国药品管理法》，经
审查，符合我部颁发的《新药审批办法》
的规定，特发此证。

中华人民共和国卫生部

9 年 2 月 日

人工麝香一类新药证书

国家科学技术进步奖
证 书

为表彰国家科学技术进步奖获得者，
特颁发此证书。

项目名称：人工麝香研制及其产业化
奖励等级：一等
获 奖 者：上海市药材有限公司

2015 年 12 月 16 日

证书号：2015-J-234-1-01-D004

人工麝香研制及其产业化荣获国家科学技术
进步奖一等奖证书

麝香保心丸

六神丸

杏灵颗粒

银杏酮酯新药证书

杏灵颗粒新药证书

全国驰名商标

沪上知名品牌

首届继承老中医药专家学术经验拜师大
会合影（1991年），前排左起：李绍周、
孔庆蕃、冯世镐、黄有云

毕琳丽参加全国劳动模范和先进工作
者表彰大会

"名师育高徒　匠心铸传承"第一届名师带徒大会合影（2017 年）

"名师育高徒　匠心铸传承"第二届名师带徒大会合影（2019 年）

"名师育高徒　匠心铸传承"第三届名师带徒大会合影（2023 年）

叶愈青全国名老中医药专家传承工作室建设项目授牌（2019年）

陈军力、张增良全国名老中医药专家传承工作室建设项目授牌（2022年）

公司员工张雄毅、毕琳丽、李跃雄、朱俊江、王平、宋嬿被
上海市总工会命名为"上海工匠"

上海中药行业工匠学院、上海市药材有限公司工匠学院启动仪式人员合影

员工手册

企业文化手册

公司历届职工运动会

上海医药集团股份有限公司执行董事、总裁，上海市药材有限公司董事长沈波

公司现任领导班子（左起：邹敏、顾俊、胡怡、张聪、凌文婕、刘勇军、宋嬿）

企业文化

企业愿景

成为全国优质溯源饮片和健康养生品的市场引领者

企业使命

持之以恒，致力于提升民众的健康生活品质

企业精神

敢于拼搏、永争第一的亮剑精神

精益求精、坚守始终的工匠精神

精研良药、守正创新的传承精神

企业战略

持续培育中药材可追溯体系和标准化示范种植相结合的资源优势，大力开拓传统配方饮片和高端精品饮片的终端市场，依托产业链和品牌优势，不断向滋补养生及中医康养等大健康领域延伸。

企业核心价值观

责任、专业、合作、创新

《厚德远志》编委会

主 编

张 聪　　凌文婕

副主编

胡 怡　顾 俊　邹 敏　刘勇军　宋 嬿

总撰稿

金 波

撰 稿

伍兆宏　　何 健　　金望东　　叶松虎　　潘建人
陈学根　　李保卫　　陈剑煜　　黄 静　　闵莉丽

校 对

柴 露　刘 佳　李雅楠

目 录

第五章　向新而行（2021—2024）　/215

序

风起云涌浦江潮，纵横捭阖领风骚。上海地区的中药业历史悠久，古代民间已有零星中药商走方卖药，世代相传，而官方记载最早可追溯到元大德三年（1299年），松江府官医提领所设置惠民局，官营药物制作和销售。

上海中药业迅速发展于近现代。开埠之后，凭借交通便捷的区位优势、日渐开放的贸易环境，上海中药业逐渐形成了兼收并蓄、海纳百川的地域特色。民国年间，童涵春、雷允上、蔡同德、胡庆余"四大户"中药店从扬名沪上到享誉全国，乃至驰名东南亚，后受战争等影响几经波折。上海解放后，中国共产党和人民政府十分重视药业的恢复和发展，上海也成为国家重要的中药材集散地和中成药主产地。

1955年1月3日，中国药材公司上海市公司诞生，成为全国最早成立的国营省、市公司之一。公司不仅承担了编制上海中药产业规划、调整行业布局、维持市场秩序等行业管理职能，还担负着国家部分南药进口、中药储备任务，为满足上海人民中医医疗保健需求，推动全国中药行业发展作出了重大贡献。

自1958年起，公司旗下的中药制药一厂、二厂、三厂相继建成，到20世纪90年代末，公司已拥有数以百计的传统中成药生产批文，在产品创新研发上屡结硕果，涵盖针剂、散剂、丸剂等剂型的所有品种，是国内规模、产值、种类、质量等名列前茅的现代化中成药生产企业。当时，中成药生产新工艺、新装备得到广泛应用：中药制药一厂"水提醇沉""减压蒸馏"真空干燥工艺；中药制药二厂50吨锥体式水提取锅设备；中药制药三厂"薄膜浓缩法"提取工艺与设备……集中展示了生产装备新水平。

尤其引以为豪的是，公司先后参与研制新中国首个复方剂"抗六〇一"注射液，被业界誉为新中国中药注射剂奠基企业之一。第一张中药橡皮硬膏剂——伤湿宝珍膏，第一个中药颗粒剂——感冒退热颗粒等，都成为我国中药现代化的里程碑。

改革开放为上海中药行业的发展壮大送来了春风。公司抓住机遇，不断完善现代中成药工业体系和中药材经营体系，在产销、科研、教育和管理等各个领域多头并进，通过技术改造和产品创新，使传统中药行业焕发出新的生机活力。

人工麝香的研制成功，让濒危的野生麝得以繁衍生息，该成果荣获国家科学技术进步一等奖，这是我国中药行业获得的最高科技奖项，同时也让相关产品能够继续生产造福民众。中药制药一厂与香港和记黄埔合资成立的和黄药业，堪称合资企业的典范。"麝香保心丸"更是单一中成药产品中的佼佼者，获国家科学技术进步二等奖，足迹早已遍布全国乃至海外。20世纪80年代，西红花在上海崇明引种成功，彻底改变了长期依赖进口的局面。1987年，公司西红花球茎复壮、增产技术，荣获国家科学技术进步二等奖。如今西红花又突破千难万险，扎根于高海拔地区，在"世界屋脊"熠熠生辉。

公司还拥有上海市中药研究所和企业技术检测中心两大国家级实验室，为产品质量保驾护航。公司有全国驰名商标"雷氏""神象""天宝"和上海市著名商标"沪光""杏灵"等，这些无形资产已在人们心中享有良好口碑。

随着人们对中药品质的追求的提高，公司构建了从源头抓起，从"田头"到"床头"的全程质量追溯体系。溯源饮片的原料药材一般产自道地产区或主产区，基本满足"三无一全"要求，即在中药材加工过程中做到无硫黄加工、无黄曲霉素超标、无公害及全过程可追溯。目前，公司正在"大基地、大品种、大品牌、大健康"的战略框架下，全力推进中药材溯源工作，让消费者用得放心、吃得安心。

公司有着丰厚的文化底蕴。"地道药材，道地服务"扎根于心、扎根于情，激励着全体员工为中药事业顽强拼搏。开展名师带徒项目，建立工匠学院，实施"药材工匠"培养选树计划，打造各类技能工作室，为企业发展汇聚人才力量。

七十载筚路蓝缕，七十年无尚荣耀，七十年厚德远志，七十年敦本沉香。当下，生物医药产业已被列入上海市支柱产业之一，这必将带动上海中药业迈入一个新的时代，公司也有了更加广阔的发展舞台。借此七十周年庆典之际，我作为中药行业的一员老兵，真诚祝愿上海市药材有限公司乘势而上，不辱使命，续写奋斗者的长歌，为葆基业长青而不懈努力，再创辉煌！

国家中医药管理局原副局长

中国中药协会专家委员会主任委员　房书亭

2024年10月16日于北京

前　言

　　1843 年 11 月 17 日，上海正式开埠。基于上海地处中国南北海岸线的中段以及长江出海口优越地理位置的独特性，中外贸易往来频繁，外国商品和外资纷纷涌进上海这个长江门户，开设行栈、设立码头、划定租界、新辟道路、开办银行，建立海关，金融买办，上海进入历史发展的转折点。

　　开埠以来，上海在城市建设和经济发展方面始终独领风骚，这里是中国实业的发祥地，"淘金一族"的栖息地。20 世纪二三十年代，上海这座具有强烈西方色彩的城市已是中国最大的通商口岸，经济发达，银行林立，商贾齐聚，被称为"银元时代"和"冒险家的乐园"。

　　一百多年的时间，一个不起眼的海边县城完成了华丽转身，成为远东第一大都市。

　　上海中药业源远流长，早在元代建县之前，上海地区已有民间江湖郎中走街串巷，望闻问切，悬壶济世。宋代中药是官办的，称"太平惠民局"，即"官营药物制作和销售"，许多方剂都是民间常用、确有临床实效的"经验方"。明代万历年间（约 1575 年），川沙开设"长生药材"中药店，产销中药，坐堂经营。康熙三十四年（1695 年）开设的姜衍泽堂药铺、乾隆四十八年（1783 年）开设的童涵春堂中药店，这两家药铺在当时都享有盛名。

　　晚清年间，上海中医开始兴起并逐渐活跃，形成了具有海派特征的上海中医，在近代中医史上独树一帜。

　　太平天国运动时期，战乱饥荒频发，中原各地深受其害，百姓流离失所，商家破产，江南尤甚。1927 年北伐战争，军阀割据局面土崩瓦解，国家逐渐趋于稳定，苏、浙、皖、鲁、粤、闽等省份的移民和海外英、美、法、俄等国的移民进入上海，问病就诊需求骤增。此时发迹于苏州、杭州、宁波等地区的药局药店为避开战乱，保住生意，纷纷迁往上海开门市设医馆，谋求生路。与此同时，上海的中药铺遍布大街小巷，宁波的冯存仁堂、北京的京都达仁堂先后驻足落户上海。据史料记载，1921 年，当时的粹华药厂采用机械提炼原料中药液。1929 年，上海佛慈大药厂股份有限公司首创中药浓缩丸，标志着上海近现代中药工业雏形的形成。在上海滩上发展多年的雷允上诵芬堂、胡庆余堂、童涵春堂、蔡同德堂等大药房声名鹊起，药香弥漫，造福一方。

民国以后，上海中药业各行会组织历经改组合并，于1930年统一为上海特别市国药业同业公会、药材业同业公会、参燕业同业公会等三大行会；1946年按政府颁布的《上海市各业公会整理暂行规划》之规定，三大公会经市社会局批准重新成立。

建立中药行会组织，对规范、协调、自律和保护本行业，起到一定作用。1928年国民党中央卫生委员会通过"废除旧医以扫除医事卫生障碍案"，上海商民协会饮片分会、上海药业职工会等37个团体联名通电全国抗议，随后全国医药团体代表大会选派代表赴南京请愿。在全国中医药界强烈反对下，该案未能施行。

面对政府百般歧视和西药业凶猛竞争的环境，上海中药业顽强抗争。1949年上海解放时，全市有中药店778家、参茸店75家、药材行246家。全行业形成以"雷允上、童涵春、蔡同德、胡庆余"为代表的中药零售业；以"嘉广生、义隆、久和永、元大"为代表的药材批发业；以"阜昌、德昌、葆大、元昌"为代表的参茸业的市场格局。上海成为全国重要的中药材集散地和中成药生产地。

中华人民共和国成立后，党和国家大力扶持和发展中药事业。1949年上海解放伊始，国营经济迅速进入中药业。同年10月中国土产公司上海市公司成立，其兼营的中药品种头年仅龙齿和龙骨2种，三年后扩为170种，业务体制从最初的药材组升格为经营部。1953年公司涉足药材加工领域，同年2月公司磨粉厂开业，从事甘草、大黄等药材粉碎加工，成为上海首家国营中药加工企业。

该时期政府注重调动私企药商积极性。1951年，经上海市人民政府批准，本市260家私营中药材批发商成立"上海药材业联营处"，开展商品联购分销，参与单位约占私企总数70%，土产市公司以公股身份参加。同年参茸业私企也联合组团赴外地采购。1954年上海市工商局领导筹组的"上海市药材交易所"开业，明确本市经营、兼营药材业务的商号都可参加，持有药材的自销农民、私人、药厂等，办理登记后也可出售药材。

1955年1月3日，中国药材公司上海市公司成立，这对于稳定市场，为本市居民提供中药医疗与保健需要，具有积极意义。由此，公司踏上了七十年的发展征程……

第一章
创业初成（1955—1966）

第一节 "大陆"扬帆启新程

对于坊间流传的民国"黄金十年",尽管始终不乏褒贬,但并不影响人们回望在大上海黄金区域期间出现的街店巨变。

连接繁华南京路和淮海路的这段西藏路,与"上海城市坐标原点"一步之遥。北通火车站、西望跑马厅、东近浦江滩、南近老城厢。20世纪二三十年代,它"摇身一变",成为一条迎来送往的旅店街。一品香、爵禄、大中华、东方、大陆、远东……这些饭店由北向南沿街分布。

今天,巨舰航母般的"市宫"成了文化乐园,很多市民忘了它百年前的大名——东方饭店。当"东方"木秀于林、昂首西望,更是没几人会想到:或许,它在思念马路对面早已失去踪影的伙伴——大陆饭店。

"大陆",店名寻常、陈旧老套,但在公司职工心中,那是企业根脉、河湖之源。

20世纪30年代初,三位先后毕业于清华学校和美国宾夕法尼亚大学建筑系的校友:赵深、陈植、童寯,合伙开办了华盖建筑事务所。随着城市建筑业的日趋兴盛,华人开办的建筑事务所如雨后春笋,而"华盖"志存高远、出手不凡。"华盖"之名出自叶恭绰,既指华人建筑师在中国盖楼,又寓"超出、胜出"、中国顶尖之意。

仅仅在上海,"华盖"的成果足以自豪:浙江兴业银行、大上海大戏院、恒利银行、上海火车北站修复工程、金城大戏院、合记公寓、梅谷公寓……

1935年,"华盖"又建造了西藏路公寓。公寓位于东方饭店对面,今西藏中路、武胜路路口。三年后,西藏路公寓变身"大陆饭店"。从沪上《新闻报》1938年12月13日有关大陆饭店开幕典礼的报道中,我们瞥见其最初的踪影:"虞洽卿路六十九号大陆饭店,建筑新颖、设备精巧。"

虞洽卿路,原称西藏路,1946年更名为西藏中路,路名延续至今。

公司旧址——大陆饭店（西藏中路69号）

转眼间，十一个春秋弹指而过。新生的上海，又迎千变万幻的春天。

1950年，大陆饭店划归上海市土产公司使用。年中，土产公司业务科新设药材股，经营药材品种由最初的龙齿和龙骨两种，后扩展到26个。

"空腹食之为食物，患者食之为药物"，药食同源、有合有分。当朝鲜半岛的战火平息后，中国的经济建设和人民健康医疗事业的提升步入快车道，中医药显示出广阔的发展前景。

1954年，"现代化"建设的宏愿从北京传向神州大地。这年，上海市土产公司第一营业部改为单一经营药材，品种扩大到170种。

对于缺医少药的民众群体，廉价的中草药是希望，是保障，是与定国安邦密切相关的服务方向。经历了共和国成立初期中医存废兴除的认识统一，"大陆饭店"见证了重大转折。

1955年1月3日，中国药材公司上海市公司宣告成立。长期从事经济工作的南下干部单裕民，由上海市人民委员会任命为公司副经理。公司下设业务、储运、财务、计划、物价、秘书、组织科，拥有位于中山南路121号的1家磨粉厂、人民路324号的药材批发所，并租赁上海市港务局的外马路仓库等。

377 名公司员工，大多由土产公司第一营业部转入，如老一辈药材人熟悉的蔡祖慈、丁景耀、陈一诚、周燕琪、吴焜耀、金玉瑛、张少华、王世麟、陆骏及姜正根等，均为上海解放后一两年内进入土产市公司。公司主要干部多为军转，部分曾是参加过城市地下斗争的中共党员。

创建之初，公司拥有的运输工具只有 5 辆"黄鱼车"，全部满载运行，载重总量不过 1.25 吨。市内转仓"舢板"上，商品运输不得不依靠市运输公司托运。

"黄鱼车"在缓缓爬坡，时代"背景墙"上却热火朝天：1955 年，全国医药工业总产值比 1949 年增长 13 倍；进口药品逐年减少，已由 1949 年占销售总额的 80% 降为 17.8%。

公私合营后，公司承担起全市中药供应任务，药材、药品运输矛盾凸显。当时限于运力不足，上海市运输公司制定了一套货物处理流程，一般原则是"先出口，后进口，市内转运排后头"。公司依赖的托运中药商品运输渠道，已跟不上市场服务需求。曾经，市内各基层药店，对公司不能及时送货上门纷纷抱怨。那时，公司药材批发商店储运股只得经常雇佣载客三轮车帮助送货。

于是，不久就出现了"两万元喜淘二手大卡车"的创业美谈。

1957 年，公司经理室决定，特拨 1 500 元购置二手小轿车，作为自备机动运输工具。

储运股的小伙子陈一诚欣然领命，为此他多次到威海路一带汽配商店询访。夏季的一天，小陈又走进茂名路上的交电商店，突感眼前一亮：营业大厅里，陈列着一辆待售的 4 吨大卡车。待定神细细打量，小陈不禁暗暗发笑，原来此车是"三合一"，车身是英国"吉姆西"，引擎是美国产的，大梁又是国产解放牌的。

当时，解放牌卡车已面世，但因产量不多，属于中央统配产品。

询价，两万元！小陈无可奈何，但心有不甘。机灵的他立即返回公司。

李廷奎，1956 年卸甲从商，成为中国药材公司上海市公司首任经理。这位 1927 年加入中国共产党的"老革命"，不仅经受过长期革命斗争的生死考验，作为人民军队一名指挥员，他还参加了解放大上海战役。革命熔炉铸就了他果断、干练的工作作风。

听了小陈的汇报，李廷奎经理一下子来了劲头，他马上会同储运股长等一班人，迅速赶去商店看车。机不可失，买卖当场拍板成交。

迎着初升的朝阳，在坐西面东的大陆饭店大楼，"上海药材人"开始了艰难跋涉。

在上海中药业进入改造转型期，李廷奎经理等公司领导充分发挥业务骨干的才智，如药材业务尖子沈惠民、管理业务尖子谢霖富、政工业务尖子朱绍桢；对干部要求严格、对群众和蔼可亲，工作中出了问题，首先问责主管干部……独特的领导方法，使之在公司上下享有很高威望。

前人开拓进取的意义，几十年后"上海药材人"概括道："创建中成药现代工业体系和中药材现代经营体系，开启上海中药业向现代经济的跨越"。精辟！

在薄弱的基础上，公司产业发展的多个大项目列入了规划，划时代的跨越启动了。

第二节　工业构架雏形显

在《红楼梦》中，再次进入贾府的刘姥姥，得到贾母赠送的紫金锭。

紫金锭，并非与黄金白银身价等同的贵金属，而是一种解毒"神药"。

早在明万历年间，上海生产的紫金锭就享誉江南。清康乾时期，姜衍泽堂的宝珍膏、童涵春堂以人参再造丸为代表的一批成药闻名；上海开埠后，雷允上、蔡同德或来沪设分店或迁沪，及至民国初杭州胡庆余堂在沪设店北京路，上海中药制造各路诸侯及六神丸、驴皮胶、虎骨木瓜酒等王牌产品雄视天下。

前店后场，手工为之的上海中药传统制造方式，遭遇 20 世纪 20 年代初化学制药厂在沪落地开花，于是有识之士也有过办厂、采购机械设备制炼药液的尝试。

1911 年 7 月 26 日，上海药商大老板、中法药房创设人黄楚九在三马路（今汉口路）创立龙虎公司。这位海上闻人根据中国古有成方"诸葛行军散"，自拟人丹处方，四年后企业更名中华制药公司，开启国药工业化生产先河。作为先驱，粹华药厂采用机械制炼药液，历三年"事与愿违，歇业关闭"。1929 年 11 月，玉慧观、郑平叔等在上海再创佛慈大药厂，以"科学提炼、改良国药"为宗旨，按古方配伍，采取新的提取工艺，使用机器生产，首创中药浓缩丸剂型。几年后"佛光"产品漂洋过海，出口南洋诸国，深受海内外华人的欢迎。1949 年上海产中成药已有 13 种剂型、613 个产品，中成药制药专业人才集聚，使上海创建现代中成药工业拥有了厚实基础。

1952 年，蔡同德堂设立蔡同德制药厂，药厂配备磨粉机、制丸机、压片机，并探索剂型改革。1956 年，"佛慈"公司西迁兰州。

经过对私改造，囊括全行业资源的"上海药材人"终于登场，肩负起始建上海现代中药工业体系的历史使命。

1957 年冬，社会主义建设在全国全面开展。形势逼人，上海着手筹建中成药厂，准备的时间很仓促。1959 年 1 月，第二个五年计划开局伊始，公司全体职工元旦放弃休假，日夜加班，公司从大陆饭店搬入汉口路 239 号——昔日工部局大楼、新上海的市府大厦。接着，国营上海市药材公司制药厂创立。或许还带着传统经营的桎梏，药厂蛰伏于"上海四大商业街"之一的金陵东路，生产剂型有片剂、糖浆等。虽仅有 20 多名职工，但由于单冲压片机、颗粒机、糖衣锅等设备的投入使用，初步摆脱了手工加工的形态，生产效率得到提高。5 月，为改变全市中药店前店后场饮片加工落后面貌，上海市药材公司中药切制厂建立。8 月 1 日，更大手笔的运作展开，雷允上、童涵春、蔡同德、胡庆余四大名店的成药工场，以及永顺泰磨粉工场，被上海市药材公司合并组建为公私合营上海中药联合制药厂。联合制药厂厂部扎寨老城厢人民路 324 号，全厂职工 478 人，在产品种 252 个，雷允上六神丸、蔡同德虎骨木瓜酒、童涵春参桂再造丸等王牌品种尽收囊中。

"联合制药"的起步令今人难以想象：初期，厂房分散于 5 个区 26 处，但靠着 19 台（件）制药机械设备，建厂 5 个月完成产值 412 万元，为合并前 4 户同期产值之和的 1.2 倍。这年，上海新建立的还有朋寿堂制药厂、达仁堂制药厂、上海中医学院制药厂、提篮制药厂。次年年初和 8 月，又分别建立了产品以京、广帮品种为主的公私合营上海黄浦中药联合制药厂，主要产品为茶曲的蓬莱中药制药厂。即将迎来 1960 年代第一缕曙光的上海中成药制药"联合舰队"，舰艇数量虽屈指可数，但它向世人宣告上海中成药产业开启了历史性变革：作坊式中成药手工业蜕变为现代中成药工业。

在厂长方国风和经营班子带领下，联合制药厂掀起改造落后的手工作业方式和作业工具的热潮。机修组职工更是一马当先，创造了一大批生产机械，如生产蜜丸的上蜡机、生产丸剂的泛丸锅、整炮药材的去皮机等。1959 年 10 月厂机修组被评为本市和全国先进集体，组长谢杏富光荣赴京，出席了 10 月 26 日至 11 月 8 日在北京人民大会堂召开的"群英会"——全国社会主义建设先进集体和先进生产者代表大会，受到时任国家主席刘少奇等中央领导同志接见。如今保存在公司档案室内的一大沓珍贵历史老照片，记录了当年技术革新的巨大成果。

在"鼓足干劲、力争上游"的浩荡东风下，为满足企业日新月异发展而对技术人才的需求，1959 年 9 月报上海市劳动部门批准，公司面向本市招收应届初中毕业生。经全市统考，王金妹等以优秀成绩被录用分配至药厂。厂里十分重视公司第一批艺徒的教育培养，指定素质好、技术能力强的师傅，与他们签订师徒合同。同时实行每周"四工两读"制，每星期集中两天脱产学习。为此厂里专门组织编写培训教材，这些讲义成为青工们的良师益友，也是全国最早的中成药生产培训教材。当年的学徒后来绝大部分成为企业技术骨干，有的还走上了领导岗位。直到耄耋之年，不少老师傅仍珍藏着一套五册的培训教材。

1960年5月，由上海医药工业研究所、上海中药联合制药厂携手研制成功的国内首创中药复方注射液——抗六〇一针剂投产。国内第一支具有抗毒、抑菌、消炎功能的抗六〇一，在联合制药厂诞生。抗六〇一适用于上呼吸道感染、急性咽炎、牙周炎、卡他性口腔炎、肺炎，细菌性疟疾等。1969年，抗六〇一改进处方与工艺，更名为银黄注射液。

1960年10月，联合制药厂与上海市药材公司制药厂合并，各用原厂名。1963年10月，上海康建制药厂并入。1966年1月，三厂合一，使用了整整两年的厂名"国营上海中药制药厂"，又更改为自此在国药界如雷贯耳的"上海中药制药一厂"。

建厂四十多年间，"一厂"不辱使命、独领风骚，长期保持全国最大中成药生产企业地位，成为全行业学习赶超的标尺。

上海中药切制厂地处偏僻的丹巴路5号，建厂初期生产饮片品种170余个，后增至230余个。作为本市首家工业化生产的饮片企业，它改变了行业分散落后的手工作业方式，由此成为上海中药饮片工业发端标志。1965年公司调整全市饮片生产布局，实施由区、县饮片厂分片产供。拥有357名员工的切制厂改名国营上海中药制药二厂，实现了由饮片向生产中成药的转向。

半个多世纪以来，公司为现代中成药奉献了多个创新剂型，而其中首个新剂型为外用膏药橡皮膏剂。

沪上外用膏药，说来话长。

1695年，伤科中医姜宾远开设了上海城厢第一家中药店铺——姜衍泽堂国药号。"姜衍泽"，以制作用于跌打损伤的外用膏药名闻遐迩。

1957年，受氧化锌橡皮膏启发，药工们决心改革剂型，弥补老膏药剂的缺陷。经向上海卫生材料厂取经和反复试验，特别是针对药膜黏度不足等问题，多次调整原辅料配比和工艺。次年6月，国内首创的以氧化锌橡皮膏为基质的伤湿宝珍膏试制成功。

然而，当时生产设备的匮乏影响了科研成果的产业化。1959年1月，姜衍泽

外用膏药涂胶机

堂、京都达仁堂和郑福兰堂等 30 家中药店制剂工场整合，成立公私合营黄浦中药联合制药厂。为使新膏药尽快扩产，药厂因地制宜、因陋就简，经费不足，就购入卫生材料厂淘汰的旧机器，整修后使用；没有热能锅炉，则把涂膜工序安置在毗邻中央浴室的山西南路老房内，待浴室晚间停业，借其锅炉蒸汽开设常夜班错时生产。就这样，一个膏药车间硬是被拆成药物提取、涂膜、包装等好几个不同的作业点。在艰难困苦中生产出的一张张伤湿宝珍膏，赢得了内外销市场的一致叫好。

生产过程中，酒精、汽油等易燃品使用较多，于是 1966 年上海市政府拨款，药厂着手搬离闹市区。即将脱胎换骨的"黄浦中药联合制药厂"，有了新厂名：国营上海中药制药三厂。第二年，"三厂"迁至上海县老沪闵路新址。崭新敞亮的膏药车间，4 台膏药涂膜机得以大显身手，宝珍膏产能大增，质量也更有保障。1981年 1 月，原属黄浦区药材公司的上海中药制药三厂，归属上海市药材公司。

据《上海市药材有限公司发展简史（1955—2015）》记载：1966 年年底，上海中药制药一厂、二厂和黄浦中药联合制药厂员工合计 1 102 人，在产品种 353 个，全年产值 4 944 万元，雄踞各省市中成药企业之首。

溪聚成河，海纳百川。在现代中药工业摇篮，上海中药制药"三兄弟"吸纳申城国药店堂工场的精华，而以此勾勒的工业构架，又将演绎怎样精彩的幻变呢？

第三节　独领风骚开先河

元 勋 不 老

清晨，虹桥高铁站，95 岁的朱承伟精神抖擞地走下来自杭州方向的列车。

他头发几近光秃，但脸颊饱满、步履稳健。这天，他应"娘家"之邀，特地由受聘任顾问的浙江某企业赶回上海，前往上海市药材有限公司。

他与中药注射剂打了一辈子交道，先后参与研制新中国首个中药针剂"抗六〇一"注射液，主持开发醒脑静、茵栀黄、生脉饮等多个新药针剂项目，被业界誉为新中国中药注射剂奠基人之一。

1952 年，朱承伟怀揣金灿灿的毕业证书，告别母校上海第一医学院，进入职业生涯的第一个驿站——上海市卫生试验所（上海市药品检验所前身）。在这家承担华东地区药品检验的权威机构，他一干就是 8 年，积累了丰富的实践经验。

20 世纪 50 年代末，国家提出发掘中医药宝库的号召。华东医院、上海医工研究院、上海中药联合制药厂合作开发中药抗菌注射剂，但药厂缺少专业技术人员。有一天，领导找他谈话："我们决定派你到上海中药联合制药厂工作。现在，全国医药界都在为'中药科学化'奋斗，你可以在剂型创新等方面大展身手。"

于是，朱承伟带着两名研究生来到了"联合制药"，成为药厂和公司首位药物专业的科班生。

"联合制药"建厂伊始，就参与了人工牛黄全国性合作研究并获成功，它是有志者建功立业的好战场。朱承伟以自己的专业特长，开始向剂型革新冲锋。当年做试验的兔子一天多达 80 只，起初要给兔子称体重，久而久之，朱承伟手一提就能准确报出兔子的重量。

当时的书记、厂长方国风拍着胸脯为他保驾护航："小朱，做中药针剂有风险，但是你只管放心试，出了问题我担责！"

1960 年 5 月，上海中药联合制药厂与上海医工院协作，"水提醇沉""减压蒸馏"真空干燥工艺试验成功。"水提醇沉"，专为注射液生产量身定制。

弓满弦张，只待利箭。朱承伟初生牛犊不怕虎，他受"银翘四黄汤"启发，以金银花、连翘、黄芩、黄柏、黄连、大黄6味药试制。仅仅过了几个月，上海中药联合制药厂与上海医工院等合作，研制成功"抗六〇一"针剂。世界上第一支中药注射剂的诞生，显示中成药制剂技术在有效成分离提纯、定性定量分析和药理毒理研究等领域达到新高度，是我国中药现代化的重大标志性事件。

上海医工院对"抗六〇一"进行分析，却只测出金银花和黄芩两味药的成分，当然疗效不减。中药就是这么奇妙，朱承伟的结论是："因为我用了三次酒精沉淀——60%、70%、80%。另外四味药被沉淀掉了，但药效是在的。"

后来进入医院、药房的银黄注射剂，即为采用两味药的改进版"抗六〇一"。

1961年，药厂投资30万元，修建水剂车间、针剂车间，中药针剂生产线年生产能力5万支。随着注射剂投产，厂里建立了化验分析室、动物实验室，有力提升了企业生产与技术能级，中药制药一厂成为全国领军型企业。

此后，厂里陆续研制了板蓝根注射液、复方柴胡注射液、复方当归注射液等三四十个注射剂，全国各地厂商都来学习。其间，朱承伟也升任上海中药制药一厂总工程师。

20世纪70年代初，一个厂休日，朱承伟正在浙江电影院观影。其间，突见一工作人员打着手电光，高举书有"请朱承伟同志速回厂"的牌子，他忐忑不安火速

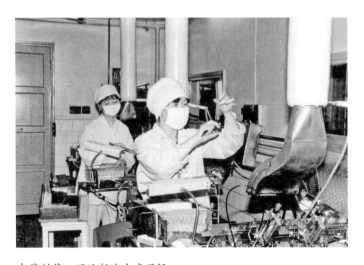

中药制药一厂注射液生产现场

赶回单位。原来，市里有位干部因肾脏坏死而昏迷，多方抢救不见效果，无奈中专家提出以野山人参快速给药的办法试试。快速给药途径唯有注射剂，医院便自然想到中药制药一厂。领受这一特殊任务后，朱承伟连夜制作了17支野山参注射剂，第二天病人终于苏醒了。

中药注射剂，在上海市药材公司和上海中药制药一厂发展史中占有重要一席。

"最大的功劳，一定记在方国风厂长头上！"

忆及往事，朱承伟又一次夸赞起老厂长。

舍 命 为 药

在国人的记忆中，1960年前后的"三年困难时期"刻骨铭心。

灾害过后，国家经济基础薄弱，家底单薄的中药制药二厂举步维艰。

连老大哥"联合制药厂"都是"四区八车间"，煎膏车间安在霍山路，针剂车间则在金陵东路。以丹巴路仓库起家、从事中药切制的"老二"，在由饮片向成药生产的转换中能不举步维艰？

这一时期进厂的朱惠心回忆了当时的境况：厂实验室人员以中专生和高中生为主，环境简陋，缺资金、缺人才、缺设备。加上在计划经济的背景下，各种原材料都要申请，很难拿到。"我们完全靠自力更生、白手起家！"

朱惠心在管理部门工作，他见证了中心试验室的同志们抱着满腔热情，以仅有的设备，夜以继日进行新品开发和剂型的鉴定分析研究。"他们边学边干，不断总结，提升中试室的研发能力。经常看到凌晨两三点实验室还灯火辉煌。当时搞出新产品，物质奖励很少很少，基本是精神鼓励。"

曹根生，中药制药二厂实验室创建者，工作没日没夜，不计报酬一心投入。他常常半夜还在查资料、做实验，制定方案。放中药的篓子，是他筋疲力尽后的"席梦思"，一次次承载着他志向高远的梦乡……

曹根生戴副眼镜，三十岁左右，但是看上去像个老头，绰号"曹老头"。他一心扑在研发上，带领大家为中药制药二厂研制出很多新产品。

万年青酒、参桂养荣酒……补酒是二厂的特色，但"老二"没有止步不前。

江苏蛇伤治疗专家季德胜，年轻时以数代祖传秘方配制解毒药物、卖药为生。他耗费近十年心血，将秘方中各种药材研粉加药液调和，加工成药饼、药丸，"季德胜蛇药"的牌子声名赫赫。

上海也要搞蛇药！我们有注射剂优势，中药制药二厂的定位是创新、赶超！

首先必须到山乡搜集数据。沈茂林、吕允方领命负责。沈茂林被派到安徽祁县蹲点，祁县百姓被毒蛇咬伤的案例很多，这里又是全国肝炎高发地。沈茂林出征一个月，就染上肝炎，病毒侵入，全身蜡黄，不得不撤回上海医治。吕允方自告奋勇，前赴后继。两个月后，临床数据齐了，他也没躲过肝炎病毒，被送回上海抢救。

这分明是舍生忘死的搏击！

毒性试验阶段，在动物测试的同时，中试室研发人员担当志愿者，在自己身上注射试验。一针针下去，有的人臀部至今留有肿块。

制药，为的是治病救人。公司的科研人员为了病者、为了企业，甘冒生命危险。

莫静义，1968 年进厂时还是小伙子，第二年他成了中试室搞新产品研发的"战士"。

1965 年 6 月 26 日，针对农村医疗卫生的落后面貌，毛泽东指示卫生部"把医疗卫生工作的重点放到农村去"，提出医疗要为广大农民服务，解决长期以来农村一无医二无药的困境，保证人民群众的健康。

"我们响应'626 光辉指示'，提出要试制中药静脉注射剂。"莫静义从专业视角点明了研制"上海蛇药"的意义：被毒蛇咬伤后，或神经中毒或肾功能受损，抢救争分夺秒！但山村群众中招后先找土医，治不好再去医院，那就来不及了。上海蛇药 1 号、上海蛇药 2 号都是静脉注射剂，三分钟内一针下去，90% 的蛇毒即被清除。

至 1978 年，上海蛇药 1 号、2 号共挽救了 2 165 人，治愈率 99.17%。第一届全国科学大会召开，上海蛇药荣获科技成果奖。

"穆雪涛是我的老师，我跟着他写材料，到下面蹲点，几天几夜陪着病人。我们发明了很特殊的蛇药。"晚年的莫静义仿佛又回到芳华岁月。

1977 年恢复高考后，莫静义考入上海医科大学。毕业后他回到中药制药二厂，领军中试室成功开发治疗心脑血管病，尤其是中风良药——灯盏细辛胶囊。

复方丹参片、三七伤药片……"老二"的新品库更丰富了。

膏药王国

中华人民共和国成立初期，很多药厂基础差、设备少，药物研究难度较大，单靠企业自己开发重量级新药，成功的概率太小。

药厂、临床医院、科研院所"三结合"，我们的国情为医药科研开发的这一机制弥补了不少"短板"。

新产品开发项目落地，医院提供方子，或与科研院所联手。

搞"上海蛇药"，上海医药工业研究院的王大林前往安徽蹲点。王大林夫人张元珍，后任上海市药材公司副总经理。他们经历生死考验，科工结合更密切。

上海中药制药一厂的麝香保心丸、二厂的复方丹参片，都是由华山医院戴瑞鸿教授提供处方。

拿到方子，只是万里长征第一步。接着要邀请专家论证，工厂要考量生产工艺是否可行、原材料能否持续获取；科研院所要把关质量标准；临床医院最注重有效性、毒副作用。

闯过了一道道关，才能立项，并成立"三结合"科研领导小组……

黄浦中药联合制药厂1968年投产的感冒退热冲剂，由药厂与曙光医院等协作研制成功。它微甜"可口"，不但色泽近似麦乳精、咖啡，且冲饮方式相同。全国首创的中药冲剂也称颗粒剂，在物质生活相对困乏的岁月，不少人竟然把感冒退热冲剂当作麦乳精、咖啡饮用。

20世纪的最后二三十年，大量新产品助力上海中成药腾飞，"三结合"依然显示着强劲创新力。

"老三"黄浦中药联合制药厂的王牌产品"狗皮膏药"，也较早收获了"三结合"的红利。

"卖'狗皮膏药'"，通常具有贬义色彩。有意思的是，几十年前，上海中药制药三厂厂名前虽然带着"国营"两字，但舒筋活血、散寒止疼的"狗皮膏"仍源源不断地生产。绿色包装袋上，"狗皮膏"三个大字已足够醒目，然而设计者似乎怕别人看不懂，还配上了汉语拼音。

好在亮明底牌的是，在右上方我们能看清那两个小小的红色汉字：布质。

并非噱头，更不是滑头！在中医药长河中，狗皮膏药确曾名副其实。

作为常见外用药，膏药在《黄帝内经》中被称为"豕膏"。在猪油中加入药物，做成膏状，我们的祖先以此治疗皮肤溃疡。外用膏药与狗皮牵手，始见于唐代方书《外台秘要》中用狗皮外治风湿腰痛的记载。狗皮结实耐用、透气性好，古人以此包裹药膏，外敷患处，对付风湿腰痛。忠实于人类的狗狗们，直到近代仍在为主人们的健康贡献皮囊。后因材源紧缺等，狗皮逐渐由纸和布替代，如姜衍泽的红布膏，但人们仍约定俗成地把外用膏药叫作"狗皮膏药"。

具有 300 多年历史的姜衍泽药店，以首屈一指的外用膏药名扬海内外。民国时期，其每年远销海外达 20 多万张。

上海沦为"孤岛"前夜，一位 16 岁的宁波小伙邵锡藩来沪投奔姜衍泽学生意。他从扫地擦窗干起，机灵勤奋，几年后已是药店柜台上一名老练的营业员。

抗战胜利后，使用方便、不沾衣物的芳香型东洋"狗皮膏"在南洋受到青睐，姜衍泽红布膏销量日落西山。中华人民共和国成立后，技术革新在各行各业轰轰烈烈展开。"东洋膏药"比我们好在哪？红布膏能不能也革新革新？邵锡藩白天站柜台，晚上研究起外用膏药。贴"狗皮膏药"，先要用火热烘软黑色膏药，还得不温不火恰到好处，过热皮肤受罪、膏药炀化沾衣。邵锡藩一次次尝试使橡皮胶与中药粉末融为一体，但未能如愿。转机出现在他与西药药剂师王鸿铿"叹苦经"，王鸿铿陪着他来到香精厂。无巧不成书，有位早年留学日本的工程师，为光大祖国中医药，曾耗尽家财试制外用膏药，壮志未酬。双方相见恨晚……

1957 年，经反复试验，中药橡皮膏"伤湿宝珍膏"在上海诞生。全国首创中药膏药新剂型，"膏药大王"邵锡藩声名鹊起。

伤湿宝珍膏 1958 年投产。待黄浦中药联合舰队启航，伤湿宝珍膏日产量从几千张提高到五六万张。1961 年，由上海伤科名医石筱山拟定处方，药厂研制投产伤湿止痛膏。20 世纪 60 年代，橡皮膏被列入计划供应，优先供应工厂较密集的上海杨浦、普陀两区。

迁厂老沪闵路，邵锡藩出任上海中药制药三厂副厂长。对机器、产品的新一轮革新掀起。"膏药大王"与三厂职工的杰作源源不断，令同行望尘莫及：关节镇痛膏、香桂活血膏、复方风茄膏、紫归治裂膏、疤痕软化膏、麝香解痛膏、蟾酥膏……

吮吸着传统外用膏药的养料和时代的雨露，冲破石库门作坊的束缚。在广阔的沪郊田野，一个名震八方的"膏药王国"崛起了！

第四节　因陋就简建仓储

"外库""中库""沪库""宜库"，公司职工习惯了这样称呼自己的几处仓储基地。

一位位满头华发的退休领导、职工提到这些仓库，更是怀着一份特别的情感：它们像"娘家"，是职业生涯的起点。扛麻袋、守夜值班，艰苦快乐的锤炼记忆犹新……

仓库，通过合理规划、科学布局和高效管理，为企业提供了安全、可靠、高效的货物存储服务。仓储，是很多大型企业必不可少的组成部分。

创业之初，靠三轮"黄鱼车"运送货物，公司当然也没有自己的仓库，向仓储公司租用的西大储栈，仓储面积不到 5 000 平方米。

西大储栈，大有来头。

19 世纪末，十六铺至南码头一带，商贾云集，落后的交通相形见绌。清光绪二十二年（1896 年），在计划搁置几年后，华界第一条近代道路开筑，翌年 11 月竣工。这条以石块铺就的道路叫外马路，亦称大马路。十年后，在这一带新淤积的江滩，又一条新的外马路筑成，砂石路面。大马路便改称里马路，1945 年改名中山南路。

交通改善了，十六铺以南呈现繁荣景象：舢板过江、沙船云集、仓库林立，外马路上挑夫卸货号声此起彼伏。

今复兴东路到董家渡之间的老码头区域，五座百年老仓库被完好地保留了下来，它们即为"复兴五库"，由著名实业家卢作孚、虞洽卿、张謇等兴建。

"复兴五库"中的 2 号仓库，即现今外马路 579 号的复兴港仓库旧址，70 年前人们称之为"大储栈"。1918 年，张謇与徐静仁、吴奇尘、杨敦甫等集资 20 万两，筹建上海大储堆栈股份有限公司。这是张謇为加强长江内河航运创办的物流公司。"堆栈"，指堆存和保管物品的场地和设备，即商业仓库。"复兴" 2 号库对面的外马路 574 号的大储栈仓库旧址，曾是张謇企业的棉花仓库，也是公司拥有的第一个自己的仓库——西大储栈。随着岁月的流逝，人们渐渐习惯了称它"外马路仓库""外库"。长期以来，上海市场的不少中药材就来之于此。

几公里长的外马路，受保护的其他历史建筑还真不少，它们多与仓储运输，与民生密切相关：关桥码头旧址、江海南关旧址、民生仓库旧址、合众仓库旧址、大达轮船公司旧址、董家渡码头……

采购来的中药原料和饮片，有些本身携带害虫卵，虫蛀对药材的影响很大，预防和消灭虫害是仓储安全的重要环节。值得提及的是，早在 1955 年 5 月，公司仓库首创氯化苦熏蒸法，对库房进行大面积就地杀虫，突破了原有的硫黄小面积熏蒸保质办法。同年 10 月，外马路仓库职工为从笨重体力劳动解放出来，制成上海市中药系统第一台载重 150 公斤的药材堆垛机。

1957 年，公司使用仓储堆货面积达到 2.6 万多平方米，虽然西大储栈已由有关部门调拨给公司，但超过八成的仓容面积仍靠租借，且仓库零星分散。

药品、药材的储存有其特殊性。20 世纪 60 年代初，全国商业储运会议决定，为发挥全国仓库储存潜力，把仓库集中归口给专业仓储公司。上海医药采购供应站的三大库因此划给上海商业储运公司统一管理。一年后，方方面面终于"醒悟"：药品储存有怕热、怕冻、有效期等特殊要求，统一管理不适合医药商品保管。于是，三大仓库又回归上海医药站。

商场如战场，没有自己掌控的后勤保障，仗还怎么打？随着铁路运输力的不断强大和轮船的增多，沙船业走向萧条，外马路功能在逐渐减弱，该选择新的突破方向了！

公司兴建大型仓储设施，始于 1957 年：在丹巴路征地 5.5 亩（1 亩 =666.67 平方米），投资建造简易仓库及熏焙房 2 112 平方米。1958 年 8 月，在中山西路征地 33.782 亩建造药材仓库，半年后投入使用，建筑面积 2 020 平方米。中山西路仓库经逐年扩建，1965 年仓储面积达 6 954 平方米。

20 世纪 60 年代中期，仓库扩建再度展开。1966 年，调入老沪闵路 27 亩公地新建药材仓库，建筑面积 6 000 余平方米。1968 年，在宜山路征地 10 多亩建设中成药仓库，建筑面积 3 629 平方米。同期续扩中山西路和天马山仓库。

经过十多年努力，公司新增仓库面积约 2 万平方米。

根据全国商业储运会议提出的无火警、无霉坏变质、无虫吃鼠咬、无残破锈损、无差错失盗、无工伤事故，以及手续简便、出入库快、提高劳动效率、提高设备利用率等要求，公司各仓库对保管商品实行温湿度管理。库房内部采取通风、防潮、保温等措施，创造最佳环境条件，以利仓储商品的质量养护。中药材商品根据药材吸潮、易霉、易蛀的特点，在每年5—9月期间采取对药材熏蒸防霉等措施。

1978年公司形成由独立建制的外马路仓库、中山西路仓库、沪闵路仓库、宜山路仓库、天马山仓库等组成的仓储体系，仓储总面积达到10万平方米，为扩展商品流通进一步提供了基础性保障。

第五节　翘首以待一辆辆

熬过了盛夏，天高气清。9月1日，星期天，公司第一辆"三合一"大卡车驶向郊外。车上满载着公司员工，他们兴高采烈地去苏州"长途试车"。

车上的铭牌早已用漆喷上"中国药材公司上海市公司"的字样。字模是公司秀才石奇岗的大作！

一路颠簸，一路欢笑。公司的车能顶十几辆"黄鱼车"，真是宝贝！

有了车，尝到了甜头，公司不久又买了一辆匈牙利产的"却贝尔"牌4吨柴油车。

"却贝尔"非等闲之辈。1950年4月，第一辆装备柴油发动机的却贝尔D350卡车才正式下线。9月5日，在波兰举办的世界卡车速度与耐用性挑战赛上，匈牙利的却贝尔D350和B350卡车异军突起。D350经过全长2 000公里的赛程，夺得

驾着首辆卡车回公司

桂冠。在汽油组比赛中，B350则获得亚军。

"却贝尔"块头大，跑得快，从1956年开始逐步进入我国。当年中山西路仓库正破土兴建，新买的"却贝尔"日夜奔驰在工地上，为中山西路仓库建库工程出了大力。

公司划归上海市卫生局领导后，是局内的利税大户，运输当然也就更受重视。公司又陆续购进2辆交通牌和1辆解放牌卡车，载重均为4吨，公司车队初具雏形。那时正值外冈中药学校开工，解放牌卡车立即投入到建校工程中，为运送建材连续作战，奔走四方。

城市人口和百姓用药需求在增长，有了药厂，有了更多的仓库，公司采购的原药材、生产厂的中成药需要及时进仓储存，同时供应各区县批发网点。1963年10月，公司车队成立，隶属于公司储运科。车队成立初期有员工29人、机动车9辆。

随着公司业务量的节节攀升，车队的运力缺口越来越大。首任车队长李增为此向公司经理李廷奎申请，车队又增添了4辆大通牌（交通牌）货车。与此同时，公司也抽调人员，支援车队扩军。

公司车队在壮大，车队的员工身份也别有特色：有对旧社会苦大仇深、对新社会充满希望的劳苦工人，他们随公司的成立而入职，干的是拉货运货的体力活；有公私合营前药房的小老板、资本家及他们的"小开"；有被错划的右派，"文革"中的所谓"牛鬼蛇神"，属需要劳动改造的对象；有在"火红年代"从学校毕业、接受工人阶级再教育的知识青年。

一些老职工回忆：那时不管是刮风下雨还是冰寒炎热，在极其繁重的体力劳动中，车队所有人都忘记了"身份"。他们彼此守望相助，没有歧视，没有恩怨。在"激情燃烧的岁月里"早出晚归，汗流浃背。特别是车队的三个女子装卸班，姑娘们把美好的青春献给了"壮丽的事业"。她们与男同志并肩作战、甘苦与共，豪情和干劲儿让大家刮目相看。每天清晨，公司车队一辆辆满载货物的卡车承担着市内外、中短途的药材、中成药运输任务，浩浩荡荡驰向各方。滚滚的车轮，朴素的情感，化作一幕幕靓丽的风景。

"真是今非昔比啊！"人们回首公司车队发展史没少感叹。感叹中，又有多少人知道率先尝试改革、断"皇粮"的，竟然也是公司车队！

第六节　道地药材源头来

"橘生淮南则为橘，生于淮北则为枳。"

道地药材，又称为地道药材，是优质中药材的代名词。

无论我们把中药材经营列入土产业还是商业、药业，都不能改变中草药的种植规律和种植规范。

何况中药品种繁多，要搞清药名就绝非易事——

大黄，又称将军、川军、酒军、锦纹、黄良、西庄黄、西中吉；穿心莲的别名也让外行人摸不着头脑：斩蛇剑、一见喜、甲方草、苦胆草……

同物异名令入行新手头疼，大量同名异物的药材更不能张冠李戴。

如果说草决明与石决明，草河车与紫河车等尚带姓名界线，那么"金不换"之类也许会让你崩溃。因为各地药农所称的"金不换"，包括三七、菊三七、土大黄、大金牛草、地不容、白接骨、虎头蕉……

治病救人，非同儿戏。

修合无人见，存心有天知。70年来，阴晴圆缺，世事沧桑，任凭风云变幻，道地药材是公司职工始终不渝的冀求！

中华人民共和国成立初期，药材的收购和批发，国营商业只有土产公司和供销合作社参与，中药材供不应求状况逐渐突出。商业部党组和全国供销社党组《关于中药材经营问题的报告》，促使国家和省市级药材公司的建立，分散经营和私营商业挑大梁的堤坝崩塌。

在全国中药业总体"分散经营"时期，上海市政府注意调动私企药商积极性。1951年经市人民政府批准，本市260家私营中药材批发商成立"上海药材业联营处"，开展商品联购分销，参与单位约占私企总数的70%，土产市公司以公股身份参加。同年参茸业私企也联合组团赴外地采购。1954年上海市工商局领导筹组的"上海市药材交易所"开业，明确本市经营、兼营药材业务的商号都可参加，持有药材的自销农民、私人、药厂等，办理登记后也可出售药材。

当"过渡时期"的大幕渐渐落下，历史的重任也随之转移了。

公司职工没有忘记自己从何而来，没有忘记几十年来风雨兼程肩负的使命。

为了道地药材，1955年4月6日，成立不满百日的中国药材公司上海市公司，即派员赴各地采购。千里迢迢，旅途艰险，首批进藏人员克服高原反应、饮食不适、语言障碍等难关，在拉萨、昌都等地区，进行为期一年的中药材收购和资源调查。贝母、麝香、鹿茸、冬虫夏草等紧缺商品，及时现身上海市场。1960年至1979年，上海市药材公司共派出11批、111人次进藏。

在首次派员入藏的同时，另一路人马赶赴天山脚下，采购甘草、红花、生贝等支援上海市场。

1957年公司在重庆、天津等药材集散地设立9个采购小组，常驻人员最多时有百余人。1966年公司外采药材规模已达1964万元，其中大部分系自行采购。

手中有粮底气增。公司对上海12家中药店生产的51种中成药，实行加工订货、收购、包销等，金额74.6万元；至1957年，中药店发展为48家、226个品种、金额441万元。

1956年7月，公司科室改为行政管理机构，分别下设药材和成药批发商店。在近靠外滩的延安东路，设立药材收货处。一年后，在原药材批发商店和公司业务科基础上，成立第一业务科；在原成药批发商店和国药参茸批发部基础上，成立第二业务科。经市商业一局批准，上海市药材交易所正式成立，规定所有药材进交易所成交；除国家统一收购的品种外，其他药材由买卖双方自由讲价，必要时交易所可根据货源供求及照顾购销双方正当利益，对进场商品采取民主议价或进行货源分配。

20世纪60年代初，公司组织全市中药质量大检查，共检查了133个单位药品质量和服务态度，听取了66家医疗单位、85位中医师的意见。

为进一步开发药材资源，公司分批派员前往浙江嵊泗列岛。

1958年10月31日，为贯彻国务院关于中药材"就地生产，就地供应"方针，公司成立药材生产筹备工作组。龙华、浦东两地种植的土藿香、佩兰、紫苏、豨莶草等20余种中草药，大部分鲜货直接供应市区中药店。短短两个月，市郊11个县的87个人民公社，中药材种植面积5751亩，品种230余个。1959年3月，公司在龙华乡建立华泾培植场，引种、试种各省药材 50 余个品种。

1959 年 7 月 6 日，经有关部门批准，松江县天马山、钟家山、后山三座山头拨公司使用；刘家山、温家圩等四块土地共 172.3 亩由公司征用。公司天马山药材培植场建立。7 月 23 日，一个全新的管理机构在公司挂牌——药材生产科。

1970 年年初，上海市药材公司在沪中药材种植面积达 1.2 万亩。

外购、种植，迈开双腿，守寨把关。"道地药材源头来"，叩击键盘，这七个字得来不费吹灰之力，而一代代"上海药材"人 70 年底线不失，谈何容易！

在他们的身影中，从业 50 多年的中药师王惠清，在藏、疆、滇等全国药材产区搞采购销 40 多年。他进藏 20 多次，历经艰险。

1960 年，王惠清去西藏，没有米饭吃糌粑；没有公路和汽车就骑马下乡；酥油供应少，就喝清茶。他最重的一次高原反应是连续八天头痛，无法睡眠，吃止痛片和安眠药均无效。第九天流起鼻血……

西藏野生贝母资源虽然很丰富，但长期采挖，资源总有枯竭的一天。王惠清决定搞人工栽培试验。他到山上灌木丛间采集贝母种子，他还自己掏钱雇人采集种子，共计收集种子 20 多斤，用不同方法在不同地形、环境进行试验，取得第一手人工栽培经验。

1984 年至 1986 年，上海市药材公司派出以王惠清为队长的 6 人小组赴西藏支援中药资源普查，同时参加援藏的还有天津市和四川成都药材公司。负责山南地区普查的上海组工作出色，受到西藏自治区政府的通报表扬。

这三年，年已半百的王惠清带领同志们走遍了西藏山南地区的 13 个县，他年龄最大，上山采标本，却走在最前面。原始森林，山路布满荆条、灌木，手、脸被划破了，他从不退缩。海拔高、缺氧，走几步就要停下来喘几口粗气，再继续走。一次到洛扎县的蒙达山，海拔 5 500 米，为了采集炉贝标本，王惠清决定爬上去。"海拔太高，又是砾石坡，危险！"当地一位供销社藏族经理为工作组当向导，竭力劝阻他。王惠清却认为这特定地貌的贝母特定种，一定要采下来。当大家采了标本下山，藏族向导拉着王惠清的手："您这么大岁数了，还这么勇敢，真令人敬佩！"

王惠清白天忙于普查，晚上还要整理、汇总资料。驻地经常断电，他点上蜡烛工作到深夜才睡。他执笔撰写了《西藏山南地区中药普查报告》等，还与大家一起编写了《西藏山西地区中药普查名录》。

王惠清编著的《中药材产销》一书，收载药材 261 种，对每种药材的来源、生境、形态、产地等一一作了介绍。"药材是中药的原料，它是中药整体的源头。源头正、质量好、药效高，中药才有生命力，才能不断发展兴旺，世代相传。如果药材市场衰败了，整个中药市场就要没落。"他阐述道。

上海市药材公司 10 位主任中药师、副主任中药师、主管中药师叶愈青、李锭富、张增良、陈立羽、王依群、方伟德、俞磊明、颜建平、杨振威、李奎斌联袂为《中药材产销》写序。

他们都是游走八方的采药人，火眼金睛的把关者。规行矩步，朝督暮责。

第七节　北国南来梅花鹿

天马山南麓，天高云淡，风景宜人。茂林深处上海药材公司养鹿场里，群鹿欢奔，竞相嬉戏。

松江又有茸城、五茸之称。四千多年前，古松江的九峰山林丛中，就生长着许多梅花鹿。"十鹿九回头"的典故，充满浪漫色彩。梅花鹿、华亭鹤、四鳃鲈鱼，被称为松江"三宝"。遗憾的是，近代松江梅花鹿销声匿迹，华亭鹤如梦如幻。

1961年，梅花鹿重返松江，实为"道地药材"无意中引发的人文佳话。

据《中药材产销》，鹿茸为名贵药材，"壮肾阳，益精血，强筋骨，调冲任，托疮毒。用于阳痿滑精，宫冷不孕，羸瘦，神疲，畏寒，眩晕耳鸣，耳聋，腰背冷痛，筋骨痿软，崩漏带下，阴疽不敛"。

1959年11月7日，公司在嘉定县外冈初建鹿场。从辽宁省调来的两头梅花鹿，"南养"尝试成功。1960年至1962年，又从北京调来梅花鹿30头，从新疆调来马鹿126头。1961年5月10日，公司天马山鹿场竣工，外冈鹿场迁入松江后，家鹿存栏数逐步增至360头左右，年产鹿茸量150公斤。

在经济困难的特殊时期，没人去关注梅花鹿、马鹿回归华亭的人文价值。药师、药工们的奉献长期以来深埋在他们的记忆里。

梅花鹿为我国吉林特产，鹿茸是东北三宝之一。据老药工回忆，当年在长春听说一头健壮的良种公鹿，价格相当于一辆解放牌卡车。

为避免梅花鹿近亲繁殖，鹿群需要经常增添公鹿。经协商，公司向长春某国营鹿场购买了4头公鹿，经长春市长点头放行。上海派两人去接运，鹿场选派一位经验丰富的老饲养员兼兽医一路护送。

每头鹿单独装入木笼，重达数百斤。长春到上海有快车，只要装上火车就可直达，但为免遭"瞒天过海偷运出省"之嫌而被扣留长春，接运人员精心制定了一条运输路线：先用大车把鹿拉到"烟筒山"车站再转装火车。烟筒山是远离长春的山区小站，地处磐石县，不受长春市管辖，没有那么多清规戒律，不会有问题。每天中午 11 点，有火车经烟筒山开往南方，这是最理想的上车地点。但不宜过早到达，以免引起当地群众好奇围观而招来意外麻烦。

从鹿场到烟筒山车站，有条偏僻山路可通大车，途中要翻越几座山，满打满算行程 14 小时。于是，晚上 9 点准时出发！

当时参与运送的公司元老洪光祥，晚年撰文回忆——

那天晚饭前我们把 4 只鹿笼子装上大车，准备好干粮和饲料，鹿场主叫我们抓紧时间打个盹，以便通宵赶路。

晚上 9 点准时上路，大车在前，我们 3 人跟随大车步行。可能有人奇怪，既有大车何用步行赶路？其实不奇怪，那时正是天寒地冻的一月份，长春地区最低气温零下 24 度，虽有皮大衣、皮帽、皮靴全副武装，坐在大车上两腿悬空挂着，不消半个小时两腿保证冻僵。就连车不离身的"车把式"也是手执长鞭与三匹高大的关东大马并肩而行，谁也不敢坐着不动。

寒冬微弱的月光，再加路边一溜积雪，映得这条僻静的山路黑白分明。肚子饿了就掰一块干面饼啃着，口渴了就抓一把积雪往嘴里一塞。想起抗美援朝时志愿军"一口炒面一口雪"，我们不就是这样在行军？在这静悄悄的山路上走了一个通宵，从未遇到路人。当翻过一座陡峭的山岗，"车把式"告诉我已经进入"磐石"地界。这时我忽然感到我们这帮人既像地下党在私运军火，又像《林海雪原》中的杨子荣进入威虎山，简直有点滑稽。

经过长途跋涉，终于在 10 点左右到达烟筒山车站。找到车站货运室主任，这位东北大汉没想到今天会接待这帮大货主，他临时找来几个强劳动力把鹿笼子抬到站台等车。火车准点进站，车上行李员也没想到平时冷静的山区小站今天忽然变得如此热闹。为装运我们这批宝货，火车还破例多停 2 分钟。上了火车这才感到有点累，很想美美地睡个大觉，但还要不时去行李车上招待这 4 位"鹿朋友"吃喝。

这趟火车到济南为止，于是卸车、办中转、再装车又是一场紧张的战斗。经过几昼夜折腾，终于顺利到达上海。向领导汇报一路经过，领导说"很好！"，这是最高的褒奖。

天马山鹿场群鹿

机灵的梅花鹿以青草、树叶和嫩枝幼芽为食，外表俏美、姿态优雅。千百年来，梅花鹿象征好运和财富，也寓意吉祥和长寿。

年年生长的鹿角，是雄鹿的王冠和荣耀。未骨化、密生茸毛的幼角，即为鹿茸。春季，新茸角长出，钢锯取之，经止血粉、包扎"疗伤"，绝大多数雄鹿两个月后茸角重生，于是再度为饲养它们的人类流血贡献……

天马山鹿场，上海第一家养鹿场，家养梅花鹿规模居华东第一，高峰期鹿存栏数量达800多头。文化历史久远的茸城，在摸索中建场饲鹿的药师药工，为上海中医药史留下了神奇一笔。

几十年过去了，松江天马山种植园中草药生长旺盛；乖巧祥和的鹿精灵不知繁衍了多少代，它们已是国家一级保护动物；中药加工厂，升级为中药保健品厂。山下，广富林文化遗址、田间农庄出现的梅花鹿成为新闻，精气十足的各路游客近悦远来，筋骨强健、耳聪目明。山上的鹿场，北国南来的梅花鹿，又有幸与人文松江、华亭"三宝"相连接……

第八节　技工培育初始成

初秋，风轻云净。

北京东路河南中路路口，国华银行大楼迎来了一群群活力四射的年少新生。

"国华"外观简洁，它所显现的装饰艺术风格，吸引着学生们的目光。迈过月洞形的铁门，大家拾级而上。

这是 1959 年 8 月，经上海市人民委员会批准和上海市卫生局委托，上海市药材公司创办了"上海市中药学校"。学校首届招收两个班级，学生 80 名，学制三年，公司经理李廷奎兼任校长。

中华人民共和国成立后，中小学教育得到大力发展。热火朝天的经济建设，急需大量技术技能型人才，而国家拿不出更多的经费兴办大量培养专业技术人才的学校。于是，有了"两种教育制度"与"两种劳动制度"的设想、实践。

1959 年创建的上海市中药学校

企业自办中专培养专门人才，至少在全国中药业属凤毛麟角之举，可见公司初创期领导层人才战略的前瞻性。

租来的临时教室、办公室设在"国华"五楼。9月1日，上海中药业的"黄埔军校"开学了！

许锦柏当然不会掐指测算出"国华"宝地对他职业生涯的意义，他忠厚聪慧，加上格致中学的多年滋养，老师同学很快对他刮目相看。他的几何卷子完成后，老师拿来给大家当标准答案。平时他循规蹈矩、本本分分，劳动时也很勤奋。

与此同时，在上海西北角的嘉定外冈，征地建设新校舍的工程也马不停蹄地进行着。公司许多员工积极参与，大家自己动手，搬砖头、抬黄沙、上脚手架，工地上一派忙碌景象。为了尽早建好学校，参建的员工们在工地搭起帐篷，过上军旅式生活。当时条件差、底子薄，邻近江苏的外冈又很偏僻，工地指挥手中的军用电话四通八达，解决了大问题！

一年后，外冈校舍落成，首批师生欢欢喜喜迁入新址。新校舍面积4 012平方米，教学设施齐全，中药行业很多老法师承担教学任务，师资阵容强大。中药业"黄埔军校"名声赫赫！

上海市中药学校外景（1959年）

中药学校共招生三届 210 人。20 多年后在公司担任副总的丁建弥、王琏真，以及神象参茸公司经理夏霞云、中成药第二业务部经理张玉英等，均为该校第二届毕业生。

1962 年，许锦柏学业结束，兴冲冲来到汉口路上的上海市药材公司报到。60 多年后，他仍清楚地记得第一次走进公司入职的日期：9 月 17 日。

遗憾的是，仅过了两个半月，因校舍被市府征用，上海市中药学校停办。除首届学生按时毕业外，其后入校的学生提前分配，教师转业。因学校停办，团员人数减少，公司团委相应降格为团总支。

外冈，有明朝成化年间始建的药师殿，供奉着药师佛；"药师古井"，源源不断，哺育了"中医司令"吕炳奎。近十多年来，中医药文化扎根外冈中学，"上海中医药大学中医药文化传播基地""市中小学中医药特色示范学校""嘉定区中医药科技创新拓展基地"……薪火相传，奋飞不辍。

两年后，中药学校东山再起。1964 年 6 月 23 日，公司再次建校，只是校名多了"职业"两字——"上海中药职业学校"。两届招生 200 人。1965 年，公司还利用中山西路仓库场地，开办了训练班。

重办的学校因陋就简，校舍利用山东中路空置的营业用房，师资就地取材从各部门抽调，很多教师自编教材，边学边教走上讲台。那时的规模虽比当初外冈小，设备也差些，但"教学大纲"却是按全市统一标准制订。学校归教育局和商业一局共管，教学质量在同类型职校中属于上乘，常受上级表扬。外校教师不时前来观摩，中药职业学校知名度，不亚于"外冈黄埔"。随着全国教改形势发展，半工半读模式被广泛采用，学制拉长为 4 年，中药职业学校 1966 年改名"上海市中药半工半读学校"。特殊时期，教学屡受干扰、冲击，1970 年终于等来上级通知：学校撤销，教师解散。命运多舛的中药学校再次停办。

……

1992 年的一天，100 多位公司"半工半读"的校友们从四面八方赶来，师生齐聚一堂，共叙友情。首任校长李廷奎年逾八旬，那天他也欣然赴会。在大家簇拥下，他微笑着和校友们亲切叙旧，大家心情特别欢快。

回顾公司中药学校"三起三落"的历程，在场者唏嘘不已，感慨万千。

第九节　行业管理稳市场

宏伟的中苏友好大厦横幅高悬、红旗猎猎。一位位大老板身着呢大衣、胸佩大红花，春风满面地参加申请公私合营大会。人民广场人山人海，50万人集会，庆祝社会主义改造胜利……

私商运作的商业网络，主宰了近代中国最大的中药材交易市场。而公私合营初期，这个大市场药材外埠销售比重仍占业内营业额的三分之二，八成以上的药材需从外地调入。实行社会主义改造后，原有商业模式改变，国家逐渐主导商品流通，但中药材品种众多，私商难以被完全取代。相关史料显示，1955年7月，全国供销合作总社经营的药材品种只有105种，而各地药铺备存的中药材一般在300种到500种；改造完成后，上海药材供应状况很不乐观：中医配方不齐，部分丸散膏丹无法配制，停工待料的情况相当严重。

上海的应对之法：延续"公私联购"，重启私商的采购经验和市场网络……

1956年，公司主导中药全行业公私合营。合营企业计有国药业777户，从业5 415人；药材业146户，从业1 020人；参茸业67户，从业539人。

公司在肩负主渠道责任的同时，承担了全市中药行业管理职能。

早在1955年1月，公司为加强中药零售商进货管理，实行计划供应措施，规定各零售店编制季度要货计划，经审查后核定计划数供应货源。

同时，公司等参与制定的《国药固有成方标准（草案）》一书，使上海中药店制备中成药有了统一标准。

根据国家有关"量才使用，辅以必要照顾"的原则，1956年9月底，公司对1 022名资方实职人员作出安排，他们中1人被任命为公司副经理、2人被任命为副科长……此举不仅疏解了富余劳动力出路，同时也为日后超常发展储备了一批专业人才。

1964年公司制定中成药"市管批发、区管零售"原则，指导各区设置中成药供应站；同年建立中药饮片按区产供体制。10月，公司决定上海中药切制厂筹备改建中成药厂，原饮片加工经营业务下放各区加工场。两三年内，各区饮片加工场相继"提升"为区中药饮片厂，优化了产业布局。

在质量、价格与服务管理等领域，"主渠道"的调节、指导作用举足轻重。

随着市场供应状况的改善，1958年6月23日，公司通知各药材区店，7月1日起第一批230种药材，统一饮片零售价格。8月1日，公司降低22种饮片零售价，平均降幅为20.57%。1965年为落实中央有关成药下乡的指示精神，将卫生部和商业部规定的小活络丹、银翘解毒丸、羚翘解毒丸（片）、防风通圣丸、通宣理肺丸、橘红丸、藿香正气丸、牛黄解毒丸、香砂养胃丸、开胸顺气丸、益母丸（膏）、当归丸、拔毒膏、避瘟散、伤湿止痛膏、不喘丸、跌打丸等22个和上海市规定的11个中成药品种，列为农村供应必备目录。第二年上海市1 447个农村下伸店中，已有922个经营相关目录规定的中成药。

20世纪60年代初，公司组织上海市中药质量大检查；下达《对各级医疗机构供应中成药的暂行办法》；与上海市药检所进行药品质量大检查，涉及市、区、县公司的仓库、药厂、批发部、切制厂、门市部、煎药站等184个单位……

公司职工以朴素的信条履行神圣的职责！即使面临各种各样的困境，他们初心不改，义无反顾。

那年，风云变幻，公司本部约80名干部被分配"四个面向"：支援南京梅山铁矿，充实上海市中小学教师队伍，参加上山下乡知青慰问团，去"五七"干校。

名单公布后，大家集中在公司大楼对面的中药学校，进行短期学习。1970年春节刚过，一拨人出发去干校，他们中有李廷奎、单裕民、王维扬3位经理。至此，公司经理层干部全都离开了汉口路老市府大厦办公室。

为解决生活困难，临行前每人还得到一份购物专用券，用来添置蚊帐、棉毯和棉胎。

据相关人员回忆：干校选址在奉贤五四农场东侧一片海滩上，大部队进驻前，从各单位抽调人员组成的先遣队已在那里垒砌校舍。校舍除浴室是简易砖瓦结构外，其余一律是篱笆为墙、油毛毡作顶的简易棚屋。每间寝室置6张双层床，1张写字台，住12人，状似轮船四等舱，大伙吃、喝、睡、学均在其内。

1971 年 6 月 28 日，八位公司职工接通知回单位报到。不久，其他"学员"也陆续离开学习、生活了一年多的农场，回公司重新分配。

即使在严重"减员"等困难的处境中，他们依然没有放弃履行行业管理的职责！

公司职工在计划经济时期担当的特殊使命，对稳定市场、发展产业具有积极作用。

第二章
逆势而行（1967—1978）

第十节　技术改造初见效

1965 年，万紫千红的季节来临。这个春天给中国中医药界带来了新的希望和梦想。5 月，国家科委中医中药专业组成立。中医药研究和事业发展，进一步纳入国家科技研究和规划的轨道。旧岁，针刺麻醉试验取得突破，并得到高层力挺。

对于随后长达十年的"运动"，有非主流观点认为"一根针，一把草"被捧得太高，甚至神化。此说是否失之偏颇，学术界自有公论。"三五""四五"计划期间，上海中药工业、中药科技的超常规发展及其成果实实在在，无须神化。

1966 年中药制药三厂在老沪闵路征地 15.4 亩，投资 40.52 万元建新厂，1968 年竣工，建筑面积 3 320 平方米，产能规模为年产提取液 600 吨、膏药 1 亿片。弄堂厂，鸟枪换炮。

1972 年尼克松首度访华，他对早已传到美国的针刺麻醉饶有兴趣，并提出要求参观针麻手术，由此促进了风靡欧美的"针灸热"。之后，针刺麻醉成为接待外宾参观的"常规节目"。1976 年，中国邮政发行"医疗卫生科学新成就"特种套票，第一枚即"针刺麻醉"。

"针麻"在外科手术的运用，被视为中华人民共和国成立后中西医结合的典范。一家家医院恢复成立了中医科，中医、中药师队伍重整、扩大。

东风吹拂，柳枝摇荡。1973 年中药制药一厂在真南路征地 30 亩，投资 446 万元建新厂，1979 年竣工，建筑面积 20 811 平方米，产能规模为年产提取液 2 600 吨、合成牛黄 1 吨、针剂 1 亿支、片剂 12 亿片。"老大"走出石库门，如日东升。"老二"同年也投资 161.9 万元，改造提取车间和药酒车间，改建面积 1 500 平方米。

在技术改造中，中成药生产新工艺、新装备得到广泛应用：中药制药一厂"水提醇沉""减压蒸馏"真空干燥工艺；中药制药二厂 50 吨锥体式水提取锅设备；中药制药三厂"薄膜浓缩法"提取工艺与设备……集中展示了生产装备新水平。

1980 年年初，中药制药二厂重点改造工程四层垂直式提取大楼竣工。直径 3 米、容积为 50 吨的锥体立式水提取锅投产入使用。四年后，员工们朝思暮想的密闭提取和管道化作业的梦想终成现实。

新设备上马后，车间环境焕然一新。昔日水汽弥漫的"仙境"回归干燥明亮的"人间"，而且降低热能消耗，生产效率明显提高。

……

为应对中成药生产快速发展，1971 年公司成立工业组（后改工业科），负责中成药的生产计划编制、产销计划协调、技改项目审订、能源额度分配、广告协同投放等。中成药生产逐步成为公司最大的经营门类。

产能扩张促进产值增长。1978 年公司中成药产值 7 732 万元，较 1966 年增长 56.4%；在产品种 305 个，产品集中度有所提升。公司中成药产值继续领跑全国同行业。

第十一节　科研尖兵拓疆土

现代化的厂房、设备各就各位，在"硬件"更新的同时，技术研发从早期的粗放状态，逐步向体系化、规范化方向发展的科研体制基本确立。

在"三兄弟"所建中心试验室基础上，1974年，公司组建中药研究室，即上海市中药研究所的前身。公司与药厂的两级研发体系自此确立。1976年公司建立中成药研究室情报中心站，这个"企业级"的情报站，后来升格为国家医药管理局中成药情报中心站。

情报站于1978年年底编辑的《中成药研究》杂志，获准在全国公开发行，并成为全国中药科技类核心刊物，科技情报工作成为科研体系的组成部分。1988年7月，《中成药研究》杂志改名为《中成药》。

上海市中药研究所外景

1968 年，膏、丸、丹、散、汤、酒、露、锭，传统中药常见的剂型又添新成员。中药制药三厂以大青叶、板蓝根、连翘、拳参等药材研制成功感冒退热冲剂，广受市场欢迎。这一成药创新剂型，后按国家标准改称颗粒剂。十余年间，"老三"剂型改革捷报频传：大蜜丸牛黄解毒丸改为牛黄解毒片；大蜜丸银翘解毒丸改为银翘片；橘红丸改为橘半冲剂……

在上海医工院帮助下，中药制药一厂提取技术实现突破，1969 年从中药材黄芩中成功提取有效成分黄芩甙，成为新的中药原料药，对提升中成药质量、促进中药现代化具有积极意义。翌年投产后，陆续用于配制生产银黄注射液、银黄片、茵栀黄注射液和黄芩甙片。此后一两年内，板蓝根注射液、复方柴胡注射液、复方当归注射液等一批中药注射剂新品，相继在中药制药一厂投产。1975 年，中药制药一厂试制成功参桂鹿茸口服液，中成药剂型家族又诞生新成员。没过几年，上海人参蜂皇浆口服液狂飙突起……

苏冰滴丸，是公司再度贡献现代中成药家族的创新剂型。

相关材料显示，苏合香丸的由来可上溯至唐宋，应用广泛，但其药丸较大、价格偏贵、服用不便。1974 年，在上海市卫生局领导下，上海华山医院、中山医院、市心血管研究所、上海中药制药一厂等组成科研攻关组，对苏合香丸所含 15 种药材进行药理研究，改制成由 5 种药材组成的"冠心苏合丸"，用来治疗心绞痛属痰浊气滞者，取得了良好临床效果，但是其中所含朱砂可导致体内重金属蓄积，马兜铃酸则有肾脏毒性。1976 年，上海中药制药一厂、第一医学院、药品检验所、医药工业研究院等协作攻关，对"冠心苏合丸"组成、药理、剂型和质量等进行深入研究。经过反复试验，研制出体积小、崩解速度和溶出速度快、颗粒度细、起效快、疗效好的"苏冰滴丸"，朱砂和青木香等有害成分也被去除。

伴随着制药工业的迅速发展，滴丸剂被越来越多地运用于中药制剂。

在中药制药一厂，总工程师朱承伟与科研人员开发了一个个新品，其中醒脑净注射剂的开发令他记忆犹新。

一次，上海儿童医院医生来找他，诉说常有儿童因各种原因昏迷要急救，医院用安宫牛黄丸救治，但是小孩子吃药不配合，有几次还因药丸呛到肺里导致窒息。医生请朱工设法把安宫牛黄丸做成针剂。

安宫牛黄丸，治疗昏迷非常有效。古代游医出门巡诊，随身少不了三种药：安宫牛黄丸、紫雪丹、人参再造丸。

凤凰卫视著名主持人刘海若，2002 年在英国休假遇车祸，肝脾破裂造成内脏大出血，导致血压过低，严重供血不足，出现缺血性昏迷。英国医生诊断："脑死亡。"刘海若被接到北京宣武医院，用了六粒安宫牛黄丸，她起死回生、重返新闻主持岗位。

朱工用犀角、朱砂、腰黄、麝香等药材，试制出安宫牛黄注射液——醒脑净。醒脑净后来转让给无锡一家药厂生产。

中药制药二厂研发成功灯盏细辛胶囊后，科技人员没有止步，大家把目标定位于注射剂。当时云南有个灯盏花的肌肉注射剂，但效果不太理想。莫静义等开发成功的灯盏花的注射剂，是既能用于急救，又能用于慢性病治疗的静脉注射剂。

1977 年 5 月，中共中央政治局召开会议，会议决定，召开全国科学大会。

"攻城不怕坚，攻书莫畏难。科学有险阻，苦战能过关。"当年第 9 期《人民文学》发表了叶剑英的诗《攻关》。9 月 21 日，《人民日报》转载了这首诗。《攻关》寄托了党中央对广大科学技术工作者的殷切期望。

1978 年 3 月，规模空前的全国科学大会在北京举行。中药制药一厂的中药麻醉注射液、醒脑静注射液、苏冰滴丸 3 个新品研究，人工牛黄用于天然牛黄适应证研究，水牛角用于犀牛角适应证研究；中药制药二厂的蛇伤中草药研究，子宫颈癌防治研究，穿心莲有效成分研究；中药制药三厂的丹参治疗冠心病研究，获全国科学大会科技成果奖。

丰硕的成果，是对公司广大技术人员顽强精神和团队创造力的最高褒奖！

首都人民大会堂，科学大会会场，朱承伟百感交集。凝视着那一张张奖状，他心潮澎湃。

"科学技术是第一生产力"这话语如和煦的春风。从"抗六〇一"到醒脑静、苏冰滴丸，科研尖兵跋山涉水、攻关夺隘、开疆拓土。征程漫漫，梦想成真！

春天来了，多少人在尽情拥抱祖国的春天，尽情拥抱科学的春天。

第十二节　沪产药材开新源

　　四季分明，光照充足，降水量适中。在上海的沃土上，中草药种植即将进入第十个年头。

　　上海人多地少，寸土寸金。上海地势平坦，山峰寥寥。为使部分地产中药材"就地生产，就地供应"，上海拨山、拨田、拨水域，在所不惜。

　　地产中药材，是指在特定地域内种植、采集或生产的中药材。这些药材因其特定的自然条件、生态环境和地理标志性，具有独特的品质和疗效。

　　1967 年 5 月，河蚌育珠试验在上海展开。

　　圆润晶莹的珍珠，主要产于珍珠贝类和珠母贝类软体动物体内。它是有机宝石、"珠宝皇后"，也是能镇心安神、明目、解毒生肌、去翳、润肤祛斑的传统药

王惠清编著的《中药材产销》

材。三国医书《名医别录》中把珍珠列为重要药材，当时享有盛名的"诸葛行军散"里，就有一味原料为珍珠。

珍珠养殖，古已有之。北宋庞元英在《文昌杂录》中记载了珍珠养殖方法："礼部侍郎谢公言有一养珠法，以今所作假珠，择光莹圆润者，取稍大蚌蛤以清水浸之，伺其口开，急以珠投之，频换清水，夜置月中，蚌蛤采月华，玩此经两秋，即成真珠矣。"近代中国战火连绵不绝，耗时费力的珍珠养殖难以为继。

20世纪50年代末，曾留学日本的熊大仁教授，受日本人工养殖珍珠技术启发，带领学生在广西北海开启海洋人工养殖珍珠之路，并成功培育出第一批有核珍珠。熊大仁编著的《珍珠的养殖》，为我国珍珠人工养殖奠定了基础。1962年淡水无核珍珠培育成功，实现了历史性突破。两年后，上海水产学院成功培育淡水有核珍珠和象形附壳珠，淡水珍珠养殖在各地相继开展。江苏、上海、浙江先后于1967年、1968年实现量产。

《水产科技情报》1973年第4期《市郊河蚌育珠的形势一片大好　某些技术问题有待进一步提高》一文，对上海的淡水珍珠养殖有简单介绍：

> 上海郊区广大贫下中农遵照毛主席"以粮为纲，全面发展"的伟大教导，近年来大搞科学实验，采用人工的方法培育珍珠获得成功。经过1967—1968年这两年的试验性生产，上海郊区大部分地区基本上掌握了人工培育珍珠的技术，从1971年起人工培育珍珠，已正式列为国家计划生产项目，并在郊区全面推开。几年来，本市郊区珍珠生产量成倍增长，出现一片大好形势，据初步统计，1971年本市郊区各县就向国家交售珍珠几百斤，1972年继续上升，比1971年增加了1.5倍。

上海河蚌育珠试验1968年通过卫生部、市卫生局和公司联合鉴定，后由公司下达收购计划。1969年全市养殖面积扩展至10县84个乡，1979年珍珠产量1 805公斤。

在浦江两岸，从"仙草"灵芝、山珍猴头、丹参黄芪，到穿心莲、地鳖虫……一大批地产中药材几十年来纷纷落地扎根，领到了"常住户口"。

上海市农科院食用菌所首任所长陈梅朋，1960年从野外利用组织分离技术，在国内首次获得灵芝纯菌种。此后经培养获得了灵芝子实体，为开发利用药用菌提供了新途径。1972 年中药制药三厂与市农科院合作，开发真菌类药物灵芝、猴头菇菌人工繁殖试验并获成功，为中成药开辟了新的药源。

20 世纪 70 年代中期，上海中药制药三厂与上海农科院食用菌专家陈国良、上海医工院以及 30 多家医院合作，进行猴头菇的培养制剂药理疗效研究。参与临床试验的病例共 660 例，3 年试验结果表明，猴头菇具有促进胃肠溃疡愈合，抑制肿瘤生长，提高免疫功能，加速肠胃血液循环等功能。当时研制成功的猴菇菌片，上市后成为新星。

"就地生产"全盛期，在上海相当于老静安区大小的 1.2 万亩土地上，每年生产中药材 70 余种，产量约 1 280 吨。公司收购的家种（养）药材 54 种，其中包括元胡、白芍等国家控制品种 16 个。此后，随着人工成本比较优势弱化和土地供给面积减少，上海地区中药材种植逐年减少，1990 年，公司收购种类仍达 32 个。

第十三节　身负重任保流通

"先城市、后乡村""先国内、后国外""先饮片、后成药"。社会主义计划经济，决定了中药材计划管理的流通原则及渠道。

对主要品种实行计划管理，有利于生产的发展和市场的稳定；有利于灾情、疫情、军需急用；有利于统筹安排国内使用和出口计划。当国有各级药材公司成为药材流通唯一渠道主体时，中药材商品价格较为稳定，中药材质量也容易保证，但供需矛盾以积压和短缺的形式表现。保流通，并非捧着茶杯、拨动算盘，在办公室就能清闲自在地完成。

十年前，上海市药材公司成立 60 周年之际，一则半个多世纪前的轶事，让很多人懂得了保流通的多重含义。

1967 年 10 月，中国药材总公司在沪召开全国药材交流会。作为会议东道主，公司组织了庞大的代表团，公司业务科长沈惠民也随团参会。

这位在上海解放初期进入国企的青年干部，十余年来为企业的创建与发展立下了汗马功劳，在全国享有很高的知名度，业界曾有"南沈北陈"（上海沈惠民、天津陈增光）之称。

会议甫始，外省市有些代表便按捺不住，提出"要把中药三类商品作为资本主义尾巴革除，上收总公司管理"。长期以来中央主管部门根据中药材资源稀缺程度和市场供需状况，将中药商品划分为三类。其中第三类商品是指资源相对丰富，由农户、药商自由生产、自主投售的药材。实践证明，这种管理当时对调动农民生产积极性、增加产出、活跃市场具有积极意义。

沈惠民闻之，回想这些年来放开三类商品经营的种种好处，觉得不能轻率否定。然而此刻他处境已很不妙：因有个药行老板舅舅的社会关系而受牵连，特别是过去卓有成效的业务工作被指修正主义路线而遭批判。入夜，他辗转反侧：稍有不慎就成"运动对象"，可如果三类商品真的上收，将严重打击药农和药商的积极性，再次面临中药物资紧缺窘境。

他定下决心并巧施策略，以学习《论十大关系》谈体会的方式，提出要领会老人家"必须兼顾国家、集体和个人三者关系"，不能"把什么东西统统都集中在中央或省市"等论述，明确表示反对"上收"。不少人纷纷指责他为资本主义路线护航保驾，总公司和上海市商业一局领导对他进行了严厉批评。1976年10月"文革"宣告结束，加在沈惠民头上的不实之词被彻底推翻。他重新走上领导岗位，先后担任公司副经理、市医药管理局副局长等职。

江河奔腾，堤岸蜿蜒。一队队奋不顾身的巡护人，可亲可敬！

在商业业态遭受错误批判的年代，公司依然忍辱负重保流通，促进生产，保障供给。

在老沪闵路新建药材仓库，在宜山路建设中成药仓库，续扩中山西路和天马山仓库。1978年形成由独立建制的外马路仓库、中山西路仓库、沪闵路仓库、宜山路仓库、天马山仓库等组成的仓储体系，为扩展商品流通进一步提供基础性保障。

为扩大商业购销，公司继续向各省市增派采购组和驻地采购员，编织更加完整的全国采购网络。不少省市药材公司通过询问上海驻地采购人员，增加了了解本产区产供情况的渠道。

仓储人员将货物装上运输车辆，准备发往各生产厂、批发供应商

1969 年公司按上级规定调降本市中药零售价格，涉及饮片 813 种，降幅 35%～42%；成药 268 种，降幅 15.1%。1970 年再度对 136 种中成药实施降价，降幅 9.4%。

为维持上海市场经营秩序，加强饮片质量管理，1975 年，公司会同上海市药检所，赴川沙县中药加工场进行历时两个月的蹲点调研，指导解决饮片质量问题。此后，公司每年一度开展全市中药饮片质量评比。

唐山大地震发生后，公司迅速成立工作组，一个月内 1 900 多人次参加救灾，紧急调运药品 27 批次、计 99.8 吨，确保了应急供应。

第十四节　企业办学育人才

"半工半读"关门快三年了，绿灯又亮：同意复办。

办学之路时续时断、坎坎坷坷，求才若渴的建校者依然锲而不舍。

中药材的技术新兵没有现成的来源，只有自己培养。

1973年9月，在河南中路275号，新落成的上海市药材公司技工学校开学了。"药厂（中药制剂）班""药店（中药调剂）班""仓库班"，150名被录取的中学毕业生对号入座，开始了两年的文化学习和实习。

技工学校教材哪里来？药材公司组织编写！好在这不是大姑娘上轿——头一回。

穿过过街楼，右拐，学校设在普普通通的三层民宅内，当然少不了门卫室。一楼、二楼是教室和药材标本室，教师办公室设在三楼。技校教师有正规编制和资格，教学过程也比以前更严谨科学了。从77届起，学制改为三年。

课余，同学们在乒乓台上你来我往打球娱乐。体育课，在马路对面消防站旁的小操场上进行。技校课程有《中药学》《中医基础学》《中药调剂学》《中药炮制学》《中药制剂学》《中药植物学》《方剂学》《药古文》等。而按不同的班级到药店、药厂，或药材、成药仓库实习，是学生们理论联系实际、掌握操作技能的有效途径。

1981年，公司技校承担中国药材公司下达的职工培训16门课程教材编写任务，并成为教材编写组组长单位，与北京、天津、四川、山西、江西有关中药学校、技工学校共同编写。1984年，完成《中药调剂学》《中药炮制学》《中药制剂学》等的编写和出版；1986年年底出版职工中级技术培训教材《中药化学》《中药学》等。

1978年年初，"上海市药材公司七二一工人大学"招收全市中药系统32名职工入学，设药学班，公司经理李嘉和兼任校长。三年学习期结束，22名学员获上海市高教局颁发的大专毕业证书。同年该校停办。

改革开放后，技工学校走上蓬勃健康持续发展的轨道。20世纪80年代开始，技工学校逐步恢复办学。而上海市药材公司技工学校"复办"于1973年，既得益于政策"倾斜"，更显示了企业注重技能型人才培养、领行业之先的勇气。

1986年11月，劳动人事部、国家教委印发了《技工学校工作条例》，明确了技工教育的性质、任务和功能，引导技工学校规范办学。同年12月31日，上海市药材公司与上海市医药学校签订协议，以联合建校形式培养中专人才。协议规定，医药学校向上级部门申请，以"上海中药学校"名义每年招收一定人数的中药班，并向公司分配一定数额毕业生。在此前提下，公司出资150万元帮助医药学校办学。

1988年，因市政动迁，上海市药材公司技工学校搬至烟台路。1993年9月，公司与上海市医药学校联办"上海市药材公司技工学校"。学校实行董事会领导下的校长负责制，许锦柏任董事长。校舍设在上海市医药学校内。招生计划由公司提出、董事会讨论决定；学生毕业分配由公司负责安排。公司每年向学校支付一定的教育培养费用，并支持和安排学生生产实习教育。同年，技校老师戴玉山被评为全国优秀教师、获"全国优秀教师奖章"。1995年1月，公司技校"复名"上海中药学校。外冈寒枝，梅开二度。

进入新世纪，技师学院出现，技工院校人才培养向更高层次发展。上海中药学校开设成人教学班，设中药调剂和中药制药专业，学制一年半。待这批学员拿到上海市技工学校所颁发的毕业证书，中药学校再度停摆。

二十多年间，上海市药材公司技校向全行业输送了数以千计的毕业生。他们中的不少佼佼者后来走上了公司领导岗位，有的还成为企业掌门人，如吕明方、陈军力、杨弘、方亮、张建南等，以及全国劳动模范毕琳丽、上海市劳动模范缪亿萍、上海工匠张雄毅等。

第十五节　平凡中的不平凡

炉子发生故障！胡阿土焦急地在锅炉边来回踱步。

炉火刚刚熄灭，他抢先戴上湿手套，披上湿麻袋，钻进仍红彤彤的炉膛……

几分钟后，故障排除。同事们急忙把他从炉膛拉出来，只见他双眼发红，头发、眉毛烤焦了，皮肤被烫得又红又肿，衣服也烧穿了好几处。

停炉修理，通常要影响生产六个小时。为了缩短停工时间，他竟豁出去了。

胡阿土，什么来头？在他的心里，究竟什么比自己的安全更重要？

阿土，司炉工。1965年从煤球厂来到上海中药制药二厂，三十多岁的他与锅炉、工友日夜相伴，直到解甲归田、告老还乡。

司炉组有十几位司炉工，一天24小时，四人一班、早中晚三班倒。全厂生产少不了蒸汽，昼夜熊熊燃烧的锅炉是"煤老虎"，炉口前热浪滚滚，高温难耐。每位司炉工挥着煤铲"喂虎"、清理煤渣，不一会儿就大汗淋漓，帆布工作服汗渍斑斑，盐花点点。20分钟就换人，完全是高强度的劳动。

阿土像头老黄牛，勤勤恳恳，重活累活干在前，从无怨言。班上缺人，他从不向上要援兵，总是自己顶着，有时连续做两班，甚至三班。

全国劳动模范胡阿土

阿土患有严重的肠胃病。有一个时期饭吃不下，觉睡不着，人一天天消瘦。医生嘱他好好休息，但他回到厂里，把病假单往抽屉里一塞，又去顶班了。

司炉组既要向全厂供应蒸汽，又要管好全厂蒸汽管道。胡阿土经常利用业余时间，绕着全厂蒸汽管道巡视，看到哪一部门、哪一工段用汽不合理，他就主动提出建议。1976年煎老膏的产量比1975年低了，他就主动去调查研究，分析出三条主客观原因，向群众宣传，供领导参考。周围群众亲切地称他"不是委员的委员""不是主任的主任"。

国庆节后的一个晚上，司炉工在中夜班交接时，发现炉壁夹墙的一块耐火砖掉下来了。为了保证安全，当时有关领导建议退火维修，但这样至少会影响三天生产。这时，胡阿土主动与其他司炉工一起仔细分析研究。根据对炉膛的长期观察和实践经验，他们认为这块耐火砖掉落，是因砖上沾满煤渣所致，并不是炉壁全部烧酥的征兆。而且掉砖处又非火苗直接冲射部位，估计在短期内不会出问题。于是，胡阿土向司炉长和厂领导建议不要停产，到周末利用厂休息日再维修。果然，避免了三天不必要的停产损失。

朴实的阿土爱憎分明一身正气。一年夏天，本班有个艺徒突然骑来一辆新自行车，说是向朋友借的，但不久他把车上一只市价3元的电喇叭，以5角钱卖给了另一名青年。这就引起了胡阿土的怀疑，他一面向领导汇报，一面对这名艺徒进行教育，最后查清自行车是这名艺徒伙同他人拦路抢来的。事后，他耐心做这名艺徒的思想工作，帮他从泥潭中拔了出来，重新做人。

"文革"期间，受社会上无政府主义思潮的影响，大炉间也发生过中班工人擅自离岗看电视的问题。对这种情况，胡阿土总是坚持原则，加以批评。个别青年一时想不通，就谩骂他，甚至做出一些出格的事。胡阿土耐心教育，开展家访。由于他的努力，他所在的班组后来基本上消除了违反劳动纪律的情况。

有人对胡阿土半开玩笑地说，"人家小青年，入党几年就担任了领导。你这个老党员、老工人到现在还是普通老百姓"。胡阿土故意一本正经回答："干革命、做工作，不是为做官。"

平凡的岗位，普通的员工，朴实的人品，虽然没有惊天动地的事迹，却在普通的岗位上作出了不平凡的事迹。1977年8月，胡阿土被评为"1976年度市先进生产（工作）者"，他还荣获"全国先进生产（工作）者"称号，出席了全国工业学大庆会议。1979 年、1980 年，他连续获得上海市劳动模范光荣称号。

> 白云奉献给草场，
> 江河奉献给海洋。
> 白鸽奉献给蓝天，
> 星光奉献给长夜。

阿土，阿土，"傻傻"地奉献，敞亮的心灵。

阿土，阿土，当你热爱的企业响起 70 周年庆生的锣鼓声，在另一个世界的你，会不会兴高采烈地胸佩 40 多年前荣获的劳模奖章？你会不会又喃喃自语："入党、做工作，不是为做官。"

第三章
春催改革（1979—1995）

第十六节　体制改革破冰旅

圆舞曲的旋律在欢快地回荡。街头，喇叭裤散发着青春的活力。奇异的蛤蟆镜，让视野平添了几分色彩。

以经济建设为中心，全面改革，对外开放……号角声声。深圳、珠海、汕头和厦门，一个个经济特区在试办。

1978 年 9 月，上海市商业一局党委的一份通知，传达了"市革委会"财贸办党组批复：上海市药材公司新一届领导班子：党委书记李嘉和，党委副书记王永信、沈惠民。

李嘉和，1938 年加入中共地下党外围组织上海学生界抗日救亡协会。1939 年 16 岁的他入党，两年后赴苏北加入新四军。1964 年 10 月转业回上海，在上海石油站和上海药材公司先后担任党委副书记。

校准方向、迈开步履，企业机体的调养也在几年内逐渐进行：冤假错案纠正、文化补课、职称评定、拨乱反正教育、质量管理、职工政治轮训、企业整顿。

1984 年，经济体制改革的步伐加快了。"有计划的商品经济"，使原有计划经济体制下的经营体系面临破局。

李嘉和经理要离休了。非常时刻，登坛拜将不拘一格。上海市医药局领导决定：许锦柏出任上海市药材公司经理。他谦虚地向上级领导表示："我只是经理助理，没当过副经理。在新的经理来之前，我先任副职，但责任我会担起来。"局长十分信任地笑了笑："没问题的，你群众基础好！"

许锦柏多年后才得知，任前干部投票，他得票率超过 70%。

企业改革如何深化？市场竞争又该如何应对？

许经理上任第一把火：委托上海中医药大学定向培养专业人员 40 名。"药材系统长期以来都是师带徒，从业者学历普遍不高，人才培养很重要。"他对症下药。定向培养为公司输送了有生力量，他们中有的二十多年后成为公司掌舵者。

1985 年，上海市药材公司迎来公司成立 30 周年庆典。1 月中旬，为进一步搞活中药市场，公司合资建立了上海振兴中药贸易公司；与市中医学会共同创办《上海中医药报》；公司体制改革领导小组成立，迈入体改破冰之旅。当年，厂长负责制在中药制药一厂试行，两年后二厂、三厂也不甘落后。根据经营权与所有权分离原则，公司与市医药局、财政局签订两年承包经营责任制合同。与此同时，公司下属各工厂也分别与市医药局、市财政局签订承包经营合同。

计划经济时代，中药行业上至市公司，下至区、县公司，是大一统的垂直系统。公司在上海中药系统有着举足轻重的地位。从体制上看，20 世纪 70 年代，区、县公司的人财物由上海市药材公司统一管理，形成了大人事、大财务、大统计的格局。公司管人管财又管物，区、县公司的领导虽然不是直接任命，但是有建议和参考权。按计划经济模式，当时定期召开区县工作会议，通报药材购销信息、经营情况、市场动态、季度销售计划等。一般情况下，外地产品由市公司购入，然后批发到各区县公司零售，主营沪产成药。

改革开放前，市药材公司有五六千人，区县公司有七八千人，总共一万多人。采购销售渠道分为一级站（中央站）、二级站（市公司）、三级站（区县公司）。一级站进货后批给二级站，向各省市调拨，二级站再调拨到各县（区）。上海的一级站曾与市公司在汉口路合署办公。20 世纪 60 年代，一级站派驻人员调回北京，市公司承担了一级站的职能。但中国药材公司还是掌握部分产品，比如进口药和西洋参、沉香、檀香、公丁香等。

80 年代，计划经济结束，批发体制突破了，不分一、二、三级，直接各自进货，上下级公司都是竞争关系。区县公司的市场观念转变要比市公司早，市公司由原来的唯一供应商成了供应商之一，各区县扩大了自行采购的比例，哪里价格便宜就进哪里的货。由于体制的剧烈变化，导致中药行业的垂直领导体系不复存在，区县公司纷纷与市药材公司"分灶吃饭"，严峻的形势逼迫公司进行改革。

曾长期深耕于中成药业务部的方亮指出了"市公司"的尴尬，如当时的板蓝根冲剂，严重冲击了我们药厂的生产，造成自产成药的销售量的下降。公司首先把改革的重点放在经营细分化、业务细分化。1987 年 5 月 5 日，成立中成药业务部，并将宜山路仓库划入，负责上海市场中成药销售，经营体制进一步向市场化转型。

当时中成药业务部经理庄炳高在公司经理室的支持下拍板试点静安区，直供十多家医院，与区县拉开了竞争市场的帷幕，最终确定直供市级医院44家，有华东医院、华山医院、市六医院、上海市第一妇婴保健院、邮电医院等，以沪产成药为主。

走直供医院之路，是对传统计划经济模式的突破，主要在于经营理念的冲破。放下大企业的架子，不以老大自居，直接面对消费客户，一切以客户为中心，以客户的需求为目标，为客户服务。如送货上门，送货到库房货架。在市场经济环境中，不再存在上下级关系，大家都是市场的主体，是主体平等的经营者，是客户关系，一切依靠经济合同维系各自的利益。在销售活动时各自发挥优势，市公司产品齐全、资金充足、送货及时、信息灵通，区县公司则在沪产成药的销售中保证了一定的份额。医院成药直供是个渐行的过程，经过庄炳高、陈军力两任领导班子的努力，从1987年第一家实施直供医院拓展到300家，前后花了整整十年。

随着改革开放的深入，区公司开始逐步脱离市公司管理，包括一直由市公司负责的业务指导。1989年12月28日，上海中药行业协会成立，行业协会承担了业务指导的职责。

1992年，党的十四大确立了社会主义市场经济体制改革目标。秋季，公司实施向市场经济转型的重要举措：中成药业务部宣布，放弃对本市各区县药材公司下达从市公司进货指标的规定，与区县公司建立平等竞争的伙伴关系。次年，中成药业务部更名为成药市内第一分公司，接着沪东分部、沪西分部开业，分公司本部兼作沪中分部。至此，一分公司基本完成全市销售网络体系构建。1993年，中成药第二业务部更名为成药第二分公司，负责本市郊县市场中成药批发业务。

十年间，在由"计划"到"市场"的进程中，公司抢占先机，以变应变，捍卫了行业龙头地位。

第十七节　荧屏广告开先河

1979 年 1 月 28 日，大年初一，万家团圆的喜庆日子。下午 5 点 9 分，上海电视台播出一条广告，同时宣布"即日起受理广告业务"。

一个三口之家，来到商店购买药酒孝敬老人。须发斑白的老人，收到礼物后笑逐颜开，在荧屏中向电视观众展示手中的补酒……

"参桂养荣酒"，这是上海中药制药二厂的"参桂养荣酒"！

一时间，山呼海啸。

这是中国广电界和企业界值得纪念的日子。这条 90 秒短片，开创了中国大陆电视商业广告先河，成为我国广告史上具有里程碑意义的重大事件。

广告是现代社会与经济生活的重要传播载体。近代以来，上海中药业以对外来新事物的接受和理解，尝试运用广告推介企业与商品。19 世纪末，沪上雷允上诵芬堂在街头张贴纸片，宣传自制辟瘟解毒良药六神丸。20 世纪 30 年代，上海市各大药号借助报纸、电台等公众媒体，竞相投播广告。

参桂养荣酒老瓶贴

20世纪60年代中期，商业广告因"姓资"而遭全面废弃。改革开放初期，人心思变，但迷茫和恐惧并未在一夜间消失，人们更多的是选择观望，等待弄潮儿打破禁区。

上海电视台不播商业广告的十几年间，经费依靠财政拨款，自制节目匮乏。转播文艺演出或体育比赛，中场休息时，电视画面往往也"留白"。

1978年，公司工业科负责人童俊伟赴干校学习，与上海市广告公司干部殷修华等人同班。休息闲聊时，两人忆及过去上海市药材公司广告大户的历史，殷修华大吐广告公司现在无米下锅的苦衷，童俊伟表示双方不妨再合作一把。

学习结束，大家返回原单位。没几天，殷修华就陪同上海市广告公司党委书记上门拜访，童俊伟赶忙起身接待，经过长谈与对方达成尝试开发电视广告的合作意向。随后，童俊伟即向公司主管领导沈惠民汇报。沈副经理长期主抓业务工作，对市场和广告的理解十分透彻。征得公司经理李嘉和同意，他一锤定音。于是，由上海市广告公司起草报告、出面联系电视台，报告很快得到上海市委宣传部批准。

公司接到广告批文时已近春节。为赶在春节期间发布广告，公司工业科全体干部被紧急动员起来。

首先是确定投播产品。工业科根据春节的特殊消费时段，确定选用中药制药二厂的滋补养生产品"参桂养荣酒"。

广告脚本由童俊伟和俞安定、徐志峰三人共同构思，并由徐志峰执笔起草文案。这位公司大名鼎鼎的"笔杆子"名不虚传，很快拿出初稿。文案分设四组镜头：顾客购买补酒——携女探访长辈——走进长辈寓所——老人喜笑赏酒。以今天的视角回看，这则我国大陆电视商业广告鼻祖，似乎并没有精致创意和出奇的表现手法。

广告中的演员上哪找呢？为体现保健养生主题，市广告公司请来沪上著名灯艺制作人何克明，这位银发美髯的长者无论外形还是气质，都符合人物形象要求。而镜头中买酒送酒的母女俩，则干脆由工业科干部周敏娟和她漂亮的女儿担当。

至于摄制点，公司几经选择，最后确定以古色古香的百年老店童涵春堂北号为背景。

由于安排得当，整个摄制工作一气呵成，衔接十分顺畅。可就在广告开播前半分钟，上海电视台一名主管技术的负责人节外生枝，弄得操作人员不知所措。在这紧要关头，另一位负责人以广告已经领导批准为由，果断拍板播出。

"参桂养荣酒"广告构思、制作时，中国大陆媒体已掀起广告小旋风。

1月4日，《天津日报》打响恢复报纸广告第一枪。1月14日，《文汇报》发表上海广告公司广告科科长丁允朋的文章《为广告正名》，文章旗帜鲜明："社会上很多人认为广告是资本主义的生意经，是吹牛皮、摆噱头。我认为，对资本主义的生意经要一分为二。要善于吸取它有用的部分，广告就是其中之一。我们有必要把广告当作促进内外贸易、改善经营现状的一门学问对待。广告可以用来促进产品销量提高，指导消费。公益广告还可以宣传好的思想。外商广告可以增加外汇收入、扩大群众眼界。"

当天的《文汇报》也恢复刊登广告。

"参桂养荣酒"电视广告只播了五六次，原先销路不畅、十五六元一瓶的这款补酒，几天之内消费者在上海争相抢购，产品断货。

300元的广告费用带来的却是无可估量的轰动效应和远超预期的经济收益。

公司的广告宣传由此一发而不可收，报纸、广播、路牌等纷纷亮起公司广告。1988年上海中药制药一厂的人参蜂皇浆霓虹灯广告，登顶上海市建筑制高点国际饭店。1995年起，上药牌珍珠粉、雷氏炮天红酒更是高频次地出现于银屏。

公司开创了中国大陆电视商业广告新纪元。

第十八节　拾遗补缺建"贸中"

河南中路宁波路路口，地铁 2 号线出口处，曾是"上海中药贸易中心"所在地。中药贸易中心是公司融入城市改革、走向市场的窗口，见证了上海人养生保健、尊师重教的历史时刻。

1984 年 5 月，"中国第一商业街"传出重磅新闻：南京东路商店全部恢复夜市！

夜上海回来了。发展经济的时代洪流一日千里。

增强企业活力，搞好城市改革，进一步提高经济效益……全国经济工作会议指明了发展多种形式的经济联合体，促进企业由单纯生产型向经营开拓型转变的方向。

改造、振兴上海被列入中国四化建设的大事。在新的历史条件下，方方面面对充分发挥中心城市多功能的作用寄予厚望。

20 世纪 80 年代中期，国内各地中药厂都想进入上海这个大市场。为打通市外产品进入申城的渠道，增加市场供应，让外地、沪产中成药同台媲美，公司决定成立上海中药贸易中心，专门经销外地名特优新中成药和保健品。

1985 年 7 月，上海中药贸易中心在河南中路 506 号挂牌成立。被毛泽东主席誉为"红军书法家"、曾任山东省委第一书记的舒同，挥毫题写了"中药贸易中心"的店招，字体刚劲有力。为筹备贸易中心开业，"贸中"首任经理、老干部倪云洲夜以继日工作，为"贸中"发展作出了重要贡献。之后，公司选派原采购供应科主要负责人乐秀惠出任经理，储运科主要负责人张福敏为党支部书记兼副经理。

贸易中心 70 多位职工来自公司各单位。组建初期，干部和职工普遍产生了负面情绪。他们明白，贸易中心不是流通主渠道，仅仅是"拾遗补缺"而已，栖身于营业和办公场所不足 1 000 平方米的破旧小楼里，简直就是公司的"二等公民"。当时思想政治工作的主要任务，就是克服自卑思想，贸易中心党支部开展了"奉献

上海中药贸易中心外景

事业新天地、人生征途新起点"活动。为了增强职工凝聚力、消除失落感，党支部、工会、团支部还联合举办各种活动，如乒乓球比赛、歌咏比赛、消防比赛、旅游活动等。

乐秀惠经理上任后，时常深入医院调查研究，急医生所急，想病人所想，并到各地药厂考察，积极引进有市场前景的合适产品，为上海市民治病防病提供更多优良保健品。贸易中心经营的品种有江西的金水宝胶囊、厦门的新癀片、桂林的三金片、山东的东阿阿胶等200多个。经过"贸中"培育，这些产品在上海市都成为年销售额超过千万元的大品种。

作为公司对外的一扇窗口，贸易中心在有限空间内辟出400平方米开设门市部，并从各区药店引进一批营业员为骨干，从市医药学校招收应届毕业生充实新生力量。贸易中心门市部按现代化药店要求构思布局，特别强调店堂陈列、橱窗展示和灯光设计，进入"贸中"的顾客有耳目一新之感。门市部陈设按品种划分，如右侧为中成药，左侧为参茸品，中间为名优保健制剂，方便消费者针对性选购。

贸易中心门市部一个重要特色，就是坚持十年之久的"教师节"优惠供应活动。为了发扬尊师重教的新风尚，贸易中心从1986年起举办教师节优惠供应活动，以零售价九折的幅度向全市教师供应各类商品。企业制作了精美的优惠券，通过上海市教育工会发放到全市各类各级学校的教职员工手中。每年9月1日至15日的半个月中，门市部人流如潮，欢声鼎沸，经理室及时发动各级干部和内勤职工一起接待。丰富的商品和优质的服务，给上海市民留下了良好的口碑。此外，贸易中心每年春节前夕举办"拥军优属"优惠供应，也取得了很好的社会效益。

为了拓展经营空间，贸易中心还设立国际邮包业务，把中成药、保健品通过邮局寄往世界各地。据统计，每年邮寄的包裹达上万个，为弘扬祖国中医药瑰宝作出了贡献。

贸易中心富有特色的经营服务受到社会赞赏，1991年贸易中心被评为上海市财贸系统"物价、计量、质量、服务"信得过单位。资料显示，在上海市数以千计的商业企业中，仅有26家单位获此殊荣。

1997年年底，由于公司已开设专营零售的汉光药品总店，为整合市内中成药营销资源，公司决定将贸易中心零售业务转入汉光药品总店，批发业务并入成药一分、二分公司。上海中药贸易中心撤销，人员并入相关单位。

第十九节　实体公司聚合力

改革开放的胆子要大一些，敢于试验，看准了的，就大胆地试，大胆地闯。1992 年 1 月 19 日，"南方谈话"发表，改革开放的冲锋号吹响！

5 月 8 日，嘉宾云集的一天。

工商结合，资产经营一体化、实体性的上海市药材公司挂牌成立。许锦柏任总经理，王琏真、李锭富、沈平孃、钱贯华、丁建弥任副总经理。

时任上海市人大常委会副主任李家镐、市政协副主席陈灏珠、国家中医药局副局长张洪魁、中国药材公司副经理陈文定、市医药局党委书记俞德雄等纷纷到场，祝贺上海市药材公司兴旺发达。

按整合方案，实体性公司麾下的上海中药制药一厂、二厂、三厂和中药机械厂取消独立法人。

实体性，来之不易的实体性！

捏紧拳头更有力

"国家大型二档企业"，这是国家有关部门对上海市药材公司申报企业类别的批复。此时，北京同仁堂、天津达仁堂都是"国家大型一档企业"，而这两堂的经济体量总和也赶不上上海市药材公司。这个结果曾让多少人五味杂陈。

公司此时有五六千名职工，还有中药制药一厂、二厂、三厂，中药机械厂，天云保健品厂，五大仓库和车队等，集科工贸、产供销、农工商于一体，具有独特的综合优势。

大型一档、二档，争的绝不是面子！它涉及国家投资、行业规划、设备安排、科技投入等一系列的战略考量，是企业必须力争的基本发展要求。

问题的症结由来已久。

公司 1964 年归入上海市商业一局，走上了工商发展的快车道。上海市医药管理局为解决"重西轻中""重工轻商"的问题，要求公司工商拆开，让中药制药一厂、二厂、三厂独立参与市场竞争，独立上报报表。

工商结合、资产经营一体化，是公司从创业到建立上海现代中药工业体系的历史选择。中药行业有其特殊性，"捏紧拳头更有力"。在事关公司未来发展的关键时刻，时任公司总经理许锦柏找到上海市经委领导，阐述自己的见解、分析工商结合的重要性……

上海市经委领导听了汇报，当即表态力挺："类似科工贸、产供销、农工商于一体的企业形态，正是我们求之不得的。你们的产业链很好，应当成立实体性公司。这是'踏破铁鞋无觅处，得来全不费工夫'的好事，怎能轻易放过。"

于是，公司的申请报告，由上海市经委转给上海市医药管理局，经医药管理局批准同意。"一体"还是"独立"，终于尘埃落定。

无工不稳　无商不富

"药材公司无工不稳，无商不富。"实体性的优势在老药材人眼中比比皆是。

公司从建立起其实做的是期货生意。药材是农副产品，有赖天时地利等因素。有一年，云南三七大丰收，公司以每公斤 30 元的价格大量收购，确保了药农的利益。三年后三七货源大减，公司储存的这批三七，价格上涨到 130 元一公斤。投放市场后既平抑了紧缺药材的价格，又收获了可观的经济效益。

有了这样的底气，上海抗甲肝期间，公司承担了社会责任，紧急调拨大量药材投放市场，保证了药厂生产供应，保障了人民群众的生命健康，短短几天内亏损 150 万元也在所不惜！

中药是特殊商品，必须有一支专业的采购队伍，具备独到的眼光和魄力。从认药、采购、储存、保管、养护等，中药材管理同样如此。成立实体性公司，工业原材料直接由商业提供，中成药产品直接由商业代理销售，优势互补。

1993 年 4 月，中药制药二厂生物制剂车间项目竣工。该项目投资 338 万元，建筑面积 2 600 平方米。产能规模为年提取量 600～1 000 吨、针剂 18 万瓶、口服液 100 万盒。

公司最终完成按中药材、中成药、参茸、保健品等不同分类，集采购、销售、储运等经营全要素配置，实行单独核算的经营组织，组建了成药市内第一分公司、成药市内第二分公司、药材采购供应分公司、药材供销分公司、神象参茸分公司、旅游保健品分公司、外经贸分公司和中药贸易中心 8 个经营单位，"实体性"加快了经营体制重大改革的实现。

1981 年，公司工业产值达 1.2 亿元，占同期全国中成药产值的 10.01%。1985 年，上海中药制药一厂产值 6 606 万元，保持全国第一。1992 年，全国中药工业企业销售收入前 20 名揭晓，上海中药制药一厂以 1.1 亿元名列第 5，三厂、二厂也均进入前 20 名行列。

由国务院发展研究中心、国家统计局共同举办的中国 500 家最佳经济效益工业企业评比，公司获 1993 年"全国 500 家最大工业企业""行业 50 家最佳经济效益工业企业""地区 50 家最佳经济效益工业企业"称号。

1996 年 2 月，国家中医药管理局公布全国大型中药工业企业名单，公司被列入"国家大型一档企业"。

实体性公司成立四年后，公司于 1996 年再创佳绩：完成工业总产值 6.6 亿元，同比增长 22.8%。其中实体性公司完成 4.73 亿元，同比增长 19.3%；完成商业总销售 15.5 亿元，同比增长 24.8%。

第二十节　神象兴起健康潮

透过高大的玻璃幕墙，3月的阳光送来了温暖。

一位位女同胞身着大红毛衣，会议大厅喜气洋洋。"奋进七十　阅见美好"国际劳动妇女节庆祝大会正在举行，这也是上海市药材有限公司成立七十周年庆典启动仪式。

欢笑声中，夏霞云手执讲稿走上讲台。一条米色格子长围巾，披在她的红毛衣上，快人快语的昔日女将，年过八十豪情依然。

春节前，夏霞云接到了公司领导的电话，邀请她出席这次活动并发言，谈谈"神象"品牌的创立。她有些"出乎意料"：退休25年了，大家还记得我……

以前发言，她从不打草稿。可这次夏霞云认认真真起草发言稿，请女儿帮忙打印。

20世纪80年代初，公司参茸业务部成立，从中药学校毕业即进入公司的夏霞云被委以重任，担任经理一职。当时各区县纷纷自行采购，从产地铺天盖地涌向申城的生晒参，被贱卖到三四元一两，参茸业务部销量下滑、100多吨人参积压、4700多万元资金被套，直接导致亏损。同时，由于没有品牌，各区县自行采购的人参与公司参茸业务部的货源无法区分，潜在的质量风险更是难以避免。在"寻求新路"的探索中，"品牌意识"隐隐萌发。

1988年年初，在公司管理层的领导下，参茸业务部领导班子集体讨论，依靠完备的加工能力、完整的经营品规之优势，酝酿上市人参小包装商品，也着手注册了"神象"商标。"神"寓意"精气神"，"象"更是"长寿、脚踏实地"的象征。为了选择一头合适的"象"，大家集思广益，最后共同认定以"稳重、踏实"的成年大象，表现品牌的"靠谱"和"货真价实"。

一家商标设计事务所，设计了以"神象"汉语拼音首个字母S和X艺术化组合而成的商标。设计方案很快拍板定稿。1989年2月10日，经国家工商总局商标

神象参茸分公司原址1：延安东路175号（1981年）

局核准，"神象"商标正式使用。

"神象"商标及其小包装商品的创立，打破了市场历来以参茸原货上柜的传统，开创了这一领域品牌营销的先河。

夏霞云说自己每次谈到"神象"都无比自豪：我们将"神象"品牌在所有消费品类上全面注册，具有一定的超前意识，也表明我们药材公司在设立品牌之初就有创立"大品牌"的决心。现在看来，正是当初的这种意识和决心，才确保了"神象"品牌至今独一无二。

在生晒参上"栽了大跟斗、陷入最困难时期"的参茸部，急需靠新品种打翻身仗、打响"神象"品牌的第一枪。参茸部瞄准了市场新宠"西洋参"。

夏经理想到了公司"定向培养"的上海中医药大学毕业生："张聪，你赶快去广东！现在参茸部'窟窿'这么大，你要在西洋参上打开一条生路。"

张聪在广东一待就是几个月，西洋参的新兴进货商确定了，不但能保证质量，而且从没吃进高价货。经消费引导，上海市场西洋参的销路打开了。"神象"西洋参的销售从最初的三四吨，扩大到年销售量超百吨。西洋参让"神象"品牌家喻户晓。

"神象"品牌建设轰轰烈烈，营销纪录迭创新高。

虹口体育场，足球甲A赛场竖起"神象"标语牌。

神象参茸分公司原址 2：人民路 324 号（1996 年）

1994 年冬，神象参茸分公司与《消费报》报社在上海市 22 家药店联袂推出"西洋参真伪鉴别义务咨询"活动。短短几天，全市 1.5 万余人次前往咨询，其中 300 多人还携带实物请求现场鉴别。公司领导、专家和业务员 60 多人轮流上阵接待。两个月内，"神象"西洋参创下 5 000 万元的销售纪录。

"夏令进补"曾被许多人视为"浪费"之举，但神象分公司通过普及中医补养理论，告诉市民夏令更应进补。夏季"神象"主题宣传活动，使西洋参夏令销量达到 10 吨，创造上海市民"伏补"新纪录。

几年间，上海市民对"神象"品牌从陌生到熟知、从熟知到厚爱。资料显示，90 年代初期，"神象"参茸品在上海市场占有率高达 60% 以上。

为进一步提升企业形象，参茸分公司又主动导入 CIS（企业形象识别系统）战略，把品牌建设推向更高的文化层面：勇于承担社会责任，以丰富的专业经验，积极协助市工商、技监等部门"打假"，维护参茸市场秩序；1995 年以来，参茸分公司多次被上海市经委、财贸办授予打假先进集体；2004 年起，公司编写《家庭常用人参事典》《名贵中药的家庭进补》等读本，向社区居民免费发放，宣传"飞入寻常百姓家"的参茸保健品的科学服用方法。

"有了市场知名度，总想更进一步去获得名牌商标。但当时，对于一个没有特别技术含量的所谓'农副产品'如何获得'名牌认证'，我们也只能是摸石头过河。""可以说，'神象'名牌的获得凝聚了一代'神象'人的心血。"夏霞云又向大家介绍起"神象"创名牌的往事，"在这个过程中，张聪承担了'技术攻关'的重要工作，一次次登门拜访老专家，获得权威认证。20世纪90年代的名牌评选还有社会投票的环节，选票就刊登在当时发行量最大的《新民晚报》上。在我们'神象'党政工团动员下，'神象'员工发动所有的亲戚、朋友、邻居，甚至是亲戚的朋友、朋友的邻居、邻居的亲戚为我们投票。"

经过历任领导班子的不懈努力，拥有12大类、300多种规格的"神象"商品美誉度与日俱增。在连续多年被评为"上海市名牌产品"基础上，"神象"商标在创立二十多年后的2012年，被国家工商总局授予"中国驰名商标"，这充分体现了社会对"神象"品牌及其产品的高度认可。

"神象"获得"上海市名牌产品"荣誉后，社会上杂牌也不断涌现，产品更是鱼龙混杂。公司班子日思夜想，如何让"神象"成为高档保健品"第一品牌"，如何把专业性最强、价值最高的"野山人参"做到与众不同、独树一帜？

每个人都有"身份证"，为了保障"神象"野山参的质量，能不能给野山参建立"参份证"，让每根整枝神象野山参都有据可查、有源可寻？在一次工作例会上，"神象"领导班子对这一设想展开了热烈讨论。

一次次的"头脑风暴"之后，进货、质检、加工、电脑、营销、销售等部门群策群力、通力合作，"异想天开"的火花终于变成了现实。

在拍照还需要胶卷、电脑尚未普及的年代，建立数据库、追根溯源的超前之举，开创了行业的先河，直到多年以后才被珠宝等其他行业效仿。

"参份证"不但大大提升了"神象"野山人参的市场认可度，在相当长的时间杜绝了假冒产品，更使"神象"成为全国唯一获国家药监局、上海市药检所免检的野山人参品牌。说到"野山人参"，人们至今第一个想到的是"神象"品牌。现在，看到各种扫码溯源的产品，神象职工值得骄傲：我们"神象"才是鼻祖啊！

"在经营过程中要有超前意识，要敢于'异想天开'，善于抓住突发奇想。我们面临的任何一个小转折、小决定，当时可能不起眼，但回过头来看，或许就是具有里程碑意义的。我想，在现今高速发展的网络时代更是如此，任何一个小的契机，抓住了就是崭新的篇章。"曾长期从事政工工作的夏霞云颇有"煽动性"。

"神象"商标代代相传，夏霞云为"神象"品牌获国家商务部批复，取得"国家老字号"认定而欣喜。回想当年与"神象"同时代的"鹰牌""嘉美""金日"等早已退出历史舞台，而"神象"始终屹立不倒，她为几代"神象"人的共同努力而感慨。

演讲结束前，夏霞云说，"是公司的培养和'神象'的平台，也是时代给了我机会，我才能做点事，离开'神象'我将一无所用"。

话音刚落，全场一片掌声。

第二十一节　仓库也有大作为

一

"生命是唯一的财富。"一位西方理论家曾如是说。

药物能维护生命系统运转、抵御疾病、拯救生命。

药品、药材生产及仓储意义非比寻常。当瘟疫发生、灾难降临，人们的感受尤为真切。

1987年12月中旬起，上海不少医院腹泻病人大增。新年的钟声余音缭绕，病例爆发式上升。

正在黑龙江出差的汪承先，从新闻报道中得知消息后日夜兼程赶回上海。一下火车，他直奔中山西路仓库，发布指令："只要有一个客户没走，就不能下班；仓库职工，不管是谁，哪里需要就到哪里干！外地来车随到随卸，客户来车随到随装。"

汪承先精明干练，发型帅气，透着几分军人气质。汪支书一声令下，"中库"立即进入"紧急状态"。

"感谢各省市支援"，仓库大门口拉起了横幅，接待站全天候迎接外地车辆。

球蛋白、一次性注射器、茵栀黄注射剂、板蓝根、感冒冲剂、茵陈汤、半夏露……一夜之间身价倍增。在民间，一包才一角左右的板蓝根，因为有防甲肝、治感冒的功能，有人不惜以一包十来元的进口烟相换。

把黄连、大黄、甘草等几味清热解毒的药材放在一起，煎制成汤药，上海卫生部门推广起"大锅药"。

公司与上海医药采购供应站、市医公司联合行动，一个半月内从外省市调入药品、药材共4 000多吨，为平时的20倍。

上海中药制药一厂从1月中旬开始加班，春节马不停蹄，茵栀黄注射剂一个月产量超过前三年总和。

媒体形象地报道:"半月吃了一年药""十天倾出万米仓"。

当时,市政府把"中库"作为上海供应甲肝用药的主要基地,大量采购、消耗的药材,加大了仓储吞吐量,每天的进出货量急剧增加,大大超出了仓库的吞吐能力。1月下旬,"中库"病倒的职工超过十分之一,可谓雪上加霜,但这家全国闻名的红旗仓库职工没有躺倒。他们为保证市场供应,天天加班加点,满负荷工作,涌现出许许多多感人的事迹:女驾驶员赵某的爱人得了甲肝,她为了争分夺秒抢运货,把丈夫交给了公婆;女调度员李某的妈妈染上了甲肝,她义无反顾地把妈妈托付给弟妹;女保管员张某的女儿患上了甲肝,她让丈夫独自带着孩子去治疗。"药库三姐妹"的新闻,通过媒体在上海医药界传为佳话。

生命的长短用时间计算,生命的价值用贡献计算。

据时任上海市副市长谢丽娟32年后回忆:

> 经历过那场肝炎大爆发的人,都知道一种据说可以防治甲肝的"神药"——板蓝根。
>
> 其实一般情况下甲肝病人是会自愈的。西药里也没有治疗它的特效药,治疗过程中也不过是吃一片维生素B、两片维生素C。有时候病人实在恶心呕吐得厉害,为了防止脱水,就输一点液。虽然板蓝根未必多么有效,但因为有了"吃中药板蓝根可以防治甲肝"的传言,一时间,全国各地的板蓝根几乎都向上海运输。尽管价格不断上涨,依然供不应求。
>
> ……
>
> 上海食用毛蚶计有230万人,患病者35万,最后只有28个死亡病例,最终死亡率是万分之八,按照国际标准来说是非常非常低的。我们国家卫生部的领导和专家后来参加了一次国际防治甲型肝炎的研讨交流会,与会的外国专家认为,我们的应对经验是非常宝贵的。

2月17日是春节。这一年,邓小平又一次来到上海过春节。那几年他都是到上海来过春节的,当时市里也作了考虑,劝老人家今年不必来了,但小平同志表态还是要来。

小平同志来上海过春节,当时影响蛮大的。市里要求,为他提供的餐饮要特别注意。此外,他每年到上海都会参加一些群众性的活动,看完演出之后会和演员握手。那这一次握手就免了，这个老人家也同意了。他的到来起到了稳定人心的作用，告诉人们，当时的上海不是一座"瘟城"。

在兄弟省市支持下，公司 1988 年首季供应全市药材 145 万公斤，成药 1 493 万瓶（盒、袋）；茵栀黄注射液全年供应 15.94 万盒。

在这场关乎市民生命的保卫战中，公司中山西路仓库作出了特殊的贡献。"中库"的出色成绩受到了上海市委市府的高度评价。市委组织部将此拍成录像片，在当年的上海市纪念"七一"大会上播映。时任市委书记江泽民、市长朱镕基等与会观看。

二

甲肝疫情期间，外马路仓库 200 多名职工竟然有 38 人被感染，患病率高达 18.5%。"外库"隔离自救，"特别护理组"的故事尤其感人。

当时，医院病房一床难求，大多数染病职工又缺乏家庭隔离的条件。仓库党支部紧急作出决定：企业自救！

后勤部门迅速施工，仅一昼夜工夫就将上下两层的职工之家改为隔离室，安排了 30 多张临时病床。但护理人员上哪儿去找？谁愿意与患者"零距离接触"？

他们愿意并挺身而出：共产党员俞爱琴、王素珍、沈耀珍、胡昌明等 7 人，主动请战担任护理员。这些医学、药学专业出身的同志，何尝不知甲肝传染的剧烈性，又何尝没有诸多家庭困难？但为解救患难中的员工兄弟姊妹，他们毅然担当起这份责任！

在三十多个昼夜，7 位特别护理员"三班倒"，送药、端水、喂食、清洗，以及处理污水、粪便，揽下患者生活与治疗的全部杂事。患者情绪相对急躁，护理人员耐心开导，周全服务。职工小钱的母亲早逝，这次与哥哥同染甲肝，因准备不足，他只带着单薄的被褥进了隔离室。寒流袭来，护理组长俞爱琴立即送上垫被和热水袋。有一天下午，一名患者发烧，6 位护理员寸步不离地守候在他身边，严密观察病情。晚上 10 点病人体温升至 39 度，护理组成员请来医生会诊，待病人脱离危险安然入睡时，已是凌晨两点。

护理组的每一位成员都有着感人的故事。

中山西路仓库

　　医务室王素珍医生的丈夫刚从部队转业，夫妻俩原打算春节回乡，与分别多时的双亲团聚。作为外库的"资深"医师，王素珍深知自己重任在肩，她当即把车票退了，让丈夫带着两个孩子回老家，自己一头扑进护理组。

　　年轻的沈耀珍医生曾两度早产，甲肝暴发时身体还未复原，父亲又患糖尿病住院，但她克服困难坚决加盟护理组。除夕之夜，飘起大雪。小沈与仓库党支部副书记毛羽丰推着自行车，赶往解除隔离的职工家探视。当他俩艰难地在雪地上行进时，新春的钟声响起……

　　人事干部胡昌明的老母亲常年患哮喘，每天都由儿子做饭。小胡买来电饭煲，让母亲亲自打理，自己坚持在护理组为病友服务。

　　两个月后，"外库"染病职工全部康复。

　　临时隔离室空了，大家的心贴得更紧了。

　　1986年3月，中山西路仓库、外马路仓库被国家医药局评为全国医药商业"四好仓库"。两个仓库不是独立单位，也不是法人单位，却被破格命名为"上海市文明单位"，荣誉的含金量可见一斑。

三

　　在公司五大仓库的历史上，不乏动人的事迹和感人的故事。

　　关键时刻挺得出，危难时机打得赢！

军人的作风、军人的传统，从 70 年前公司诞生起就融入创业精神，代代传承。

注重队伍建设，干部以身作则。有一年，"中库"与武警军民共建，合养生猪。春节前，其中的十头生猪分给了"中库"，宰杀后给员工改善生活。当时，猪肉要凭票供应，员工个个喜上眉梢。分配时，仓库党支部书记汪承先、副主任乌新海、李锡康等决定，把猪肉分给员工，而管理人员正好十人，就每人拿一个猪头。消息传出，员工个个跷起大拇指。"十只猪头的故事"，成为上海工业系统干部廉洁的典型。

干部吃苦在前、享受在后，号召也就一呼百应。抓员工行为规范，每个岗位都制定了行之有效的一句话。电话总机：三声铃响，必有应答；机修工：接到报修指令，十分钟内到现场……日常考核，与员工业绩挂钩、与收入挂钩、与诚信挂钩。

既按章办事又人性化处理，管理的艺术！有位班组长上班时间给组员理发，被仓库主任发现。按规定这是违纪，应立即制止，但李锡康主任心想，头剃了一半，如果马上制止，员工势必顶着阴阳头去工作，这会使违纪者很难堪，也会在员工中造成负面影响。于是，他让班组长静下心来把头剃完，而且要认认真真地剃，该洗头的还要洗，等全部剃完了再去工作。当然，按照规定，事后这两人都受到了批评。

中央党校调研组的同志专程去"中库"采访了此事，还写了篇报道《阴阳头的启示》。据说，后来还作为案例被天津市总工会收录在相关材料中。

"中库"是首批上海市文明单位并蝉联多届。1986 年 10 月，被国家医药局评为"全国医药系统先进集体"，多次被评为国家医药局"四好仓库"。为"中库人"这块金字招牌呕心沥血的刘承昌、周松茂、朱福荣等历届领导始终被大家铭记。

四

外马路仓库主要储存贵稀药材，职工技术好、专业精、业务强。仓库出了"金状元"方伟德。

20 世纪 70 年代初，方伟德进外马路仓库时才满 17 岁。与药相伴，常常会拈一身灰，出一身汗，还会被熏得满身药味。但与师傅江立钧一样，小方深深地爱上了中药这一行。十几年间，他先后在保质组、进仓组、验品组、小仓组干过。在师傅点拨下，勤奋好学的方伟德成了位多面手，在业务技术中脱颖而出。1987 年，在上海市医药局操作比赛中,他一举夺得中药材鉴别和打包(装箱捆扎)第一名。赛前,为展现仓库职工风采,他冒着酷暑赤膊苦练,两手布满血泡,鲜血淋淋,让师傅又疼又爱。

1991年1月,上海市青年联合会等举办"上海市百里挑一金状元奖中药材鉴别大赛"。强手林立,要不要参加?方伟德用犹豫的目光注视着师傅。"机会难得,要相信自己,要敢于搏。"江立钧勉励道。

师徒俩合力精心备战。

决赛开始,方伟德在十几分钟里连续得到四个10分,最后仅用19分31秒就鉴别完100种药材,以95.5分夺得金状元奖。

方伟德完成了上海医科大学药学专业的学业后,走上了仓库业务科长的岗位。难怪老法师顾孝铨会相中这位金状元。

外马路仓库杨家渡分库,坐落在黄浦江畔上港一区和七区的辖地内,是公司租赁的中型药材仓库,仓储面积1.1万平方米,商品储存量5 000吨。1978年分库被评为"上海市双学(工业学大庆、农业学大寨)先进集体"。

分库以"提高药材储运质量,提高全员劳动生产率"为切入点,将全库流水作业链按工序排列,划出作业交接点,重新制定分唛、验品、司磅、进仓、堆垛、翻桩、出货、核对等工序名称;随后通过将全部作业量拆分为6 500个细项,以此确定各工种合理的劳动定额,并制定了相应的作业质量标准。

在此基础上,分库设计了随货同行的作业流转记录条,作业人员每流转一道工序,都要在凭条上留下相应的流水记录,如作业员工号、员工劳动量、货物身份、流传过程,大伙戏称它为"质良通行证"。这一可核查、可量化的质量管理法,交全体员工讨论通过后付诸实施。

管理也是生产力,这在杨家渡分库试行"质良通行证"的管理改革中得以显现。"质良通行证",不失为公司仓储管理中的精彩一笔。

位于上海西南一隅的关港仓库以严格管理、严格要求出名。仓库主任厉震华雷厉风行、敢作敢为。每天上班前,他要对仓库的角角落落巡视一遍,若发现隐患、漏洞,当即对随行的股长提出要求,落实整改时间和整改标准。对仓库中层干部,如有问题他也会当面指出,面对面要求整改,不能整改的则调动其工作岗位。曾有职工反映,食堂组组长午餐时违反纪律饮酒,厉震华得知后,以党支部书记名义找这位组长谈心，限时整改。

沪闵路仓库、宜山路仓库都是极具规模的大型仓库，一个储存原药材、一个储存中成药。原药材仓库脏累、条件差，药材要摊晒，要防霉保质，可谓晴天一身灰，雨天一身泥。在没有机械化的条件下，百把斤的货堆全靠人力搬送，仓库主任李荣根、支部书记陈琳根和职工们经常一起搬运和摊晒药材。沪闵路仓库职工以吃苦耐劳闻名。储存中成药的仓库，要求高、标准细。宜山路仓库是公司最早采用电脑开单等现代化管理手段的单位，当时仓库的党支部书记庞纯认为，这一管理手段是提升企业工作效率的重要抓手，能够确保安全、准确、高效地把药品送到用户需要的地方。

仓库似乎"不起眼"，但是仓库职工在默默无闻的岗位上作出了了不起的贡献。

第二十二节　整体营销多重奏

商品、价格、渠道、推销，这样的生意经，连贩夫走卒、引车卖浆者也不陌生。

世界上最伟大的销售员、营销大师菲利普·科特勒 1992 年提出的整体营销理念，成为跨世纪营销新观念。

营销活动应该囊括内外部环境的所有重要行为者：供应商、分销商、最终顾客、职员、财务公司、政府、同盟者、竞争者、传媒和一般大众。

"优秀的企业满足需求；杰出的企业创造市场。"——科特勒的名言激发了无数企业家和营销人员的激情。

在上海市药材公司，一场整体营销多重奏吹响了。

改革开放初期，旅游保健品分公司以涉外药房、商厦为主要对象，一些精包装的商品如安宫牛黄丸、片仔癀、六神丸、珍珠粉等，以旅游保健品名义在上海锦江饭店、华侨商店等场所销售，顾客须凭外汇兑换券购买。随着商品的丰富和市场的繁荣，"旅游保健品"放下了高贵的身价，逐渐平民化，外汇兑换券也最终被作为收藏品。

1995 年 7 月，公司将进退维谷的旅游商品分公司交由成药一分公司管理，孙帆担任执行经理。这一调整实为多重奏的引子。几个月前，成药一分公司经理陈军力经一系列调研，主动请缨开发珍珠粉市场。

珍珠粉在我国药用历史久远，古代典籍多有记载。近代梨园名伶服用珠粉养颜的故事，更在民间流传。20 世纪 80 年代，随着国民养生需求升温，保健品走俏市场，可质量响当当的上药牌珍珠粉市场依然低迷。

公司总经理认真"纳谏"，决定成立由副总经理李锭富负责的珍珠粉整体营销领导小组，凝聚原料采供、生产保障、科研开发、市场营销等全链营销合力。

李锭富对珍珠粉整体营销曾记述道：1992 年公司实行工商一体化，计划经济

公司冬旺销售动员大会（1993年），左起：李锭富、许锦柏、孙尔康

模式逐渐打破，西药发展较快，药材公司拿不出拳头产品参与竞争，压力很大。在分析市场后，决定把生产销售珍珠粉作为突破口，创出品牌，占领市场。当时药材销售分公司有着大量珍珠库存，而珍珠原料市场变化起落很大，一公斤价格由原先一千多元跌到了几百元；改革开放后养颜美容被广大女性所接受。公司策划珍珠粉营销策略，打出"上药"牌商标作品牌，改进生产工艺制作"超细"珍珠粉，实行"人无我有，人有我优"的差异化营销，以"老牌子"来吸引顾客。

"酒香也得勤吆喝。"可谁来吆喝、吆喝成本又由谁来承担？

首先广告费用哪里来？财务部门提出：没有销售利润，哪能先付钱投广告？面对这个难题，由职能部门牵头协调统筹，在公司内部产供销分工合作，明确责权利，发挥一体化优势。药材销售分公司以不变价供应珍珠粉原料，并承担前期广告费用。产品由成药一分公司统一销售，所得利润产供销共享。

按照整体策划方案，当年营销部门以1 000余万元市场费用的追加投入，拉动销量快速增长；原料部门将增加珍珠原料供应的超额利润，转拨营销单位使用，从而解决了整体营销的"第一次推力"。

以老上海黄包车渲染"老牌子，靠得牢"的珍珠粉电视广告，走红上海滩。

经一系列运作，药材销售分公司消化了库存，工业生产运转正常，销售量上升。兼顾各方面利益，发挥整体优势出击市场，打响了上药牌珍珠粉的品牌。

上药牌珍珠粉当年销量5 260万支，同比激增64%，被评为1995年度上海市名牌产品。

1996 年 1 月，旅游保健品分公司正式划归成药一分公司。年初，上药牌珍珠粉推广项目获上海市经委企业现代化管理成果三等奖。

整体营销多重奏高潮迭起。曾经"高高在上"的珍珠粉，亲和地来到了超市、大卖场。当"最终客户"——广大普通民众蜂拥而入，销售数据自然而然地产生了变化。

珍珠粉整体营销项目实施的 1995 年至 1998 年间，产品年销售额从原先 2 000 余万元增至 7 000 多万元，年均复合增长率达 34%。

与此同时，产品科研也取得了重大突破。1998 年年末，由上海中药制药一厂研制的细度相当于 2 000 目的超细珍珠粉问世，公司在新落成的上海大剧院举行新品上市仪式。《新民晚报》等在头版显著位置进行了报道，上药牌珍珠粉市场声誉大振。

珍珠粉整体营销是公司在新时期市场经济方兴未艾的发端期，首次实施的全方位立体合成战。收获不仅在于显著的市场成果，它更为此后公司经营体制的改革提供了有益的启示。

2001 年 12 月，全球顶尖营销顾问公司——科特勒营销集团总裁米尔顿·科特勒来到上海，其兄的整体营销理论仍在经济领域炙手可热，而在令人眼花缭乱的营销浪潮中，上药牌珍珠粉却"温文尔雅"地渐归平静，留下诸多遗憾……

第二十三节　引进改造促升级

十一届三中全会后，中国融入世界的步伐加快。从发达国家大规模引进技术、设备和管理经验，促进了我国工业技术整体进步。

在计划经济时期，不得不在相对封闭环境中自主研发的上海药材业，迎来了加大投入、加快改造，以先进工业设备、技术促进产业升级的历史机遇。

当国门打开，相较于矿山机械、化工机械、发电设备、机床、汽车、飞机、船舶等重要国计民生领域技术设备的引进，公司却没有展现"敢为人先"的急迫性。

在最初几年，我们看到的依然是"以我为主"的从容。

1978年，中药机械厂试制成功新型粉碎机、设计制造SQA双缸球磨机，细度在200目以上；1980年10月，商业部三年前批准的中药制药二厂复方丹参片、穿心莲甲素等新产品投产项目醇溶液提取车间建成，投资53万余元。同月，中药制药三厂猴菇菌片新生产设备工程完成，年生产200万瓶。12月，中药制药三厂密闭粉碎钢丝气流分筛流水生产设备建成，投资177万元，改善了劳动条件。

1982年起，中药制药三厂实施工厂总体改造。至1987年，共投资748万元，建造综合楼和提取楼，新建锅炉房、废水站、冷却泵房、变电所，提取车间采用了遥控自动装置。中药制药三厂从联邦德国、日本引进了胶囊分装机、流态床制粒机等装备。1982年3月，中药制药二厂完成药酒车间技术改造，将传统的"静态冷浸提取法"改为"动态冷循环提取法"。新工艺提高了产品质量，缩短了生产周期。

1983年年底，中药制药二厂、三厂糖衣片生产工段技术改造，采用程序控制薄膜包衣新技术。

经过长达五年的"调理"，"进补"的力度才开始提升。

1983年，中药制药一厂从日本引进中药水提取生产成套设备和干式造粒机，从联邦德国引进流动层造粒机，总投资人民币193万元。中药制药二厂从联邦德国引进喷雾干燥制粒机。

1984 年，中药制药三厂从日本引进冲剂生产关键设备：沸腾状一步造粒机、小型流动造粒机、自动铝塑包装机；中药制药一厂签订从日本引进提取及喷雾干燥设备，合同金额约 50 万美元。从联邦德国引进洗瓶、干燥灭菌、灌装、加盖、贴签等口服液流水线设备，从香港引进反渗透水处理设备，总投资人民币 826 万元。

"膏药王国"与日商签订引进巴布剂生产技术和关键设备合同的两个月后，1986 年 11 月，中药制药二厂从瑞士、意大利引进生物制剂设备：蛋白质和氮测定仪、灌装锁茎机。

大量国外设备落户兄弟厂家，中药机械厂没有无所作为：中药粉碎机向系列化发展，组合式高速粉碎机生产细度 50 目～250 目，产量每小时 10 公斤～80 公斤；1988 年从日本引进造粒机组，通过消化吸收，完成新型湿法造粒机、破碎造粒机、颗粒整形机的设计。

1989 年 9 月，中药制药三厂从日本引进高速搅拌机组、滚压涂布排列机组、密封纸包装机组、测力传感式自动重量分类机线等。1990 年 7 月，中药制药二厂从意大利引进两台灌装锁盖机，设备投产后，口服液安瓿瓶盖开始改成铝轧盖。自此，公司中药厂家设备引进告一段落。

与此同时，商业基建在沉寂十年后再度发力。1991 年公司受让占地 19.27 亩的关港仓库，并列入上海市经委改造项目。改造后该库建筑面积 2.23 万平方米，总储能力 2.1 万吨，成为公司重要的仓储基地。至此，公司总仓储面积超过 10 万平方米。1992 年公司与中国药材公司合资，在浦东陆家嘴开发区开工建设华诚大厦，项目占地面积 3 574 平方米，建筑面积 1.78 万平方米，总投资 1 亿元，是公司历史上投资额最大的商业项目，1994 年年底投入试运营。

实体化公司成立的第二年，公司的人工麝香、银杏叶制剂和长春西汀制剂开发项目，中药制药一厂的片剂薄膜包衣等四大剂型生产流水线改造项目，列入上海现代生物与医药产业第一期实施项目，总投资高达 8 000 万元。

1995 年 12 月 28 日，按 GMP 规范设计、投资 1 000 余万元的上海市中药研究所制药厂人工麝香和激素合成工业性试验项目通过竣工验收。产品由中国药材公司负责统一协调安排、生产、收购、销售。

引进先进技术，更新生产装备，扩大基建投资，加快产业升级，是公司新一轮工业和商业改造的特点。

从 1981 年中药制药一厂首次引进日本包装机，各药厂大规模引进国外先进生产装备。十年间，先后从日本、联邦德国、美国、意大利、瑞士等国引进设备和仪器共计折合人民币 2 073 万元。同期，中药研究所引进设备和仪器 112 万元。

为加快科研成果产业化，公司还重点安排一批技改配套项目。其主要有：1986 年中药制药三厂建设药用真菌发酵车间；中药制药一厂扩建合成车间和液体制剂大楼，建筑面积 9 500 平方米，年产人工牛黄和熊去氧胆酸 6.9 吨、口服液 11 万吨、水针 1 亿支；1989 年中药制药二厂上马生物制剂工程，年产口服液 100 万盒。

此外，1990 年组建上海中药研究所制药厂（后更名杏灵科技药业），生产人工麝香原料药等创新药物，标志着公司跨入现代高科技中成药生产序列。1991 年成立上海雷允上制药厂，从承接各厂转移的散剂、胶囊剂生产起步，打造富有特色的中成药企业。

第二十四节　人工麝香摘明珠

联合攻关柳暗花明

麝香，珍贵药材，在我国已有两千多年应用历史。它具有开窍醒神、活血通络、消肿止痛的功能，用于治疗各种疾病，特别是对不少疑难杂症具有独特疗效。

《全国中成药处方集》收载的 2 600 多个方剂中，有 295 种以麝香为原料。经典名药六神丸、安宫牛黄丸、苏合香丸、西黄丸、牛黄清心丸、大活络丹、小金丸、七厘散、云南白药、片仔癀等，都少不了麝香。

麝香源自动物雄性麝的腺囊分泌物，杀麝取香的传统方式使这一野生资源遭到严重破坏，麝香生产量每况愈下，供应严重不足。到 20 世纪 80 年代仅能满足市场需求的 20%～30%，且上市的麝香伪劣掺假严重，质量难以保证。

1973 年 6 月，《濒危野生动植物种国际贸易公约》在美国华盛顿通过。中国于七年后加入该公约。

1987 年，国务院颁布的《野生药材资源保护管理条例》，涉及 14 种濒危、珍稀动物药材。其中虎骨、豹骨、犀牛角等 4 种涉及一级保护野生动物被禁止采猎，属于自然淘汰的，其药用部分由各级药材公司负责经营管理。鹿茸（马鹿）、麝香、熊胆、穿山甲、蛤蟆油、金钱白花蛇、乌梢蛇等 10 种涉及二级保护野生动物，限制使用。

1993 年 5 月，国务院又颁布《关于禁止犀牛角和虎骨贸易的通知》。虎骨药用标准在《中国药典》中被删除，与虎骨有关的所有中药成药全部停产。

近代以来曾经一次次面临被废除境遇的中医药，又到了生死存亡的关头。一些专家的警示触目惊心：《本草纲目》中收载了 461 种动物药，而在《中国药典》中已减至约 50 种。

积谷防饥，未雨绸缪，居安思危。很多人并不知道，中国传统文化中强烈的忧患意识，其实早在 20 世纪 50 年代就落到了楚楚可怜的麝身上。川陕等地建立了 4

个养麝场，在野麝驯化、活麝取香方面取得成功，并荣获国家技术发明奖。有关麝香代用品研究，也由此起步。

人工麝香研究课题，1972 年获国家科研课题立项。中国药材公司会同原卫生部药政局，委托中国医学科学院药物研究所牵头，上海中药制药一厂和山东济南中药厂组成联合攻关协作组，开展人工麝香研制。1974 年，上海市药材公司中药研究室（上海市中药研究所前身）成立，接替中药制药一厂参与研制。

上海承担了人工麝香中两个成分海可素Ⅰ、海可素Ⅱ的研制和产业化。北京、山东分别承担芳可素、麝香酮研发。

科技人员的研究路径是：从深入研究天然麝香的化学成分和药理作用入手，在基本搞清成分与作用的基础上，用人工方法配制，并尽可能保持人工麝香的主要化学成分、药理作用及物理性状与天然麝香的一致性。

这是一项从零开始的研究。科研人员要用下拨的 1 公斤天然麝香，完成对其化学成分、有效物质、药理作用、配方原则等的全面分析研究。

《人工麝香研制及其产业化》1983 年被国家科委列入"六五"攻关课题。经过近二十年的系统研究，终于获得成功。

2003 年，麝又被列为一级保护野生动物。虽然次年国内尚有 5 家企业的 4 个品种可使用库存天然麝香，但"生死存亡"已迫在眉睫……

严崇萍：四十年磨一剑

20 世纪 70 年代，设备不先进，人才紧缺。联合攻关组迎难而上，用微量方法全面分析和掌握了天然麝香的化学成分、有效物质、药理作用、配方原则等关键信息，发现并研制出天然麝香中关键药效物质的替代品——芳活素，合成了重要原料麝香酮和海可素。

公司成立了海可素项目课题组，上海中药研究所化学研究室主任严崇萍担任项目课题组组长。她把人工麝香研制及产业化比作"四十年磨一剑"，带领科研团队查阅大量文献资料，做了大量试验，也经历了多次失败。"我与同事们一起克服困难，在失败中寻找原因，攻克一个个难关。历经六年的艰苦奋斗，终于成功获得了人工麝香中海可素Ⅰ、海可素Ⅱ的样品，并制定了质量标准。"严崇萍说。

当研究进入中试环节，根据新药证书签订要求，必须尽快提供数公斤的海可素

Ⅰ、海可素Ⅱ的成品。这是一场"限时限量限质的攻坚战",可当时上海市中药研究所既无相关设备,也没有场地。在有关部门和公司的大力支持下,科研人员前往上海海普药厂奉贤分厂搞中试。

奉贤远离市中心,工作环境、生活条件都非常艰苦,大家几个星期才能回家一次。而严崇萍的困难和痛苦更是难以想象:父亲患严重类风湿关节炎,行动不便;母亲长期高血压,因动脉炎高位截肢;丈夫开颅手术;儿子高烧不退,经诊断患系统性红斑狼疮。

"天将降大任于斯人也,必先苦其心志,劳其筋骨",但这样的磨砺太折磨人了!

为了人工麝香,为了国药能代代传承,为了千千万万患者脱离苦海,严崇萍一次次暗暗擦干伤心之泪,咬紧牙关与大家日夜奋战。

1993年中试项目完成,科研人员通过改进工艺,革除了有毒有害溶剂,保证了产品质量,为新药产业化奠定了扎实基础。

"课题组试制了好几个样品,多次送到北京检测合成,最终研制的原料药用效果与天然麝香相当,并且无副作用,得到了国家科技部的认可。"谈到三十多年前的成功,八十多岁的严崇萍十分平静。

人工麝香为中药一类新药、国家绝密级保密品种,因此海可素Ⅰ、海可素Ⅱ不能委托和转让生产。公司当机立断决定成立中药研究所制药厂,严崇萍走上了技术厂长的岗位。1994年,中研所药厂又开展《人工麝香原料海可素Ⅰ、Ⅱ合成的重点工业性试验项目》。经过两年努力,科技人员进一步优化生产工艺,以提高得率、降低成本、保证质量。1996年12月该项目通过市计委专家组鉴定,为"人工麝香"扩大生产提供了相匹配的原料药供应量。

严崇萍被评为1996年度上海市"三八"红旗手。1997年人工麝香研制及产业化项目获国家中药局"中医药科技进步"一等奖;2015年获国家科学技术进步一等奖。

"人工麝香原料的研制成功,离不开庞大的科研团队的支撑,离不开生产骨干力量的勤奋工作。如当时的车间主任张绿叶,还有施浩然,后来成立了浩然工作室,这都是团队共同努力的结果。"2024年3月,病重住院的严崇萍对前去探望的公司党委副书记凌文婕等忆及往事,"我晚上在家,如果厂里打来电话,我常常会从床上蹦起来，生怕出什么事……"

一个多月后，这位女功臣溘然长逝。

中药产业里程碑

人工麝香大功告成后很多年，一组与麝相关的数字令人诧异，继而额手称庆。

我国雄麝仅存 5 万余头，属濒危状态。如果以每头雄麝可取香 10 克计，它们仅能产麝香 0.5 吨，而我国麝香年需求量超过 15 吨。

所幸，据国家食药监总局网站 2016 年的相关数据显示，人工麝香自 1994 年上市以来，已在全国 760 家企业应用。含麝香成分的 433 种中成药中，有 431 种完全用人工麝香替代了天然麝香，替代率达 99% 以上。

据测算，人工麝香启用后，相当于少猎杀 2 600 万头天然麝。

天然麝香每公斤约 50 万元，价高量少，质量也参差不齐。而人工麝香每公斤不到 6 万元，据估算，能降低药价 30%～50%。

1999 年，中国医学科学院药物研究所、中国药材公司、山东济南中药厂、上海市药材有限公司，按照现代企业制度组建了股份制企业——北京联馨药业有限公司，正式生产人工麝香，并由中国药材公司总经销。

公司原副总经理沈平嬢介绍道：人工麝香一类新药项目投产后，公司组织开展了麝香保心丸临床研究，以人工麝香替代天然麝香。由华山医院戴瑞鸿教授牵头，华山、新华、瑞金、曙光、仁济等医院开展了为期两年多的临床研究，取得了大量可靠的临床应用数据，为麝香保心丸日后的产业化扩产奠定了原料基础。

人工麝香已成为六神丸、安宫牛黄丸、苏合丸、麝香保心丸等多种国宝级中成药的重要原料。

2016 年 1 月 8 日，国家科技奖励大会在人民大会堂隆重举行，"人工麝香研制及其产业化"荣获 2015 年度国家科技进步一等奖。这是继屠呦呦发明青蒿素荣获诺贝尔奖之后，中医药界又一件大喜事！

人工麝香研制成功和产业化，产生了巨大的社会效益、经济效益和生态效益。人工麝香的成功经验，为稀有动物中药研究开辟了新途径，对稀有动物药材人工制备具有里程碑意义。

在上海奉贤奉浦工业基地，公司按 GMP 要求建造的人工麝香生产车间，设备

国家科学技术进步奖

证 书

为表彰国家科学技术进步奖获得者，
特颁发此证书。

项目名称：人工麝香研制及其产业化

奖励等级：一等

获奖者：上海市药材有限公司

2015年12月16日

证书号：2015-J-234-1-01-D04

"人工麝香研制及其产业化"荣获2015年
度国家科学技术进步奖一等奖

先进，产能扩大。由中药研究所药厂改制成立的杏灵科技药业股份有限公司，负责海可素生产。二十多年来，人工麝香为企业创造了巨大的经济效益。

在数十年的研究过程中，公司许锦柏、张元珍、沈平嬢等历任领导，中药研究所所长朱元龙和科技人员倾注了大量心血。回顾人工麝香的研制、生产历程，公司领导、职工感慨无限，他们心中铭记着参与项目研究者的名字：严崇萍、沈祥龙、严修泉……

第二十五节　科研技改攀新峰

杂草似的条形绿叶像一根根翠针，忠实护卫着淡蓝、红紫的单瓣花朵。黄色花药间，橙红的花柱纤细娇柔，异香扑鼻。

上海马桥、鲁汇，几乎处于同一纬度，又隔着一条黄浦江。1980年，一种神秘之花在这两个乡镇悄然绽放。

西红花，西红花！丁景耀、黄哲夫等望着"异域公主"五味杂陈。这是一个风调雨顺的播种季节。人工麝香，枝繁叶茂。麝香保心丸，含苞待放。

西红花又称番红花、藏红花、泊夫蓝。其花柱入药，能活血化瘀、凉血解毒、解郁安神。西红花主要分布于欧洲和古代波斯地区，明朝时从印度传入中国。

菠菜、葡萄、胡萝卜、玉米、刺槐、悬铃木、广玉兰……扎根于中国大地的外来植物琳琅满目，偏偏这位"洋公主"太难侍候。1965年，中国药材公司从联邦德国进口了少量西红花球茎，分配到川浙苏鲁等地试种。上海得到50个球茎，而公司拿到其中的一半。

手捧25个球茎，毕业于北大生物系、中科院植物研究所研究生的黄哲夫踌躇满志。在天马山鹿场宝地，西红花如同迷你百合发芽、开花。第二年球茎又醒，花

采收期的西红花

却稀稀落落，黄硕士傻眼了。又过了一年，球茎增加不少，花却无影无踪。

种植失败的，不只是上海。

黄硕士憋了十年。他与科长丁景耀等再次侍候"洋公主"时已是 1979 年。有位来沪访问的日本药企老板不仅对上海引种西红花信心满满，还无偿提供了 700 公斤球茎，并派技术人员前来辅导。

相近的地理条件，日本百余年的养护经验太诱人了。第二年公司"投桃报李"，以 6 000 美元从日本大分县引进一吨西红花球茎，在上海马桥、鲁汇地区试种。

阳光、空气、水分、温度、肥力是植物生长的基本要素，而西红花的难题还在于繁殖系数低、种球茎退化严重等。负责引种项目的丁景耀、黄哲夫与团队成员查阅了大量文献资料，经过反复试验，克服生长环境、繁殖和栽培方面的一个个障碍，西红花实验性引种获得初步成功。

夜间，红花绽放，如何及时采摘、加工能入药的花柱？没有专门的烘干设备，项目组采用土办法达到了技术要求。烘箱里红外线刺眼，烘房外夜幕沉沉。房内房外进进出出，视网膜反应钝了。有一天，黄哲夫与另一位同事疲惫地摸黑回家。公交车车门打开后黄哲夫没走几步，竟稀里糊涂摔了下去……

初战告捷，大面积栽培推广才是实现西红花引种与资源利用的重点。种植科员工又冲上了攻坚的第二战场。

随着上海地区经济和工业快速发展，马桥、鲁汇地区种植用地逐渐萎缩。土地资源相对丰富的长兴岛和崇明岛，是西红花理想的新家园。为了让当地百姓认识、接受并栽种西红花，许振光等种植科人员分赴崇明各地，骑着自行车深入农村，一家一户普及推广，在乡下往往一待就是一周。农村夏季蚊蝇肆虐，以至于公司推广人员有时连吃饭都要躲进蚊帐里。

黄哲夫、许振光等选择在长兴岛开展相关的栽培试验。20 世纪 80 年代交通落后，尤其是长江横隔，从公司到长兴岛研究场地的路途更显漫长。为了西红花的研究，黄哲夫、许振光等人频繁往返两地，吴淞渡口的很多摆渡者和他们成了熟人。

新事物被接受往往不是那么容易。比如，栽培西红花为防球茎烧根，要求施用的农家肥料必须完全腐熟，但部分老农户却凭蔬菜种植经验自行其是。在许振光的印象中，有位老农妇自认为是种田的一把好手，认为农家肥腐熟是画蛇添足。殊不

黄哲夫

知植物习性有异，未腐熟的肥料最终造成了西红花的烧根减产。吃一堑长一智，交了学费之后她才不得不信服这些"年轻人"。种植西红花让农民尝到了甜头，种植面积不断扩大。

1983 年，在国家经委、国家医药管理局"西红花球茎复壮、增产技术及推广研究项目"的支持下，上海市药材公司与中国药科大学协作，西红花在崇明地区大面积种植，西红花试种及球茎复壮、增产技术研究获得成功。这年，公司进口日本西红花球茎 36 吨，动用外汇 16 万美元。至此，引进球茎之门关闭。

1985 年 12 月，上海西红花栽培技术研究项目鉴定结果表明：上海西红花质量超过进口货！

1987 年，公司西红花球茎复壮、增产技术，荣获国家科学技术进步二等奖。这是当时我国中药行业获得的最高科技奖项。

西红花在上海大批量引种的第七年，年产量达 400 多公斤，调拨量占全国的 90%，并出口创汇。第十年，上海种植面积达 1 500 亩，产量 960 公斤。十年间，上海收获西红花 3 000 多公斤，共为国家节省外汇 200 多万美元。

1990 年，公司西红花研究列入国家"星火计划"。1992 年 10 月，黄哲夫荣获由国务院颁发的享受政府特殊津贴证书。

2012 年，工信部"西红花规范化、规模化和产业化生产基地建设"项目花落公司下属的华宇药业，助力西红花产业继续腾飞。

1993 年 8 月，"人工牛黄新配方"通过卫生部评审、验收。经过 5 年努力，由中国药品生物鉴定所、北京中医学院、上海中药制药一厂等 6 家单位参加的协作组，终于大功告成。

从人工麝香、麝香保心丸到西红花，科研大投入使公司收获了一批高能级、高效益的"双高"科研成果，它们成为企业核心竞争力的重要利器，成为公司乃至全行业中药现代化的重要标志。

同期，公司还收获了一批"三新"成果。

一步法制粒、喷雾干燥制粒、片剂薄膜包衣、口服液酶解法制备、药酒动态冷循环提取、猴头菇菌人工培养、花类药材真空密封储存、环氧乙烷灭菌等一批新工艺投入应用。其中，1986 年中药制药二厂开展的一步制粒工艺研究获得成功，提升了中成药现代制剂水平。1988 年中药制药一厂改首乌片糖衣包衣为薄膜包衣，实现中成药片剂包衣工艺重大革新。1993 年片剂薄膜包衣生产流水线改造项目，列入上海现代生物与医药产业第一期实施项目。1987 年中药制药一厂承接卫生部、商业部下达的人工牛黄新配方研究任务，历经五年协作攻关，于 1993年通过技术鉴定，成为全国首家执行新技术标准的人工牛黄及主要原料的定点生产厂。

这一时期，剂型改革又取得新突破。中药制药三厂在原创基础上，实现无糖型颗粒剂和巴布剂膏药两大剂型升级，为全国首创。

科研大投入，迎来新产品频频获批、投产的高发期。茵栀黄注射液、金胆片、熊去氧胆酸片、复方丹参片、珍合灵片、贝羚散、蟾酥膏、金果饮糖浆、上海人参蜂皇浆等拳头产品相继投产。真菌类药物猴菇菌片、安络解痛片等成为中成药新族。1990 年中药制药一厂生产的胆宁片和中药制药三厂生产的参茜固经冲剂，由卫生部按新规批准为中成药三类新药。

其间，公司不少新品还获各种奖项，其中包括 1982 年肌肉松弛药氯甲左箭毒注射液获国家科技发明三等奖，1990 年大黄钙盐制剂研究获市科技进步二等奖。

应用性成果丰硕外，基础性研究课题也取得瞩目进展。

1982 年，公司派员参加上海中药资源普查小组。普查确认，上海市中药材资源 1 023 种，年需量 2 000 万公斤，现有自给率 20%，为上海市中药材资源开发利用提供了重要依据。1991 年，在国家"七五"重点科技项目"中药饮片炮制研究"中，公司承担的何首乌等 18 味饮片研究通过鉴定。1994 年，中药研究所与南京大学合作开展的"沪地龙质量研究"项目通过鉴定，确认其品种来源和药理、毒理等学科研究成果，同年由公司起草的沪地龙药品标准收入 1995 年版《国家药典》，对扩大上海市中药资源及技术优势具有积极意义。

这一时期公司大力改善科研条件。1992 年完成的中药研究所迁建改造项目，占地 16.18 亩，建筑面积 8 841 平方米，总投资 1 800 多万元。

1995 年，经国家科委批准、依托公司组建的国家中药制药工程技术研究中心成立，这是我国在该领域的首个国家级研究机构。次年，国家科委副主任邓楠前往视察，并题词"创立中药工程，实现中药现代化"。

第二十六节 内生动力新探索

老字号"回春"

1990年，人均GDP接近6 000元人民币的上海，与国内其他大城市一起，开始向"一万美元"进军。

当中产阶级壮大、分层消费明显、人均GDP过万时，消费意识将回归本土文化。有经济学家早早地亮出了这条已在欧美、日本得到验证的"定理"。

春江水暖鸭先知。伴随着市场经济的滚滚大潮，品牌经济异军突起。各界有识之士也频频呼吁恢复老店名牌和传统特色，老字号开始"回春"。

在此情势下，公司领导层高瞻远瞩，为使老字号产品迭代升级焕发活力，决定恢复"雷允上"传统产品，继承名店传统，保持名牌特色，以满足国内外市场的需要。

"雷允上"，一个具有国际声誉的金字招牌！

咸丰十年（1860年），在苏州经营"雷诵芬堂"药铺的雷氏族人，为躲避战火来到上海，在新北门外法租界兴圣街（现永胜路）开设了"雷诵芬堂申号"药铺。清雍正十二年（1734年）"雷诵芬堂"创建于苏州，创始人雷大升，字允上。1934年和1937年，雷允上又分别在河南北路天后宫桥（今河南路桥）北堍、静安寺路（今南京西路）设"北号"和北号支店。由于药店规模较大、资产雄厚、影响面广，早年就被国药同业公认为上海中药店"四大户"之一。

20世纪50年代，"四大户"与其他中药店的生产工场合并，成立公私合营上海中药联合制药厂，进而成为上海中药制药一厂的中坚力量。

恢复老字号，公司请出"雷允上"理所当然。

中药材单味散剂加工在上海历史久远。公司成立后，原"前店后工场"的传统粉剂加工方式得到延续，主要分装牛黄和加工羚羊角粉、人参粉、鹿茸粉、珍珠粉等品种。随着医疗需要和中药粉剂质量的提高，粉剂加工品种不断增多。1979年长青中药加工厂成立后，公司的粉剂加工主要由该厂承担。

同时鉴于当时单味散剂加工的现状与卫生部、卫生局有关规定不符，且又由于中药材单味散剂加工品种多，批量大小悬殊，为进一步加强中成药管理，确保药品质量，保障市场供应，公司决定将所属的中药材散剂加工转入以生产中药散剂为主的中成药厂生产，并与上海长青中药加工厂实行联营，将公司参茸加工产地和长青中药加工厂的部分场地进行全面布局，统一改造成符合药政规定、以生产中药散剂和雷允上传统散剂为主的"上海雷允上制药厂"。原由公司和上海长青中药加工厂加工的各种散剂，转由上海雷允上制药厂生产，使之成为专门生产中成药散剂系列产品的工厂，以发扬名店名牌名品传统特色，适应国内外市场需要，更好地为人民防病治病、健康保健服务。

联办分厂拓产能

1991 年 2 月，公司投资 300 多万元，在中山西路 1500 号筹建上海雷允上制药厂。全厂建筑面积 2 560 平方米，其中生产加工占用面积 1 200 平方米，原料成品仓库 500 平方米。另外，在鲁班路 650 号建包装物料专用仓库 480 平方米。药厂 2 月开始土建，6 月底竣工，建成了具有十万级净化要求、总面积 500 平方米的参茸制品和贵细药材制品两条生产流水线；购入当时国内先进的制药机械设备，配置粉碎机、球磨机、振荡筛、干燥机、冷冻机等 20 台；从同行业中调来以主管中药师、工程师为主体的技术力量；为保证出厂产品的质量，配备了各种常规理化检验、微生物检测等设施，70 多平方米的微生物检测室洁净度为 1 万级，并有 100 级的超净工作台。

同年 9 月 28 日，上海雷允上制药厂正式揭牌，国家卫生部药政局李超进局长、新审办王北婴副主任等出席揭牌仪式。

建厂初期，产品以传统名贵中药材散剂为主，主要品种有雷允上传统产品"马宝粉""牛黄粉"等散剂，并按中药新药等几类要求申报移植人参粉、珍珠粉、鹿茸粉、羚羊角粉等散剂的药政批准文字号，生产人参粉、鹿茸粉、羚羊角粉、珍珠粉等其他贵重中药散剂。注册商标为神象牌、沪光牌、雷诵芬堂等。

雷允上制药厂由公司保质保量供应原料，也由公司包销成品，供应中国内地和港澳地区，以及东南亚。

上海雷允上制药厂开业揭牌仪式

由于生产发展迅速，两三年后药厂产品已由单剂型产品拓展为多种剂型，并有很好的市场信誉，企业的经济效益始终保持持续增长势头。但因厂房面积狭小，生产场地紧缩，生产工段布局不畅，生产能力受到一定的限制。1994年7月，雷允上制药厂经研究决策，以投资少、见效快的原则，与地处闵行区莘朱路1015弄24号的上海神农保健品厂合作，建立上海雷允上制药厂分厂，改变企业发展后劲不足的局面。上海神农保健品厂主要从事保健品生产，厂区占地面积8000平方米，其中生产车间、仓库面积约3500平方米，周围绿化面积2000平方米。厂房基本按照GMP药品生产要求设计建造，并购置了部分一般药品生产设备，该厂有一支专业从事保健品生产的职工队伍。同年10月，上海市医药局批复同意联办上海雷允上制药厂分厂，明确生产品种为雷允上制药厂现有的中成药制剂，分厂的生产、统计、管理、销售、质监等均由雷允上制药厂负全责。分厂的成立，使雷允上制药厂产品剂型从散剂扩大到胶囊剂和茶剂，品种达二十多个。

为使雷允上制药厂的生产场地总体符合《药品生产质量管理规范》，顺利通过"二证"验收，并为GMP达标认证打下基础，1998年7月雷允上制药厂迁往莘朱路分厂。同时为保证保健食品的生产能与药品生产相分离，保健食品的生产流水线留在中山西路1500号。

2000年，由于中药制药一厂与和记黄埔合资成立和黄药业，上药牌珍珠粉、超细珍珠粉和部分散剂的批文及生产，按公司统一部署转到雷允上制药厂。年底，原中药制药一厂珍珠粉包装工、超细设备操作工等 40 多人加盟雷允上制药厂，但珍珠粉生产工人被和黄药业留用。为此，雷允上制药厂组成设备技术攻关组，添置了 3 组烘箱、10 组（40 台）球磨机、粉碎机、冷风机等，生产车间划分专区用于珍珠粉干燥、干飞、水飞等制剂生产；组成由技师领衔的技术攻关组，并配备 7 名专职珍珠粉生产操作人员，根据上药牌珍珠粉生产工艺的要求，反复打磨试制。经过一遍又一遍摸索，生产珍珠粉的整套流程工艺终于在雷允上制药厂落地结硕果，确保了市场供应。

创建品牌诠释"雷氏"

雷允上制药厂成立之初，使用的雷诵芬堂商标已被抢先注册。厂市场部根据雷允上产品的特点制作了雷氏商标，创造性诠释雷氏商标的特定含义——

标识上方以横匾样式镶嵌"康熙元年"四字，承载了雷氏品牌的诞生历史；下方小仙童双手合抱如意，寓意着永葆青春、守护健康。如意也象征着吉祥，代表着对美好人生和社会和谐的期望。标识巧妙地融合传统与现代，彰显雷氏品牌在历史中扎根、在未来成长的核心理念，在具备深厚底蕴的同时焕发出勃勃的生机。

标识外框呈八角方形，既传递着品牌的稳重和底蕴，也彰显了对创新和未来的追求。八角形在中国文化中象征着吉祥和幸福，与外框的几何结构和流畅线条相结合，凸显出品牌的现代感与时尚性，展现了品牌的多元魅力。

标识以温暖、希望的黄色为主色调，蕴意深厚的情感与积极向上的情绪。手写专用字体"雷氏"采用充满活力与激情的红色，传递出雷氏品牌的生命力与"红色精神"，彰显了"雷氏"对健康的承诺。

第二十七节　人事改革转机制

四个现代化的宏伟目标确立了，历史性的伟大转折来临了。

迈出前行的脚步，严峻的现实无法回避：1978 年，全国干部大专以上文化程度的仅占 18%，初中和初中以下的占 49.5%。干部队伍年龄"老化"、文化水平偏低、结构不合理……

实现现代化，需要一大批与之相应的人才："懂行"的和"比较年轻"的！

实现现代化，需要一支革命化、年轻化、知识化和专业化的干部队伍！

"打破老框框，勇于改革不合时宜的组织制度、人事制度，大力培养、发现和破格使用优秀人才"的高层指示传向各地，也传到了公司。干部人事制度改革的探索和实践拉开了大幕。

1982 年 7 月，公司组织上海市区中药行业有丰富实践经验和一定理论知识的药工，通过推荐、考核、评议相结合的方式，评定主管中药师 22 人、中药技师 2 人、中药师 133 人，占市区职工总数的 1.6%。

自 1983 年起，公司一批政治和业务素质强的青年干部，经上级部门考察批准，进入领导班子。

为加快青年干部的培养，1984 年 8 月，公司成立上海电视大学党政干部马列主义专修科教学班，三年后全部学员毕业，获得大专学历证书。

公司干部聘任制，先试行于业务科室，1986 年年底，聘用干部 19 人。同期，中药制药一厂、二厂、三厂先后实行了厂长负责制。

至 80 年代末，公司基层领导班子成员平均年龄由 48.94 岁降至 41.31 岁，具有高中以上文化程度的占比由 44.9% 增至 75.56%，具有技术职称的占比由 34.69% 升至 37.78%。

干部任用制度的改革，为公司各项改革推进奠定了组织保障。

学术传承师带徒

首先尝试定向培养技术人才，这是公司人才战略的大手笔。

1984年8月，公司与上海中医学院签订委托培养中药专业人才协议。公司提供"智力投资"50万元，分三年支付。协议约定，上海中医学院从1984年到1990年为公司招生20人进行定向培养，同时争取在国家计划内每年分配公司药学系毕业生5至10人，从而通过外引解决公司专业技术人才不足、后继乏人的状况。

1991年，在外引专业人才的同时，公司按人事部、卫生部、国家中医药管理局要求，在上海举行全国第一批继承老中医药专家学术经验拜师大会。4位老药师李绍周、孔庆蕃、冯世镐、黄有云喜收叶愈青、陈立羽、陈军力、李跃雄、张增良、韩素琴、应杨生、赵士凯8名高徒。3年带教期满，上海市医药局成立考核工作组。8名中青年学术继承人全部通过实践操作考核和论文答辩。

1993年12月，上海举行第二批继承老中医药专家学术经验拜师大会，带教老师40人，其中包括上海市药材公司顾孝铨、王惠清，黄浦区药材公司冯世镐、沈宏涛。上海市委副书记陈至立、副市长谢丽娟等出席。1996年11月，公司江立钧、方伟德、谢金龙、颜建平及区公司杨天宝等5名学员通过考核，期满结业出师。此外，王依群、冯柏荫和区公司柏巧民也通过考核结业。

1997年1月，第三批（全国第二批）全国老中医药专家收徒。神象参茸公司叶根良、应志麟带教夏霞云、王士祥、王琳娣、傅龙庚。2000年1月，带教期满，4位学员全部通过考核结业。

2000年以来，老中医药专家带徒活动又举办了五批。公司谢金龙、陈立羽、叶愈青、陈军力、张增良五位指导老师，先后带教顾学梅、施松春、吴咏梅、吴晓春、杨弘、吴树华、俞磊明、张琦、胡怡、张雪、毕琳丽、朱光明、杨勇、傅颖14位学员。

文教强兵评聘有序

1981年，以青工文化补课为重点的职工教育在公司全面启动。

在全市职工全员政治轮训中，公司分批开展职工脱产政治轮训，至1985年年末，共轮训30岁以下青工2 188人，占公司职工总数的48%。1986年，公司参加轮训的职工有1 156人。

至 1984 年年底，2 366 名职工中已有 1 687 人补课合格。

公司承办光明中药函授学院上海分院，首期学员 150 余人，学制三年，1990 年 7 月举行毕业典礼。

1987 年，公司成立职工培训中心，统一负责全公司职工的政治、文化、技术培训，同时承担全市中药系统等级工培训。1998 年，培训中心经原劳动部批准为中药行业特有工种职业技能鉴定站，鉴定范围为中药材收购员等 14 个工种。

一分耕耘一分收获。

1982 年 9 月 12 日，公司组织市区中药系统技术操作比赛，分设药厂、仓库、药店条线 29 个技术操作项目，2 071 人参赛，3 000 余名职工观看比赛。这是中华人民共和国成立以来上海市中药行业规模最大的一次操作练兵活动。

1987 年，公司举行"上海中药系统职工技术业务操作比赛"，分设 5 大条线 18 个项目开展竞技。12 月，中国药材公司组织全国中药职工技术业务竞赛，公司 3 位选手取得两项第二和一项第四的好成绩。1989 年 9 月，公司举行上海中药职工技术业务操作比赛，2 000 多人参加开幕式，上海市总工会副主席石圣钰、上海市医药局党委书记兼局长谢天寿出席。1991 年，公司选派汤雅萍、朱聪康、季伟苹

上海中药行业开展职业技能竞赛

组队参加中央电视台主办的"健康杯中医药知识电视大奖赛"，荣膺第一名。这是公司长期不懈抓紧、抓实教育培训所获的硕果。

文化教育、技术强兵，与技术职务评聘相辅相成。1979 年，技术职务评定首启，公司成立技术职称考核领导小组。11 月经报市局审批，评定工程师 5 人、技术员 33 人、工人技术员 17 人（含区公司 2 人）。

1980 年 4 月，公司成立工程技术干部技术职称评定委员会。经考核和上海市医药局复评，当年共恢复、套改、评定工程师 17 人、助理工程师 73 人、技术员 16 人。10 月，公司又成立会计、统计技术系列职称评定委员会，至 1981 年 5 月，评出会计师 14 人、助理会计师 34 人、会计员 48 人。1982 年 9 月 6 日，公司成立社会科学业务技术职称评定委员会。经考核，评定会计师 10 人、助理会计师 26 人、会计员 105 人。

自恢复技术职称评定，到 1988 年 7 月，公司已有 40 人分别获主任中药师、副主任中药师和高级工程师等高级技术职务；200 多人获中级技术职务；700 多人获初级技术职务。

截至 1989 年 7 月底，公司评出各类技术职称人员 1 044 人。其中，高级职称 41 人，中级职称 282 人，初级助理职称 494 人，初级员职称 227 人。按专业划分，其中工程系列 334 人，药师系列 338 人，经济系列 138 人，会计系列 133 人，统计系列 47 人，教师系列 23 人，其他系列 31 人。1989 年 8 月，公司首次对具有专业技术职称人员实施聘任，共向 140 多人颁发聘书。

一年后，公司首批政工专业技术职务评聘，评出初、中级职称 76 人，推荐高级职称 2 人。

1986 年 3 月 10 日，公司举行颁发老药工荣誉证书大会，向全市 4 075 名从事中药工作三十年以上人员颁发证书。按相关规定，老药工们还享有每月 20 元津贴。上海市人大常委会副主任左英、副市长谢丽娟出席了本次大会。

"光荣的老药工的经验是我国传统医药学的一个宝库。"荣誉证书上，时任全国人大常委会委员长彭真的题词激励人心。

开启劳动人事制度改革

1992 年公司成为实体性企业，当年 5 月被批准为税利分流、税后还贷、全员劳动合同制配套改革的试点企业。

5月28日和29日，公司和各基层单位领导、公司各科室负责人在上海教育会堂参加深化改革干部学习班，统一认识，了解掌握公司劳动人事制度改革总体思路，充实完善改革的方案。在讨论中，工会负责人认为：改革不是简单地砸"三铁"，更不能用"三铁"破"三铁"（铁面孔、铁手腕、铁心肠），方案的措辞要尽量避免影响职工情绪的提法。公司党委书记许琴法在小结中也提出：各级领导的观念转变是搞好改革的关键。各级领导要破除求稳怕风险的观念，看准了的东西就要大胆地试、大胆地闯；要让那些既懂行，又办事公道正派的人充实到班子里去；要敢于精简和压缩富余人员，敢于拉开差距，敢破人情网、关系网……

公司专门成立了劳动人事制度改革领导小组和工作小组，并制订了改革总体方案及实施细则等9个文件。先后三次召开职工代表大会，以无记名投票方式通过劳动人事制度四项改革。

——劳动人事制度改革：改固定制职工为合同制职工，改国家用工为企业用工，实行全员劳动合同制。建立企业用人自主，劳动者择业自由，以书面合同形式确定和保障企业与劳动者双方责、权、利关系。公司与所有员工在双方平等自愿、协商一致的前提下，通过签订劳动合同，确立用人单位和劳动者的劳动关系，明确双方权利和义务。企业内部实行岗位管理，所有员工均按照岗位要求，考核上岗并签订岗位聘约。形成劳动力交流、招聘录用、双向选择、竞争上岗的机制。

——工资分配制度改革：在国家宏观调控政策范围内，企业内部依据效益实行自主分配，实行岗位技能工资为基本工资制度的多元分配形式，真正贯彻多劳多得、少劳少得分配原则，逐渐同市场劳动力价格接轨。为此，公司在工资分配上推进了相关五项改革措施。

——培训制度改革：按照岗前培训与上岗培训相结合的原则，建立多种培训形式，提高职工的文化、技术、政治素质，全面提升公司的整体素质。为此，公司在培训措施上推进"建立考核上岗制度"等四项工作。

——保险制度改革：逐步建立由国家、企业、个人三方合理负担的社会保险制度。养老保险和医疗保险改为国家基本保险、企业补充保险和个人储蓄保险相结合的新的养老医疗保险制度。

为顺利推进这项改革，公司有关部门专门制定相关制度（办法、方案），包括《全员劳动合同制实施细则》《关于服务期和各类费用赔偿或补偿的规定》《违纪职工处罚条例》《劳动争议调解办法》《上海市药材公司留职停薪实施细则》等。

1992年9月24日，公司举行全员劳动合同签约仪式，时任上海市医药局副局长俞斯庆到会讲话。此后公司所属单位分别举行全员劳动合同签约仪式，签约总人数有5 000多人。公司劳动人事制度改革正式拉开序幕，铁饭碗被打破，合同制用工时代来临！

第二十八节　企业管理上台阶

1978年，时任国家经委副主任袁宝华率代表团应邀赴日本，在一个多月里考察日本工业企业管理。中日之间的巨大差距，使中国经济界人士感受强烈。

造就了日本经济奇迹的"全面质量管理"被引进中国。

市场开放，万象更新。建立和完善企业管理制度，成为公司的重中之重。

欧美市场上，日本产品风靡一时：家电、手表、照相机、汽车、半导体……"东洋货"摇身一变，成为"高质量"的代名词。全面质量管理，促使日本仅用二十年的时间便坐上了世界经济"老二"的交椅。

全面质量管理，也使奋起直追的中国企业多了一架"弹射器"。

1979年，公司各厂相继成立全面质量管理办公室。7月，公司与中药制药一厂建立开展全面质量管理（TQC）工作组，五车间作为试点，一个月后进行了现场交流。次年3月，公司连续举办三期全面质量管理学习班，175人参加。此后，各药厂普遍成立QC（质量管理）小组，开展TQC活动。

中药制药一厂提高针剂得率QC小组首获先进QC小组称号，出席全国质量管理小组代表会议。1979年9月，上药牌六神丸获1979年国家经委颁发的优质（金质）产品证书。

1984年公司开展企业整顿并受到市府表彰。国家实施《药品管理法》，中药制药一厂成为上海市首家通过验收的药企。

质量是企业的生命线。1985年2月，公司发出紧急通知，就上海市卫生局《关于处理假蛤士蟆油的通知》提出具体处理意见。

1984年10月以来，公司参茸业务部、中药贸易货栈和卢湾、黄浦、静安、南市等区公司收购蛤士蟆油746公斤，有近300公斤投放市场，经上海市药检所抽样确定为假药。这些"蛤士蟆油"，系山东苍山县、吉林桦甸县、浙江永嘉县等个体户投售。

1985 年 9 月 24 日，上海市政府召开深入查处假药劣药动员大会。会后，公司原已发现和基本查清的案例有：1984 年从总公司调入的大黄中，夹入 4 万公斤西藏波纹大黄，不能作药用；山东等地客户投售的伪蛤士蟆油 48.08 公斤；1984 年以来购进的掺杂麝香 62.689 公斤；1985 年 4 月百泉会议购进的湖北鄂州市药厂阿胶库存 897 公斤。

对于伪劣药材流入市场，公司严肃处理并认真吸取教训，强化落实药材入库检验制度。1985 年 9 月，公司在中药研究所内筹建中药检测室，第二年 4 月起投入运行，获准开展社会服务，1988 年 4 月划归公司质检科。

活跃的 QC 活动是全员质量管理新举措。1983 年，公司参加中国药材公司举办的质量管理小组成果发布会，中药制药二厂"三七伤药片标准化小组"、中药制药三厂"感冒退热冲剂攻关组"分获第一和第三名。"三七伤药片标准化小组"还被国家经委、全国总工会等命名为全国优秀质量管理小组。

此后，中药制药一厂"提高针剂得率 QC 小组"、中药制药三厂"巴布剂生产规范化 QC 小组"，成药一分公司"中成药批号计算机管理项目组"、神象参茸分公司"品牌建设与管理项目组"等，获国家经委或总局级先进 QC 小组称号。

依靠企业管理，同时得力于技术改造和技术进步，1979 年，上药牌六神丸获国家经委颁发的优质（金质）产品证书，并在此后两届评比中蝉联金奖。上药牌冠心苏合丸，双鹤牌三七伤药片、复方丹参片、灵芝牌伤湿宝珍膏、感冒退热冲剂，获国家经委颁发的优质（银质）产品证书。"一金五银"集中展示了公司中成药质量水平。此外，1994 年国务院发布"中药品种保护条例"，卫生部先后三批公布180 个中成药保护品种目录，中药制药一厂的麝香保心丸、六神丸，中药制药三厂的金胆片列入二级保护范围。

基础管理促进企业升级。1981 年中药制药一厂、二厂、三厂均入选全国 56家重点中成药厂；1983 年起中药制药一厂连续 3 年被评为全国工业交通系统经济效益先进单位；1986 年中山西路仓库被国家医药管理局命名全国医药系统先进集体；1989 年国家中医药管理局授予公司"先进中药商业企业"、中山西路和外马路仓库"四好仓库"、中药制药三厂"先进中药工业企业"称号；1989年中药制药一厂、三厂被评为国家二级企业；1996 年公司升格为国家大型一档企业。

1991 年 6 月，公司芳香性药材综合管理质量小组，获国家中医药管理局商业质量管理小组评选第一名。1994 年，公司质量科科长林秀琴获国家技监局、中国科协、中国质量协会等颁发的"全国优秀质量管理工作者"证书。

随着上海市医药管理局和上海中药行业协会相继成立，公司长期承担的行业管理职能逐步弱化。

1989 年上海中药行业协会（筹）举行代表大会，522 家工商企业代表出席，会议通过《上海中药行业协会章程》。自此，有关网点设置、物价管理、技术培训、行业竞赛等工作，全部移交行业协会。公司承担的行业管理职能，历经三十余年，最终完成使命。

第二十九节　救命良药保心丸

医药结合，是祖国医药传承千年的优秀传统。一部中医药发展史，就是一部医药结合、医药相长的历史。明代李时珍更是集医学家、药学家于一身的大师。浩瀚《本草纲目》典籍，不仅收载了1991种药物性状功用，更记录了大量医案医史。

1980年2月23日，正月初八。公司与上海市药学会联合举行上海市中医中药新春茶话会，上海中医学院、上海市药检所、各大医院专家、医师和中药工作者等八十余人出席。在喜气洋洋的迎春氛围中，公司经理李嘉和向大家恭贺新春，并汇报了上海中药工作情况。

1980年9至10月，上海第二医学院副院长邝安堃，上海中医学院王玉润教授、钱伯文教授，龙华医院外科主任顾伯华，上海市第一人民医院中医科主任张镜人，华山医院中医科副主任陈泽霖，上海市第九人民医院内科主任徐济民，上海市第三人民医院副院长江绍基，上海伤骨科研究所副所长李国衡，上海医工研究院潘咸新工程师等33位专家，分别被上海中药制药一厂、二厂、三厂聘为顾问。

1982年6月，公司和上海市中医学会、上海市药学会联合召开中医中药结合工作会议，决定成立上海市中医中药结合工作协调班子，公司副经理谢霖富为协调小组成员。

1986年3月，公司向全市94名中医和西医学中医的教授、主任医师、专家颁发特约配方印章，指定14家中药店保证供应配方所需药物。

1987年2月20日，公司与上海中医学院等发起组织的上海市中医药界联谊会成立，公司经理许锦柏任联谊会副会长，谢霖富任顾问。上海市委副书记、市长江泽民，市委、市人大、市政府、市政协领导王力平、左英、谢丽娟等到会祝贺。

麝香保心丸，同样是医工结合的一大硕果。

古方联姻现代科技

1978 年，公司副经理沈惠民出访日本后，不无感触地谈起日本的汉方药物救心丸。救心丸年销售额达数亿美元，远高于上海中成药产业年产值总和。

"我们能不能开发重量级心血管药物？"沈惠民急切地向公司药厂厂长们发问。

时任中药制药一厂厂长的许金焕坐不住了。一厂作为全国中成药厂的老大，建厂二十多年来开发了不少心血管类药物：冠心苏合丸、苏冰滴丸、心脑静注射液等，但销售规模不尽如人意。

记载于《太平惠民和剂局方》的苏合香丸在被奉为"圣药"后，于 1445 年远传朝鲜、日本，对日韩汉方医学的发展产生了深远影响。20 世纪 70 年代，日本汉方药"救心丹"在中国受到追捧，这引起了我国医药界的关注及反思，如何使中药传统经典名方"焕发新春"呢？

许厂长与厂部其他领导研究后，下决心开发具有更大临床空间和更高疗效的心血管药物。任务下达到厂中试室。

事有凑巧，上海华山医院一批有志于中西医结合的医生，也在开展类似的临床研究，学科带头人就是后来大名鼎鼎的华山医院终身教授、博士研究生导师戴瑞鸿。戴医生 1955 年毕业于上海第二医学院，长期从事中西医结合学术研究。他在临床实践中发现因心脉不通引起的心绞痛，可能是由"寒邪内犯"引起，即在经脉中流行的人体气血，"得寒则凝，得温则行"，而芳香温通药物温经散寒，芳香透窍，有迅速温寒止痛的效果。1976 年他首先在国内报告了冠心病的血液流变学指标异常和急性心肌梗死的动态变化，阐明"血瘀"本质，1978 年获国家科技大会二等奖。这年戴医生担任上海地区心肌梗死科研协作组组长。

中药制药一厂与戴医生一拍即合。在上海市卫生局牵头下，以戴瑞鸿领衔的产学研三结合专家组成立。专家组精心筛选古代名方，最终择定以宋代名方"苏合香丸"为基础，同时引进现代科技手段，中西结合，大胆创新，设计了组方成分。与此同时，中药制药一厂充分利用微丸制剂技术优势，提出制成微粒丸剂型，取名"麝香保心丸"。

按照国家规定的药物研制程序，产品在进入临床试验前，必先进行药效学、药理学、毒理学等多个试验项目。中药制药一厂中试室朱承伟、高明珠、龚伯祥等技术人员，夜以继日地进行超大量的试验工作。

难点终于出现了。在毒理试验中，研究人员发现某一具有强心作用的药物成分，其毒性与药效相关联。如何确定最佳配比，既能保证药效又能控制毒性？研究人员运用现代医学技术和量化分析模型，反复测试"药效—毒性"相关数据，终于化解了矛盾。

进入临床试验阶段，项目组采用最为苛刻的"双盲对照"方法验证。结果表明，每粒仅重22.5毫克的麝香保心丸，具有芳香温通、益气强心的功效，对心肌缺血引起的心绞痛、胸闷及心肌梗死等具有明显疗效。

携手探寻新功能

麝香保心丸1981年上市之际，戴瑞鸿教授公布了它与日本"救心丸"的"双盲对照"试验，结果显示两药临床疗效相近，而麝香保心丸副反应更小；起效时间麝香保心丸最快为30秒，而"救心丸"为3分钟。麝香保心丸让中国中医药界扬眉吐气！

麝香保心丸研制成功，为广大患者提供了救命药。

上海人民广播电台"阿富根谈生产"栏目的沪语播音员，在美国探亲期间突发心梗，同行者撬开他的嘴，把几颗保心丸塞入他舌下，使病情得以缓解，为实施进一步救治赢得了宝贵时间。"阿富根"回国后，逢人必谈麝香保心丸救了他的命。由于麝香保心丸功效独特，国家中医药管理局将其列入"全国中医院急救必备药物目录"。

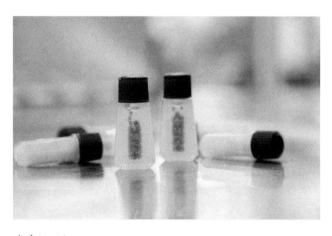

麝香保心丸

从 20 世纪 90 年代起，公司和中药制药一厂不间断地对麝香保心丸进行二次开发。1995 年 11 月，公司与上海市中西医结合学会联合举行麝香保心丸学术成果发布会。上医大药理教研室会同华山医院、新华医院、仁济医院、曙光医院、东方医院和第九人民医院，发布了以最新仪器为检测手段的临床验证结果。1997 年下半年，受公司总经理吴伟英委托，公司主管科研的副总经理沈平孃和市场部经理叶松虎，赴华山医院心内科教研室——其时已成为国家中药制药工程技术研究中心生化与临床研究室，与戴教授商讨麝香保心丸再研究合作事宜。此后的研究初步发现：麝香保心丸能促进毛细血管生长。

2001 年，中药制药一厂与香港和记黄埔合资成立"上海和记黄埔药业有限公司"，麝香保心丸转由合资企业生产。戴教授及其团队在深入研究中，确认该药物具有"心脏自身搭桥"新功能，并与和黄药业开展了长达十年的合作。

时至今日，麝香保心丸年销售额已近 30 亿元，成为我国心血管领域经典中成药之一。

循证解码树典范

随着临床科研合作研究的深入，科研人员公布了麝香保心丸四个突出的药效特点。

麝香保心丸可快速扩张冠状动脉，因而可用于胸痛急救。麝香保心丸还具有改善血管内皮功能、抑制血管壁炎症及促进治疗性血管新生的作用，可用于冠心病二级预防、改善患者预后，且长期用药安全有效。相关临床研究表明，长期服用麝香保心丸，可明显减少冠心病心绞痛的发作次数和严重心血管病症的发生率。

麝香保心丸凭借对冠心病心绞痛患者的明确疗效、起效快速、较少不良副作用、药性稳定且不易受环境影响，以及服用方便、便于携带等特点，先后获得国家中医药管理局中医药科学技术进步二等奖及上海市科学技术博览会金奖等多项殊荣。

1989 年 7 月 30 日，第四届世界临床药理及治疗学座谈会在布拉格举行。此次会议由国际药理联合会委托捷克斯洛伐克医学会主办，主题为"植物药在现代治疗中的作用"。沈平孃和戴瑞鸿教授等参加。我国代表介绍了麝香保心丸临床经验，受到欢迎。

因中西医哲学理念存在不同，国际社会特别是西方社会对于中医药的物质基础、作用机制和临床疗效仍存在疑虑。自 2009 年起，开展了多项麝香保心丸大型循证医学研究项目及临床注册登记研究项目，其中 6 项创新研究项目获得"国家自然科学基金项目"支持。

三十多年来，有关麝香保心丸的现代研究成果共有论文 2 600 余篇，SCI 论文 70 余篇，并于 2015 年在《科学》杂志上发表综述；2017 年出版了相关中英文专著 2 部；2018 年，《自然》杂志旗下子刊《实验室研究》刊登了麝香保心丸治疗性血管新生的最新研究成果。其间，麝香保心丸还荣获国家科技项目支持 11 项、上海市科技项目支持 6 项，被列入国家秘密技术、国家基本药物、国家医保甲类品种和国家低价药物目录，并荣获上海市科技进步一等奖。

2019 年 1 月 8 日，麝香保心丸的现代创新研究"基于整体观的中药方剂现代研究关键技术的建立及其应用"，荣获国家科学技术进步二等奖。在中医药传承发展迈入快速发展新时期的今天，麝香保心丸成为我国传统中药传承创新的代表之一。

中国科学院院士、中国中医科学院首席研究员陈可冀教授表示，麝香保心丸是我国心血管治疗领域的著名中成药，始终坚持走循证发展之路，注重学术研究及基础研究，是继承、发展、创新中国传统医药的典范。

2023 年 4 月 7 日，戴瑞鸿教授病逝。网友们纷纷致哀，感谢他研制出救命良药："小时候外公兜里的常备药，现在爸爸兜里的常备药。""昨晚含服了两粒麝香保心丸，缓解了病痛。今朝看到了戴老逝世的消息，真正地心痛了。"……

第三十节　风靡十年蜂皇浆

保健品展销会上，它被抢购一空。

客户提货的卡车，在厂门口排成长龙。

真有这么牛的产品？确实有！这就是三十多年前曾经风靡市场的上海人参蜂皇浆。

20 世纪 80 年代初期，逐步奔向小康的民众，对保健品的需求如火山般喷发。而市场上基本上还是十全大补膏、参鹿补膏等"老面孔"传统膏滋。上海中药制药一厂厂长董明谦和中试室技术人员凭借灵敏的市场触角，决定开发新颖保健制剂。

从兄弟单位考察归来后，厂里成立了由工程师朱承伟、钱伯炎领衔的研制小组。经过反复比较，他们将中医养生学与现代营养学有机结合，确定以大补元气的人参和具有调节免疫功能的蜂皇浆为基本组方，并采用服用方便的新颖口服液剂型。

1981 年，产品正式上市。厂里特地召开新闻通气会，邀请上海市各大媒体记者参加。果不其然，产品在市场上一炮打响，成为市民争相购买的热门保健品，《解放日报》还为此发表了专门报道。

不过，因该产品是食品身份，按当时规定不能在药店出售。于是，中药制药一厂又起步研制"药健字"号上海人参蜂皇浆。

药品审批程序远较食品复杂，审定标准也更严苛，但大家不畏困难，先提升质量标准，产品检测指标由原来的 8 项增至 18 项；接着开展药理、毒理等试验。前期工作完成后，进入以人体为对象的临床试验，这也是药品开发中难度最高的阶段。

重任落到了中试室副主任、主管药师奚永林身上。奚永林长期从事新品试制工作，与上海市各大医院的专家、主任建立了良好的合作关系。他迅即找到华山

上海人参蜂皇浆外包装

医院中医科主任沈自尹。这位 50 年代上海市首批"西医学中医"、后来成为中国科学院院士的著名医师，在中西医结合临床领域具有很深造诣。沈老看了相关材料后一口允诺。不久，由沈老挂帅的高级别临床试验协作组成立，开展了多课题临床研究。

1986 年 10 月 31 日，上海市卫生局主持召开产品鉴定会。由中医专家姜春华、上师大教授王筠默、上海中药研究所所长朱元龙、曙光医院院长徐蔚霖、瑞金医院中医科主任夏翔等组成的专家组，认真审核了临床试验中的大量数据和案例，认定上海人参蜂皇浆具有调节免疫和内分泌功能等疗效，一致通过评审。

以"药字号"再度亮相的上海人参蜂皇浆，因高于市场同类产品的技术能级在全国蹿红。各地经销商近悦远来，于是出现本文开头描述的工厂大门口客户车辆排队提货的场景。

轮到厂广告部门出击了，不菲的代价，换来上海标志性建筑国际饭店楼顶巨幅霓虹灯广告。

上海人参蜂皇浆，家喻户晓！

蛋糕、奶糖、曲奇饼干，一度是逢年过节走亲访友的"通行证"。而人参蜂皇浆、麦乳精，则被视为高档滋补佳品。

浅显的"原理"，就连忙于文化补课的大众也一目了然：生命周期只有一个月的蜜蜂，如果每天享用蜂王浆，便能多活三五年。

何况，"皇浆"两字带给人的心理感受，又岂是蜂蜜所能比肩？

1987 年和 1989 年，上海人参蜂皇浆在波兰、巴西等国举行的国际蜂产品专业会议上荣获金奖，远销日美、欧洲等地。

1988 年 3 月，中药制药一厂上海人参蜂皇浆被评为上海市科学技术进步三等奖，获奖证书上赫然记录了临床参试人员沈自尹、朱承伟、胡国让、奚永林等 8 人姓名。

在市场火热追逐中，该产品产量纪录被一次次刷新：1985 年为 493 万盒，1986 年为 956 万盒，1987 年为 1 117 万盒，1988 年为 1 250 万盒……

如日东升，保健品口服液诸侯群起。

铺天盖地的广告，炸出了令人咋舌、天文数字般的销售金额。

上海人参蜂皇浆风靡市场整整十年，为企业立下"汗马功劳"：数以千万元计的可观利润，连续 3 年获国家经委所授"全国工业交通商业系统经济效益先进单位"称号。

这则公司历史上的"蓝海竞争"经典案例，再次论证了一条商战定理——

发现市场、创造市场、赢取市场，是企业成功的不变之道。

第三十一节 "东方神药"六神丸

在群星璀璨的传统中成药里,雷允上的标志性产品"六神丸"惠泽普天下,享誉海内外,被称为"东方魔药"。

2011年5月23日,经国务院批准,中医传统制剂方法(六神丸制作技艺)列入第三批国家级非物质文化遗产名录。

六神丸诞生于上海,由雷允上传人雷子纯、雷滋藩父子所创。

1860年太平天国军攻陷苏州,绵延百余年的雷氏家族遭遇兵燹,主要成员避难上海。

在这艰难时期,六神丸诞生了。

据传,同治初年,雷子纯和同族在上海新北门一带设摊卖药期间,有位顾姓的邻居,因仰慕其先祖雷允上的医术医德,又感喟雷氏家族生意惨淡、度日维艰,便将制合"六神丸"的家藏秘方相赠。

同治八年(1869年)年底,雷子纯英年早逝,年仅42岁。其子雷文衍已经成长为才情横溢的翩翩公子。他严格按照父亲所传的秘方,精心修合"六神丸"。在苏州老家通和坊小花园的"旱船"——一座石舫内,雷滋藩的妻子按照秘方配料秘密进行炮制。

"六神丸"由麝香等六味中药君臣配伍,再经研粉、套色等多种工序精制而成,是形如芥菜籽的超细微粒丸,每粒药丸直径不到1.5毫米,千粒仅重3.125克,这个纪录无论中医、西医至今未能打破。它具有清凉解毒、消炎止痛的显著功能,对咽喉炎症、无名肿痛等外科疾患有特殊功效。

"中药抗生素"的异军突起,迅速赢得市场广泛认同。六神丸不仅拥有大量本地忠实顾客,还在江浙一带行销,逐渐推及全国各地,并通过邮寄远销中国香港、日本、东南亚,影响甚至扩展到加拿大温哥华和美国旧金山各地,一时名重天下。

20世纪初,六神丸名气越来越响,销量扶摇直上,雷氏家族的生意也随之水涨船高，年均销量达到 17 万银元之上，而当初雷允上申号开创期年销售仅白银七八千两。更值得一提的是，六神丸的总销量几乎占了雷氏家族产业的半壁江山。

20 世纪 50 年代，百业复苏，"雷允上"获得了更为广阔的发展空间。六神丸，延续百年的中药精品，焕发出更加绚丽的夺目光彩。公私合营后，苏申两地的"雷允上"归当地药材公司领导，雷氏族人将六神丸配方及制作工艺献给国家。

1956 年 9 月 27 日，雷允上六神丸列入国家级保密制造范围。目前能享受国家保密配方待遇的中成药，仅云南白药、片仔癀、华佗再造丸、安宫牛黄丸、六神丸、龟龄集以及麝香保心丸等。

六神丸在计划经济年代一直是人们争相购买的紧俏药品。每次召开全国药品交易会，各地订货单都会蜂拥而至，限于原料和生产能力，药材公司难以满足市场需求。那时谁手上有了六神丸货源，谁就掌握了主动权，可以搭售其他品种，做成很多其他生意。

六神丸秘方和制作技艺，自雷子纯以下，历代传人一脉相承。抗战以来，上海雷允上又先后历经了五代传人：陆志成、王式训、劳三申、陈逸红和张雄毅，目前制作技艺传人是金铭。

六神丸工艺绝对保密，每道工序相互隔离。从事主要工序的职工不仅要经过严格政审、签订保密合同，而且从风华正茂的小伙进工厂，到两鬓斑白在这个岗位上退休，甚至终身不能出国。

六神丸生产场地严禁参观，产品具体内容不得对外介绍。甚至连工作服都是特制的：全都没有口袋，反穿式的上装，裤脚一律不准有翻边。投料和成品，都要经过严格核准。

六神丸诞生后在海内外赢得了越来越多的声誉。1915 年，获得江苏省物品展览会奖状、奖章。嗣后又在 1916 年农商部举办的物品展览会、1920 年工商部举办的国货陈列馆、1930 年西湖博览会、1931 年实业部展览会上不断获得奖状和奖章。中华人民共和国成立后，六神丸在 50 年代获得世界国际博览会奖，1979 年、1984 年、1989 年三次获国优金奖称号。

2010 年 9 月上海世博会举行期间，雷氏后人、78 岁的雷璧芬女士从香港来沪。她对媒体记者讲述了一个与六神丸相关的故事。

一次，雷璧芬来到一家日本名企交流，老板对她非常尊重，近乎谦恭。日本老

六神丸获国家优质金奖

板后来告诉雷女士，他七八岁时扁桃体发炎，高烧两周不退，母亲非常着急，带他
四处求医。最后觅到一瓶中国出口日本的六神丸。他每次吃七八粒小药丸，三天后
退烧了，扁桃体炎症也好了。

近年来，大量医药临床实践和研究表明，六神丸存在着更为广泛的适应证
领域。

上海雷允上药业与中国医药研究中心联手，进行抗肿瘤药效学研究，结果表
明，六神丸对 HL-60 人白血病肿瘤细胞、BEL-7402 人肝癌细胞、A549 人肺癌细
胞生长有显著抑制作用。该成果获得"首届中医药科技奖"二等奖。

同时，六神丸抗单纯疱疹病毒 HSV-Ⅰ 体内试验药效学研究显示，给药后，病
毒毒力明显下降，为六神丸现代临床应用提供了科学研究佐证。

甲型 H1N1 流感 2009 年暴发，广州有关科研团队利用现代生物学技术发现，
六神丸可有效抑制流感病毒增殖及由病毒引起的肺部炎症。这一研究成果获得了钟
南山院士肯定。

2020 年新冠疫情期间，六神丸再次大显身手。

天津中医药大学杨剑、张伯礼院士的研究表明，六神丸对人源肺成纤维化细胞
的胶原沉积具有显著抑制作用，有望为肺炎患者恢复期的常见后遗症"肺纤维化"
提供治疗方案。可见，六神丸不仅是医治外科、内科常见病的良药，在疫情防治方
面也有效，将这一传统名方推向了全新高度。

2024 年元月，雷氏六神丸三代技艺传人聚首上药雷允上，展示六神丸手工制
作成药过程。劳三申、张雄毅、金铭在六神丸现场展示了大翻、小翻、大转、小转

香港街头的"六神丸"巴士广告

等中药泛丸制作技艺手法。

中医传统制剂方法（六神丸制作技艺）非遗代表性传承人劳三申向媒体介绍：六神丸颗粒最小，至今无法用机器制作代替。孩子一岁吃一粒，两岁吃两粒，以此类推，用药神奇。劳三申强调，六神丸还用于预防、治未病。小时候他在夏天来临前吃六神丸，预防夏天易发的常见病。

劳三申还讲了一件趣事，当年有位厂长对他开玩笑："我很想不通，作为厂长却不能进你车间的门。"

……

六神丸，流传了一个半世纪的经典中药，正在撩开神秘面纱，潜在功效逐渐被揭示。

六神丸，"东方神药"！未来，人类能否完成对它的全面解读？

第三十二节　珍菊盛开分外香

高血压是严重影响人们健康的常见病和多发病，然而五十多年前，国内具有较好疗效的高血压药物却并不多见。化学药副作用较大，中药又效果不明显，这制约着药物的广泛使用。

面对医患突出需求，上海中药制药三厂与瑞金医院主动合作，由第二医科大学邝安坤教授领衔，当年还是中药制药三厂技术人员的丁建弥等参与，共同探索中西药复方制剂研制。

设计原理明确了：通过中药成分导入，来增强降压效果和减少化学药用量，从而起到减毒增效作用。筛选反反复复，研制组最终确定由盐酸可乐定、双氢氯噻嗪与野菊花膏粉、珍珠层粉为配方，试制中西药物合璧的珍菊降压片。经过药理、毒理等研究和临床试验，1979年年底，评审会专家认定：产品疗效确切、副反应较小，对药物依从性甚强的高血压患者具有一定的治疗优势。

1980年代初，我国第一个中西药复合制剂——珍菊降压片正式投产上市。

然而，产品技术优势与市场优势并不能直接画上等号。尽管流行病学调查提示，我国居民高血压发病率呈不断上升趋势，但该药品的年销售额却长期徘徊在2000万元一线。

1998年，公司新组建的成药分公司市场部经反复论证，决定对珍菊降压片实施二次开发，闯劲十足的麦琼担任产品经理。营销人员运用现代营销理论，对厂商、医生、患者等产品价值链条分缕析，制订以"实施两路并进、打通医患链接"为主题的策划案，出演了一场营销大戏。

在临床学术推广条线，营销人员"借鸡生蛋"，利用上海市中西医结合学会的学术资源、信息优势和社会影响力，与之成立联合课题组。多次组织医生学术会议和学术沙龙，还根据对千余名医生临床用药调查诉求，与相关医院合作开展临床验证，证实本品复方制剂较比单一组分的药物疗效更显著，为产品推介增添学术动力。

雷氏珍菊产品户外广告

在市民健康教育条线，营销人员在上海市工人文化宫大剧场等处，举行大型健康咨询活动，邀请沪上资深医师为市民讲解高血压防治知识。而更多的则是深入社区，开展巡回演讲与健康服务。

医患同步教育形成巨大共振。不少市民上医院就诊时，主动建议医生处方开珍菊降压片，有的老年病人干脆要求：我要配外包装盒上印有"大大一朵黄菊花"的那个药。而医生凭借相关学术信息，以及"珍菊"药价低廉、符合医保政策导向的特点，也乐于在同类竞品中选用其作为基本治疗用药。

"珍菊"营销法，还被复制用于浙江、江苏等地，销量快速上升。

珍菊降压片在短短三年间销售额突飞猛进，2000年达到1.2亿元，成为公司首个销售额达亿元的中成药产品，占同年公司工业销售总额的14.6%。珍菊降压片从研制到推广的经验，为公司新品培育开创了一条可供借鉴的新路。

随着进口药种类的增多，高血压治疗有了更多药物选择。对于中西药复方制剂，一些现象令人不解——

有专家"科普"："中华人民共和国成立初期，中国医疗界提出'中西医结合'，当时对中西药复方制剂的审批比较宽松，有'中药好、西药好，中西药结合效果更好'的说法。在这个指导思想下，有人就理解为既然中西医要结合，那么中西药就

珍菊降压片

得合治。于是产生了中西药复方制剂……"

"模糊"年代，"模糊"中西药复方制剂也许算不得大错。

更有专家认为，"中西合成药既不合理也不科学。中成药内添加西药是对中西结合的错误理解和应用的产物""如果一个药品中既有中药又有西药，那么使用起来到底该依据何原则就很难把握了。总之，中西药合治不符合中西医结合的思想，不符合中医中药的治疗法则"。

"珍菊降压片可以起到治疗高血压的作用，一般可以在医生的指导下用药。珍菊降压片是属于中成药中的一种药物，其中的主要成分是野菊花膏粉、珍珠层粉、氢氯噻嗪等。这些成分能够起到祛风和清热的作用，能够起到辅助降压的效果，对于血压升高引起的头晕目眩以及精神不振的症状，能够起到调理的作用。"

"这种药物也有一定的降压效果，也可以用于高血压的治疗。只不过这种药物已经比较古老，由于新生的药物逐渐增多，副作用又逐渐减少，所以在临床上，这种药物已经逐渐被一些长效的西药制剂代替，所以使用已经越来越少。但是，如果患者愿意使用也是可以的。"

一个"古老"，让人啼笑皆非。

还有儿科专家也不甘落后：一句"功效主要用于降压，针对有高血压病的患者"之后，便是副作用ABCD。末了，"上述副作用一般都是小概率出现"。

是今天的医药科技发展太快，还是我们仍停留于上世纪？

"古老"的"珍菊"，我们期待你的答案！

第三十三节　面向海外一扇窗

2007 年的早春二月，公司收到一封特别的顾客来信。

信是用行书竖写的，字迹工整娟秀。

写信者居然是旅居加拿大的张树潮老先生。原来张老先生多年来一直使用"上药牌"六神丸，他按照以前包装上药厂的地址，把信寄到上海中药制药一厂，希望买到正宗产品。

信，被辗转送到公司外贸部，大家无不为海外侨胞钟情中医药和本公司产品的执着精神所感动。

20 世纪五六十年代，内地和很多国家没有贸易往来，上海中成药只能通过上海土畜产进出口公司，经香港转口销往海外。同时，上海还是我国进口南洋药材的三个指定贸易口岸之一，沉香、檀香、槟榔、竺黄、番泻叶等，经上海口岸源源不断发送全国。

改革开放后，上海市土畜产进出口公司拆分，成立了上海医药保健品进出口公司。公司经典中成药如六神丸、伤湿宝珍膏、首乌片和各类补酒，大都通过其流向世界各地。此外，公司也是经由上海医保渠道，从日本引进西红花球茎。它们在崇明岛、长兴岛安家落户，成为上海中药材引种最成功的品种。

20 世纪七八十年代，堪称上海中成药在海外的辉煌期。六神丸被评为"1987 年度上海市优质出口商品"。

为防六神丸被假冒，中药制药一厂还施展妙招，将瓶盖的旋拧方向与众不同地改为逆时针。

1992 年 8 月 27 日，经上海市外经贸委批准，公司成为上海市首批获得自主进出口经营权的企业，进出口贸易部因此成立。西红花、六神丸、生鱼精、首乌片等产品年出口创汇额超百万美元，深受东南亚地区各国客商的欢迎，也为国家创收了外汇。

面向海外市场的洽谈

我国加入世贸组织后，天然药物和天然保健品在国际市场风行，中医药走向越来越多的国家，现已遍布 160 多个国家和地区。当然，各国和各地区政府对中药的监管也在加强。面对新的市场环境，公司大力实施业务创新。

通过深入研究各国法规，公司开发合适的外销产品。例如，根据美国 1994 年颁布的《膳食补充剂法案》，中成药可以以食品补充剂的身份在美国市场销售，公司开发了复方丹参片、首乌片、安神补心丸等外销包装产品，并申请了伤湿止痛膏、伤湿宝珍膏等外用产品的 NDC 号码，进入美国市场；加拿大 2004 年颁布《健康产品管理法规》，对复方丹参片等十余种产品作为健康自然产品进行备案，在加拿大销售；欧盟 2004 年颁布《传统草药注册法令》，公司"量身定制"了精制中药饮片近 600 种，浓缩丸新工艺系列产品近 100 种，浓缩异型片剂系列产品近 100 种，其中丸剂和片剂采用全浸膏提取工艺，安全性指标符合欧盟食品标准，出口到欧盟市场。

和黄药业的胆宁片于 2016 年 12 月获得"加拿大天然药品上市许可"；2019 年 9 月，获"加拿大境外生产场地认证"；2022 年 10 月，成功出口加拿大。

公司积极探索"走出去"战略，拓展海外市场渠道。2000 年，公司与美国亚洲恒信集团签订合作协议，双方就遴选出口产品、开拓国际市场、开发新品及相关投资计划达成一致。2003 年年初，公司成立上海雷允上进出口有限公司，该公司主营中药类产品进出口业务，同时获外贸流通经营权。第二年，公司又在英国设立境外第一家合资公司——上海中药集团有限公司，将上海生产的优质中药饮片、浓缩丸剂和片剂直接销售给英国的连锁中医诊所，它改变了公司与中间商交易的传统贸易方式，使公司优质产品直达国外终端市场。

在品牌建设方面，公司更是全面出击。早期的出口成药使用"上药"品牌，"上海"品牌合资后，公司转为主打"雷氏"品牌，在日本、新加坡、印尼、越南、美国、英国、澳大利亚、法国、德国、意大利、瑞士等地进行国际注册。

收到张树潮先生的来信，公司外贸部很快满足了这位老华侨的心愿。

鲁迅先生说过，"只有民族的，才是世界的"。

回首公司外贸业务几十年风雨历程，外贸部门职工内心既充满自豪，也深感责任重大。

把经典的和现代的东方神药推向世界，做传播中药文化的友好使者。上海中药面向海外的窗口前景广阔！

第三十四节　返沪知青新家园

1978 年知青大返城，潮流席卷全国，波及千家万户、各行各业。

大量知青涌入城市，直接关乎社会稳定。政府部门动员一切力量千方百计落实知青就业。为减轻国家安置回沪知青的困难，当时一些大中型国有企业按照"自家的孩子自家抱"的政策，组织安置本企业职工知青子女就业，统称"归口"。新办的企业，属大集体性质编制。

在这样的时代背景下，1979 年 5 月，公司借壳黄浦中药制药分厂，组建成立上海中药加工厂，解决企业职工知青子女返城后的就业问题。1980 年 4 月 1 日，"集体所有制"的中药加工厂投产。工厂以公司职工返城知青子女为主体，吸收接纳部分社会街道分配来的知青，为政府分担困难。

中药加工厂自负盈亏、自给自足。建厂之初，厂级领导和主要部门负责人均由公司从所属单位抽调。来自公司储运科的施仲良任中药加工厂党支部书记兼厂长。加工厂业务有经验丰富的老药工指导带教，主要为公司供应科、参茸部整理加工虫草、西红花、枫斗等贵细药材及人参、西洋参等参茸制品；为中药制药一厂包装部分品种的药品，还有中药保健品的包装和中药材磨粉加工。随着职工的逐渐增加，为扩大业务范围，加工厂先后购置了十几台注塑机，为公司所属药厂生产药用塑料瓶。

加工厂厂区处在市中心老式里弄内，与民居混杂，环境十分简陋，条件十分艰苦。对于这些，知青们毫无怨言，大家齐心协力白手起家。经历了十年磨炼，好不容易回到上海有了立足之地，有了工作岗位，知青们倍加珍惜。他们勤奋肯干，在工作中还经常暗暗较劲，互不服输，努力表现，不甘落后。包装加工岗位和注塑车间从建厂起就实行定额超产奖励制度，组织开展劳动竞赛活动。那时奖金尽管不多，但也调动了大家的工作热情，职工们有时为了几块钱的奖金，都争先恐后地超额完成定额指标，突破额屡创新高。

在计划经济的有利条件以及公司的大力扶植下，知青工厂发挥了拾遗补缺的作用，加工业务不用愁，企业利润每年略有盈余。好多知青在加工厂工作期间恋爱结婚，成家立业，走上了新的人生之路。分发喜糖、分享喜悦成为知青们工作之余美好的时光。

知青们踏实勤快、敢说敢干，有一股冲劲。随着时间的推移，有的知青脱颖而出，走上了厂领导和管理科室的岗位。那时的加工厂，称得上是真正的由知青管理的知青工厂。这批昔日上山下乡的知青适应改革开放的潮流，充分显示了自己的聪明才智，把加工厂经营得有声有色、红红火火。他们的业余生活也相当丰富，加工厂知青乒乓球队在公司内小有名气，经常与兄弟单位开展友谊比赛，切磋球技。

1989年，加工厂举办了建厂十周年厂庆活动，后更名为"上海长青中药加工厂"。

又过了五年，与公司隔街而望、地处市中心汉口路的上海长青中药加工厂遇到城区改造动迁。公司从全局出发决定兼并"长青"，将这百十来位知青分别安排到中药制药一厂、二厂、三厂，神象参茸分公司，成药一分公司，中药机械厂，灵芝实业公司，天云保健品厂等单位，个别人员因工作需要调入公司科室部门。而"长青"的塑料制品业务转中药机械厂，胡椒粉加工业务归天云保健品厂。

不少"长青"职工工作岗位变了，单位路途偏远，但他们识大体顾大局，坦然奔赴新岗位。那时正逢企业改制，实行全员劳动合同制，"大集体"与"全民所有制"之分已不存在，知青们都由此转为国有企业一员。"长青"完成了它的使命，退出了历史舞台。

改革开放为公司职工的知青子女们提供了广阔的发展空间。以后的几年里，许多知青在各自的岗位上大显身手，在拼搏中谋发展，在改革中求进取。他们有的当上了部门经理、销售明星；有的走上了领导岗位；有的驰骋于商海，走上了富裕之路。

他们无愧于特殊年代的特殊称号——知青。

知青时代的那段时光那点事，仿佛已经十分遥远，又好像就在昨天。知青这一代伴随着共和国的成长，承载了太多的岁月沧桑。历练后的成熟与稳重，让知青们敢于担当，感悟人生后的淡然与洒脱使知青们更加珍惜生活。正是那段蹉跎岁月，造就锤炼了一代知青。他们都能担起责任、独当一面，在充满竞争的社会中拿得起放得下。

"长青"，得益于中药这个朝阳产业的发展。公司呵护职工子弟，呵护这批返沪知青。知青们犹如一颗颗良种，有了生存成长的良田沃土。知青父母也少了后顾之忧，多了份干劲和回馈之情……

第三十五节　率先试点弃"皇粮"

公司车队又装备洋车了，这次换成了日货。

十多年来，运输业务量连连增多，日野牌装卸卡车的加盟，使公司车队汽车增至二十多辆。

驾驶室门上喷涂的"上药"两字及编号，令一路风尘的驾驶员怀有使命感。

战车多了，车队办公地点也搬迁至延安东路175号。一楼，是修车车间与浴室。出车回来，到"老虎灶"泡点热水，能简单冲淋一下；二楼，调度办公室；三楼、四楼，工人更衣室；开会、学习，上五楼会议室；车辆，平时则停放在邻近的北海路和人民广场。

虽然生活设施简陋、工作条件艰苦，但在车队第二任队长楼新朝带领下，车队"108将"斗志昂扬。

公司每天的托运单，运货量六七百吨，调度员连夜排单。按四吨车计，平均每辆车一天至少要运送六七车次，每月运载量500多吨、运输里程一千四五百公里。为了确保任务完成，职工养成了每天提早出车的习惯，在车队长的带领下，大家既有分工又有协作；没有固定休息和就餐时间；重活累活大家轮流抢着干，四五十岁的职工也与年轻人一样。那时大家心里装着一句朴素的话："车队是我家，发展靠大家。"

1980年6月，公司组建参茸业务部，经过一年多的准备，在车队原所在地的延安东路175号对外营业，试水"市场化"。

车队迁到南市荳市街16号办公，停车场选在相距近3公里的苗江路60号。直到80年代末苗江路有了办公楼，人车不再分割相望。

车队"退守"到老城厢和黄浦江边的停车场，上海货运市场早已风起云涌。各类公办、民办运输公司，雨后春笋般出现。运输成本成为决定这些企业生死存亡的一道门槛。公司车队从出生起财务核算就实行"吃皇粮"的报账制，没有统一的成本核算体系。更严峻的是，车队承接公司的运输任务量严重不足。

老套路失灵，不变没有出路。经公司同意，车队率先进行试点改革：取消报账制，自负盈亏、独立核算；在完成公司运输业务的前提下，开放承接外单位运输任务；建立单车承包按劳分配制度，制订绩效考核标准，实行多劳多得，上不封顶，下不保底……

皇粮断了，"经济独立"后的车队利用剩余运力，承担上海双鹿冰箱厂、上海箱包材料厂等企业的运输任务，承揽零散客户的临时租车业务；节油奖和吨公里考核奖等制度，大大激发了驾驶员和装卸工的积极性；车队以前八点半上班出车，下午三四点就回来。现在早上六点多就出车，特别是跑外地，晚上早早装好车；过去是调度"派单"，现在是车队长"抢单"。改革三年后，车队盈利40余万，一举甩掉"亏损"帽子，成为上海医药管理局先进单位。

成药一分公司成立后，承接了公司派送的部分中成药运输任务。车队领导审时度势，增加汽车修理、汽配件供应及室内装饰项目，并对外承接跨省市长途运输业务，开展多种经营。鼓励员工在完成主营业务前提下，打开经营思路，寻找新的经济增长点，以盘活企业。一时成为佳话。

20世纪90年代中期，由于苗江路实行区域改造，加上车队招工困难，人员逐年减少等因素，公司决定将车队搬迁至中山西路1500号，并入成药一分公司车队归口管理。

小溪潺潺蜿蜒流淌，一路欢歌水汇成河。车轮下的印迹，蕴涵着丰富的密码。

天马山鹿场与车队也有相似经历。15名职工养400余头梅花鹿和马鹿，鹿茸产量一直上不去，1982年至1984年甚至出现大幅度下降，并发生亏损。职工不安心养鹿，八小时工作制，到时上班，按时下班，至于鹿是否吃饱吃好，大家不关心……

鹿场改革，考核鹿茸产出率、仔鹿成活率、圈存数、费用"四包"指标，并明确"超产提成、减产赔偿"的原则。承包有风险，有人打起退堂鼓，最后留下9名职工。鹿场精打细算，原来淘汰的仔鹿两元一只，制成标本后，每只售价350元；鹿长茸期间，职工晚上喂饱后离开，第二天一早到棚舍，他们称之为"弹性作业"；过去把饲料丢进鹿棚，就不管了，即使里面混进了铁丝也不挑拣。承包后，他们将精饲料和粗饲料精心搭配，把鹿当作自己的孩子一样照看。

鹿场承包当年鹿茸产量超指标30%，从年亏1.9万元到盈利2.2万元，梅花鹿茸单产从0.6公斤提高到0.7公斤，三年中圈存量提高31%。

机制改变了，职工把自己真正视为企业的主人了！

第四章
求索奋进（1996—2020）

第三十六节　现代企业新突破

一

现代社会化大生产和市场经济体制，需要与之相适应的企业制度。

党的十四大明确了建立社会主义市场经济体制的改革目标。1993 年，十四届三中全会指出，建立产权清晰、权责明确、政企分开、管理科学的现代企业制度，是发展社会化大生产和市场经济的必然要求。从 1994 年起，国有企业改革进入转换经营机制、建立现代企业制度的阶段。各类企业公司制、股份制以及市场化、法治化、国际化改革步伐日益加快。

1996 年 1 月 4 日，辞旧迎新之际，公司干部大会气氛凝重。上海市医药局宣布：上海市药材公司改制为国有独资性质的"上海市药材有限公司"。

现实往往背离"常理"。曾被部分人视为"传统""保守"的公司，偏偏首当其冲成为上海医药系统首家改制的国有独资有限责任公司。

董事会、监事会、总经理人选，均依《公司法》规定程序产生：董事长许锦柏，副董事长陆培康，董事杨义根、袁恩桢、施杞，监事长俞淑珍，监事程声华、俞爱琴。

当日，公司召开一届一次董事会，聘任陆培康为公司总经理，任期三年。

新任的副董事长、总经理，以及两位资深专家董事引人瞩目。

六个月后，经总经理提名、公司第一届董事会第三次会议讨论通过，陈军力、丁建弥、李锭富、沈平嬢被聘为公司副总经理，王琏真被聘为公司调研员。

"现代企业"之路如何行？

在一系列探索实践中，"有限公司"力图以改革创新破解企业发展难点，推进中药现代化，寻求符合产业规律、啮合市场需求、适合企业实际的发展新路。

在行政管理体制上，为了符合股份制公司的上市要求，2000 年公司以优质实物资产注入，同时吸收社会资本参股，组建"上海雷允上药业有限公司"，雷允上药业一度代行母公司的管理职能。

2003 年上药集团实行事业部制，上海市药材有限公司与上海中华制药厂、青岛国风药业股份有限公司成为中药和天然药物事业部成员单位，事业部由公司负责管理。

事业部制试行五年后撤销，上海市药材有限公司恢复行使对下属子、分公司的管理权。

行政管理体制改革多自上面下、"被动"而为，而调整营运模式、突破营销瓶颈，是公司多届领导班子反复探索的主要课题。

二

陆培康在公司任职虽然不满一年半，他却把这段经历视作"职业生涯的一个重大转折"。

当时在集团内部，公司人才、品种都占有优势，工业产值达到 10 亿元，销售上亿元。这么大的体量，集团领导希望公司敢冲敢上，使药材发展的步子大一些快一点。进入角色后，陆培康大力主张在工业、销售、科研等方面启用能力强、年纪轻的骨干进班子；解放思想，转变观念，稳定工业，拓展市场，加强科研，制定三年战略规划；建立事业部，干部到位，工作步入正轨。

要做大做强一个产品，缺少不了广告投入。与产业投入不同，商业广告投入是隐形投入，眼前看不见，但是到了一定时间肯定会有成效。以媒体广告拉动和商销渠道促销双管齐下，短短三年多时间，珍珠粉年销售额突飞猛进，成为公司营销经典案例之一。1996 年年初，上药牌珍珠粉推广项目获上海市经委企业现代化管理成果三等奖。

人才、品牌，企业发展的核心要素。公司选派中青年参加市里的干部培训，改变了公司干部队伍的年龄结构。在用人上，以量才录用、人尽其才的原则，充分发挥中青年的特长和专长。

产品分类归并，使工厂、分公司突出重点核心产品；持续的品牌建设，使"上药""神象""雷氏"在消费者中有口皆碑。

1996 年 6 月，公司联手上海市四大医、药学会举行"上海中成药双放心工程创建大会"，副市长左焕琛等领导出席。会议承诺"坚持一流药品质量，使客户放心；坚持规范优质服务，使病人放心"。公司持续推进上海市场建设，带来的积极的社会效应，巩固了上海中药材在上海市场，特别是医疗终端市场的竞争优势。

1997 年 4 月，公司借鉴参茸、成药两大业务部门的营运经验，指导药材分公司创设饮片经营部，开展以医院为重点的饮片直供。公司时隔 32 年重归中药饮片产业，不仅为日后收购和控股饮片企业、实现跨越式发展创造条件，而且有力推动了上海饮片产业小散格局的改变。

三

1997 年初夏，公司召集由药厂和经营分公司负责人参加的沟通会。谁也没有想到，平素温文尔雅的厂长经理们，居然剑拔弩张打起口水仗。工方指责商销部门对自产成药不感兴趣，商军反唇相讥药厂不肯拿出市场费用。两大集团军壁垒分明地对峙，公司 117 会议室气氛紧张得就差一根火柴便会即刻引爆。

中成药工业是公司核心业务，其下属 5 家药厂曾拥有 506 个药物和保健制剂批文，产品剂型丰富、质量优异。20 世纪 90 年代初，延续三十多年的中药垂直流通体制解体，以调拨为主、缺乏终端市场掌控能力的各省市二级批发商业顿陷困境，使得长期依靠这一渠道的上海中成药在全国市场份额萎缩，营销"瓶颈"成为制约企业发展的大难题。

针对内部的工商矛盾，廖有全董事长经过数日沉思，提出了按产业门类分列、工商一体核算的体制再造方案。

方案经公司党政联席会议通过后，便迅速启动实施。

1997 年年底，中药制药一厂、三厂与成药市内、市外分公司合并，组建上海市药材有限公司成药分公司，主营治疗性药品，由陈军力兼任总经理。半年后，中药制药二厂、雷允上药厂与旅游保健品分公司合并，成立上海雷氏药业有限公司，主营中成药保健品，由王震任董事长、汪承先任总经理。神象参茸分公司、药材分公司也都明确各自的发展定位。工业与商业分隔的局面自此终结。

由于解决了核算一体化，成药分公司按当年预算制订了产品营销计划书，新设或充实麝香保心丸、珍菊降压片、上药珍珠粉等多支营销队伍，开展以终端市场为重点的学术营销和品牌营销。其时，成药分公司本部山东路松柏大楼每晚灯火通明，市场部、商务部、财务部、储运部等在现代营销理念导引下，会商、策划与实施一份份市场计划。

雷氏药业则从休眠产品中挖掘出雷氏炮天红酒，策划重新上市，以此为突破口，创造性地开展品牌营销。

四

以财务统一核算为纽带、工商合一的组织体制，促成真实的成本核算和合理的资源配置，保证了真正意义上的市场营销可运作性，使公司潜在的整体优势转化为现实。

新体制带来新业绩。成药分公司一改合并前利润总和几近为零的窘况，1998年实现盈利1 600万元，第二年增至2 400万元以上。

工商一体核算，也为实施整体营销扫清了体制障碍，市场建设中涌现出一批富有创意、实效显著的案例。成药分公司"上药牌珍珠粉"整体营销、雷氏药业"炮天红酒"品牌营销、神象参茸分公司西洋参"凉补一夏"目标营销、与美国麦肯锡咨询公司合作的"麝香保心丸"学术营销等，都颇具市场影响力。特别是持续数年的珍菊降压片医患互动教育，使产品年销售额登上一亿元台阶，成为公司最大的中成药品种。

2000年起，公司先后将发展势头正旺的工商一体的成药分公司和雷氏药业公司撤销，重回工商分立体系。但是，股份制公司上市功亏一篑，令人遗憾！

从1998年到2000年，各地2 700多户建立现代企业制度的试点企业，纷纷进行了公司制、股份制改革；列入520户国家重点企业的国有及国有控股企业中，有430户进行了公司制改革。

率先尝试现代企业制度的上海市药材有限公司，十多年间为破解营销瓶颈、谋求企业发展进行了种种探索性实践。成功的案例与令人扼腕的遗憾，都化为了企业发展的无形资产。

第三十七节　拓展销售抢市场

拓展全国市场的又一次攻坚战全面展开。

在各地建销售办事处，选择麝香保心丸、胆宁片、珍菊降压片等品种开展终端营销；两期干部教导团成员，经集中培训后分赴二十多个城市，在杭州、无锡、苏州等地较快建立了一批销售稳产区域……成药分公司终端营销模式在整合中定型，全国市场开发掷地有声。

进军市外大集结

"打造营销新军、开发全国市场！" 1997 年，兼任公司董事长的上药集团副总裁廖有全果断出招。5 月 24 日，公司召开组建新药市外分公司暨选聘经营者和地区经理的信息发布会，廖董事长、吴伟英总经理分别动员。

尽管这天是周六，可各单位员工从四面八方赶来，300 多名与会者几乎将会场挤爆。会议宣布：在全国各地建销售办事处，并在大中城市实施终端营销。

会后，80 多名员工前来应聘。经考评委员会面试和评审，首批录用 26 人，其中不乏营销骨干，而更多的来自科研、生产、管理等部门，他们放弃原本熟悉而稳定的岗位，以公司发展为己任，勇敢走上市场一线。6 月 25 日，公司以干部教导团形式举办新药市外分公司全员培训班，学习产品知识、营销技巧、管理流程等实用技能。经过半个多月的强化训练，营销新军分赴 15 个目标城市。同年 11 月公司再次招聘 42 人，组成第二期干部教导团，其中新应聘人员 25 名、成药三分公司选送的销售骨干 12 人，以及公司本部调派的现职干部 5 人。经培训后，他们驰援先期进入的市外地区，或开辟新战场。

短短半年间，新药市外分公司相继在北京、杭州、济南、武汉等省会城市，宁波、大连、无锡、厦门等二线城市建立了销售队伍。有条件的地区还成立了终端推广部，将麝香保心丸、胆宁片、珍菊降压片、上药牌珍珠粉等公司自产中成药，覆

公司第二期干部教导团毕业合影

盖以东部经济带为重点的区域，实施渠道分销与终端推广相结合的营销新模式。

一年后，公司经营体制变化，两支市外"野战军"整合为一。1997年的大集结、大进军，声势浩大、振聋发聩。"拓展市外市场，成立了二十几个市外办事处，突破了以往传统模式，销售产品和宣传产品两条腿走路，开发了市场。比较成功的产品有斯泰隆、珍菊降压片。珍菊降压片是个老产品，市场份额增大，做到了1.2个亿，是公司当时唯一的过亿产品。"在企业结构上，工厂成为成本中心，销售全部捏拢，药材真正实现产销一体，留有空间出来做市场。从投资角度看，与中国药材公司合资成立华宇药业，与和记黄埔合资成立和黄药业……现在看来这些都是很成功的。

"三勤""三性"铸佳绩

通过扩大直供和精耕细作的双轮驱动，成药一分公司销售收入从成立之初的无税销售1.05亿元，到1999年销售6.15亿元，十二年间年均复合增长率16%，成为公司内部利润上缴大户。

业绩令成药分公司干部职工引以为豪，他们中的佼佼者在上海乃至全国医药行业声名赫赫，缪亿萍就是其中之一。

1975年，缪亿萍从公司技校毕业，分配到公司供应科。她和小伙伴们成了公司"第一代女联络员"。十年后她调任业务批单，对区县三级批所要的商品实行"协调平衡、计划分配"。随着计划经济逐渐向市场经济过渡，指令性、垄断式的业务难以为继。为适应市场变化，公司成立了中成药业务部，小缪因此变身为销售员。

20世纪90年代，缪亿萍不畏强手、敢于争先，销售额屡创新高。

1991年7月，分管虹口区销售的一位业务员年逾花甲、告老还家，缪亿萍顶岗上阵。她在区成药站、药店、医院等几条战线开始东征西进。面对在这二十余平方公里内安营扎寨的众多竞争对手，她"勤跑、勤看、勤记"，换回一份份订单。

一次，上海市中西医结合医院"清开灵"针剂告急，医院药库通过BP机向缪亿萍求援，不巧公司也一时断货。她赶到海员医院调剂，并脱下雨衣遮盖好药品，冒雨把药品及时送到，令客户感动不已。

在那没有硝烟的战场上，胜利的机会开始向缪亿萍倾斜。1991年下半年，她完成销售额760万元，客户发展到13家；次年销售额又上升54%，客户增至31家。她荣获上海市医药局销售标兵、局先进工作者，以"三勤"工作法登上了销售生涯的第一座高峰。

在日趋成熟市场的较量中，"三勤"方法成为商家普遍掌握的一项战术，唯有依靠新的营销策略，才能夺得更大竞争优势。分公司举办了现代营销知识培训，缪亿萍吮吸着清新的甘露：现代营销4P理论、狩猎型销售与顾问型销售、推销与营销的概念差异……

在学习过程中，小缪克服了特殊的家庭困难，先后取得大专文凭和营销培训结业证书。她将学到的理论用于工作实践，创造了"前瞻性、扩散性、整体性"的"三性"工作法。从"三勤"朴素工作方法到"三性"营销艺术，这是缪亿萍在业务领域的又一次提升。

缪亿萍做起市场预测的"分外事"，根据上海市人口年龄和食物结构的双重变化，她与市场开发部门同事一起，率先启动胆道新药胆宁片的医、药结合工作，为公司培育新的销售生长点。她担当医院学术会的宣讲员，将中成药向西医科室推介，使麝香保心丸、巴布剂蟾酥膏等在西医急症病房登堂入室，医院药库中成药备品由原来的五六个发展至二十多个。她甚至成了客户的财务咨询师，通过往来账目核查，帮对方找出资金周转迟滞的原因和改进财务指标的方法，使拖欠151万元货款的区代批药房一年内还清大额欠款，单位同事无不为之咋舌。

在艺术营销舞台，缪亿萍又取得新的业绩。1994年她以1 066万元摘取单位销售桂冠，次年又完成销售1 426万元，比分公司人均销量整整高出80%，并在以后数年不断刷新纪录。

辛勤的付出，使缪亿萍成为公司先进标杆的常青树。1996年起，她连续两届被评为上海市劳动模范。人们盛赞她是与时俱进的企业英雄。

第三十八节　异军突起"三合一"

贸中、大陆、华诚——成立于20世纪90年代的公司"三小虎"。

几年间,"三小虎"虽在市场营销中虎虎生风,但由于体量小、实力弱、盈利少,它们渐渐显得步履维艰、难以为继。

21世纪初,上海市药材有限公司毅然决定:三合一,以药品经营部取而代之。

"上海药材"资产重组的这幕重头戏,源于各方面临的发展的深层次危机和市场的严峻挑战;源于"上海药材"对内部资源和各种经营要素实行优化配置,通过集约经营做大规模、降低成本、增强竞争力、提高经营效益的战略构想。

公司领导层期望,用3至5年时间,将经营部打造成具有相当规模及竞争实力的经营实体,成为雷允上药业有限公司市内销售的重要补充力量。

上海药材药品经营部于2002年新春前夕组建,总经理姚韧九。贸中、大陆和华诚为什么要合并重组? 姚韧九的解答直截了当:上级领导的思路很明确,按照新的药品法及有关规定,2003年后,药品经营企业必须具备年销售额2亿元、具有药品经营质量管理规范(GSP)认证等条件。小企业在市场经济的大浪中经不起颠簸,发展的趋势必然是走强强联合、集约化的道路。

当年,一句戏言在公司流行:"三合一"千万别成了"三合缢"。

戏言并非杞人忧天。

经营部成立之初,员工多系"三无"和"三老"牌:无学历、无文凭、无职称;年纪老、本企工龄老、资格老。由于来自不同文化背景的单位,大家难以捏合一起。不少人对连年亏损的企业一时丧失信心、怨气满腹,不是发发牢骚,就是骂骂领导……

调整后的经营部领导班子从关心人、理解人、尊重人着手,同时加以科学管理,终于打赢了一场翻身仗。经营部在短短几年间出现了意想不到的变化:领导有号召，群众齐呼应；企业有困难，员工共克服；发展有成果，全员同分享。2009年经营部人均创利4万元，远高于同期公司人均创利水平。以后几年经营部继续一路高歌，成为公司的明星部门。

让员工有尊严地劳动

尊严是人的自我价值的重要体现。经营部班子认为，员工固然需要文化训导，但也要有一定的经济基础。在企业亏损情况下，员工工资大都在国家最低标准线上徘徊，哪有尊严可言。于是，他们反复向员工说明"大河水深小河水满"的道理，并在实际工作中坚持效率优先、兼顾公平的分配原则。

业务员小郑娶了外来妹为妻，生活困难。公司领导知道后，除在福利上给予小郑一定照顾外，多方联系为他妻子介绍工作，还帮助小郑提高业务水平，增加奖金收入。公司的宗旨就是不让一个兄弟姐妹掉队。

随着企业经济向好，经营部员工逐年增资。单位提出"三倾斜"原则：向关键岗位倾斜、向一线岗位倾斜、向生活困难的员工倾斜，把增资涨薪的好事办好。

之后，经营部又提出与社会接轨、与行业接轨的薪资新目标。他们认定一个道理：薪资高低是员工心态的重要尺度，而这个尺度的评判不在于领导的自我感觉，而产生于员工的公平感及其与社会横向的比较中。

这些年来，经营部每年都要组织各层次、各类型的培训，如医药市场营销分析、医药商业GSP管理规范、现代企业管理概述等课程。

培训使员工的知识和技能明显提升，培训也使员工享有受教育的权利。在经营部适时组织的一些外出培训中，干群同坐一辆车，同上一堂课，同吃一桌饭，大家其乐融融。

有位在企业干了一辈子的女工，退休前一周收到工会主席给她的"致退休员工的感谢信"，读着读着，泪流不止。她说太感人了，企业对我作出了客观公正的评价，字里行间充满温情，在这样的企业干一辈子，值！

随后，她在整理物品时，拿出八年来珍藏的单位领导每年写给她的生日贺词。她说能这样认认真真写出每个人的特点，如果不是有心人，不是从心底里关心人的领导，那是绝对写不出来的。

一封普通的感谢信，一句平常的生日祝词，效果竟如此大。

高温中的嘱咐短信

有一年夏天,气温急剧攀升到38度,经营部总经理姚韧九坐不住了。自己在有空调的办公室里都感觉心烦气躁,那么整天在大街上奔波的几十位业务员何以承受煎熬呢?于是,他拿起手机向全体业务员群发短信:"高温酷热,出行注意防暑。没病没灾,才能完成任务。"没有想到,半个小时后,回复的短信几乎同一个意思:"谢谢领导的关心,一定完成任务。"

事物常常适得其反。你越是不顾群众的苦累,逼他们完成任务,群众越是不买账;而你把员工视作亲人,关心他们,体恤他们,员工却能真正把企业的事看作自己的事。

药品经营部,人还是过去的那些人,事还是原来的那些事,但企业关心人、爱护人,员工心态就变好,积极性就提高,企业也走上了良性发展的道路。现在我们再回过头来,认真回味那句话,该有多深的感慨:我们做的一切事情都是为了老百姓的最根本利益,老百姓哪有不拥护和不支持我们的呢?

药品经营部有序推进组织整合、市场整合、文化整合,并通过"争品种以固渠道,强管理以降费用"的双轮驱动,规模效益不断凸显。这与企业坚持开展读书活动,员工书香渐浓,综合素质不断提高有着密切关系。

从2005年起,药品经营部党支部和工会每年向员工推荐一批书目,要求员工以自学为主,并撰写学习心得。同时聘请第三方老师对员工写的学习心得进行点评和评比。久而久之,员工的心智得到开启,行为模式得到改变,工作业绩也逐渐得到提升。开展读书活动,取得了"春风潜入夜,润物细无声"的效果。

差异化经营赢市场

2013年,姚韧九被任命为雷允上医药分公司总经理,药品经营部更名为药品销售分公司,邹敏任总经理。药品销售分公司和雷允上医药差异化经营,药品销售分公司一方面维护好原有的经销品种和销售渠道,争取更多的经销品种;另一方面,在公司的协调支持下,着力发展OTC(非处方药)品种,成为片仔癀、铁皮枫斗晶等热销产品的上海总经销商,和各区县商业公司巩固了合作关系。同时,药品销售分公司延续了以员工为本、服务客户至上的经营理念,经营业绩也持续得到提升。

小小"三合一"经过十几年发展，人员由最初的300多人，精简到100多人；经营业绩由第一年的亏损200多万元、2005年利润持平，到2015年销售额5.44亿元、利润320.5万元，销售面覆盖全市的医院，成了真正的小巨人。

2015年12月底，药品销售分公司与雷允上医药分公司合并。昔日被边缘化的小企业，终于融入沪上中成药主流市场。

第三十九节　雷氏崛起炮天红

一

"雷氏公司"成立的消息宣布后，过了四个多月揭牌仪式终于举行。它姗姗而来，挟着王者之气。

上海市药材有限公司、上海雷允上北区药业股份有限公司、上海药房股份有限公司、上海蔡同德药业有限公司，投资方实力雄厚。

雷允上药厂的雷氏纯蛇粉虽非"人见人爱"，可"雷氏三百年"的广告语透着君临天下的几分霸气。推出雷氏品牌、设计雷氏商标，环环相扣，自然而然。

选择保健类产品作为突破口，上海中药制药二厂的系列药酒有优势、口碑好。二十年前几块钱一瓶的参桂养荣酒"廉颇老矣"，炮天红酒进入了王震董事长和领导层视野。

20世纪70年代中期，有位港商带着处方来到公司，要求加工炮天雄酒。公司工业科同志考虑到产品功用的广适性和市场可接受程度，建议对方在参桂养荣酒基础上增加中药天雄成分，并改名炮天红酒，那位港商欣然同意。合同签署后，中药制药二厂随即开展试制。炮天红酒专销香港市场，80年代后期外销市场一度逐渐冷落，这款药酒也偃旗息鼓。

董事长王震提出重启"炮天红"，做大内销市场的计划。总经理汪承先、副总经理刘峰对自身产品充满信心，果断锁定了目标。

炮天红养身酒以18味名贵药材和优质低度白酒为原料，采用传统工艺精制而成，从产品功能、剂型等综合情况来看，它恰好填补了市场空缺。

当时药酒基本上采用啤酒瓶包装，显得"土里土气"。"炮天红"以风靡一时的XO洋酒瓶为式样改进包装，提升了品质。而在对消费市场进行分析后，每瓶158元的定价既适合大众消费水平，又显示出其与众不同的高贵品位。

经过严密的策划，"炮天红"于当年隆重上市、一炮打响，迅速成为上海市场一大明星保健品。

在广告宣传上，营销团队借助轰动上海滩的电视连续剧《孽债》的影响力，聘请《孽债》主要演员担任广告主角。投入20万元广告费，覆盖上海和江浙地区的电视广告播出后，"炮天红"知名度迅速扩大，提高了雷氏品牌的效应。

为了取得更好的广告效应，"炮天红"电视广告还以套装组合形式，在早中晚各个时段播放。不管黄金时段还是深夜时分，面对各种人群，"全天候"密集宣传……

"奇招"还用到了熙熙攘攘的外滩。1998年国庆节三天假期里，雷氏药业租用飞艇，在黄浦江两岸上空做广告，人们纷纷抬头仰望。在南京路步行街，雷氏药业的党员放弃休息在节假日推广宣传"炮天红"……

炮天红酒

申城上空"炮天红"巨型飞艇广告

旅游保健品公司利用在超市、大卖场的资源优势，使"炮天红"占据商场最显著的有利位置吸引顾客、扩大销售；乐购、家乐福、农工商等大卖场，雷氏药业派驻销售员现场促销，公司市场部人员也全程参与。

"雷氏炮天红，一炮开门红。"朗朗上口的广告语，使炮天红药酒家喻户晓。"炮天红"三年销量达到52.3万瓶，销售额5 133万元，利润281.5万元。

二

元旦、春节销售历来是保健品旺季市场的重头戏。为了实现炮天红酒和雷氏产品在2000年新飞跃，雷氏公司一个多月内接连在上海展览中心、世纪广场、淮海公园、上海第六百货、光大会展中心等闹市地段组织活动十多次。同时，广告宣传不仅出现在各种媒体上，60万份带有"雷氏炮天红酒"广告的"福"字门帖，还别出心裁地随《新民晚报》将新千年的福气、喜运带到了千家万户，深受广大市民的喜爱。

人们发现，春节期间拎送"炮天红酒"礼品包装盒的行人比上一年明显增多。

在巩固扩大市内市场的基础上，雷氏公司2000年有选择地挺进市外市场，实现了雷氏品牌向全国性品牌的提升。

为此，雷氏公司市场部早在1999年年底就派员分赴江苏、浙江、广东、湖南等地，以炮天红酒为先导开展系列活动。一个多月内，先头部队运用搭台表演文艺节目、开展游戏活动、现场抽奖问卷测试等形式，在各地"抢滩登陆"。炮天红酒等在江浙两省形成了一定的知名度，并建立了第一批消费群体。

精心策划，全方位的准备，使得雷氏炮天红酒在千禧年之初实现了令人信服的"开门红"，销量已创纪录地达到了17万余瓶，其中市内14万瓶，比上一年同期又有大幅度的突破，且已完成全年计划的50%以上。

三

炮声隆隆，捷报频传。

雷氏公司的销售干将劳苦功高。为了竞聘上阵，所有销售业务人员承担销售风险，个人拿出抵押金：一般销售员3万元、大区经理6万元。当时，他们中好些人由家人陪着交抵押金，有些甚至借款而来，颇有背水一战的气概。业务员上岗后收入与个人销售业绩挂钩，实行年终考核，风险抵押金制度大大激励了销售人员的斗志。

年终，雷氏公司以完成销售金额、沪产品种指标和资金回笼率等业绩考核业务销售人员，顶着压力坚决兑现承诺。坚持"多劳多得，能者多得"的分配原则，大大增强了广大销售人员的积极性。

为确保雷氏公司的整体利益和营销计划的实现，中药制药二厂强化各部门各生产车间的总体协调和紧密合作，坚持质量第一，把保质保供作为考核各级管理人员业绩的首选。厂里制定《员工行为规范》，对有不负责任、粗制滥造行为的员工实行下岗再培训，以此巩固产品质量，确保雷氏营销计划如期实现。

炮天红的广告效应带动了雷氏系列保健品的畅销：西洋参酒、西洋参口服液、雷氏鸡精、纯蛇粉、珍珠粉和雷氏天盾，等等。金狮酒、虫草酒等也先后恢复生产，投入市场。公司经营状况明显改善。

第四十节　华宇迈上快车道

奋力破茧，勇于蜕变。承受着外力，承受着痛苦，迎来新的生命，迸发新的活力。

万事万物，唯变所适。

一家买卖"土特产"、伺花养草的公司，向变而新、向变而生。纵身旋变中，跃上上海市高新技术企业星系。

沧海桑田，厚积薄发。

商工图强"五统一"

20世纪90年代，公司麾下的"药材供销分公司"，在"实体性"大旗下不负众望。纳外马路仓库、沪闵路仓库两大物流体系，换牌"药材分公司"。置身改革开放的洪流，公司以敢于自我否定的豪气和铁的意志，义无反顾地又一次向着新经济体制勇敢前行——

药材分公司实物资产作价置入，以65.2%的股权与中国药材公司合资成立上海华宇药业有限公司。

1998年9月19日，坐落在上海市汉口路239号的公司贵客来临。117会议室，合资组建上海华宇药业有限公司的签字仪式开始。双方法人代表许琴法、范洪哲在协议书上庄重签字。协议明确药材分公司出资65.2%，中国药材公司出资34.8%。

经推举，范洪哲为上海华宇药业有限公司名誉董事长，陈军力为董事长，杨弘为总经理，张晓蕾为监事长。

12月20日，华宇药业成立仪式在时尚地标上海商城隆重举行，上海市卫生局副局长张明岛、上海市医药局副局长张瑶华、上海医药（集团）总公司副总裁张家林、中国药材公司总经理范洪哲等出席。

上海市药材有限公司的主业之一是中药材采购供应。完备的购销网络、强大的

汉口路 239 号华宇办公场所外景（2005—2018）

仓储物流能力、深厚的科研技术力量，使之成为国内经营品种最多、规模最大的中药材采购供应商之一。在此基础上创建的华宇药业，在整个中药材经营行业具有天然的商业优势。

秉承药材人"无商不活，无工不强"的战略理念，放开手脚的华宇药业洞悉市场，敢于创新，全力实施把产业链延伸到饮片生产加工领域的计划。通过共同投资、资本运作，致力于业务结构的重大变革，组建市内外饮片加工控股企业，从单纯的购销经营向生产经营型企业转变。1999 年 7 月以金山饮片厂为主，控股 51%，与金山医药药材公司共同投资，成立了上海华鹰药业有限公司。11 月与南汇饮片厂组建上海华浦中药饮片有限公司，控股 51%。紧接着，分别于 2001 年和 2002 年以控股参股方式，建立了上海余天成中药饮片有限公司、上海德华国药制品有限公司。2013 年，受托管理上药药材控股的都江堰申都中药有限公司、上海信德中药公司。

华宇药业控股的五家中药饮片厂，三年间全部通过国家 GMP 认证。2009 年，实施"中药饮片定点加工规模化生产"管控模式，实行饮片加工"五统一"：统一原料采购、统一质量检测、统一生产加工、统一储存养护、统一物流配送。同时，确定第一批 50 个品种实行定点加工。这一举措，得到上海市药监局、上海市中医药发展办公室、上海市中药行业协会及时肯定。

华宇药业工商兼有、联动发展的双轮驱动战略，不仅使经营如虎添翼，对今后逐步壮大也产生了极其深远的影响。

2014 年 12 月，上海市药材有限公司收购中国药材公司持有的华宇药业股权，华宇药业成为公司旗下全资子公司。2016 年 4 月，更名为"上海上药华宇药业有限公司"。

创建绿色种植基地

华宇药业是建设"中药材生产种植质量管理规范"（简称"GAP"）的倡导者之一，也是国内首批通过国家 GAP 认证的企业。成立之初就启动了推进 GAP 行动计划，并依托国内著名专家权威人士，联合行业龙头企业以及药材主要产地的供应商，以企业的名义发起建设绿色药材基地的倡议，得到了全国同行的热烈响应。

由于过度开发利用以及后续抚育脱节，部分野生资源濒临枯竭，必须加强中药材家种繁育研究，并通过规范化种植来提高中药材的品质。这一切都需要大规模集约化生产经营才能实现，推行 GAP 势在必行；同时，在中药走向现代化国际化的时代要求下，粗放型的中药材种植、经营弊端渐现，尤其在部分缺乏完善管理规范的产地，一些药材存在重金属、农药残留量超标的状况；药材贸易中以次充好，以假冒真的现象时有发生。要彻底改变这种局面，必须从源头抓起，在全国中药材主产地推进 GAP 工作，全面加强源头管理，大幅提升药材种植技术水准。时任上药集团副总裁陈保华担任华宇药业董事长后，多次深入 GAP 基地以及国内主要药材贸易市场实地考察，坚定了企业发展 GAP 基地建设的信心。然而，真要在广大的农村、山区开展 GAP 工作，困难之巨，任务之艰，常人很难想象。这毕竟是对延续了数千年的药材种植和管理的革命。

华宇药业和科研单位合作，分赴各个地道药材原产地。深入田间山区收集大气、水质和土地等各种数据和摸索先进的种植技术。在专家的指导下，逐步总结出各种药材不同的种植技术和管理方法，先后建立了 11 个规模化规范化的"绿色无公害"中药材 GAP 种植基地，为确保中药材产品达到"优质、稳定、有效"奠定了基础。

种植基地建设是一项需要长期坚持、长效运作的工程。华宇人在药材生产种植过程中，不仅通过组织培训传授知识，规范了广大药农的种植方法，而且按植物不同的繁育阶段进行定性、定量化的管控，基本解决了大宗药材质量起伏不定的难题。

药材种植基地建设，华宇药业培育了适合自身发展的高质量资源品系。药材的集中种植、统一加工、质量检测和全程管控，形成了规模效应，凸显了企业的经营优势、质量优势、货源优势和品牌优势。华宇药业在行业中的地位大大提升，在全国范围内全面推进 GAP 起到了示范带头作用。中药材种植，开始踏上迈向现代化的进程。

市场是最好的老师

华宇药业所有的经营策略都源于市场。针对无序竞争风险，华宇人确定了以规范制胜、以质量制胜、以规模制胜的营销战略。

上海市药材公司成立之初，就创建了上海市首家中药饮片厂——上海中药切制厂。后来，按照行业规划，饮片业务下放各区、县公司，实行分片产供，公司在很长时间里没再涉足这一业务领域。改革开放后，中药饮片也成了兵家必争之地。要不要打破原来的市区县经营格局，开展饮片经营，部分同志对此有些顾虑，担心这会引发区县公司异议。但更多人认为，这是大势所趋，势在必行。1997 年年初，刚刚成立的药材分公司总经理乐秀惠，党支部书记、副总经理张福敏，副总经理杨弘等管理层，依据市场判断，毅然决定组建饮片科，开拓饮片营销市场，向全新的业务领域进军。

当初的饮片科可谓是一支"杂牌军"。科长就是若干年后任上药华宇总经理的吴树华，销售主管黄剑由区县业务联络员转岗过来。销售人员则是从外马路仓库、沪闵路仓库工人中招聘组成，他们中有"机修工""木匠""铲车工"等，大都缺乏饮片商品知识和销售经验。

那时，医院都有固定的饮片供应商，饮片销售业务渠道单一，拓展新业务异常艰难。吴树华和他的团队并未气馁，经过调研，发现市场上只供应 10 公斤的大包

延安东路110号华宇办公场所外景（1999—2005）

装饮片，对医院药库工作极不方便。于是，他们创新思路，自我加压，从服务客户需求，满足客户期望出发，推出了1公斤小包装饮片。这在全市饮片销售中的首创之举，不仅方便了医院，更是一举打开了饮片营销新局面。到了2006年，华宇药业又历史性地启动了分包装业务，极大地便利了医院的配药工作，弥补了原来配方称量不匀的缺陷。饮片科渐渐成为华宇药业的重要销售部门，后更名为饮片营销部。数十年来，他们秉持的"服务客户需求，满足客户期望"的经营宗旨一直没变。

一个冬天的周末，外面下着大雨。饮片销售员接到求援电话，来电者是一家三甲医院的药库主任。电话中对方的语气十分急促又有点尴尬，原来是他们医院缺了两味药，而且特别紧急，最好在三个小时之内送到。医院曾询问了其他合作的供货公司，得到的答复不是缺药断货，就是休息天没法送货。焦虑中，医院想起华宇药业。没想到饮片科接到电话满口答应，保证及时送达。尽管大雨倾盆，销售员顾不上休息，骑着助动车载药直送医院。客户看到浑身淋湿的女销售员，心里十分感动，连声感谢她解了医院的燃眉之急。这时，客户发现销售员皱着眉头神情异样。一问才知，原来女销售员没顾得上吃午饭，再加上淋雨着凉，胃病又犯了。药库主任赶紧拿出止痛药，留她在门诊室休息，并打趣道："你真是个实诚的人。"经过这次"紧急送药"，那位销售员和药库主任成了朋友，这家三甲医院也与公司建立了良好的合作关系。

随着饮片销售业务蒸蒸日上，对饮片营销部的业务能力要求也越来越高。公司充实调整队伍结构，不断输入新鲜血液，这支营销队伍平均年龄不到 35 岁。2014 年，上海市总工会授予饮片营销部"上海工人先锋号"的荣誉。

当年的"杂牌军"，经过二十多年的锤炼，已锻造为华宇药业不可或缺的主力军。

华宇药业推出的沪光牌精制饮片在市场上渐成气候，逐步赢得了众多客商的青睐。"沪光"已连续多年被评为上海市名牌产品，为企业经营规模和效益增量赢得了更为宽广的市场。

科技赋能创竞争力

在完成企业科研项目的同时，华宇药业积极申请并获得国家级、市级各类重大科研专项 28 个。近二十年来，包括《丹参规范化、规模化和产业化生产基地建设》《西红花规范化、规模化和产业化生产基地建设》《天麻等六种中药饮片标准化建设》等重大科研项目，持续获得政府部门 5 000 多万元的资金支持，项目研究成果可喜，助力企业发展。

2017 年，上药华宇主导申请的丹参种子种苗国际标准正式颁布，成为上海市第一个中医药国际标准。拥有发明专利：《西红花的种植方法》《陈皮的制备方法》《番红花的组织培养快速繁殖方法》。

上药华宇出品的"丹参、当归、甘草、黄芪、羚羊角粉、三七"获评上海中药行业名优产品，"丹参、栀子、焦栀子、西红花"2017 年获评中国中药行业协会首批优质饮片。

上药华宇重视质量疑难品种的攻关，2018 年公司集行业、联盟等合力，开展土鳖虫等"三无一全"品种黄曲霉毒素专项研究，课题取得阶段性突破。

一分耕耘，一分收获。2018 年在众多企业竞争中，上药华宇以实力赢得"黄浦区区长质量奖组织奖"。

在明晰有效的经营战略指引下，上药华宇全面完成各项主要指标，经营潜能逐渐释放。从中药材标准化种植基地建设，到规范化中药饮片生产、技术检测体系的全项检测，正在实施全产业链可追溯质量保证体系战略。经过二十多年不断锤炼、不断奋进，上药华宇已成为行业内富有声誉、举足轻重的中药饮片经营企业。

长阳路 235 号华宇办公场所外景（2018 年至今）

高技能人才占比：首屈一指

上药华宇突出"以人为本"的人才管理策略，注重人力资源管理方式的探索与创新。在人员甄选、绩效评估、员工发展、薪资福利等方面，形成切合实际，成效显著的制度体系，成为企业整体管理中的一大亮点，为经营管理注入无限生机和不竭活力。

公司组建伊始，华宇人大胆进行干部人事制度、用工制度、分配制度三项改革。经过多年不断适应和契合，竞争激励机制开始形成。不断强化绩效管理，形成科学合理的薪酬制度和激励机制；加强人力资源的管理，拓展人才培养机制；创造职业发展环境，给予成员真切关怀。通过制度化建设，人力资源管理成为凝结团队、优化配置、保持活力、基业长青的有力保障。

上药华宇坚持社会校园多渠道招聘。通过校园招聘的裴卫忠、谈景福、王立会、王小丽、姚科俊等，经多年岗位锤炼和"老法师"的传承带教，已经成为各自专业条线的骨干。坚持以绩效文化引领分配体系，经过多年的实践和探索，根据不同岗位职责、不同业务形态要求，制定覆盖全员的绩效考核管理办法。注重职工技能素质提升，连续十多年开展"沪光杯"认药知识竞赛，为企业可持续发展提供技能人才支撑。

企业文化融入人心

华宇人都有一种强烈的职业自豪感。多年来，他们构建了富有个性的企业文化。"地道药材，道地服务"这八个构思巧妙的文字，鲜明体现了药材行业的特色，也表达了华宇人职业操守和崇高情操，已成为企业精神的组成部分。

"华宇是我家，生存发展靠大家"，充分体现了华宇职工以公司为家作奉献、胜负成败共进退的团队归属感；"为华宇发展认真做好每一件事"，则表达了企业上下一心、踏实进取的共同价值取向。

上药华宇以开展主题活动丰富员工的文化生活。劳动竞赛活动，形成了你追我赶、力争上游的积极氛围，很多员工脱颖而出，被评为"明星员工"；技能培训、技术练兵、技能竞赛活动，培养了一批批业务骨干，为企业源源不断输送人才；"我与华宇共同成长""你的价值在哪里？"等专题讨论活动，提高了干部和员工的思想认识，催发了大家的事业激情；读书、征文、演讲等比赛活动，使员工汲取了知识，拓展了视野，提高了修养。值得一提的是，上药华宇丰富多彩的文娱活动水准颇高，艺术节、体育比赛办得有声有色，许多文体尖子在上药集团举办的各项大赛中崭露头角，多次获奖，成为系统内的文体骨干。

上药华宇倡导文化荡涤职工心灵，形成了甘于奉献、乐于助人的精神风貌。2003 年"非典"肆虐期间，业务员不顾个人安危，冒着感染病毒的危险，有的分赴各地应急采购抗击"非典"所急需的药材，有的深入医院随时跟踪用药情况，以确保供应，为战胜"非典"作出了贡献。企业也以人民健康为重，高价购进销售急需药材，自负亏损 700 多万，保证了成药厂药材原料和医院临床治疗的供应。2008 年汶川地震，企业有一大批捐赠药品需要紧急配送药材，华宇职工白天奋战，下班了都自觉留下来连续作战，直到圆满完成任务……

历经创新数十载，上药华宇实现跨越式发展，主营收入连续翻番，先后获得"上海市创新型企业""上海市高新技术企业""上海市和谐劳动关系达标企业""模范职工之家""员工最满意的企业"等荣誉，时任总经理杨弘荣获"企业员工最满意的厂长经理"称号。

第四十一节　精品杏灵展异彩

一

银杏树，上海人习惯以其果仁称之：白果树。

白果，即银杏树种子成熟后除去外壳的果仁。其敛肺定喘、补气养心、益肾滋阴、止咳除烦、生肌长肉、排脓拔毒等药用价值，在元代典籍及明《本草纲目》、清《本草再新》中均有记载。

银杏叶"敛肺气，平喘咳，止带浊"的功效，则始见于明初《本草品汇精要》。

一亿多年前，银杏树曾经广泛生长于欧亚大陆。亿万年间，由于气候、地壳等剧烈演变，曾与恐龙同时代的银杏树，在中国还有少量存留，它是银杏类植物中的幸存者。

20世纪60年代，国外研究表明，银杏叶所含某些化学成分，对防治老年性疾病有效。银杏叶制剂1965年在德国问世，随后法国、美国、日本、意大利等国也相继研制出同类药物，用于治疗心脑血管疾病及老年痴呆等。60年代末，我国虽也生产出银杏叶制剂——6911舒血宁片和针剂，但当"6911"于80年代开始上市时，欧亚市场的银杏制剂处方药年销售额超过10亿美元。德国、法国从中国进口银杏叶原料，再把"洋银杏中药"卖到中国。

"银杏在医药等方面有重要研究实用价值；国内外医药界目前都在积极研究利用银杏，出现一股'银杏热'；欧洲医药业所需银杏90%从我国购得，大力开发利用银杏将大有可为。"时任上海中药研究所所长、国家天然药物进口审评专家的谢德隆呼吁。

1993年1月，公司总经理许锦柏拍板，由谢德隆领衔的GBE课题组在中研所悄然成立。

GBE，银杏叶提取物三个英文单词的缩写。

谢德隆率领科研团队，开始了艰难的攻关，在国际上率先提出"用复合成分开

154

发单一植物源新药"模型，为全面开发利用天然药物提供了全新视角。他对课题组科技人员说："德国许瓦兹公司发现，当银杏黄酮醇甙达到24%、内酯达到6%时，对心脑血管病患的疗效最佳。我们一定要超过德国人！"

让我们不妨看看以下一组组数据，从中可以大致窥视"杏灵人"筚路蓝缕的艰辛历程。

科研人员采用"双重去除、双重吸附法"提取、富集有效成分，析出有害物质，最终获得单一成分的高含量成品。难度高，挑战大。谢德隆、高崎、邵宝平、黄新生、金小吾、胥保生、张国安……主要研发人员夜以继日连续攻关；五台高压液相仪高效运作，数十条英国纯种狗、上千只大白鼠成了实验的牺牲品；科研经费严重不足，上海市药材公司加大投入，国务委员宋健和国家科委领导在相关内参上批示，上海市府雪中送炭下拨100万元专项资金……

1995年5月，GBE课题组研发的银杏酮酯50及杏灵颗粒进入中药二类新药临床研究；1997年，银杏酮酯50申请中国发明专利；5月，参战科研人员发起总攻，成立二类新药银杏叶制剂推进小组，半年内完成十批次中试放大……

经过一系列实验，银杏叶浸膏含总黄酮44%（其中黄酮醇苷24%）、内酯6%，即明确有效部位为黄酮类和内酯类化合物，占比例为50%。银杏酮酯50（GBE50），其制剂商品名：杏灵颗粒。

杏灵颗粒

临床研究表明：我国新一代银杏叶制剂对冠心病、心绞痛总有效率 92.2%；对脑动脉硬化性眩晕总有效率 92.0%；患者耳聋耳鸣、头部刺痛显著减少，失眠症状明显改善。

二

几万个实验数据，上万张实验图谱，经无数次科研实验攻关，1998 年 1 月 9 日，银杏酮酯 50、杏灵颗粒喜获国家中成药二类新药证书。

1998 年 3 月，上海市药材有限公司的丹田牌银杏叶浸膏粉进入美国市场，首批共 200 公斤。1998 年 5 月 19 日，公司与中西医结合学会联合发布：国家二类新药杏灵颗粒首批进入美国食品与药品管理局（FDA）临床试验。

"杏灵"系列产品闪亮面世，并拥有中国、美国授权的发明专利。消息经海内外媒体披露，各国合作者纷纷前来洽谈共同开发银杏提取物。1998 年秋天，FDA 委托权威实验室分析后，签署正式文件证明其各种有效成分在世界上领先。

银杏叶研发成果，还获得了澳、英药物发明授权证书。有关产品通过美国 FDA 预审，直接进入临床使用，开创了我国中药产品进入世界最高医药权威机构新药临床的先河。

新药证书到手，上海市药材有限公司立即着手产业化进程，迅速落实了 400 万元启动资金。国家和市委市府领导相继莅临关怀，1998 年 9 月，以股份制形式组建的杏灵科技药业有限公司隆重揭牌，昔日没日没夜奋斗的科技人员，如今做起了股东，当上了老板。尊重知识，科教兴国又一次落到了实处。

1998 年 10 月，美国弗吉尼亚州，第四届国际替代药物大会和全球天然药物大会上，谢德隆、高崎等人发表了有关银杏叶制剂和植物药如何申报美国食品药品管理局的两篇论文引起全场轰动。经过大量前期准备，杏灵颗粒作为药物，被全球医药界最高权威的美国 FDA 批准进入 Ⅱ 期临床研究。各大媒体争相报道，有记者惊呼：这是中药迈向世界"零的突破"。

1999 年 5 月 12 日，杏灵科技药业车间改造项目通过总公司、浦东新区有关部门等验收。该项目总投资 365 万元，改造面积 600 平方米。11 月 12 日，杏灵药业与美国昆泰跨国有限公司正式签约，开展银杏灵（我国注册名：杏灵颗粒）的 Ⅱ、Ⅲ 期国际临床研究合作。

上海上药杏灵科技药业股份有限公司外景

1999 年 8 月 8 日，上海杏灵科技药业股份有限公司成立，上海市副市长周禹鹏、上海市经委主任黄奇帆出席揭牌仪式。杏灵科技药业由上海市药材有限公司、长江投资实业股份有限公司、上海新药研究开发中心、浦东科技投资有限公司以及投资自然人组建，注册资金 8 000 万。杏灵科技药业主要营销杏灵颗粒、斯泰隆、海可素Ⅰ、海可素Ⅱ等一批高科技现代中药。同日，杏灵科技药业从股本金 2 000 万元中提取 27.4% 即 548 万元奖励成果完成，仍作为股本投入杏灵科技药业，股权收益不低于六年。

2001 年 10 月 31 日，中国发明专利正式授权，继之而来，美国、澳大利亚、英国等国纷纷批准发明专利授权。此项科研，被国家知识产权局列为专利技术产业化示范工程。

几乎是"十年磨一剑"，杏灵终于展翅高飞。海内外近 20 家上市公司，包括海外最大的华人公司、世界上各大银杏叶制剂公司纷纷前来洽谈投资参股合作。

中国的 GBE50——银杏酮脂及杏灵颗粒横空出世，结束了之前国内 70% 的银杏叶原料输出国外被制成药品后再打回中国市场的历史。

2003 年，"银杏叶浸膏（银杏酮酯）及制剂杏灵颗粒研制和应用"等五个项目荣膺刘永龄科技奖。

2006 年 2 月，杏灵科技药业总经理、总工程师谢德隆荣获上海市总工会首届"上海市十大职工科技创新英才"称号。次年，上海中药研究所、杏灵科技入驻张江药谷。10 月，公司《中药复方提取物先进生产工艺高技术示范工程》和杏灵科技《银杏酮酯和杏灵颗粒高技术产业化示范工程》两项目，被授予国家高技术产业化示范工程。

三

科技成果如何尽快转化为生产力和市场优势，成为摆在杏灵科技药业面前一件急迫的课题。

2012 年以来，杏灵科技药业对这一事关企业可持续发展的重大课题进行了系统策划。"杏灵"提出"深化技术开发，强化市场推广，成为银杏叶品系的行业领导者，向着现代中药精品企业目标迈进"的大目标。

"杏灵"牵头建立了全国银杏酮酯企业联盟，广泛推介产品技术领先性，努力寻求政府政策资源。

而"杏灵"更高明的一招是深化技术开发。时任上海市药材有限公司副总经理兼杏灵科技药业总经理吴佩颖认为，"人无远虑、必有近忧"，虽然"杏灵"是银杏酮酯原料药的国内独家生产商，但要巩固这一优势地位，必须依靠持续创新力。"杏灵"立项启动了"银杏酮酯及其制剂生产过程的质量变化及临床药代动力学研究""银杏酮酯注射剂原料药制备工艺及含量控制标准研究"等重大课题，通过这些前瞻性研究，提升在该领域的核心竞争力。业内一些同行不无感慨地说，这真是应了"一流企业定标准、二流企业出品牌、三流企业搞生产"的市场至理名言。

时任副总经理高勇调整营销队伍，加强银杏酮酯制剂推广力度，起步主打沪、京、粤三大目标市场。

一次，公司拟在广州召开新品上市会，这是杏灵科技药业首次面向全国精细化招商的闪亮登场。无巧不成书，就在召开上市会的同一天、同一时段、同一宾馆，江苏一家医药集团也举行同类新品上市会。面对重量级竞争对手，两企业展开暗中角逐。杏灵科技药业销售部经理柘望连续打了 350 多个电话，与客户反复沟通，结果莅会人员超过 300 人，以致现场不得不临时增加席座。会上公司精细的学术招商宣讲和会后精准的业务洽谈，使产品顺利进入这一南方大都市。

2013 年以来，杏灵科技药业除了在上海直接开展医院终端营销外，先后与广东、山东、江苏、浙江等 8 个省的代理商签订了标后三年销售协议；与北京、天津、湖北、四川等省市的签约工作也在紧锣密鼓地准备之中。公司银杏酮酯制剂在全国市场打出了一片新天地。

进入 2014 年，杏灵科技药业的银杏酮酯系列产品销售继续高奏凯歌。根据企业三年发展规划设定的指标，该产品产销将向 2 亿元发起冲击，刷新公司自产中成药单体品种的销售纪录，成为公司发展的一颗"希望之星"。

2020 年 10 月，"杏灵"银杏酮酯片获得加拿大卫生部天然药品和非处方药局批准的产品许可证（PLAS），标志着银杏酮酯制剂可以天然健康产品身份进入北美市场。

2022 年 1 月，上药杏灵按照上海医药集团"自动化、信息化、智能化、精益化、绿色化"要求，在总经理高勇及班子成员的共同推进下，"银杏酮酯、人工麝香产业创新升级示范项目"正式投入运营，投资额 6 亿元。

2022 年 8 月，班子成员在总经理王军的带领下，以"智能制造"为抓手，通过企业数智化创新转型发展；2023 年，取得上海市 100 家智能工厂、国家知识产权示范企业、上海市绿色制造示范企业等称号。该项目投产至今，银杏系列产品累计销售额 4.3 亿元，创利税 1.6 亿元。

第四十二节　技术进步助活力

天津，1995 年 9 月，在国家医药局召开的制药机械国家标准、行业标准审定会上，公司中药机械厂制定的"锤式粉碎机"标准，被定为国家先进标准。

喜讯，为即将展开的新一轮技术改造增加了底气！

淘汰粗放型经营方式，采用先进的科学技术、先进的管理方式提高生产力各要素。飞速发展的中国经济使医药生产面临集约化门槛。

调整技改方向、加强技术改造，是推进集约化的必经之路。

1996 年至 2001 年，中药制药二厂、三厂的固体口服制剂车间完成改造，空气净化标准达 10 万级。延宕数年的中药制药一厂液体生产技改项——"3650"工程，终于在 1997 年完成动态验收后竣工。

2001 年 12 月落成的中药制药三厂固体制剂车间，占地 1 990 平方米、建筑面积 6 058 平方米、总投资 4 000 多万元。车间年生产能力片剂 25 亿片、胶囊 1 亿粒。

2002 年国家计委中药现代化重大专项、雷允上药业"中药复方提取物先进生产工艺高技术产业化示范工程"，在上海奉浦工业园区开工。该项目占地面积 99 304 平方米，总建筑面积 21 310 平方米，设计产能为年处理原药材 6 000 吨，生产片剂 50 亿片、胶囊 2 亿粒、颗粒剂 600 吨所需的中间体原料，总投资 1.5 亿元。

公司"建设拥有自主知识产权的中药原料药系统研发平台"项目，2007 年获国家发改委立项，总投资 3 950 万元。

21 世纪初，上海雷允上药业技术与开发并进，一批新产品、新工艺、新专利等脱颖而出——

瘰开颗粒被批准为国家中成药三类新药；丹参薄膜包衣片获科技部等六部委颁发的"国家重点新产品"证书；中药提取物示范研究课题"黄芩提取物的研究"，列入国家"十五"重大科研专项；中药浓缩丸压制法制备工艺，获国家发明专利；

中药制药三厂提取车间 QC 小组《控制感冒退热冲剂中间体水分》，获国家医药管理总局 QC 成果奖一等奖。

上海医药（集团）总公司、上海雷允上药业与复旦大学结成战略联盟，成立"上海复旦雷允上天然药物研究中心"，下设雷允上分部和复旦分部。

2000 年至 2006 年，雷允上药业共申请专利 153 项，其中发明专利 65 项；授权专利 113 项，其中发明专利 27 项。

在"上海市第一批知识产权示范企业"行列，上海雷允上药业广受瞩目。

2011 年项目功能调整，定位于中成药生产基地，又投资 11 240 万元，以打通制剂生产瓶颈环节。年产 24 亿片的固体制剂车间扩产项目和综合仓库配套设施项目等改造完成后，公司三家中药生产厂相继迁入奉浦。

能打硬仗的队伍

珍菊降压片、丹参片、猴头菌片、金胆片……十余种拳头产品，出自中药制药三厂片剂车间。

片剂车间 1998 年以来产量逐年递增，2003 年达到 27.1 亿片，比上年增长 41%，产值 3.5 亿元，占全厂总产值 70% 以上。其中质优价廉、深受市场欢迎的主力产品珍菊降压片，这年产量超过 10 亿片，产值 1.2 亿元，市场抽检合格率 100%，成为国内著名产品。

利用建设新固体车间的机会，片剂车间完成了制粒、压片、包衣、内包装等工段的硬件改造，2002 年通过了国家 GMP 认证。经过设备改造和工艺改革，生产成本逐年下降，2003 年产品成本率比上年下降 7 个百分点。车间职工以出色的工作业绩，荣获 2001—2003 年度上海市模范集体称号。

关键时刻顶得上

紧急任务，一批出口欧盟的产品急需加工完成。时间紧、要求高、工艺复杂，可此时厂里正值高峰让电时段进行设备检修，全厂职工放假。

在这关键时刻，片剂车间主任胡晓蓉、副主任计可诘、工段长沈海建等共产党员挺身而出，主动请缨参加突击任务。在党员带头下，厂里迅速抽调了十多名技术骨干。他们有的放弃原定的旅游计划，有的取消假期活动安排，赶到工厂全身心投入突击任务。胡晓蓉积极与相关部门联系，落实能源、材料和场地，以最快速度组织生产。沈海建的母亲患癌症住院化疗，他无暇照顾，托给家人照料后，天天坚守在生产第一线。"参战"人员全力以赴，相互配合，哪里需要就顶向哪里。

产品迅速出样了，可意外情况出现了：压出的片剂中间有"腰带"，影响外观质量。"时间再紧，也要保质保量。"所有"参战"员工发出共同心声，决不容一粒有瑕疵的片剂从手中流向欧洲市场。大家在计可诘副主任的带领下，查原因、找问题，一次次试验、一遍遍分析，终于攻克了"腰带"难关，及时拿出合格产品，圆满完成了突击加工任务。

技术革新创新路

牛黄解毒片原制粒工艺为传统的湿法制粒，采用搅拌、制粒、干燥三个工序，不仅消耗工时、操作繁复，而且生产过程中产生的尘量较大，影响环境。车间通过几十次试验，终于改为先进的"一步法"工艺。在此基础上，又逐步将珍菊降压片、丹参片等片剂制粒，全部改为新法。新工艺的推广运用，不仅改变了过去粉尘飞扬、效率低下、劳动强度大的状况，而且制成的颗粒外观色泽一致、均匀疏松、可塑性强。转入压片工序，成品得率明显提高。仅牛黄解毒片一项，每年就可净增十几万元。同时，用新工艺制成的片剂，表面光洁，硬度好、崩解快。

产品包装原为手工操作，近年在车间一楼建立了片剂成品内包装机械化流水线。首先引进的一条流水线，控制面板及文字说明全为英文。员工们为尽快掌握机械操作，克服了种种困难，互教互学，在短时间内掌握了洋机器的性能、操作、维护及保养方法。珍菊降压片、猴头菌片、丹参片等已基本实现机械化包装，在中药生产现代化的道路上又迈出了一步。

规范管理凝人心

成绩的取得，离不开严格管理和精神文明建设。车间结合实际，在厂规厂纪基础上，建立了各工段的管理条例，对产品质量和产量指标、文明生产、劳动纪律、设备保养等均有细致规定，规范了职工行为。车间还根据生产情况实行内部奖金考核，分配系数向技术性、质量要求高的工段倾斜，提高了职工学技术、保质量的积极性。压片、糖衣工段坚持开展"班前五分钟"，增强了职工的管理意识、安全意识和质量意识。车间主任胡晓蓉每天深入一线强化现场管理，使生产井井有条。

车间提倡团队精神，各工段之间发现问题互相协商、查找原因、协作解决。班组积极开展以老带新帮教活动，使一批新手迅速成长，独立承担生产任务。职工以厂为家，养成勤俭节约的好习惯。车间干部主动关心职工，家访、谈心，了解职工思想状况，解决职工实际问题，已成了他们最平常的事。那年，有位女职工腰椎动手术，住院期间和出院后，车间干部数次前去探望，送上慰问金和车间职工的问候，使该职工感受到集体的温暖，激发了工作热情。

不断绽放精神文明之花的片剂车间，成了全厂学习的楷模。

第四十三节　投资合资大跨步

2001 年 6 月 16 日，公司与日本津村株式会社、上海张江高科技园区开发股份有限公司，在浦东张江高科技园区合资组建"上海津村制药有限公司"。该公司注册资本 2 070 万美元，其中日方出资 63%，公司出资 34%，张江高科技园区出资 3%。2003 年 10 月 30 日，举行竣工仪式。国家中医药局副局长李振吉、日本驻沪总领事山本倍雄、卫生部原部长钱信忠、上海津村制药公司董事长高均芳、日本株式会社津村社长风间八左卫等莅会。该公司占地面积 4 万平方米，总建筑面积 1.5 万平方米，总投资 2 980 万美元，年生产能力浸膏 600 吨，产品主要面向国内市场和以出口日本为主。

2015 年 5 月 18 日，华宇药业在山东临沂全资投资组建成立上药华宇（临沂）中药资源有限公司，建立丹参、金银花等规范化、规模化、产业化基地。

经济体制改革不断深化。资本市场，企业所有制性质的鸿沟不再难以逾越。开展资本运作，实施与实体经营并举的"双轮驱动"，公司在新的产业环境中进入新天地。

早在 20 世纪 80 年代，公司摸着石头过河，小心翼翼地试水，参与河南宛西药厂、上海信德中药公司等内资合资项目。

药材分公司以实物资产作价，1998 年与中国药材公司合资组建"上海华宇药业有限公司"，主营中药材和中药饮片，企业注册资本 6 060 万元，上海市药材有限公司以 62.55% 比例取得控股权。

款款漫步间，资本的巨掌从背后猛然发力。这次是外资。

在各方引导、撮合下，2001 年 1 月，上海市药材有限公司、香港和黄（上海）投资有限公司签署合资经营合同。

双方约定，以中药制药一厂实物资产和麝香保心丸等 76 个药品生产批文、"上药"商标等无形资产作价，与香港和黄（上海）投资公司合资成立"上海和记黄埔

公司合资企业上海和黄药业有限公司成立揭牌仪式（2001年）

药业有限公司"，主营中成药生产。企业注册资本 8 800 万元，双方各占 50%，经营权归属港方。

合资公司投资总额 22 000 万元人民币，经营范围：生产、研究、开发中成药针剂、片剂、微粒丸、口服液、胶囊，销售自产产品；年产片剂 10 亿片、针剂 200 万盒、微粒丸 2 000 万盒等；合资年限 50 年。

同年 6 月下旬，上海市外资委再次下达批复，同意上海市药材有限公司、上海张江高科技园区开发股份有限公司、日本津村株式会社合资设立"上海津村制药有限公司"。

按协议，三方共同投资 2 980 万美元，其中上海市药材有限公司认缴 703.8 万美元，占 34%，以人民币现金和无形资产出资；上海张江高科技园区开发股份有限公司认缴 62.1 万美元，占 3%，以人民币现金出资；日本津村株式会社认缴 1 304.1 万美元，占 63%，以外汇现汇投入。"上海津村制药"主要生产以出口日本为主的汉方药中间体、颗粒剂、片剂、中药药材、健康食品及健康护肤产品。生产规模为年产颗粒药剂 166 吨。合资年限为 50 年。

按上海医药集团要求，2008 年雷允上药品连锁经营公司的资产与行政关系，整体移转上药集团下属的华氏大药房连锁公司。

一系列重大资本项目，对盘活公司存量资产、提高资源使用效率有积极作用。其中，合资的上海和记黄埔药业自成立以来使公司获取了可观的收益。对于合资过程中有的项目资产评估值的高与低，以及对公司整体发展的潜在风险缺乏准确和必要的评估，虽时过境迁，仍值得总结。

第四十四节　应时而生雷允上

当上海市药材有限公司实体性船队正扬帆起锚，现代生物与医药产业正成为上海重点发展的高新技术产业。进入21世纪，世界各国积极制定战略和政策，努力抢占生物经济和生物产业竞争的制高点，上海也将现代医药与生物产业列入支柱产业。

历史性时刻来临，上药集团积极采取行动。为把优质资产做大做强，公司将中成药工业、商业分销、研发等集中在雷允上名下，发展中药产业，适应市场运作及经营管理要求，并积极策划上市。

政策支持如鱼得水

2000年1月15日，上海市副市长蒋以任、上海市经委主任黄奇帆等赴中药制药三厂考察。7月24日，蒋以任来到公司现场办公，强调上海中药产业要在拓展市场、科技开发、加大技改、基地建设上有所作为。时任上海市政府副秘书长的黄奇帆参加。三天后，上海市市长徐匡迪带领市府15个委、办、局负责人，在中药制药三厂现场办公，指示要加快整合进度，把珍菊降压片作为高科技产品，使雷允上成为高科技企业。

政策利好加快了上海雷允上整合的进度。2000年8月18日，通过上海市药材有限公司优质实物资产注入，上海雷氏药业有限公司变更组建为"上海雷允上药业有限公司"。9月28日，"上海雷允上药业"正式挂牌。徐匡迪发来贺信，蒋以任、黄奇帆等出席揭牌仪式。

"营销集中、保健品集中、品牌集中管理"的序幕由此拉开。

同年12月，上海雷允上药业被批准为"上海市高新技术企业"；次年又获"2000年度上海工业优秀企业"称号。

新春，公司举办"上海雷允上药业企业发展战略研讨会"，特邀国家经贸委、上海市经委、上海市科委等部门领导和专家参加。总经理吴伟英在会上介绍了企业发展构想。盛夏，在上海雷允上药业上市研讨会上，上海医药（集团）总公司副总裁黄彦正传达上海市政府指示："希望雷允上尽快完成发起式股份制改制工作，尽快进入辅导期"；上药（集团）总公司决定，由总公司资产部加强和帮助推进上市工作，尽快形成改制方案。

2002 年，上海雷允上药业被列为上海市经委"上海市企业管理信息化 100 家企业试点"单位。2003 年 4 月，上海雷允上药业通过上海市高新技术企业认定办公室组织的高新技术企业复审。2004 年 1 月，上海雷允上药业被评为 2003 年度上海市"实施用户满意工程"先进单位，这是上海市医药行业唯一获奖企业。2005 年 11 月 29 日，上海市人大常委会主任龚学平视察上海雷允上药业，了解中药发展情况。2006 年 4 月，上海雷允上药业被上海市经委、上海国资委、上海市知识产权局等 6 部门共同认定为第一批"上海市知识产权示范企业"。上海首批示范企业有 29 家。之后，上海雷允上药业新申请发明专利 16 项（历年累计 64 项），新授权发明专利 15 项（历年累计 31 项），新注册商标 74 件（历年累计 150 件），新登记著作权证书 50 件，申请上海市非物质文化遗产目录 1 项。2008 年，上海雷允上药业"上海市知识产权示范创建工程"项目，通过上海市知识产权局复审验收。

工业发力现代制药

在 2003 年的非典战役中，上海雷允上药业与上海防治非典型性肺炎专家咨询小组配合，生产预防非典方剂"扶正祛邪颗粒"，临床研究课题作为上海抗非典攻关项目，由上海市科委立项，上海雷允上药业三分厂负责生产。同年 4 月 22 日首批"扶正祛邪颗粒"产品正式下线生产，3 天内提供 20 万人次用药需求。为此 2004 年，三分厂片剂车间荣获"上海市劳模集体"称号。

国家级保密产品、国家一级中药保护品种、三次蝉联国家质量金质奖、享誉百年的"雷氏"六神丸，随着原中药制药一厂合资转移到上海雷允上药业三分厂生产。三分厂的职工和转移到三分厂的原中药制药一厂职工，秉持精益求精的精神，在传承继承中，做大做强六神丸产品。2005 年三分厂六神丸班组荣获"上海市红旗班组"称号。

2002 年 8 月，上海雷允上药业二分厂通过近一年的不懈努力，经过设施设备

上海雷允上药业一分厂、二分厂、三分厂、奉浦分厂

改造提升、员工规范化系统培训、各项制度的健全和完善，率先通过国家药监局GMP认证。

2003年，上海雷允上药业一分厂为提升生产和质量管理水平，与上海讯博技术软件公司合作，成功开发生产制造过程管理信息系统、物资管理信息系统和生产现场质量管理信息系统，为科学管理生产、物质调度和投产，为更严密地进行质量监控，杜绝人为差错和衔接上的差错开创了范例。

根据上海雷允上药业的整体安排，上海雷允上药业一分厂调整为生产保健食品和食品的专业工厂后，全厂从设施设备到车间布局，从生产工艺到操作规程，从人员培训到实际操作等进行了大量系统性的整合。由于当时全上海没有厂家是按《保健食品良好生产规范》要求设置，所以整合无可借鉴，只能自己摸索。2005年12月，经过一年多的一个个不眠之夜，一个个改造项目落成、一项项制度建立、一轮轮培训到位，一分厂终于取得上海市食监局颁发的（沪）食证字【2005】第010001号"上海市食品卫生许可证"，成为上海首家符合GMP要求、通过《保健食品良好生产规范》认证的保健品生产专业厂。

杏灵科技药业、二分厂从2004年起先后迁到奉浦，工业相对集中，改变了落后的生产设备和工艺，促进了技术能级提高。奉浦生产基地获得了两个国家GMP认证证书。

2009年1月，上海雷允上药业设置"制药总厂"，加强统辖下属三个分厂。

营销为先助力前行

按照营销集中、保健品集中、品牌集中管理的战略，上海雷允上药业把工业产品的市场营销与商业分销进行统合，成立药品销售分公司，加大市场开发和产品的营销力度。

2001年起，药品销售分公司为适应市场变化和用户对生化药品、生物制品配套用药的需求，经上海市药品监督管理局批准，在原有经营范围基础上，增加生化药品和生物制品两项。

面对上海市内药品招标采购新形势，2002年4月，药品销售分公司专门成立药品招标领导小组和工作小组，积极参与市场竞争。

上海雷允上药业、上海市公惠医院、上海医药股份有限公司三方携手，上海医药雷允上公惠医院药房问世。这是上海市首家依托社会力量经营管理的新型医院药房。

2003年春，部分省市突发非典疫情。药品销售分公司挺身而出，承担社会责任，为保障救治用药供应起到了重要作用。药品销售分公司为进一步落实上海市市级储备药品应急方案，新增六神丸、感冒退热颗粒、牛黄解毒片等近十个品种，纳入市级储备目录。

随着上海市医院用药招标工作逐步推进，中成药医院直供逐步转为配送的新形式。药品销售分公司又顺应时变。

这一时期，面对现代物流业态冲击，以及市内外大型医药商企斥巨资建设药品现代物流基地和与医院终端闭环链接的严峻现实，药品销售分公司急起直追。经过数年努力，先后建立了供应链管理一期系统、医院要货系统自动化接口平台、基本药物电子监管码扫描上传和无线上传系统等，对加快商品周转，提升商流质量，起到了积极作用。

2009年，药品销售分公司正式开通自行研发的《药品检测报告查询系统》，客户点击公共查询栏目，即可打印所需的报告文本。2011年，药品销售分公司的信息化管理项目经公司批准立项，且如期竣工并投入使用。

郊区医院，尤其是乡镇卫生院，呈点多、线长、量小的特点，历来是药品配送供应难点。进入21世纪以来，药品销售分公司克服困难，下大力拓展农村市场，加速进入上海市南汇、松江、崇明、奉贤等郊县医院、乡镇卫生院以及村卫生室配送点。这是继1988年44家市级医院直供、1993年中小医院直供后的第三次突破，扩大了上海市医疗单位的覆盖面。

2001年5月，上海市药品监督管理局批复同意组建上海雷允上药品连锁经营有限公司。该公司系由上海雷允上药业有限公司和上海市药材有限公司共同投资，在上海汉光药品总店基础上改制设立，后被国家药监局批准为药品零售跨省连锁试点企业。

2003年，雷允上药业有限公司和雷允上药品连锁经营公司等单位，以股权转让和增资扩股形式，对南翔医药有限公司进行重组，并最终拥有其51.02%的股权。重组后的企业定名为上海雷允上南翔医药有限公司。受上海雷允上药业委托，药品销售分公司对该企业进行管理。

自 2000 年以来，国家药监部门加大对药企监管力度，推行《药品经营企业质量管理规范》（GSP）。药品销售分公司主动应对：在硬件建设方面，改造和扩建药品仓储冷链系统等；在软件建设方面，增订、修订药品经营质量管理制度 127 项、药品经营质量管理程序 52 项，全方位开展全员培训。2003 年 1 月，药品销售分公司通过国家药监局组织的现场检查和认证，成为上海市中成药商业批发首批达标企业之一。

第四十五节　雷氏健康欢乐行

　　"雷允上"自启业以来，族人世代相传，绵延数百年，渐成闻名中外的中医药老字号。清后期为避战祸，"雷允上"迁至沪上，在上海这个中国近代工商业发祥地开始壮大兴盛——传统的医药合一模式逐渐蜕变，一些现代中药生产、经营的元素端倪初现。然而，在民族危亡，国力衰败的年代，"雷允上"这颗中华医药王冠上的璀璨明珠也渐渐光芒黯淡，飘摇在历史的风雨里。

　　中华人民共和国成立后，古老的中医药迎来发展新机，上海中药业也重获新生，蓬勃发展。上海中药界的耕耘者们，曾造就了无数辉煌——中国第一支中药针剂、第一粒滴丸、第一包冲剂……

　　2001 年春天，上海雷允上药业新领导班子组成。作为一家大型中药企业，尽快形成一个与之相匹配、领衔市场的品牌，已迫在眉睫。显然，唯有品牌集聚，才能进一步释放企业的能量，更大范围地赢得社会信誉，拓展新的市场空间，争取超额利润。

　　实施品牌聚焦战略几年间，"雷氏"品牌一飞冲天，家喻户晓。

冬补搭台膏方节

　　新千年又一个冬季来临，上海雷允上药业与上海中医药学会、上海中医药大学、上海中药行业协会、上海保健品协会主办的第四届雷氏中医药保健节暨第六届雷氏中医膏方节隆重开幕。杨怀远、杨富珍等十多位老劳模，欣喜地接过主办方赠送的雷氏膏方。

　　"雷氏双节"吸引了广大市民，连年轻人也希望专家能为自己开一剂进补膏方。

　　"现代雷氏中药宣传展示""百万市民看现代雷氏制造""专家门诊膏方服务"，上海雷允上药业其间推出三大系列活动，足见其良苦用心。

　　每年一度的雷氏中医膏方节始于 2001 年，它也是上海雷允上药业品牌聚焦战略实施的先声。

品牌聚焦，把"黄浦""双鹤""常春""雷诵芬堂"等九个品牌归并于"雷氏"旗下。为此，上海雷允上药业首先搭建起雷氏中医膏方节、雷氏中医药保健节的大平台。

"雷氏双节"效应如何？

2002 年上海名牌产品 100 强排名，雷氏商标由原来的 81 位跃升至 23 位，成为上海医药行业第一品牌。

据上海中药行业协会统计：2004 年，有 7.1 万名市民服用膏方；2005 年增长到 8 万；2006 年有 8.4 万多市民开膏方进补；2007 年，人数首次超过 10 万。

当然，服用膏方进补的人数，包含逐年扩容、各式各样膏方节的参加者。

品牌进补，使"雷氏"名声大振。

在 2007 年中药文化节上，上海雷允上药业总经理陈保华阐述道，做企业就是从有形做到无形。企业的有形资产会不断磨损、不断贬值，然而其无形资产却存在着不断增值的可能。企业家的使命就是通过培育核心竞争力，不断提升无形资产的价值，也就是企业价值的增值。而一个具有强大市场号召力的企业品牌，正是这个企业核心竞争力内在价值的真实体现，代表着这个企业的经营成果，也是企业家的事业生命。

"雷氏健康欢乐行"，是陈保华总经理引以为豪的品牌聚焦的另一杰作。

滑稽明星助推"聚焦"

"雷允上"是承袭三百年的中医药业的老品牌，是中国首批中华老字号，是百姓家喻户晓的信得过的老商标。

自古至今，人们崇尚健康长寿，追逐人生欢愉快乐。只有拥有健康的身体，才能享受欢乐的人生。不管几岁，开心万岁！

老品牌、老商标、老字号是有成色的名片，更是一种深邃的文化。

欢乐促健康，健康享受乐。欢乐与健康两者密不可，是良性循环，更是时代发展的刚需。

上海雷允上药业全身心致力于提高公众的健康水平，大幅度扩展雷氏企业知名度。集医诊、开方、购药、养生、保健、文化、宣传、演艺、广告于一体，打造

"雷氏健康欢乐行"曲艺巡演

"雷氏健康欢乐行"。

　　"雷氏健康欢乐行"旨在以诚取信，着眼于倡导现代养生保健，提升市民健康素质。上海雷允上药业每年倾巨资携手本地著名艺术团体，以市民喜闻乐见的文娱形式，送戏上门下社区。将名家名曲与名医名药结合，民族戏曲与民族工业结合，打响"绿色安全、名医名药、服务健康"的品牌宣传。

　　2004年6月7日，上海雷允上药业与上海滑稽剧团联合举办"雷氏健康欢乐行"曲艺巡演。

　　上海雷允上药业每年出资500万元，上海电视台有关节目频道滚动播放公司产品广告1 500次……

　　上海滑稽剧团"雷氏健康欢乐行"深入社区演出，足迹遍及上海东西南北各个街道，历时四年之久。全新创作的两台独角戏说唱小品专场，演员阵容强大，众多滑稽曲艺大腕轮番上台。龚伯康的说唱《六味地黄丸的神奇》，严顺开的小品《女婿上门》，陈国庆的表演《珍菊降压片的功效》……妙趣横生的精彩节目和现场互动，深受市民欢迎。在欢快的笑声中，彰显了雷氏企业始终把人民的健康和欢乐扛在肩上。

　　"雷氏健康欢乐行"演出近百场，观众人数突破20万人次。在欢快的笑声中，雷氏品牌作为全国知名商标深入人心。

"雷氏健康欢乐行"社区巡演

　　"雷氏健康欢乐行"走进社区、深入社区，通过文艺形式让群众在欢声笑语中接受品牌宣传，是由点到面扩大企业品牌影响力的有效途径。运用曲艺形式到社区宣传企业品牌，开展为民便民服务，宣传用药安全，群众乐意接受，这也是企业履行社会责任的体现。企业党员、团员纷纷利用休息日为社区居民测量血压血糖、分发宣传资料、推介企业产品，这是推动企业党建的有益实践。

　　时任公司党委副书记、工会主席卢静雯只要一谈到"雷氏健康欢乐行"就眉飞色舞。她当年拉着上海滑稽剧团王阿姨的手，共祝雷氏品牌长盛不衰。

　　其间，雷允上药业还出资赞助上海滑稽剧团《笑逐"严"开》——严顺开从艺50周年专场，以及由金牌编剧梁定东创作、何赛飞主演的滑稽戏《太太万岁》。

　　2008年雷允上药业又资助了由上海人民滑稽剧团梁定东编剧、王汝刚主演的滑稽戏《幸福指数》，该剧目荣获上海市新剧目优秀成果奖。

　　著名编剧梁定东认为：雷允上药业为拓展商业市场，提高老字号老品牌影响力，与滑稽剧团联姻开创"健康欢乐行"、资助滑稽原创剧；上海滑稽剧团和上海人民滑稽剧团则开拓文化市场，为老品牌站台、为老字号企业发声。实践证明双方互惠互利，取得双赢，这个模式值得研讨总结、发扬光大。

　　2004年和2005年，上海雷允上药业"雷氏"商标在新加坡、中国香港注册成功。2006年，"雷氏"品牌经中国品牌研究院评估，其无形价值11.56亿元，客户满意度 70.26%。

在短短数年中，"雷氏"品牌迅速崛起，大放异彩。雷允上连锁经营门店，从几十家扩展到 2008 年的三百余家。

2008 年 6 月 2 日，第五届世界品牌大会在北京召开。世界品牌实验室发布"2008 年中国 500 最具价值品牌排行榜"，"雷氏"榜上有名，其品牌价值评估为 20.8 亿元，这也是上海地区医药类唯一入选品牌。

品牌聚焦战略赢得了可观的经济效益。

从 2002 年至 2007 年，实现销售收入由 18.52 亿元上升到 30.33 亿元，年均复合增长率为 10.4%；利润总额年均复合增长率 14.3%；净资产从 4.01 亿元增至 6.7 亿元。

梁定东祈盼：愿雷霆再起航，铸造新辉煌。

百万职工奔"笑康"

在"雷氏"品牌建设中，上海雷允上药业与上海市总工会联手，慰问重大工程、重点企业、重点人群。"百万职工奔笑康"活动遍及上海每个区县，"触角"延伸到石化、钢铁、纺织、航天、金融、建筑、烟草、交通等行业，惠及劳模、老干部、交巡警等各方人群。

为确保百姓吃到安全药、放心药，上海雷允上药业与上海市食品药品监督管理局携手开展"食品药品安全宣传进社区"活动；与上海市委宣传部、东方讲坛和上海市卫生局联手，在社区开展"雷氏中医药治未病系列讲座"，普及中医药现代养生保健知识；与上海市药品不良反应中心合作，在上海电视台生活时尚频道推出"家有杜博士"节目，宣传合理用药、安全用药理念；与上海教育台健康教育栏目合作，推出"健康热线"，直接为百姓提供医药保健知识；与上海市百家居委会开展文明社区健康共建活动；邀请国内中医药界巨头名宿撰文，编写出版了《雷氏名中医谈病丛书》《中医五行与四季保健》《中医膏方指南》等各类健康知识书籍，向市民推广中药文化精髓，培育养生保健理念。

上海雷允上药业在上海市 19 个区域 119 家居委进行文明社区健康共建，开创"雷氏核心社区"新概念，帮助慰问弱势群体。上千名居民代表应邀参观了雷允上药业生产制造基地。

在"用药人和制药人心连心"活动中，上海 200 家社区举办了心脑血管疾病、呼吸系统疾病、消化系统疾病预防及冬令进补保健知识讲座。通过2 000余场雷氏健康服务活动，为数万名居民在家门口提供免费健康测试。

300家雷允上连锁经营门店，组织"雷氏神象健康俱乐部"，让更多市民在家门口就能得到"雷氏"品牌提供的个性化服务和真正的实惠。

上海雷允上药业与中国健康教育协会合作成立"雷氏高血压之友俱乐部"，为街道社区、社区卫生服务中心、三级医院专家和企业提供了联动平台，形成了对重点高血压患者户籍制健康教育模式，定期跟踪、定期教育。俱乐部为3 000多名居民提供了专业的健康讲座、专家级的咨询；为高血压会员建立资料库，并发放资料上万份；联合开展"雷氏杯"上海社区医生高血压健康教育知识演讲竞赛；上海市有200多名社区医生参加了培训和竞赛，为向广大社区居民提供更好的健康服务打下了坚实基础。

经过多年持续努力，上海雷允上药业打造了一个社区健康教育服务体系，与自身的连锁药店联动，和上海市各大街道社区，有关学会、协会、医院、医生专家建立广泛联系，为专家、社区医生在社区开展健康课堂提供支持和服务。

2007年11月22日，由上海市委宣传部、上海市卫生局和上海雷允上药业主办的第五届雷氏中医保健节、第七届中医膏方节暨东方讲坛"雷氏中医药治未病系列讲座"启动。卫生部副部长兼国家中医药局局长王国强、上海雷允上药业董事长陈保华共同点亮启动仪式彩灯。

在中央文明办、卫生部组织的全国"相约健康社区行"活动中，上海雷允上药业有限公司等全国5家单位，被授予"全国卫生进社区社会公益奖"。

从药材种植到成品供应，"雷氏"产品拥有严格的品质保证体系，在用户心目中，使用雷氏产品意味着绿色健康，安全可靠；上海市乃至全国的名老中医，尽入上海雷允上药业视线，完整的中医专家体系和多领域的药品供应，可以应对全病种医治及健康养生之需；覆盖全市、辐射全国、连接海外的终端服务网络，使雷氏用户尽享企业提供的完备周到的服务。

内外兼修是王道

"雷氏"品牌之所以能在短短五年间脱颖而出，除了它有着深厚的资源积累和品牌聚焦战略的实施，还与上海雷允上药业职工的奉献、历届领导班子不懈的改革创新密不可分。在这一过程中，上海雷允上药业按自身特有的集"农工商、科工贸、产学研"于一体的产业结构，以种植、制造、营销和与之相适应的科技研发等环节组成的产业链为依据，根据与此相连的质量保证体系建设的要求，对企业资源进行重新优化配置，从而使"雷氏"品牌形成跨越式发展，成为上海雷允上药业的旗舰品牌，极大地促进了企业价值的快速提升。

在上海雷允上药业决策层看来，品牌集中不仅应是他们的策略安排，更应该成为全体职工的共同意志。只有使职工率先成为品牌的拥护者、宣传者，品牌才能做得更大，走得更远。

"雷氏"品牌内涵是雷允上药业企业文化的浓缩和提炼，它集中体现了企业职工的共同追求和价值取向。为将品牌内涵渗透到职工心中，雷允上药业开展了以"爱产品、爱品牌"为主题的"双爱"活动。围绕"雷氏"旗下珍菊降压片、天盾胶囊等几大产品，进行了产品基础资料的重新梳理，制成教材在全公司进行宣讲；编写了《企业·品牌·产品》员工读本，提供给全体职工学习……一系列活动的开展，使企业上下形成了"人人珍爱品牌，人人呵护产品"的良好氛围。

除此之外，上海雷允上药业重新进行了企业 CI、VI 形象定位，为"雷氏"设计了独具传统中药特色的品牌标识和包装外观。"雷氏"品牌得以崭新的面貌呈现于世人面前。

上海雷允上药业还实施了广告集中管理，实现了有限资源的高效运行：在上海市各个重点区域，设置了全方位、立体的企业形象户外广告；与全国各大媒体合作，大力宣传"雷氏"品牌；参加全国药品交易会及健康类展会，展示企业形象和"雷氏"产品。"雷氏"品牌影响力和知名度与日俱增。

2010 年，上海雷允上药业与上海中医药大学、上海市慈善基金会共同设立雷氏中医药英才基金。至 2012 年，三年注入资金 165 万元，共有博士生 11 人、硕士生 28 人获得奖学金，674 人次获得助学金。

强大、不竭的科技创新能力，研制一批、开发一批、储备一批的梯度研发机制，源源不断的新品和二次开发产品进入公司产品序列，不仅保证了上海雷允上药业的可持续发展，也为"雷氏"品牌赢得了社会美誉。

可以说，科技创新是"雷氏"品牌真正的生命之源。

第四十六节　创建连锁拓市场

接盘"中药贸易中心"三年了，上海药材开设专营零售的汉光药品总店，小日子过得紧巴巴。7家直营店、6家合作店、1家股份合作店，1 000多万元的年销售额。

2001年，上海的药材资本运作旋风突起，合资建"和黄药业""津村制药""汉光"，换上"新马甲"——上海雷允上药品连锁经营有限公司。

把上海雷允上的产品直接推向市场，让百姓更直观了解上海雷允上。一家家连锁店变戏法似的从天而降。

在两任总经理金海燕、何军的推动下，五年内，连锁公司门店数以年平均70%的速度递增，扩张到近200家，覆盖上海16个区县。年销售从不足两千万，扩增到2.6亿元，利润由负200多万元到微盈。月采购金额超过1 000万元，最高月配送额达到1 800万元……

雷允上连锁总店

抢占先机迎"开门"

一支偏安一方的队伍，何以整装扩军、摆开大干一场的架势？

雷允上药品连锁，万不得已。

1999 年 11 月，原国家经贸委下发《医药流通体制改革指导意见》，允许并鼓励各行各业、各种经济成分以兼并、重组、联合等多种方式参资入股医药流通企业。

"医药流通从开道缝、开个窗到大门敞开"，让人不由与中国加入世贸组织前所作承诺相联系：从 2004 年 12 月 11 日起，中国医药分销市场开始全面对外资开放。

香甜美味的巨大蛋糕，理所当然最先面向国内企业……

雷允上药品连锁率先在上海市药品零售行业建立药品经营质量管理规范（GSP）质量体系。

根据 GSP 规范要求，建立企业质量管理制度与质量管理网络，制定相关制度；建立了供应商档案、药品经营人员健康档案、药品质量台账、经营环境台账等相关记录台账档案 85 种；配置了相关软硬件设备设施，以及具备相关资质的人员；对药品经营从进货储存、配送、销售全过程进行质量监控，对经营人员的规范操作、对药品物流全过程进行质量监控……

质量体系规范化建设的顺利展开，与雷允上药品连锁刚成立时制定的一系列制度不无关联：《药品连锁企业规章制度》《药品连锁店长手册》《药品连锁员工手册》；对连锁门店实行"七统一"规范管理：统一商号标识、统一品牌服务、统一财务核算、统一质量管理、统一采购配送、统一商品售价、统一广告宣传。

随着连锁规模的不断扩大，2004 年经理室提出了标准化管理、规范化运作的要求。根据实际运作情况，制定了相关工作的操作流程，及重大立项活动方案的论证、审批制度；经过近两年的完善，有效地规范了公司的管理，为制止互相扯皮互相推诿、提高工作效率提供了标准。员工考核考评制度及流程的完善、修订；新开门店商圈评估制度及流程的出台；员工培训制度流程及考评方式的推出，为企业一步步走上标准化管理、规范化运作奠定了基础。

2002 年 12 月，雷允上药品连锁公司顺利通过国家药品监督管理局 GSP 认证，成为上海市药品零售连锁第一家通过 GSP 认证的企业。第二年 8 月，药品连锁公司又通过了荷兰 KEMA 认证公司香港分公司的质量管理体系认证并获证书。

规范的质量管理体系也为企业的发展创造了良机。2005 年根据国家规定，一些没有达到 GSP 规范的社会药房面临关门。于是，这些药房纷纷加盟雷允上药品连锁公司，经过连锁公司的管理，基本上通过了药监局的 GSP 专项检查。这给连锁公司提高市场份额提供了机会，也是连锁公司门店数量迅速增加的因素之一。

双管齐下应变局

2003 年五六月间，一家名叫"开心人"的平价药房，在上海杨浦区松花江路营口路路口开张营业。它的药价比其他药房平均下降三成。

"开心人"一闹腾，附近的华源药房、华氏大药房、开益药房等营业额大跌。

6 月 15 日，杨浦区一批社会办药店统一降价 20%，并宣布至 7 月底降价品种将达千种；7 月 4 日，雷允上福济药房近千个常规药也降价 20%~50%。半个月后，上海药品零售"五巨头"之一的雷允上连锁，其所有门店全部跟进降价。

强大的竞争者，还有 2002 年进军上海的九州通平价药房。价格战序幕拉开。为了应对日趋激烈的市场竞争，雷允上药品连锁总经理室决定，双管齐下抓经营：一手抓信息管理、一手抓门店管理。

以数据分析为职能的信息中心成立了，为公司经营提供信息支撑——

分析商品销售趋势、商品毛利，将市场销售良好的产品推荐给门店，促进门店销售、提高门店利润空间。

采购询价，为控制进货价格提供依据。经过两年严格的采购考核体系，采购毛利率逐年上升。

信息中心对企业经营数据进行分析归类统计，财务部从公司盈利能力分析、偿债能力分析到公司成长能力分析，为公司的经营提供了客观的数据和有效的指导。

同时，公司成立了以服务为宗旨的营运部。营运部对门店经营进行综合管理、专业指导，在日常门店巡检中答疑解惑；由客户服务专员将门店信息归纳总结反馈，建立"上传下达"的纽带；各类主题营销活动与门店积极互动，指导门店经营，如门店"周年庆"、健康主题营销活动等，吸引周边客流，提高门店知名度与销售额。

营运部还指导门店开展品牌服务，以"至诚至信、关爱生命"的企业精神，

"绿色安全、名医名药服务健康"的品牌内涵，指导门店开辟社区服务新途径。以雷氏健康俱乐部的互动活动，将雷允上品牌打进社区。门店的经营纳入公司统一营销、统一指导，经营业绩不断提高，真正体现了连锁经营的优越性，建立了市场的信誉度，为吸引加盟商奠定了基础。

一马当先兰坪店

企业的竞争讲到底是人才的竞争。2002年公司各部室管理岗位全部实行竞聘上岗；职工思想意识发生了很大的变化，从"要我做"转为"我要做"，工作积极性大大提高，岗位责任心得到加强。

2004年，公司把直营店店长岗位推到了市场经济最前线，直营门店实行店长竞聘上岗、风险承包、利润考核的经营；经过应聘、面试，21位店长签署了经营合同，经过一年运作，门店利润达228万元。良好的竞争激励机制，使员工的市场意识、竞争意识和风险意识普遍增强，适应能力、应变能力和承受能力得到普遍提高。

2004年采购部推进量化考核：量化考核提高了商品断货、滞销、清退的考核力度，提高了采购质量的考核，提高了商品采购毛利率，采购品种达7 000余种，采购质量不断提高。

雷允上药品连锁仓储中心推进费用承包考核与日常管理考核，管理成本不断下降，配送额不断提升。2005年最高月配送额达到1 800万元。考核的推进使服务质量不断提高，当年，仓储中心被公司评为先进集体。量化考核激发了员工工作积极性，给部门带来了生机，给员工带来了利益，给企业带来了利润。

雷允上药品连锁注重员工培训，如"团队建设"培训、"六顶思考帽"培训、品牌经营培训、业务知识培训等。队伍建设使员工能力不断提高，岗位责任心不断加强。

在雷允上药品连锁公司的企业荣誉榜上，有上海市工商局授予的"守合同、重信用A级企业"；上海中药行业第六届"雷氏杯"职工技术操作比赛团体赛第一名；"上海市2005最具影响力特许品牌"；中国商业联合会所授"中国商业名牌企业""全国商业顾客满意企业"称号；"上海市2006最具影响力特许品牌"；2006年3月，连锁总店获上海市总工会颁发的"上海市五一巾帼奖"。

大河入江梦飞扬

1999 年春，武汉多了家储运公司，这家投资 200 万元的民企即九州通前身，当年实现销售收入 4 亿元。2002 年，进入上海的九州通，在长三角的年销售额已达 40 亿元。

同样在这年 9 月，雷允上连锁的触角伸向了中医门诊部：上海雷允上五行中医门诊部开业。门诊部的开拓可没那么"随心所欲"，直到 2005 年，平顺店中医门诊部、黄石店中医门诊部才相继开业。

谋求做大做强的雷允上连锁，思考着未来几年的战略方向：在上海市区拓展雷氏中药专卖、保健品总专卖、品牌药专卖，让雷允上成为健康的代名词。

由于上海市区人口向郊县迁移，以及外来人口的增加，雷允上连锁把未来上海药品零售市场的增量，聚焦到郊县城乡接合部的农村。"抢占郊县零售市场，这也许是雷允上连锁今后几年发展的唯一出路和机会。"

壮心不已，梦想飞扬。资本的浪潮波涛汹涌……

2008 年，雷允上药品连锁经营公司的资产与行政关系，整体移转至上药集团下属的华氏大药房连锁公司。上海雷允上药品连锁公司，成为上海华氏大药房有限公司全资子公司。

华氏、雷允上、复星、国大和第一医药，上海药品零售"五巨头"成为历史。

2008 年，九州通销售额达 180 亿元。在上海青浦，这个全国民企巨头投资 3 个亿，开始建设亚洲最大的现代医药物流中心。

第四十七节　沪川共谱爱心曲

刹那间，山崩地裂，近 7 万人丧生，1.8 万人失踪，37 万余人受伤……

2008 年 5 月 12 日，百年不遇的 8 级地震，给汶川人民带来一场大灾难，人员、财产损失严重，百废待兴。

危难时刻，党中央、国务院迅速制定了全国对口援建地震灾区方案。

上海对口援建都江堰市。上药集团携上海市药材有限公司积极响应中央号召，在上海市政府指示下达后的第一时间，决定在都江堰建立中药饮片厂，以解决当地数万药农的劳动就业。

经过紧张筹备，2009 年 1 月 8 日，公司与都江堰中药有限责任公司合资组建的"都江堰申都中药有限公司"举行奠基仪式。两地领导极为重视，上海市副市长胡延照、上海市政府副秘书长范希平、上海市对口都江堰灾后重建指挥部总指挥薛

"上海—都江堰对口合作项目"启动仪式

潮、都江堰市委书记刘俊林、都江堰市市长许兴国、上药集团党委书记杨锡生、上海市药材有限公司总经理杨弘，以及市府合作交流办、市民政局等领导出席。

项目投资1 800万元，占地23亩。通过两年建设，于2010年年底建成年加工能力1 500吨的中药前处理厂。次年4月通过药监部门GMP认证验收，核发中药饮片生产经营许可证。

2011年12月，申都公司一届五次及二届一次董事会在成都召开，会议讨论并通过企业经营定位：立足川产和西南的道地中药材资源优势，以中药饮片生产促进药材基地建设，成为上药集团在西南地区的中药饮片加工中心、道地药材生产基地和西南地区中药材的储存、储备、供给中心。按此定位，可扩大四川的道地药材收购，进而带动沿山15万亩"三木"药材种植基地发展。

发展目标确定后，都江堰申都中药有限公司锐意进取，不负众望。截至2013年年底，已建成厚朴种植基地100亩、银杏叶种植基地1 000亩，年销售额达到1.8亿元。初步形成集药材种植、加工、贸易于一体的产业链，有效带动了当地中药产业发展。

为做好对口援建，上海给予都江堰市多方面援助。2009年6月，上海市和都江堰市两地总工会联合主办、上海市医药工会和上海市药材有限公司工会承办的

都江堰申都中药有限公司

"为企业重建送技术、为灾区直供送技能"培训活动举行启动仪式，上海市总工会副主席杜仁伟和都江堰市总工会领导出席。来自都江堰的 10 名员工接受了 11 天培训。此后，自 2009 年 9 月至 2010 年 8 月的一年间，华宇药业控股子公司德华国药制品公司为都江堰申都中药有限公司培训人员，培训共举办了三期，每期三个月。

培训期间，华宇药业认真制订培训课程，组织来沪人员到公司技术检测中心、药材物流基地、中药饮片厂等地考察，到雷允上药业奉浦生产基地参观，双休日组织参训人员参观东方明珠、上海城市发展展示馆。华宇药业精心安排参训人员的生活，选择煤卫齐全，配有电脑、冰箱、空调等条件较好的租赁房，作为定点集体宿舍，使他们感受到上海人民的兄弟情谊。接受培训的人员返回后，成为都江堰申都中药有限公司的业务骨干。

"君住江之头，我住江之尾"，都江堰、上海两地人民，是同饮一江水的兄弟姊妹。

在地震灾难中挺立而起的都江堰申都中药有限公司，必将收获更丰硕的果实。

第四十八节　工业十年集奉浦

上海市药材有限公司与"和黄结亲",喜宴刚散,奉贤区航谊路 320 号又彩旗飘飘、爆竹声声。

2001 年 10 月,国家计委中药现代化重大专项:上海雷允上药业"中药复方提取物先进生产工艺高技术产业化工程"开工典礼举行。

产能集中,降本增效,做大做强。

神州大地,各行各业万马奔腾,医药行业百舸争流,奇迹频显。曾经的上海老大哥又岂能安坐如山……

一场为期十年的"工业集中",在新生来临中伴着希望,伴着痛苦,伴着迷茫展开了。

进军"高技术产业化"

上海雷允上药业有限公司成立,既为助推雷氏产品进一步走向市场提供了强大动力,又加快了下属企业的升级发展。上海雷允上药业下属一分厂、二分厂、三分厂及上海雷允上封浜制药有限公司作为上海中药工业主力军,十多年来以自己的品牌、品种、产能和规模,与雷允上旗舰共进退。

市场需求在扩大,市场竞争在加剧。上海雷允上药业各分厂毕竟布局和产能分散,被装备限制、成本因素等掐住发展的咽喉。而随着城市发展,它们受限于场地空间扩展,产能无法提升,必须以现代制药和产能规模来确保发展。为此,公司着手规划现代中药制药重大专项。

开工典礼上,国家药监局副局长任德权、上海市计委副主任俞北华、上药集团董事长周玉成等出席。

中药复方提取物先进生产工艺高技术产业化工程选址上海市奉贤区综合开发区,总投资 1.5 亿元,总占地面积 99 304 平方米,总建筑面积 21 310 平方米,绿

188

化面积 20 000 平方米。设计产能为年处理原药材 6 000 吨，片剂 50 亿片、胶囊 2 亿粒、颗粒剂 600 吨的中间体原料。

它，在工商登记时的名字为上海雷允上药业有限公司奉浦分厂。

开工典礼三年后，雷允上奉浦分厂办公质检楼、提取车间、综合仓库及辅助工程楼等主要项目基本完成，总建筑面积为 2.17 万平方米，占地面积 7.83 万平方米。

2005 年，奉浦分厂正式投产。次年，项目通过国家验收和 GMP 认证，为工业集中打下了基础。

2007 年 10 月 12 日，国家发改委在深圳主办国家高技术产业化示范工程及创新能力建设项目授牌大会。上海雷允上药业"中药复方提取物先进生产工艺高技术示范工程"、杏灵科技药业"银杏酮酯和杏灵颗粒高技术产业化示范工程"，双双获授"国家高技术产业化示范工程"匾牌。

集中冲锋号吹响。在工业集中、降本增效的战略目标引导下，上海雷允上药业中成药工业生产开始向奉浦生产基地转移。2007 年，二分厂率先完成整体搬迁，同时，奉浦生产基地固体制剂车间扩建，液体制剂车间、食品生产大楼相继开工建设。

2007 年 1 月 18 日，上海雷允上药业奉浦项目通过国家重大工程项目档案验收。各类档案总计 272 卷。上海市档案局等人员参加验收并给予较高评价。

2009 年 1 月，成立上海雷允上药业有限公司制药总厂，下辖雷允上一分厂、雷允上三分厂和雷允上封浜制药。雷允上药业制药总厂党委组建成立。

接着，奉浦生产基地"片剂、硬胶囊剂、合剂、糖浆剂、酒剂、煎膏剂"通过药品 GMP 认证。8 月，颗粒剂、丸剂也通过药品 GMP 认证。

2010 年，一分厂整体搬迁至奉浦生产基地。

2011 年 8 月，奉浦生产基地固体制剂车间扩大产能项目完成，片剂产能为 24 亿片/年，解决固体制剂生产瓶颈。

与此同时，雷允上药业上报的《工业集中奉浦生产基地》项目建议书，获上药集团批复同意。

2012 年 1 月，雷允上制药总厂"综合仓库配套设施改造项目"获上药集团批准，半年后施工，年底基本完成。仓库管理系统（WMS）之后正式上线。

2013 年 1 月，公司调整组织构架，明确雷允上药业作为中成药制造经营主体。

工业集中奉浦生产基地

雷允上奉浦生产基地片剂、硬胶囊剂、颗粒剂、丸剂、合剂、糖浆剂、酒剂、煎膏剂等再次通过药品 GMP 认证。

2014 年 7 月，工业集中开始最后冲刺。年底，奉浦生产基地污水技术改造项目、外用膏车间提取工段技术改造项目、固体车间技术改造项目、外用膏车间技术改造项目、六神丸及滴丸剂车间技术改造项目相继开工。

2015 年 8 月，曾获"上海市模范集体"称号的雷允上三分厂固体车间整体转移至奉浦生产基地。之后，随着三分厂丸剂车间整体转移，其生产品种全部迁至奉浦生产基地，并完成雷允上奉浦生产基地生产许可证换证。

2016 年 6—7 月，奉浦生产基地丸剂车间、外用膏车间落成，并通过丸剂（六神丸、滴丸）、贴膏剂（凝胶膏剂）药品 GMP 认证，正式投产。

至此，上海雷允上药业自 2006 年起历时十年，圆满完成工业集中。

"三公"和谐促整合

上海市普陀区丹巴路上，一座建筑面积 10 万平方米的西式高层商务大厦，在周边一幢幢多层商务独栋别墅的烘托下巍峨矗立。十多年前，这里的药香飘散了，这里的药厂搬走了。

参桂养荣酒失宠已久，蛇药似乎也可有可无。2007 年，当年的中药制药二厂让位于未来的"长风生态商务区"，率先完成了向上海西南"高技术产业化"的整体搬迁。

2014 年 7 月 19 日，雷允上药业三分厂年产能规模为提取液 600 吨的提取车间，进汽总阀被彻底关闭。没有了呼吸的提取车间，完成了最后的生产任务，永久性停产！雷允上三分厂西迁开始。

一年后的 7 月，三分厂锅炉房 6 台蒸汽锅炉熄火断气。10 月，高 35 米、使用了三十余年的锅炉烟囱被安全拆除。

2015 年 12 月，雷允上药业三家分厂产能全部集中于奉浦生产基地。奉浦基地，"三合一"拳头捏紧，终于成为国内少数的中成药剂型齐全的生产基地：常年可生产 11 个剂型、约 50 个品规产品。

耗时十年的工业集中圆满完成，仪式必不可少。2016 年 8 月，雷允上奉浦生产基地工业集中落成仪式举行。

老沪闵路上，曾经以感冒退热冲剂让不少上海市民求之若渴的"老三"，开始了在春草夏虫的陪伴下，老厂房荒置十年的孤独守候。

在工业集中过程中，为解决人员结构不合理、人均效率不高等问题，雷允上药业由党政工牵头、有关部门参与的企业人员结构调整和分流小组在调查研究的基础上，制定了相关方案。按照"公开、公平、公正"原则，根据不同的人员情况，充分听取了职工的建议和意见，不断完善调整和分流措施。所有政策措施都经由职代会审议通过。在人员调整、分流过程中及时沟通，及时应答，及时反馈，完善措施，满足合理诉求，解决职工困难。

让留下工作的职工安心，让离开企业的职工舒心，让转岗工作的职工满意。人员调整和分流使企业的人均效益大大提高。

告别了熟悉的厂区、车间，告别了熟悉的工友。无论是每天从市区赶班车来回花三四个小时上下班，还是分流流向家庭、他乡，"上海药材人"始终本本分分，以大局为重……

"六西格玛"提质量

"集中"进行时，内部管理的提升加强也着手展开。2014 年，公司开展精益六西格玛管理专项，奉浦生产基地各条线同步进行。7 月，雷允上药业"提升藿胆滴丸成品率"和"野菊花浸膏粉生产周期压缩"两个项目，通过集团终期评审。"提升藿胆滴丸成品率"被评为集团十个优秀项目之一。

在奉浦，"东方神药"六神丸继续书写着传奇，实现快速发展。2014 年 1 月，雷允上药业与二军大等联合申报的"新型高分子凝胶释药系统的研究与应用"项目，获 2013 年度教育部科学技术进步奖一等奖；2018 年 3 月，雷允上药业"天然活性多糖质效控制关键技术与产业化应用"项目荣获上海市科学技术奖一等奖；2018 年 12 月，雷允上药业"猴头菌片二次开发及相关产品开发研究"项目荣获上海产学研合作优秀项目奖励委员会授予的 2018 年度上海产学研合作优秀项目奖一等奖。2019 年 1 月，雷允上药业"复方紫荆消伤巴布膏的工艺改进和临床疗效研究"获 2018 年度上海中医药科技奖三等奖。

2021 年 4 月，雷允上药业通过上海质量管理科学研究院"两化融合"管理体系认证，8 月荣获上海市重点产品质量攻关成果二等奖，并获全国医药行业优秀 QC 小组优秀成果奖。

2023 年 9 月，上药雷允上（雷允上总厂）雷氏创新 QC 小组"建立 QC 实验室试剂入库领用管理方法"项目，被中国医药质量管理协会评为 2023 年度全国医药行业质量管理 QC 小组活动"一等成果"。

雷允上药业的发展，离不开聚焦主业产品，同时也要拓展外加工产品的生产，以保证企业聚产能和满负荷。2018 年 8 月，雷允上药业与上海香山中医医院开展院用制剂产业化合作，项目落地奉浦生产基地。9 月 25 日，"曙光医院——上海雷允上药业中药制剂科创中心"在奉浦生产基地成立。

2021 年 12 月，上药雷允上（雷允上总厂）参与申报的《基于海派中医制疫特点的新冠肺炎中西医协同方案的理论与实践》项目，获中国中西医结合学会科学技术奖三等奖。

近两年，上药雷允上（雷允上总厂）先后完成奉浦生产基地环境管理、能源管理国际标准化组织体系认证。

2023 年 3 月，上药雷允上（雷允上总厂）被全国工商联医药业商会授予"医药制造业百强"称号，荣登中国医药行业最具影响力榜单。

十年集中、聚焦，实现了二十多年的"高技术产业化"梦想。

上药雷允上奉浦工业园，无数双眼睛，在期盼如日中天的辉煌！

第四十九节　两司合并增效益

春节刚过，寒意料峭。

2013 年 2 月 18 日，坐落在邻近外滩的华盛大厦会议厅内暖流涌动。公司年度工作会议正在举行，新一届领导班子点燃第一把火：以市场为导向，实施内部体制改革。重构营运组织构架，实行以品类划分的工商一体化经营体制。

又一场深刻的变革大戏拉开帷幕。

按照"资产和运营分开，管控和经营分开"的原则，公司设置中药材与中药饮片、健康保健品、中成药制造、中成药分销四个板块，以及华宇药业、神象分公司、雷允上药业、杏灵药业、医药分公司、药品销售分公司六个直属公司。

"4+6"运行模式，意在使各路诸侯成为责权利明确、目标市场清晰的责任主体。公司总部部室承担管控和服务职能。

商业与工业合一的雷允上药业有限公司营销中心，被分为工业自销和商业分销两块。前者归属雷允上药业工业板块；后者换牌：上海雷允上药业有限公司医药分公司。医药分公司和上海药材药品销售分公司构成商业分销板块。

营运组织构架重构后，针对销售增幅连年下降的现状，医药分公司着手编制《"2013—2015"三年发展规划》，并很快通过公司审定。《规划》提出的企业发展目标清晰明了：坚持现代医药流通方向，强化终端渠道建设，成为全国名优中成药首选经销商、上海区域市场中成药分销业领导者。

针对两个"分公司"在销售渠道、品种上存在较大的交叉性和同质化，公司决策层有的放矢作了微调，医药分公司抓大品种拓展医疗机构渠道，药品销售分公司发展 OTC 品种分销渠道。

理念指引不可或缺。医药分公司成立伊始，即在全员中确立和倡导"营销围绕客户转、部门围绕营销转、一切围绕市场转"的企业运作理念；"一岗多职，高效有序，扁平精简"的团队管理理念；"企业荣，我则益；企业亏，我则损"的员工发展理念。三大理念，犹如定海神针！

医药分公司把上游供应商作为企业发展和聚集品种资源的源头，采购部门通过产品分析和市场预测，前瞻性捕捉和培育规模品种，特别是独家品种，并以渠道优势快速导入市场，与厂商合作共同培育，做大销售规模。引进新品种，归并供应商渠道，将二级商转为一级商及独家总经销商，提升盈利能力和市场引领地位。其中一批独家总经销商及一级商的销售额占企业总销售的80%以上，为提升医院直供覆盖面、上海市医院和药店等终端比重、中成药市场销售占比增长储备了新资源。

医药分公司积极探索向"服务型"分销模式转变，在深度服务上寻找新路径。把"激情和创造是营销人员的职业天条"的格言，作为营销人员座右铭。营销人员完成目标任务进度上墙公示；按业绩考核评定星级营销人员，在全体营销人员中树立"比、学、赶、帮"的浓厚向上氛围。每年通过评比表彰一批先进集体和个人，激发广大营销人员勇于拼搏的热情。销售员成本海十多年从事医药销售，自我践行"诚、勤、变、正"四字营销理念，2010年至2014年，个人销售额每年递增20%以上，业绩斐然，成为楷模。他被上海市商业联合会授予"2014年上海商业销售能手"称号；荣获2010—2014年度上海市劳动模范。这是继营销同行缪亿萍荣获上海市劳模十七年后，涌现的又一个企业标杆。2017年2月，上海医药工会颁发了"成本海营销创新工作室"铭牌，以发挥劳模先进的示范引领和骨干带头作用。

营运构架重组第一年，医药分公司总销售额同比增长14.09%。

继设立市场部，医药分公司2014年又建立拓展部，扩大医疗单位销售渠道，并将营销触角伸向新兴崛起的民营医院。经过近三年努力，与近百家民营医院建立合作关系，把上药雷氏药品和其他药企名优产品，源源不断送入医院。至2017年，在民营医院年销售额近5 000万元，堪称中成药医院直供史上的第四次突破。

经过一系列相关革新，医药分公司储运部于2014年年底成立，仓储科当年完成年吞吐量287万余件，同比增长83%；运输科完成年配送88万余件，同比增长3.73%；配送点数85 801户次，同比增长4.7%；配送里程82万公里，同比增长2.40%。

随着药品销售"两票制"的推出，销售规模大、渠道覆盖广的商业公司更具竞争优势。根据新一轮三年发展规划，公司决定对医药分公司和药品销售分公司进行合并，以适应未来市场竞争的变化，优化人员结构，降低运营成本，完善法人治理结构，此即"两司合并"。

2015年12月1日，合并正式启动。合并后，仍沿用上海雷允上药业有限公司医药分公司名称对外开展经营活动。一个月后，业务合并三项工作顺利完成：销售渠道顺利对接，正常应收账款全部回笼；上家客户全盘接收，品种渠道无一流失；库存商品处理全部承接到位。

2016年元旦刚过，医药分公司隆重召开欢迎会，原销售分公司人员整体转移入职。为做好转移人员的安置，尊重他们的意愿，医药分公司此后开展了中层干部竞聘，并于3月召开"两司合并"后首次干部会议，宣布干部聘任名单。紧接着，对全体营销人员实行竞聘上岗……

"两司合并"有效集中和放大了公司资源优势，对公司参与市场竞争，推进整体战略目标起到了重要作用。据统计，2016年"两司合并"后年度总销售额同比增长9.19%，归母公司净利润同比增长132%，实现了"一加一大于二"的目标。

"两司合并"后，医药分公司继续强化精简高效的组织架构，精简岗位工种，优化人员结构，提增人均产出。2017年与2012年相比，在编员工从363名减至301名；全员人均销售额由449万元升至997万元，提升了企业效益。同时，WMS系统管理、TMS系统管理分别在仓储、运输上线，进一步提升了工作效率、实施合规管理。

"两司合并"后公司召开新员工入职欢迎会

2016 年 8 月 1 日，医药分公司更名"上海上药雷允上医药有限公司"，成为雷允上药业下属全资子公司。

2016 年 5 月至 2017 年 6 月，雷允上医药先后参加五批 GPO 药品投标，共计中标 144 家药品生产企业的 516 个品规，中标产品数量位居上海医药商业公司第三位。特别是雷允上医药与雷允上药业紧密合作，投标品种获得"满堂彩"。

时光飞逝，恍如昨日。

四年过去了，公司 2017 年度工作会议又在进行——

公司董事长、总经理陈军力在《三个坚持稳发展 逐梦百亿再辉煌》报告中特别指出：雷允上医药有序推进、平稳过渡，顺利完成"两司合并"，同时按时按点，不断不乱，推进完成"子公司独立"工作。在完成上述两件"大事"的基础上，确保经营工作实现销售与利润的大发展。

雷允上医药已成为上海市场规模最大、网络最全、实力最强的中成药分销商，与国内 341 家药品供应商保持密切合作关系。销售业务覆盖上海市近 473 家各级医疗机构，包括分院、分中心配送点 1 652 个，以及 60 多家药品批发和零售企业。

2021 年，雷允上医药取得医疗器械经营许可证，拓展医药器械品类，当年度医疗器械实现净增销售 1.19 亿元。

医药分公司积极落实上海医药发起的"精益六西格玛"项目，以"高效、精简、零缺陷"的管理理念，有序推进立项活动。医药分公司获"精益管理优秀项目三等奖"，至今已培养"精益六西格玛"黑带 1 名、绿带 11 名。

"两司合并"，标志着公司在上海市内中成药商业批发业务实现完全整合。以 1956 年 7 月上海市药材公司成立成药批发商店为起点，六十多年间经营体制历经"从合到分、由分到合"多次演变，最终仍选择回归集约经营模式。

世纪更迭，时过境迁。征途漫漫，一代代"上海药材人"锲而不舍，初心未改……

第五十节　名医好药惠百姓

一部祖国传统医药史，名医好药构成了其中精彩纷呈的篇章。

名医用好药，好药助名医。2017年11月10日，公司第二家中医门诊部——上海雷氏汉光中医门诊部有限公司注册成立，11月28日举行揭牌仪式。素来把工商贸一体视为生财之道的药材公司，为何再次开中医门诊部？

2016年9月7日，公司建立上海雷氏中医门诊部有限公司，以及成立中医医疗投资管理事业部。9月28日，位于斜土路1105号一层的首家雷氏中医门诊部正式营业。

新设汉光门诊部，虽然只是十年之内的事，但当年的雷氏中医门诊部有限公司负责人，对回忆这段并不顺畅的经历兴味索然。而一份上海市药材有限公司的"项目建议书"，却能告诉我们不少答案。

名医与好药结合，发挥公司中药全产业链的优势；进一步扩大优质中药饮片业务增长；探索中医医疗机构与传统零售药店联合经营新模式。投资的初衷颇有见地——

数千年来中医、中药源远流长，密不可分。公司以弘扬和传承中华民族中医药文化为使命，开设中医门诊部，满足了医生、患者日益增长的对优质中药饮片的需求，凸显公司优质中药饮片的形象。设立门诊部与建立规范的药材种植基地齐头并进，符合公司建立和发展中药全产业链的企业战略。

新设的汉光中医门诊部作为公司第二家医疗机构，利用现有产业优势并进一步扩大终端延伸，有利于优质中药饮片的市场规模的形成。同时，与第一家雷氏中医门诊部形成联动效应，扩大了市场影响力。

更大的雄心，是期望"利用经营场地的资源，将中医医疗机构与传统零售药店联合经营，探索从运营成本到管理体系的新模式，并在品牌形象的推广上探索新的展现形式及影响力"。以中高端健康需求市场为目标，恪守"名医＋好药"的核心原则，将"中医治未病"及"大健康"理念充分融入医疗服务中，提供医疗、保健、养生个性化、全程化的健康管理服务。

名医配好药，才能让中医的力量真正焕发出来。2017 年，公司聘请国医大师、上海中医药大学终身教授、上海中医药大学原校长严世芸为"上药药材首席专家"。上海市药材有限公司出资 1 000 万元，一家新的全资子公司——上海雷氏汉光中医门诊部有限公司诞生。

门诊部实行总经理责任制，以中医门诊医疗为主，汇集多家海派中医流派的专家坐诊，有石氏伤科、魏氏伤科、朱氏妇科、董氏儿科等；提供医疗、保健、养生等个性化、全程化的健康管理服务。

门诊部定期开展为集团下属企业员工送医上门服务，方便企业员工医疗就诊；联手周边社区街道，结合时令节气，面向社区居民开展健康养生宣传服务。门诊部优化改善医疗服务质量，提高患者就医体验的满意度。如开发微信小程序，方便患者了解医生坐诊时间，实现线上预约挂号；除了中药的代煎、代配、代制膏方等基本服务，还提供代制丸剂、颗粒剂等个性化订制服务，供患者选择。门诊部还围绕医疗服务特色，结合中医养生理论，积极销售参茸保健产品。

2021 年，为进一步做大中医医疗品牌，"雷氏汉光"更名为上海雷诵芬堂中医门诊部。

2023 年 8 月，因市政动迁，雷诵芬堂中医门诊部正式停业，但上药药材人的追求和新探索没有停步……

名医好药惠百姓

第五十一节　微丸技艺传承人

一只大竹匾和类似咖啡粉的药料，张雄毅"玩"了几十年。

双手握匾，提起旋转，药粉上上下下忽聚忽散，又逐渐变成一颗颗深色微丸。

三四十年前，张雄毅恐怕做梦也没想到，手中竹匾会转出"非遗"传人、大国工匠。

1982年，上海中药制药一厂丸剂车间来了位愣头愣脑的小伙子。

他刚从上海市药材公司技工学校毕业，大名张雄毅。

他被分配到六神丸班组。初次见师傅用传统工具，通过双手轻巧翻转，就使中药细粉慢慢变成一粒粒小药丸，张雄毅很好奇，又感觉似乎没啥大不了。但药匾真到了他手里，却仿佛重如千钧。

当年的情景，张雄毅历历在目："师傅给我半年时间，练不好翻转技术就得离开。既然来了，哪能说离开就离开。这时，我不服输的倔劲上来了，为了尽快赶上师兄的水平，我除了在班上狠下功夫，独自模仿体会手感外，回到家里看到锅、盖、碗、碟就会随手放入米粒进行操练。好多次，锅中的米都颠碎了，结果家人跟着我足足吃了三个月碎米饭。"

半年后，张雄毅考核通过，留了下来，但这只是入行的第一步。

"大翻、小翻、前搭、后搭、大转、小转……"翻转药匾的全套动作大有讲究。一遍又一遍，张雄毅手臂酸胀、手掌皮破出血。

六神丸技艺第三代传承人劳三申师傅又指点起徒弟：等练到驾轻就熟、用力均匀，你就不会再臂麻、长茧……

自清同治初年问世以来，中成药六神丸就享有盛名。其独特的微丸制作技艺，是雷允上独到的、属国家保密的工艺。在师傅悉心指导和自己刻苦努力下，张雄毅仅用了三年的时间，就基本掌握了微丸的生产制作全过程，能一气呵成独立操作。

六神丸制作技艺三代传承人

微丸制作沿袭着历代传人一脉相承的传统，最大限度地保存了最原真的手工制作技艺。它灵活、精细、微小，非常适合贵重细料药品尤其是六神丸的制作。微丸的粒重约 3.18 毫克，而六神丸更是达到了极致，每丸仅重 3.125 毫克，直径 0.8 毫米。一粒六神丸，包裹着处方所规定的各种药材。它丸重稳定、质地紧密、圆整均匀、色泽一致。服用后，药物有效成分能快速、持久地释放，达到疗效的要求。而手工泛丸"原始"的操作手法、力度、频率以及经验，恰到好处地保证了药丸质量、疗效都能符合国家标准！

1 000 粒六神丸的重量，相当于一颗轻飘飘的乒乓球：3 克左右。

这如同奇迹般的"微丸技艺"，目前中药行业内一般泛丸工望尘莫及。张雄毅经过数十年的实践钻研，不但达到了要求，而且青出于蓝而胜于蓝。他泛制出的微丸，粒与粒之间的误差在 10 微克以内，其圆整度更是达到了纵横比 ≤ 0.1，是一般丸药的 10%，且损耗和每粒药的有效成分误差均不超过 1%。张雄毅以手中的药匾，令所有现代化机械设备甘拜下风！

2006 年 9 月，上海中药行业第七届"雷氏杯"职业技能操作比赛强手林立，张雄毅夺得高级中药泛丸工第一名。六神丸制作技艺 2010 年被认定为国家非物质文化遗产，两年后经上海市非遗保护工作专家委员会评审、上海市非遗项目代表性传承人评审委员会审核评议，张雄毅被评为上海市非遗项目六神丸制作技艺传承人，并获"第七届上海市技术能手"称号。同年8月，上海医药集团命名他为"首席技师"。

十年前，雷氏六神丸在市场崛起，给上海雷允上的发展带来了生机。张雄毅不负众望，带领班组倍增产量，不仅牢牢把控产品质量、赢得了社会良好声誉，而且为企业创造了可观的经济效益。

张雄毅对中药微丸制作、对六神丸有着难以割舍的感情，他从踏入工作岗位起，就与六神丸形影不离。作为涉密人员，他日复一日地坚守着，而这份坚守除了寂寞，还有放弃以及更多的付出。这份坚守已远远超出工作的意义，更多的是一份责任，对国家利益、对文化遗产、对人类健康的责任！

"文化遗产日"中医药主题活动，是张雄毅与其他国家级非遗传承人宣传、弘扬"非遗"的社会大课堂。在2014年技师工作室沙龙活动中，他给培训班学员上课并交流，计15次；2015年他出席上海市高技能人才展示会，现场表演了中药微丸手工制作，赢得众口称誉。

2015年年底，公司成立了"张雄毅首席技师工作室"。为了将这门非遗技艺传授给青年员工，他组织班组工作之余开展岗位练兵，对微丸制剂过程中的重点、关键点，手把手地传教。他带出的徒弟，在历届上海中药行业"雷氏杯"高级中药泛丸技能操作比赛中，均获得好名次。张雄毅的徒弟们都已成为班组骨干。

张雄毅先后获得"上海市五一劳动奖章""上海工匠""上海市杰出技术能手"等荣誉称号，并获批享受国务院政府特殊津贴。

现代制药技术突飞猛进，传统的中药生产工艺逐渐被新工艺、新设备替代，而六神丸成了例外。劳三申、张雄毅，一代代六神丸制作技师含辛茹苦，薪火相传，他们是祖国传统医药的骄傲！

第五十二节 衣锦"还乡"异域花

在中国的繁华都市上海，那朵异域之花扎根于四面环水的崇明已很多年。

2012 年，工信部"西红花规范化、规模化和产业化生产基地建设"项目花落华宇药业，揭开了西红花产业的规范化、规模化、产业化发展新篇章。

公司当机立断实施"剖腹产"，"西红花"从华宇药业剥离。呱呱落地的西红花分公司产供销一体，独立核算，两年后它又更名为"上海市药材有限公司西红花事业部"。

虽说更专注、专业了，但西红花事业部组建时的七名人员摸索了好一阵，主攻方向终于明朗：从科研、种植、生产、销售一体的全产业链发展定位；作为行业规范标准，努力引领西红花行业源头可追溯、健康规模化发展，成为有影响力的国内市场最大供应商。三年内销售额由 1 800 万元增加到 5 000 万元！

西红花饮片营销策略也进行了调整，扩大配送医疗单位数量，打破自有饮片的开发限制。2015 年医疗机构覆盖数量由 38 家提升至 138 家。沪上多家饮片厂加入了合作阵营，除了为上药西红花饮片做包装加工，它们的渠道覆盖到更多的医疗机构。上药西红花的上海市场占有率扩大到 95%。

2016 年上药药材在西藏自治区建立协作基地，将营销区域拓展至西藏旅游市场，满足广大游客到西藏购买藏红花（即西红花）的需求，高端旅游商务人群更是拓宽高附加值产品营销渠道的目标人群。

三年规划提前一年完成！

西红花事业部腾飞了，产业化升级的助推器也被点燃。从 2016 年开始规划开发西红花衍生产品，先后推出"雨田氏"藏红花系列产品，涵盖食品、洗护用品、化妆品等。这些产品联合国内一流企业开展研发，通过药用植物提取物的制备方式运用于化妆品领域，如高品质的"雨田氏"藏红花面膜产品，获得了市场高度认可。而地推体验 +APP 营销模式的创立，实现了低投入高产出。这种模式又复制到

公司在西藏萨迦县的藏红花种植项目

藏红花食品和洗护用品，使利润得到了快速提高，实现了销售、利润双丰收，并获得了国内外多项专利和奖项。2018年4月和2021年3月，上药药材藏红花、藏红花面膜、藏红花微量元素水产品，获得日内瓦发明展金奖。2021年，"雨田氏"藏红花铁皮石斛面膜获得德国、法国、西班牙三国欧盟专利。近年来进一步强化了专利布局与挖掘，形成了一系列技术成果，拥有授权专利22项，其中发明专利3项，《新型种植机》等实用新型专利3项；外观专利16项：包装盒（西红花）、包装盒（藏红花）等。

经过近十年的发展，西红花从单一的中药材做成了一个产业。

由于国家医保政策的调整，西红花事业部的业务受到前所未有的挑战。为推进企业的高质量发展，将医保政策变化带来的挑战转为发展机遇，公司研究决定：在现有西红花市场与品规转换衔接的基础上，新增特色中药产品的开发与销售，以中药饮片大品种的概念，聚焦"稀、贵、鲜"等特色中药饮片医疗终端的开发与销售。

2023年5月9日起，西红花事业部更名为特色中药事业部，向着"异域之花"再出发：发展强项、创新突破、彰显亮点、凸显特色。

几十年来，华宇药业在崇明区建立了西红花培植核心产区，它是国家食药监局认证的首批中药材规范化种植（GAP）基地，也是全国唯一药用生产基地。

公司三代人四十年传承接力，攻坚克难，西红花不仅成了上海的地道药材，成为东海之滨崇明的特色产业，还使得这一名贵药材在中国扎下了根。

华宇药业联动江浙产区，实现西红花规范化种植试验示范基地 200 亩，推广基地 4 000 亩，西红花供货能力达到 2 吨 / 年。西红花种植、加工、储运规范化、规模化的美好愿景逐步实现。

在西红花的原产地伊朗，公司也建立了定点协作基地。

2023 年 10 月 22 日，产于崇明的全世界最优质的藏红花，被"上海药材人"请回青藏高原，在西藏萨迦县繁殖大功告成！

藏红花啊藏红花，千百年了，你终于得以扬眉吐气！

第五十三节　布局全国建基地

基地建设是实现优质药材来源稳定、可控的有效手段。公司中药材种植基地建设，与国家中药材生产质量管理规范（GAP）的探索同频，以2003年西红花种植基地第一批通过国家药监局GAP认证为序幕。

公司先后经历围绕重点品种开展商品基地建设的探索阶段；成立专业化产地公司，打造核心品种的深耕阶段；大范围复制以服务产品溯源为目标的丰富拓展阶段；逐渐搭建起覆盖全国各中药材主产区的种植基地网络，并形成完善的基地建设、管理体系。

建基地探索源头

作为当时上药药材旗下专注中药材和中药饮片生产、加工、经营的企业，上海华宇药业有限公司敏锐地发现：随着越来越多的中药材品种野生资源枯竭，野生变家种技术上实现突破、中药材规范化种植趋势不可逆。在时任总经理杨弘带领下，华宇药业果断充实种植管理队伍，围绕企业重点经营的中药材品种，开展种植技术探索与商品化种植基地建设。

时逢国家药监局试点推动中药材GAP建设，作为"中药材生产种植质量管理规范"的倡导者之一，华宇药业快速融入大潮并积极作为。1999年起关注并参与国家GAP编制起草，承办主题为"倡导绿色基地，使用放心药材"的全国会议。

源头战略，即抓GAP基地建设和道地药材优质商品基地建设，以规模化集约化生产，控制市场上游商品源，形成品种优势、质量优势和价格优势。华宇药业将源头战略提升为公司五大战略之一，并启动了推进GAP行动计划，同时依托国内著名专家权威人士，联合行业龙头企业以及药材主要产地的供应商，以企业的名义发起建设绿色药材基地的倡议，得到全国同行的热烈响应。

2003年华宇药业西红花种植基地第一批通过国家药监局GAP认证检查，基地建设能力得到认可。

结合企业基地建设服务业务的定位需求，华宇人和科研单位合作，分赴各个道地药材原产地，深入田间山区收集大气、水质和土地等各种数据，摸索先进的种植技术。在专家指导下，逐步总结出各种药材不同的种植技术和管理方法，先后建立了 11 个规模化、规范化的"绿色无公害"中药材 GAP 种植基地，为确保中药材产品达到"优质、稳定、有效"奠定了基础。

华宇人在浙江金华市磐安县建立华信中药材基地公司，建设浙八味白术基地；援建都江堰成立申都产地公司，建设川芎基地；在贵州黔东南州施秉合作建设何首乌、太子参基地。

2004—2014 年间，围绕西红花、丹参、天麻、栀子等重点品种，与优质供应商合作共建形成了一批商品基地，支撑企业对优质药材的需求。

产地公司提品质

2014 年，公司对全产业链业态进行更精细的划分，组织架构进行了调整，先后成立西红花事业部、中药资源事业部，将西红花、丹参、银杏叶、三七、人参、红豆杉 6 个核心品种从华宇药业剥离，分别由两个事业部进行专业化的品种运作。同时，为更有利于沪外种植基地建设落地，通过调整或新建等多种方式陆续将 5 家产地公司纳入中药资源事业部体系，以支撑其开展全国中药资源布局任务。此阶段公司先后有 8 个基地通过国家中药材标准化与质量评估创新联盟（原基地共建共享联盟，以下简称"中药材创新联盟"）"三无一全"品牌基地认证。

四川上药申都中药有限公司作为布局西南的产地公司，2016 年划归中药资源事业部管理，重点围绕川芎、麦冬、黄柏、杜仲、厚朴、黄连等西南道地药材建设基地，药材经营业务范围辐射四川、云南、贵州、重庆等省市。2018 年，上药申都倾力建设的川芎基地，荣获中国中药协会种植养殖专业委员会优质道地药材示范基地称号，2020 年川芎基地通过中药材创新联盟"三无一全"品牌基地认证。

上药华宇（临沂）中药资源有限公司，成立于 2015 年 5 月。这家华宇药业全资子公司，以中药材种植为重点，集生产、销售、科研于一体的中药材专业企业，为临沂市农业龙头企业、山东省高新技术企业。2016 年划归中药资源事业部管理，作为其布局华东的产地公司，重点围绕丹参、银杏叶、金银花等山东地产中药材大

2016 年，上海中药行业协会领导考察公司丹参基地

品种开展规范化种植与生产经营，业务范围辐射华东地区。

　　丹参、银杏叶是上药药材核心中药材品种，上药华宇（临沂）基地建设持续投入了大量人力物力。丹参基地主要分布在山东丹参主产区临沂平邑、潍坊临朐、济宁泗水等地区，基地总面积多年维持在万亩左右。其中自主建设的核心示范基地，2016 年荣获中国中药协会种植养殖专业委员会优质道地药材（丹参）示范基地称号；2017 年通过原农业部优质农产品中心良好农业规范（GAP）认证；2018 年通过中药材创新联盟"三无一全"品牌基地认证；2019 年获评中国医药行业最具影响力榜单优质道地中药材十佳规范化种（养）植基地。

　　银杏叶核心示范基地 1 200 余亩，分布在山东平邑、四川都江堰、陕西宁强等银杏主产区。基地 2017 年获评中国中药协会种养殖专业委员会"优质道地药材（银杏叶）示范基地"称号，通过原农业部优质农产品中心良好农业生产规范（GAP）认证。平邑银杏叶核心基地 2019 年获得有机认证证书，通过中药材创新联盟"三无一全"品牌基地认证。金银花基地位于"金银花"之乡——山东省平邑县，面积近 2 000 亩，年产优质金银花约 70 吨。基地 2019 年通过北京医药行业协会中药材标准化基地认证，同年通过中药材创新联盟"三无一全"品牌基地认证。

　　山东上药中药饮片有限公司，前身为平邑华宇中药饮片有限公司，成立于 2015 年 2 月 3 日。2017 年 6 月被上海市药材有限公司控股、更名。上海市药材有

公司枸杞子规范化种植基地

限公司认缴出资额 900 万，占股 90%。该公司位于临沂市平邑县经济开发区，是一家集中药饮片研发、生产、营销为一体的中药饮片制造企业。其与厂区毗邻的上药华宇（临沂）中药资源有限公司业务相互支撑，共同构筑起上药药材在华东产区 GAP-GMP 一体化的质量保障与原料供应体系。

上药（宁夏）中药资源有限公司，成立于 2018 年 7 月。位于宁夏回族自治区固原市隆德县六盘山工业园区二期，是一家集中药材种植、加工、研发、药食同源产品生产经营于一体的中药材专业企业。中药资源事业部管理布局西北的这家产地公司，重点开展黄芪、甘草、党参、当归等西北地产中药材大品种的规范化种植，生产经营范围以宁夏辐射西北地区。

隆德县闽宁中小企业创业孵化园，上药宁夏中药集"中药材种植基地＋产地加工＋产学研＋营销"于一体。3 幢标准化厂房共 1.39 万平方米，安装各类生产设备 58 台（套），已建成药食同源产品自动化生产线 2 条、年生产能力 2 100 万件；中药材趁鲜加工生产线及其他初加工自动化生产线各 1 条、年生产能力 2 600 吨以上。建设已完成中药材规范化种植基地 1 360 亩、林下生态种植基地 3 600 亩、辐射带动周边中药材种植基地累计 3.69 万亩。上药宁夏中药 2019 年跃升为规模以上工业企业，2023 年工业总产值突破 1 亿元。公司倾力打造的黄芪基地，2019 年通过中药材创新联盟"三无一全"品牌基地认证。

上药（辽宁）中药资源有限公司是上海医药集团在东北地区投资的综合性企业，以人参、辽五味等东北道地药材为主，集种植、加工和中药饮片生产、销售于一体，是中药资源事业部管理布局东北的产地公司，重点围绕人参、五味子、辽细辛等东北地产中药材大品种开展规范化种植与生产经营，业务范围涉及东北地区。

上药（辽宁）中药资源有限公司于 2016 年 3 月成立，位于辽宁省桓仁县五女山经济开发区，主要由上海市药材有限公司负责经营。公司占地面积 75 000 平方米，建筑面积 15 300 平方米。配备国际一流的进口检测设备、智能化人参加工生产线和中药饮片生产线。设计年生产加工鲜参可达 900 吨，人参干品 250 吨，具备普通中药饮片的生产资质。未来可生产普通饮片 500 余种，21 种炮制工艺，GMP 认证范围覆盖 95% 以上的中药饮片生产，一期设计年生产能力达 500 余吨。公司倾力打造的人参基地，2019 年通过中药材创新联盟"三无一全"品牌基地认证。

溯源基地速培育

出于对基地建设效率、效益的优化考量，由公司自主投资建设、以农场化管理形式为特征的自建基地，自 2019 年起逐渐进行战略性收缩。公司基地建设模式从以自建基地为主，转变为合作共建为主。同时为抢占上海溯源饮片临床应用试点先机，实现中药材从种植端的全程质量溯源，中药资源分公司全力开展中药材溯源基地的建设。

为体系化推进溯源基地建设与管理，迅速匹配溯源业务拓展需求，中药资源分公司 2022—2024 年陆续颁布《上药资源溯源管理实施方案》《上药资源优质道地药材基地管理办法》《溯源管理制度》，初步构建起溯源基地建设与管理的制度体系，形成制度保障。三年来，持续构建以"五维三向的合作商遴选、六统一的标准化管理、聚焦核心的信息化溯源"为三大特征的溯源管理模式，以支撑迅速培育溯源基地，快速丰富基地源头。围绕上海中药行业协会陆续发布的 70 个溯源饮片品种，资源分公司目前已选择云南白药、甘肃药业投资集团、深圳津村药业等有基地、有实力、信誉好、有资源的合作商，共建溯源基地 180 余个。

湖南省靖州苗族侗族自治县甘棠镇上五里冲村，处于国家地理标志农产品"靖州茯苓"的核心产区。该地区茯苓种植历史悠久，生产技术成熟、稳定，产品质量广受认可，素有"十方九苓，七出靖州"的美誉。2022 年，由公司与靖州国苓科技有限公司深度共建的靖州茯苓基地，总面积 3 000 亩，按照每年种植茯苓 500 亩的规划进行循环轮作，保障茯苓种植的持续性。基地种植采用高效农业模式，将茯苓与观赏杨梅进行规范套种，充分利用"时—空"生态位，最大程度发挥土地效能。茯苓基地由公司和国苓科技共同管理，公司负责技术指导与过程质量监控，始终将药材安全性、药材品质放在首位；基地使用公司具有自主知识产权的"上海医药智慧云平台"实现茯苓种植、加工过程的全流程追溯，充分利用信息化手段赋能过程管理与质量追踪。

第五十四节　沪渝慧远情谊长

君在江之头，我住江之尾。头尾共振动，华夏呈龙威。

在长江上游的山城，有一家重庆上药慧远药业有限公司，这家企业是上海市药材有限公司 2019 年花了 5 亿多元合资并购的。从 2018 年 3 月第一次接洽，到 2019 年 1 月完成收购仅用了 10 个月时间，双方一见钟情，喜结良缘。

说起这次联姻，不得不提到重庆地理位置的特殊性。重庆，中国西南重镇，1997 年中国建立的第四个直辖市，面积 8.24 万平方公里，辖 38 个区县，人口 3 191 万（2024 年）。重庆是辐射中国西南地区的经济、政治和文化的中心，在广袤的西南部发挥了重要作用！

重庆西连藏蜀陇，南接云贵桂，东邻湘鄂赣，北通陕甘宁，当地拥有丰富的中药材资源，可谓"得巴渝一地，即获华夏"。

上药慧远的前身是重庆市庆龙药业有限公司，一家集体企业，以种植中药材和制作中药饮片为主。同时兼有一定的外贸业务，产品出口日本。然而，受技术能

重庆上药慧远庆龙药业有限公司

级、管理水平、职工素质等多种因素制约，企业发展缓慢，举步维艰，处于亏损状态。2008 年，有一位私营业主以 1 300 万元价格买下庆龙药业，改称慧远药业。集体企业变私企之后，头几年，公司发展明显加快，中药材和饮片业务迅速占领市场，曾占到重庆市该领域的半壁江山。但是，该企业主也受自身能力的约束，空有一腔热血，雄心壮志萦绕在心头，而始终未能实现将企业做大做强的愿望。

此时，上海市药材有限公司总经理余卫东、党委书记徐文财等领导正运筹帷幄，想基于重庆这个西南重镇，进一步延伸上海的业务，以便在川渝大市场的竞争中抢得先机。

上海思川渝，山城恋申城。双方企业想到了一起，一拍即合！

机会是留给有准备的人的。此话放在上海市药材有限公司的这宗收购上同样适用。这次布局犹如在下一盘深谋远虑的大棋。它的意义不仅在当下，更在长远；不仅在重庆，更在全国。

经过几年的合作，在上药慧远总经理刘明朗和上海市药材有限公司派驻团队的携手努力下，上药慧远的现代企业管理、人事制度改革、信息化建设以及企业文化建设渐入正轨，如今搞得井井有条、有板有眼。

公司与上药慧远的结合，无意间提升了"慧远"的知名度。历史上重庆人就对上海的药品赞赏有加，他们认为，上海药品安全、可靠，副作用小。所以，沪产药品在当地始终具有极高的美誉度，选择同品种的药品时，"上海药"就成了当地人的首选。

有心栽花花不开，无意插柳柳成行。2022 年，新冠疫情在全国暴发，重庆也不例外。此时，慧远以代煎代配方式推出一款中药。按理说，重庆百姓长期以来基本不用代煎代配，而是习惯自己熬煎中药材，没想到，因为疫情防控期间"足不出户"，他们无奈接受了代煎代配，却让这一方式一炮打响。在那段时期，上药慧远两个半月内实现利润 1 000 万元。此后，代煎代配业务真正走进了山城百姓的家。现在，上药慧远专门成立了代煎代配中心，每天代煎代配高达 2 万多帖。

随着业务量的急剧上升，上药慧远在几年内不断扩大基建项目。位于城口县的子公司天宝药业，拥有正式职工 360 人；南川县新建的工厂也于 2022 年投入生产。南川工厂占地 145 亩，产能 5 000 吨/年，生产配方饮片、精制饮片、直服饮片、参茸贵细、药食同源产品，符合集团整体战略需要，使集团西南片区饮片中央工厂实现企业升级，成为全国性的大品牌中药饮片生产企业。

合资并购五年来，上药慧远平均年销售额达 16.17 亿元，利润 5 500 万元，回报率 10% 左右，这是一份出色的成绩单！更重要的是，双方的"牵手"既扩大了上海业务，又帮扶了贫困地区，为当地带去了东部地区先进的技术、管理经验和人文理念。正如公司党委书记、总经理张聪所说：搞好上药慧远，不仅是经济任务，更是重大的政治任务。振兴西南地区是习近平总书记念念不忘的政治情结，我们有责任搞好。

如今，公司派驻的第二任党支部书记刘国栋等人已接过接力棒，将与巴渝人民共同开创中国西南重镇中药产业新的辉煌。公司工会也始终牵挂着上药慧远的职工，每年开展慰问。

相信重庆上药慧远药业有限公司必将前途无量。

沪渝慧远情谊长，喜结硕果分外香。

第五章
向新而行（2021—2024）

第五十五节　药材溯源提品质

种子下地，幼苗破土，花开果挂，饮片入药。千百年来在大自然阳光风雨中生长、为人类健康而奉献的中药材，在信息化时代被置于全程质量"保护伞"。

2019 年 9 月，"第七届中药材基地共建共享交流大会"在天津举行。

上海中药行业协会主办上海专场——上海中药行业采购标准发布对接会，公司发布了首批丹参等 11 个质量可追溯品种的采购质量标准，以及 2020—2021 年期间拟实施的 70 个中医临床质量可溯源品种。

中药材的选种、培育、种植是中药行业的重中之重。为了确保这一战略资源源头的安全可靠，公司借信息化东风，多年前即运用"智慧云"施展抱负，领行业之先。

梦想启航智慧云

道地药材、疗效作用、追溯体系，曾被描绘为中药材品质保障的脊梁，中医药传承千年的灵魂，以及产业链质量体系的防火"天眼"！

公司的"天眼"梦想，启航于 2016 年。时任总经理陈军力提出开展"中药资源智慧云平台建设"项目，围绕"药材管理、基地管理、田间操作农事管理、仓储管理、大客户二维码的绑定、商品溯源二维码的跟踪"等，实现了中药材种植端追溯。

2018 年，在总经理余卫东的支持下，公司持续推进"中药资源智慧云平台建设"二期项目。围绕"种植基地的生产管理、质量追溯、视频监控、环境监测、大客户体验项目"等方面，设计了生产管理系统 PC、上海药材 APP、上海药源 APP、中药材种集中监控中心。同时，引入物联网技术，将自动温湿度监控数据接收设备、萤石云在线视频监控技术对接到智慧云平台上，使身处异地的客户都能在线了解原药材基地建设的进程，大大降低了基地管理成本。2020 年，智慧云平台项目三期建设在原有基础上开发"合作伙伴（供应商）"管理功能。现任总经理张聪提出，升级原系统部分功能，在中药材智慧云平台上整合整个系统资源及数据，优化管理流程和手段，加强药材质量安全管理，提升整体运行管理效率。他大力推进该项目，通过遴选流程筛选出优质中药材种植企业、合作社农户成为合作伙伴，为合作伙伴提供信息化生产管理手段，实现对合作伙伴生产过程的全程监控、进行定期或不定期的检查和评估，实现对合作伙伴生产的中药材质量追溯，在自有基地中药材实现质量追溯的基础之上，打造全覆盖的中药材质量追溯体系。

公司积极响应"加快推进中医药现代化、产业化，推动中医药事业和产业高质量发展"的国家战略，以可持续发展理念和创新思维，运用"5G+物联网＋大数据分析＋信息安全技术"构建中药全产业链质量追溯平台，在药材的种植、采收过程中采集田间操作记录、气象环境、标准化数据等信息，并直接与产品生产制造及流通环节相链接，通过平台完整的备案准入、种植—生产—流通管理、全程溯源监控等管理功能进行溯源全过程标准化管理，特别是根据中药行业的特点构建了满足全生命周期数据安全治理要求的溯源信息预警管控模型，保障数据的真实性、唯一性、合规性和完整性，最终将"中药农业—中药工业—中药商业"链接起来，实现了药材来源可追、去向可查、质量可知、责任可明。

全程追溯"天眼"明

中药全产业链追溯平台建设于2019年启动，2020年上半年实现中药材基地公司"智慧云"生产种植系统和业务经营 ERP、药材经营企业 ERP、饮片生产企业 ERP、饮片经营企业 ERP 与追溯平台的实时对接。实现了从中药材种植、中药材流通，饮片加工、饮片流通到医院终端的全过程质量追溯。

二期于2020年下半年开始建设。2021年年底，在公司追溯平台完成了基于全产业链全部环节溯源信息分析的展示页面，及各环节经营业务数据报表的开发。溯源试点企业基本上实现了公司下属全产业链相关业务单位全覆盖。2022年在完善追溯平台二期项目基础上，追溯平台三期建设于下半年开始：逐步完善和优化系统功能，并增加前置备案审核、溯源信息预警校验等功能。试点企业也由之前的公司内部企业，扩展到产业链上下游的外部合作伙伴，并根据行业溯源管理要求增加了溯源试点品种。

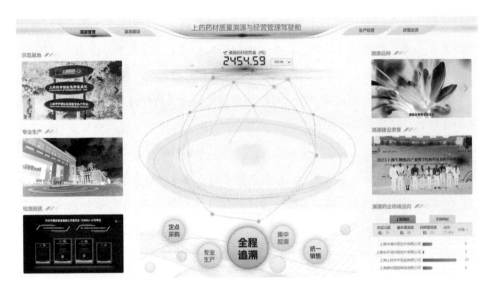

上药药材质量溯源与经营管理驾驶舱

公司追溯平台与上海市溯源大数据平台的信息实时对接，是上海市第一家与行业协会追溯平台实现实时对接、数据自动上传的中药企业。

信息化溯源平台建设在有序进行，溯源管理模式的探索与之齐头并进。

进行前期政策沟通协调；起草制定溯源工作管理办法、溯源饮片质量标准及溯源信息系统建设要求；探索溯源工作模式。准备阶段，对西红花、丹参等第一批11个中药饮片试点品种，开展溯源建设。试点阶段，颁布与实施溯源工作管理办法和溯源饮片质量标准；开展第二批中药饮片试点品溯源建设；推进市级溯源信息管理平台和企业溯源信息系统建设，对接市大数据中心，实现"随申办"APP、二维码扫码及电脑端查询功能。上海中药饮片质量追溯体系初步形成，启动第一批溯源饮片品种医疗机构临床应用试点使用。

2022年2月15日，上海市卫健委等五部委联合下发《关于开展本市中药饮片全流程追溯临床应用试点工作的通知》。8月1日，中药饮片溯源工作正式在上海试点应用。

在2023年至2025年的推进阶段，公司各项溯源工作不断优化完善，模式趋于成熟稳定。一批后续试点品种溯源建设随之展开，试点范围逐步扩大。公司将力争尽早完成上海市中医临床调剂常用的400个以上中药饮片品规的溯源建设。

饮片质量定规矩

公司积极推动行业试点品种的溯源标准制定。

在协会组织下，上海上药华宇药业有限公司、上海德华国药制品有限公司参与制定了《上海中药饮片质量提升标准（试行）》。标准以《中国药典》《上海市中药饮片炮制规范》及部颁七十六种药材商品规格标准为基础，来规范溯源饮片生产及其原料药材采购，总体质量要求更高更严。上海目前已分三批发布 70 个品种标准。

溯源饮片标准不仅需符合《中国药典》及《上海市中药饮片炮制规范》质量标准，并按照《上海中药饮片质量提升标准（试行）》要求进行生产炮制，且实行质量分级评价的中药饮片，区别于市场流通的普通饮片。

溯源饮片的原料药材一般产自道地产区或主产区，基本满足"三无一全"要求，即在中药材加工过程中做到无硫黄加工、无黄曲霉素超标、无公害及全过程可追溯。

有别于普通饮片，溯源饮片在产品外包装和中包装上标示溯源二维码及溯源饮片专用商标，直接接触饮片的小包装标示"溯源饮片"字样。

上药华宇在行业协会和公司的牵头下，自 2019 年起开展黄芪、丹参、党参、川芎、枸杞子、太子参、淫羊藿、天麻、栀子、何首乌、西红花 11 个首批溯源品种试点应用工作。作为上海首批试点单位，上药华宇将 11 个品种、17 个规格的溯源产品正式应用于上海龙华医院等 5 家试点医院，追溯信息系统实现了中药饮片与煎配业务的全覆盖。溯源系统可实时向上海市中药安心达平台传报处方、流程及物流，支持市民在"随申办"查询。

从一粒中药材种子，到顾客手中一杯热腾腾的汤液，需要经过一条漫长的产业链。如果你用手机扫一扫产品溯源码，相关药材的名称、产地、种植与收获时间等"从田间到生产车间"的全流程信息清晰可见。溯源码，药材的"电子身份证"，来可查、去可追、错可究。

公司围绕 41 个重点品种建设了 127 个中药材溯源基地，构建起稳定的优质原料供应体系。

2023 年 10 月，公司参与的《基于 5G+ 区块链技术的中药饮片全生命周期管理》项目，荣获工业和信息化部主办的第六届"绽放杯"5G 应用征集大赛 5G+ 医疗健康专题赛一等奖。

第五十六节　神象创新焕活力

2024年2月1日，商务部、文化和旅游部、市场监管总局、国家知识产权局、国家文物局公布最新一批中华老字号名单。在382个品牌中，上海上药神象健康药业有限公司旗下的"神象"品牌凭借悠久的品牌历史、深厚的文化底蕴以及良好的市场认可度成功入选。

这是继"雷氏"品牌后，上海市药材有限公司获得的又一"中华老字号"荣誉。

三十多年来，上药神象立足长远发展，深耕保健品市场，把"创品牌、创品质、创口碑"作为发展的内生动力，励志把神象品牌打造成保健品的第一品牌。近

"神象"品牌荣获中华老字号称号

几年来，上药神象创新奋进，活力四射，有目共睹！

创品牌锲而不舍

"神象"作为华东地区中药保健品领导品牌，凭借良好的产品品质和市场声誉，在上海中药行业中具有一定的影响和较高的市场占有率，多年来以传统医药渠道及品牌直营店为中心辐射，逐步扩展高端百货和大型超市卖场的布局，目前共拥有包括上海市第一医药商店、蔡同德堂、八佰伴、上海东方商厦在内的二百余家终端专柜门店。根据上海中药行业协会对上海市参茸及饮片销售额资料的统计分析，神象系列产品的销售在上海中药饮片生产行业名列前茅，在全国市场也具有一定影响力。

自 2012 年被认定为"中国驰名商标"后，"神象"不骄不躁，在电商渠道一步步跨越的同时，营销奇招连连，众多贴近当今社会消费热点、贴近中青年及老年人健康生活需求的营销活动十分精妙。

国家政策的陆续出台、社会结构的变化与技术的驱动，推动了大健康产业蓬勃发展，民众对健康养生的需求也日益提升。随着民众保健意识的增强，人们的健康养生观念发生根本的转变：从过去的"发病—治疗—营养进补"到现在的"进补—健身—少吃药"。老龄化和亚健康的加快和蔓延，促使越来越多的人从发病治疗向预防和保健养生转变。

随着互联网自媒体发展，上药神象先后建设微信公众号，开设微商城，打通线上线下销售与服务的神象优享店。顾客通过小程序、视频号，尽享神象在新信息时代率先探索实践"互联网+"经营模式带来的便利。

当前，随着电商发展及消费升级，传统实体商业面临巨大挑战，传统地标商业体客流减少，大型连锁超市不断关闭。面对严峻的市场形势，上药神象主动出击，布点重点商圈新兴商业体，尤其是地铁沿线交通便捷且已初步进入稳定期的新兴综合商业体，加强重点参茸销售区域，如南汇、川沙、奉贤、崇明等线下门店及服务网点建设。

线下优化布局的同时，善用 AI、区块链等技术主动突围，通过私域建设联通线上线下，以微信公众平台、微信群、小程序、视频直播、网络社群等互联网工具，将产品、服务下沉到社区，为消费者带来便利和更良好的消费体验。通过线

上药神象蓝罐西洋参获"上海礼物""上海伴手礼"两项殊荣

上、线下整体活动的策划，实现线上引流线下销售，线下服务提升顾客体验感和粉丝黏性，进一步提升门店的服务效率和扩大服务半径，挖掘不同消费、生产、营销场景下的大数据价值，创新企业生产、经营策略，利用新兴技术与数字平台最大程度服务于企业经营，实现门店销售增长。

上药神象与相关机构共同开展数据研发，利用大数据辅助决策支持，强化品牌自身的直播电商系统。直播天团将传统中医药文化、上海历史和海派养生习俗结合起来，让相对枯燥的养生讲座、产品推广、活动预告变得更活泼，更具可看性，打造融通中医与现代科技的新概念、新范畴、新表述。

2023年，上药神象开设旗舰店6家、首店8家，进驻重点商圈新兴商业体及参茸重点销售区域，新开门店及专柜覆盖上海11个区，其中6家店位于地铁沿线综合商业体，极大地方便了消费者。上药神象每周开展店内直播，实现顾客足不出户即可享受"神象"门店的专业服务，在线即可享受到"神象"凉补一夏、野山参节的优惠让利。新服务的延展是老字号企业由"生产型"转向"服务型"改变，紧跟市场需求变化的趋势。通过延伸新服务，不断拉近与消费者的距离，全面优化消费体验，用心满足市场的需求。

行善自有天知

"炮制虽繁必不敢省人工，品味虽贵必不敢减物力。"这句在中药行业流传了三百年的行规箴言，在上药神象同样被奉为金科玉律。

纵观市场经济条件下的商业销售，许多当年名冠四方的老字号早已衰败，甚至消失殆尽。忆当初，和"神象"同时代的保健品品牌鹰牌、嘉美、金日等已退出了历史的舞台。然而，"神象"却是为数不多依旧风生水起的品牌。上药神象的成功不是偶然的，产品是任何企业的基础，牢牢紧抓产品质量关，不偷工一寸一两，不懈怠每时每刻，始终牢记"诚信"两字，以诚立身，以德为本，以文化为传承，精益求精，紧跟创新步伐，聚焦发展，围绕"少即是多，慢即是快"的原则。

"但愿世间人无病，何妨架上药生尘。"作为一家企业，追求效益最大化是不争的事实。但是，作为一家药企，又是治病救人的特殊行业，如何做到辩证认识、合理对待、科学取舍，是企业家的崇高情怀。上药神象不愧实现了神圣的使命。

在企业发展的历程中，上药神象贯穿始终的是"诚信"两字。生产、经营关键在于提高职工的素质，坚持用诚信教育职工。"积德虽无人见，行善自有天知"，这句《菜根谭》中的精辟话语，用在上药神象贵稀药材生产经营中，更有一层特殊的意义。虫草、野山参、燕窝等，差之毫厘，得之万亿。这个道理大家都懂。

"神象"这朵上海中药的冠上明珠，在创新发展中焕发出无穷活力，赢得了一项项殊荣。2017年荣获"全国商业质量品牌示范单位"称号；2018年进入首批"上海重点商标保护名录"；连续22年荣获"上海市名牌产品"称号；连续18年荣获"上海市著名商标"称号；2019年荣获（中国）上海国际食品博览会十佳品牌奖、"长三角营养健康消费品牌影响力百强企业""营养健康消费诚信品牌"；2020年被评为上海首发经济引领性本土品牌；2021年被评为"百年上海工业·市民最喜爱的十个品牌"。

如今，"神象"品牌荣获商务部、文旅部、市场监管总局、国家知识产权局、国家文物局认定的第三批"中华老字号"称号，这是几代"神象人"共同努力的结果。

第五十七节　智能煎配集约化

连日高温酷暑，骄阳似火。

上海市闵行区老沪闵路，昔日的药材仓库。上午，悄无声息的库区似乎尚未醒来。一位身穿工作服的女工疾步走向平房型库房。

恒温的药材库房里，立体货架林立，浓郁的药香味扑鼻而来。

呵，此处竟然"隐藏"着百姓健康保健的洞天福地——上药华宇煎配服务中心。

深情一片溶汤液

配方工段间，几十名女工穿梭在数百只排列有序的中药柜前，纤纤细手一抓一个准。茵陈 30 克、当归 20 克、黄芪 28 克……

抓药、称药、校药。没有谈笑风生，更没人驻足看手机。

在煎药工段间，扫码枪设定好的 180 只煎药锅，齐齐冒着蒸汽。几十位男工按电脑所设程序有条不紊地操作着。

包装发药，女操作员仔细核对药方、帖数、姓名、送货地址。信息扫描确认无误后即装箱、封箱，送到发货区，等待快递员上门收货。整个操作环节，她们动作干练。按约定，每位客户的药液必须在第二天送达。诚信至上的观念已铭刻在员工心中。

煎配服务中心隶属于上药华宇物流管理部，2012 年，为顺应市场发展的需要，推出为患者煎配中药饮片业务，至今十二年有余。当初日接方量仅百张，现在已达 3 500 张，整整翻了几十倍。

煎配服务中心为医院、中医馆、中医门诊部等供应中药饮片。煎配服务事关患者能否及时、安全用药。全天候的服务，工作安排、作息制度只能自我调节。煎配中心负责人率先垂范。

狮子率领的羊群，可以战胜狼群。

"狮子"就是物流管理部当家人吴悦瑛经理。她是80后，快言快语，爽朗自信。她对工作流程如数家珍，对每个职工了如指掌。关键时刻，任务扛在肩头。

每天接方三四千张，普通方隔日到达，加急方则要两小时内送到患者手里。当初，收到最多的投诉是投递方差错造成的。有一次，两位用户同名同姓，一个在浦东博山路，一个在浦东机场附近，某快递公司将货物交叉发错。客户有诉求，必须主动承揽解决。受到消费者投诉后，事不宜迟，吴悦瑛与营销人员兵分两路。从下班后8点半，忙到半夜12点钟，终于完成货物对换。

讲到客服，不能不提到善解人意的姑娘程弋。她白天要在电脑上接方、验方，有投诉立即处理。晚上电话呼叫转移，她还要用手机耐心地向对方解释。曾有位老年客户在电话中长聊，程弋竟然解释了两小时。更使她感慨不已的是，即使在慈父的追悼会上，还有顾客来电投诉，她依然做好服务对接工作……

程弋有句口头禅：消费者是皇帝，我的责任就是全心全意为他们服务。

摄像头找回"失"物

尘世茫茫，"奇人怪事"应有尽有。

有位患者代配一张药方，收到货后，她仔细辨认方子中的二十味药是否齐全，结果发现少了一味。

煎配中心接待人员认真核对后告诉对方：不是少了一味，而是有两味药材形状相近。把工作场所的视频打开，二十味药材是怎样从中药柜里取出的，整个配方环节一目了然。

消费者看了，口服心服。

利用计算机系统能更好地达到处方电子化、流程可视化、结果可管控化的要求，并通过信息化系统有效提升库存结算的准确性，这是煎配中心参与市场竞争的核心部分。

煎药、配药几十道工序，全靠电脑来指挥，由电脑管人脑。信息化社会，系统是根本。开业初期，以全程信息化管理为开端，历年系统时序升级换代，紧跟经营需求和补缺管理漏洞，进行个性化开发，煎配中心才有了如今安全缜密的"煎配服务管理系统"和令人笃行放心的高效安全流程。2023上海国际生物医药产业周，

智能煎配机

生物医药产业数字化高峰论坛万众瞩目。煎配中心的《中药饮片代煎服务管理平台数字化转型》案例，荣获优秀应用场景奖。

煎配中心刚成立时，上药华宇领导就明确指示，代煎代配是中医的延伸服务，是新生事物，关系到千家万户的健康安全，必须做好做实，不得有半点纰漏。人力资源部门必须建立一套科学、合理、可操作的绩效考核办法，从业务、人员组建起，就设计以多劳多得为原则的分配方案。现场实地测算，几上几下员工讨论，几易其稿修改方案。公平、公正的考核办法被员工所接受，每天工作的实物量与收入挂钩，每位员工都能计算出当天、当月的绩效工资。

人才队伍的激励也不乏实例。配方组长陈亚梅，原是从外地到上海打工的劳务派遣员工，因工作主动、积极钻研中药商品知识，在员工中颇有威信。根据上药华宇有关管理办法，陈亚梅被转编为正式员工。此举，在配方工段一石激起千层浪，大家你追我赶，互相帮扶。如今陈亚梅承担起分单、调度、管理的重任，配方组益然向上，激情焕发。

疫情封控忙保供

2022年春，一场突然袭来的疫情席卷大上海，地处梅陇地区的煎配中心也未能幸免。3月22日，地区封控实施，部门经理、煎配中心整个业务操作流程的员工主动应战，要求加入中药防疫方供应、患者日常用药的保供团队。总经理顾萍也出现在中药煎配服务保供团队，把上药华宇饮片保供指挥部设在老沪闵路物流基地，与一线员工同住同吃。72 位职工坚守生产现场，历时 63 天封闭式管理，睡地板、吃简餐，克服困难、各司其职、开足马力，生产中药防疫汤剂 100 多万袋，保证了市场供应。4 月 17 日，上药华宇中药汤剂（清化辟秽方）抗疫保供的事迹，由上海东方卫视报道。第二天，国务院联防联控机制综合组黄璐琦院士一行，调研上药华宇煎配服务中心，对职工们所展示的敬业精神赞许有加。

代煎代配，中医药新潮。随着社会、经济的快速发展，人们越来越倾向于简单化、便利化和科学化的生活。同时，中西医药并举互补、相互促进、共同发展的趋势越来越明显，代客煎配业务如滚滚洪流。据不完全统计，上药华宇的代煎代配业务量已位居全市第四位，为上海 60 余家医院提供煎配服务。龙华、曙光、岳阳等三级甲等医院的需求量逐年递增，趋势向好。煎配服务中心的销售贡献率已占据上药华宇的 50% 以上。

第五十八节　合资和黄结硕果

联姻"和黄"大嫁妆

新世纪，新变局。

1997年1月，《中共中央、国务院关于卫生改革与发展的决定》发布："正确处理继承与创新的关系，既要认真继承中医药的特色和优势，又要勇于创新，积极利用科学技术，促进中医药理论与实践的发展，实现中医药现代化。"

继承、创新、现代化，成为此后中医药发展的主旋律。

1999年，国家科技部等部委确立了"中药现代化"的战略目标，选择"中药科技产业"作为切入点，全面推动我国中药产业的发展。

2000年4月，上海成立中药创新中心，并拟定把香港发展成为国际中医药中心，让中医药通过上海和香港更好、更快地走出国门。当年年底，《中药现代化科技产业行动计划》列入原国家计委"九五"科技攻关重点项目。

2001年8月，一条重大新闻发布。

上海市药材有限公司与和记黄埔（中国）有限公司共同投资，组建上海首家中药合资企业——上海和记黄埔药业有限公司成立。上海和记黄埔药业总投资额2.2亿元人民币。原上海中药制药一厂及"上药"牌注册商标等转入合资企业。

和记黄埔集团是香港李嘉诚先生属下的综合企业，是世界500强企业之一，在全球四十二个国家经营包括医药保健在内的多项业务，是中国内地最主要的投资之一。和记黄埔集团致力于中药全球化事业，自2000年始，已经分别在中国和欧洲成立了包括上海和记黄埔药业有限公司（后更名为上海和黄药业有限公司，简称"和黄药业"）在内的多项医药保健业务。

和黄药业旗下产品74个，拥有丸剂、片剂、注射剂等剂型，"上药"牌注册商标及麝香保心丸、胆宁片、生脉注射液、正气片等系列现代中药产品。

成立二十余年来，围绕双方股东制定的战略框架，在周俊杰总裁带领的经营团队的悉心耕耘下，和黄药业迈入了快速发展的轨道。

全力解析"心"故事

继承、创新、实现中医药现代化，离不开以文化自信讲好中医药故事。

和黄药业锲而不舍，精准持续，以一款"急救药品"打开了广阔的空间，堪称经典。

对当家产品麝香保心丸，和黄药业的创新研究经久不息，创新性地构建了"基于整体观的中药方剂现代研究体系"，阐明了产品的药效物质基础和作用机理。在此基础上，历时十年、以心脑血管为终点的中成药大规模、随机、双盲、安慰剂对照的循证医学研究，则证明了麝香保心丸临床疗效的可靠性及安全性。上市四十多年来，发表的麝香保心丸相关论文多达 2 800 余篇，其现代创新研究成果分别获得 2011 年度"上海市科技进步一等奖"、2018 年度"国家科技进步二等奖"，为我国中药现代化研究提供了示范。

中医药是中华民族的瑰宝，五千多年来为护佑中国人民的健康福祉发挥了重要作用。党的十八大以来，习近平总书记对发展中医药作出了一系列重要论述，党和国家大力鼓励和推进中医药传承创新发展。如何遵循中医药发展规律，传承精华，守正创新，使之更好地服务于中国人民甚至世界人民，这是每一个中医药人面对的时代命题。

麝香保心丸研究成果获国家科技进步二等奖，在奖励大会现场，从左至右分别为：施海明教授、张卫东教授、周俊杰总裁、詹常森副总裁

和黄药业在多年的科技创新实践中，坚持"从临床价值和需求出发"，不断应用国际先进的科学技术和方法，与国内外一流科研院所和专家紧密合作，创建产、学、研、医联盟，在现代化创新研究的基础上，持续推进中药现代化、国际化。

1991年被批准上市的上海市第一个国家级中药新药——胆宁片，则是和黄药业在中药现代化研究基础上，推进中药国际化的典型成功案例之一。2016年和2019年，胆宁片分别获得加拿大天然药品上市许可证和境外生产体系认证，并于2022年成功出口加拿大，实现了以药品身份、合法途径在欧美发达国家上市。为全球人类健康服务的目标，也使得和黄成为国内极少数自主申报国际注册并自己持证和生产的药品生产企业之一。

更为重要的是，在此过程中，和黄药业建立起包括重金属、农残、微生物以及复方制剂中每一味药材的质量控制点、成品指标性成分定量控制区间的胆宁片国际标准，实现了胆宁片由《中国药典》标准向国际标准的提升，为艰难的中药国际化道路探索了可行路径。正如中国科学院陈凯先院士所评价的那样：胆宁片成功"出海"加拿大是"我国复方中药国际化取得的重大进展"。而它的国际注册成功，得益于它的"可以讲得清楚的持续创新研究成果"。

构筑"码上放心"防护墙

药品生产企业是保障药品安全的第一道关口。和黄药业始终视产品质量为企业的生命线，坚持中药全产业链质量控制和标准化生产质量管理，持续完善药品全生命周期产品质量管理体系，制定"诚信、规范、高效、创新、树立品牌"的质量方针，确保产品品质，保障患者用药安全。

药材好，药才好！投料药材及其所含成分的种类和含量是中成药疗效和安全性的基础。和黄药业通过资源评估和品质评价，实现了原药材产地优选和固定，并全程记录基地药材生长、采收及初加工的标准化作业过程、药材质量等信息，实现了质量溯源控制。截至目前，和黄药业已自建或合作建设了包括人参、肉桂在内的8个规范化、规模化药材基地，保障了以高药效成分含量为主要特征的高品质药材供应。

在药品生产过程中，企业通过严格执行标准化工艺操作、加快自动化设备设施改造、扩大信息化系统应用场景，加强生产管理集成化和质量控制精细化等手段，保证药效成分从药材到成品的转移率和生产过程优良品质的传递，确保药品临床疗效。在"药材—饮片—中间体—成品"全产业链上，指纹图谱结合多成分定量的方法以及重金属和有害元素等安全性质量标准的制定和提升，使得公司产品质量控制水平处于行业领先。

和黄药业还从新药开发、技术转移、商业生产、上市销售等环节着手，建立"全生命周期"的药品质量管理体系，全程严格管控质量风险，保证药品"安全、有效、质量稳定"，并通过管理审计、质量审计、法规洞察、质量文化建设、首席质量官制度推行等手段，为高质量产品和高标准服务提供保障。与此同时，公司持续关注药物安全，建立药物警戒管理体系和不良反应监测机制，通过"码上放心"追溯技术、在线疾病咨询平台、患者服务热线等多渠道践行保障公众用药安全的初心。

质量金奖纳囊中

2021年，和黄药业凭借创新性的"两化＋两全"现代中药质量管理模式，获颁"2021年度上海市质量金奖"。上海市政府质量奖最早设立于2001年，是沪上质量领域的最高奖项。上海市质量金奖旨在表彰质量管理水平优秀，创新性、示范性、推广性处于上海市同行业内领先地位的先进质量管理模式，以及对推动相关行业高质量发展作出重要贡献的先进质量管理成果。

此次荣获上海市质量金奖，是和黄药业继2019年获上海市奉贤区区长质量奖金奖后的又一次荣誉升级，也是和黄药业"崇尚质量，追求卓越"发展理念，以及全面提高质量管理水平的重要成果展现，既是对企业既往成绩的肯定，更是对坚守初心的鞭策。

公司核心产品麝香保心丸，已成为年服务患者超千万人次的现代中药大品种和大品牌，其现代研究先后荣获"上海市科技进步一等奖"和"国家科技进步二等奖"。2021年，历时十年的麝香保心丸MUST研究结果正式发布，不仅以高质量循证研究证据证实了麝香保心丸的临床安全性及有效性，更为中医药后续开展循证医学走向国际化带来启示和探索。另一重点品种胆宁片则成为国内极少数获得加拿大"双认证"（天然药品上市许可证、加拿大境外生产场地认证）的复方中药。上海和黄药业也凭借在中药现代化创新研究以及中药国际化探索方面独具特色的"和黄模式"，成为上海中药的一张闪亮名片。

MUST 研究结果重磅发布，麝香保心丸引领中医药循证之路

圆梦中药国际化

2022 年 10 月 14 日，胆宁片（加拿大商品名：Biliflow）在和黄药业奉浦研发生产基地举行装车发货仪式。该批药品将发往国际物流承运公司，并于 10 月 21 日出海远赴加拿大多伦多。这标志着作为持证商、生产商、出口商的和黄药业实现了胆宁片正式以药品身份、合法途径进入国际主流药品市场，实现了中药国际化全过程的最后一步，具有中药国际化里程碑式的示范意义。

2014 年，和黄药业在中药现代化的基础上推进胆宁片国际注册。经过充分的分析论证，选择了"药典药材—药典品种—传统药物、基于国内证据"的注册路径。经过 15 个月、近 100 项注册申报资料的准备、编写和翻译工作，并与加拿大卫生部进行多次沟通，于 2016 年 9 月正式向加拿大卫生部提交注册申请，之后一次性通过了专家评审、官方公示等审批流程，在 2016 年 12 月 15 日顺利获得加拿大天然药品上市许可证，并于 2019 年 7 月 12 日获得加拿大境外生产场地认证，率先成为我国获得加拿大卫生部颁发 FSRN 证书的中药生产企业。2020 年、2021 年，和黄药业连续两年通过境外场地认证复检，为胆宁片的出口提供了良好的品质保证和基础条件。

为保证胆宁片的顺利出口，和黄药业生产中心、质量中心、市场部、采购供应部给予了全力支持和配合，体现了追求卓越的和黄药业精神和企业文化。在胆宁片出口加拿大的装车发货仪式上，研发副总裁詹常森请大家牢记，2022 年 10 月 14

日是和黄药业圆梦"中药国际化"的日子，是多年坚持、多方努力和核心注册团队拼搏的结果。

时任和黄药业总裁周俊杰感慨万分：今天是胆宁片国际化的里程碑，对和黄人及每一位关心胆宁片国际化的人士特别具有纪念意义。这些年，和黄药业一直坚持应用科学探究、诠释中药临床价值，为实现中药现代化和国际化的目标而努力，今天终于实现了阶段性目标。未来，将会继续传承经典、守正创新，为中药现代化、国际化作出新贡献。

科学研究永无穷尽

和黄药业核心产品麝香保心丸是治疗冠心病心绞痛的代表性中成药之一，已有近四十年的临床应用经验。

在成功研制麝香保心丸后，科学家们并没有停下脚步。和黄药业与复旦大学附属华山医院等临床科研单位合作，阐明了麝香保心丸的四个突出药效特点。麝香保心丸可快速扩张冠状动脉，因而可用于胸痛急救。此外，麝香保心丸还具有改善血管内皮功能、抑制血管壁炎症及促进治疗性血管新生的作用，可用于冠心病二级预防、改善患者预后，且长期用药安全有效。相关临床研究表明，长期服用麝香保心丸可明显减少冠心病心绞痛的发作次数和严重心血管事件的发生率。

2021年，由中国科学院院士、复旦大学附属中山医院葛均波教授及复旦大学附属华山医院范维琥教授领衔开展的、符合国际规范的麝香保心丸大型循证研究——MUST研究成果发表在《中华医学杂志（英文版）》。这项研究历时十年，完美收官。

《中华医学杂志（英文版）》重点报道我国医学各学科最新进展和高水平科研成果，是我国医学与世界交流的重要窗口，已被国际上二十余种著名数据库收录。作为中华医学会会刊，《中华医学杂志（英文版）》还和全世界五十余个国家和地区建立了交换项目。

在我国中医药研究中，MUST研究是为数不多的多中心、随机、双盲、安慰剂对照的Ⅳ期临床试验，堪称中医药现代化的里程碑式研究，对于冠心病治疗具有重要的临床指导价值。

全国22个省、市、自治区的97个分中心参与了该研究，共纳入2 673例冠心病患者，历时十年，系统地评价了麝香保心丸治疗慢性稳定型冠心病患者的疗效和安全性。研究随机分为试验组和对照组，试验组采用标准药物联合麝香保心丸治疗，对照组采用安慰剂联合标准药物治疗。这是首个以心脑血管事件作为主要研究终点的中医药临床有效性研究。

在众多中医药循证研究中，首次以心脑血管事件发生率及心因死亡率等硬终点（包括心血管死亡、非致死性心肌梗死、非致死性卒中、全因死亡等）和症状改善软终点（包括因不稳定心绞痛或心衰住院、接受冠状动脉血管成形术、心绞痛稳定性以及心绞痛频率等）作为研究终点观察指标，意义重大。

作为 MUST 研究的主要研究者，葛均波院士指出，MUST 研究对 2 673 例患者进行了为期两年的随访，结果显示，与安慰剂组相比，麝香保心丸组降低了26.9% 的心血管终点事件发生率，表明在慢性稳定型冠心病标准治疗的基础上联用麝香保心丸，能够显著减少患者心绞痛的发作频次并提升患者的治疗满意度，长期用药安全有效。

第五十九节　科研创新求发展

联手医疗机构，野山参的治疗功能研究成果一次次振奋人心。

在西藏萨迦县，藏红花高原引种成功，探索出符合藏区情况的规模化、标准化种植方案和引种先进模式。

经过多年攻关，完成天麻、丹参等 6 种中药材、11 种饮片基地建设目标，中药材和中药饮片生产规范、等级标准等科研任务。丹参等 5 个品种分级质量标准获评 A 级，正式进入国家行业标准发布流程。

近几年来，公司在科研创新上加大投入，成果丰硕。

"百草之王"新故事

"慢性心衰患者在标准西医治疗基础上加用野山参粉后，患者的生活质量、射血分数、6 分钟步行距离均得到显著的提高，其中在舒张压 <70 mmHg 组的心力衰竭患者中，野山参组在改善射血分数的疗效上优于生晒参组。"

一份"野山参治疗慢性心力衰竭的安全性与有效性"的临床试验课题研究，从现代临床医学的角度向世人证明了野山参的一大功效。

在成果发布活动中，各研究单位有关医生分享了临床研究过程中的体会及感受。他们认为，服用野山参粉后患者精神状态得到明显改善，不易疲劳。本次研究成果为野山参的实际临床应用，提供了真实可靠的科学依据。

2017 年，由课题研究分析报告披露，引发的野山参宣传报道热、消费热，无疑是上药神象十分成功的"策划"。12 月，上药神象发起的这项研究，获得上海市中医药学会颁发的非药品临床研究突破性奖项。

2018 年，上药神象受邀参加第六次世界中西医结合大会。在大会上海论坛上，上药神象与上海市第十人民医院以临床研究论证野山参术后病症修复功效，为野山参临床应用带来更多科学可靠的数据。

上药神象"野山参粉辅助治疗慢性心力衰竭的安全性与有效性的
临床研究"项目获第八届上海中医药科技奖二等奖

中医和西医都是生命科学进步的重要体系。上药神象与市第十人民医院携手合作，与大会主题"中西医结合，构建人类健康共同体"紧密契合。

2022年冬令进补时节，上药神象联合上海中医药大学共同开展的野山参粉增强免疫力药效学研究实验，结果证实"百草之王"在增强机体免疫力方面效果非常显著。

对于正常小鼠，加服野山参粉30天后，能显著增强小鼠体液免疫和单核-巨噬细胞吞噬能力，对小鼠体重和脏器功能均无影响。说明对于健康个体，服用野山参粉具有增强免疫力作用，提升保护水平。

2023年7月，上药神象参与的"林下山参生产开发关键技术攻关及产业化"项目荣获辽宁省科技进步一等奖。

在医学研究和产品营销领域，上药神象的科学故事振奋人心。

"故里"安家藏红花

高原引种一期项目落地，完成栽种，成功探索出符合藏区当地情况的规模化、标准化种植方案，确立了藏红花在高原引种的先进模式。

10月的萨迦县，阳光下的万亩油菜花如茵似毯。玻璃温室大棚里，碧油油的藏红花郁郁葱葱。公司藏红花高原引种萨迦县试验基地揭牌仪式开始了。时任西藏日喀则市市委副书记、常务副市长彭一浩，萨迦县县委领导出席揭牌仪式，并参观了新落成的、全世界海拔最高的藏红花大型生产种植基地。

六个月前的萨迦县，公司的一队"特种兵"来到这里，开启了藏红花"回归故里"安家之旅。

那是 2023 年 4 月 2 日清晨，伴随着第一缕阳光照进玻璃温室大棚室，他们在西藏种植藏红花的试验种植拉开了序幕。

初次抵达西藏时，极强的紫外线映照在大地上，与阴凉处未融化的冰块形成了鲜明的对比，无不暗示着此次藏红花引种工作困难重重。

西藏地理气候独特，空气湿度常年维持在 40% 以下、紫外线照射强度高、昼夜温差极大，这也是西藏长期未实现藏红花产业化种植的重要原因。

"特药部技术团队驱车赶到大棚时，室内空荡荡，一把椅子、一张桌子都没有，留给团队的只有黄褐色的沙土和简易的栽培设施。针对藏红花的生长习性，结合当地气候特点，团队重点从土壤改良、控温增湿、肥水管理等方面提出了切实可行的改造优化方案。"特药部技术人员描述道，"在经历长达 5 个月的现场施工改造后，新型栽培槽、暖风加热设备、进风扇、排风扇、自动卷帘升降装置等诸多设备全部到位，藏红花玻璃大棚终于焕然一新，重新展现了勃勃生机。"

9 月 10 日下午，距种植基地揭牌已不到一个半月，技术团队再一次抵达日喀则市萨迦县。上海崇明基地的优质西红花球茎也同时运抵萨迦县。崇明基地球茎抗病性强、开花率高，最适宜引种西藏。

萨迦县藏红花引种种植正式启动。"种植大棚所处位置位于海拔四千米处，高原极度缺氧，对团队成员造成的身体不适超出预期。另外每天往返基地 3 个小时的车程，也时刻考验着体能极限。在土壤肥力改良球茎种植中，盖土、施肥、浇水，这些看起来简单的工作，无疑要付出更多的劳动。"

这是一队不同寻常的技术人员。他们从平均海拔才几米的大都市一次次来到平均海拔四千米的萨迦县，他们对种种难受的高原反应和艰苦工作轻描淡写，而当西红花种球一个接一个"安家落户"，他们的心里乐开了花！

10 月 16 日傍晚，技术团队刚下飞机就马不停蹄赶往实验基地，开展人员培训和生产指导。由于地处偏远地区，实验数据的记录及拍照等都交由当地农户完成。当地农户对于汉语的了解程度普遍不高，通常都以藏文进行沟通，这无疑再次加大了工作难度。

相较于传统地区种植藏红花，在西藏高海拔地区，球茎的引种不可能一帆风顺。种植后不满两个月，球茎就出现了叶子枯萎、生长缓慢、部分腐烂等问题。队员们通过现场观察分析，找到了症结所在，很快调整了温控及肥水管理举措。在后续管理过程中更加注重细节，详细记录每日温度变化、光照强度的变化规律、球茎叶长及根系生长对比等实验数据。经过半个月的调整，球茎长势相较于之前有了重大变化，种植技术体系也日渐完善。在团队的精心培管下，实验基地的藏红花终于在10月下旬进入开花期。他们又一次成功了！

10月22日，实验基地揭牌，出席仪式的各级领导对萨迦县藏红花的引种实验给予了充分肯定。在公司领导和技术团队的共同努力下，上海援藏萨迦县藏红花实验种植基地正式落成，完成了"崇明种子西藏种植"这一开创性工作，开辟了西藏萨迦县成功种植藏红花的典范。从"无"到"有"的实现，也为在西藏实现藏红花产业化推广提供了宝贵经验！

标准化建设里程碑

经过五年的努力，凝聚着上药华宇基地管理、质量科研等技术人员智慧与心血的《中医药-丹参种子种苗》国际标准，于2017年3月获得国际标准化组织 ISO/TC 249 正式颁布。它成为上海市第一个由企业主导制定的中药国际标准，在公司质量标准研究制定的历程中具有里程碑的意义。

公司坚持标准化建设，围绕国际标准、国家标准、地方标准、团体标准、企业标准开展研究，打造公司质量品牌的发展方略取得了阶段性的成果和进展。

开展标准化建设，需要更多具有扎实中药材、中药饮片专业知识的专业技术人员。2015年，公司领导高瞻远瞩，从南京农业大学等高校引入6名中药学硕士，补充到公司基地建设和标准化项目实施的重点工作中。同年7月，国家发改委和国家中医药管理局正式组织开展国家中药标准化项目。公司立即搭建申报团队，联合科研院所和相关中药材基地，遴选优势品种进行项目申报。经过专业技术人员近一年的努力，公司申报的《天麻等6种中药饮片标准化建设》项目经过层层筛选、多轮答辩于2016年7月获国家正式立项，并得到国家1 700万元财政资金支持。

2016年到2019年，公司牵头上药华宇（临沂）中药资源有限公司等7家基地单位，以及南京中医药大学等12家科研单位，联合对天麻、丹参、西红花、栀子、

公司实验室

何首乌、地龙 6 个品种开展从药材种子、种苗标准、种植全过程技术规范，到饮片生产过程技术规范、包装、贮藏全过程的生产技术规范研究，以及中药材、中药饮片质量分级标准研究与质量评价体系建设的研究。

公司内部组织了采购、质量、科研等部门，在全国道地产区收集研究样本，深入合作基地，专人对接联系科研院所，持续推进项目建设，及时解决实施过程中的难点和堵点。在时任上药华宇副总经理宋嬿的带领下，经过技术人员四年的不懈努力，项目组按期完成了天麻、丹参等 6 种中药材、11 种饮片基地的建设目标、中药材生产规范、中药饮片生产规范、中药材和中药饮片等级标准等全部研究任务，起草完成 60 余项生产规范、标准。2019 年 5 月，该项目在杭州正式通过结题验收。2022 年 8 月，项目形成的丹参等 5 个品种分级质量标准获评 A 级，正式进入国家行业标准发布流程。同年，丹参等 5 个标准化研究品种，成为上海市第一批溯源试点饮片正式供应试点医疗机构，市场质量评价良好。2022 年 12 月，该项目成果获得第十三届上海中医药科技成果奖二等奖。

企业标准化建设战略，不仅为企业产品质量的提升提供了技术支撑，更为企业培养了一批技术骨干与中坚力量。他们持续在公司标准化建设的道路上砥砺前行，相继完成了《国家中药饮片炮制规范》《中药材产地加工（趁鲜切制）生产技术规范》等多项国家、地方及团标的编制，为企业的传承发展、上海中药产业的高质量发展发挥了重要的作用！

第六十节 神象插上电商翅

2023 年 2 月 28 日，国家统计局发布《中华人民共和国 2022 年国民经济和社会发展统计公报》，报告显示：2022 年全年电子商务交易额 44 万亿元，按可比口径计算，比上年增长 3.5%。而且，电商作为新型的销售渠道，正以迅雷不及掩耳之势迅速发展，大有取代传统销售模式之势。

"神象"有幸分享了隔空交易的亿元盛宴。

七夕相约神象视频号直播

但是，"神象"的电商之路一波三折，甚至付出过惨重代价。数年完不成指标，有过打退堂鼓的念头。然而，在公司领导和电商团队的创新拼搏下，"神象"电商销售奏响了披荆斩棘、一马平川的壮美乐章。

"三看一来"捕捉商机

面对电商行业的初期不确定性，当"看不懂、看不起、看不清、来不及"的观望情绪弥漫市场之时，"神象"已于2009年勇敢地迈出了探索电商的第一步。

引水方知开源不易。

尝试在继续。

上海星尚频道2010年春晚节目，"神象"在销售环节露脸，第一次做客"电视购物"。同年，开设了第一家淘宝专营店暨"神象"首家授权线上门店。

2012年1月，"神象"第一时间入驻天猫，开设"神象"传统滋补旗舰店，搭建仓储物流体系、组建新团队。同年9月，"神象"成功入驻1号店。

2013年，"神象"将四川路门店建成电商体验店，很快形成了销售线上线下联动的"OTO"模型店。

随着对电商赛道的探索，电视购物渠道的兴起让"神象"捕捉到新商机。2013年4月，珍珠粉产品率先在东方电视购物销售上线。同年9月，"神象"在电视购物渠道打造了第一个爆品"十全阿胶膏"——"神象"首个累计销售过千万元的电商产品。

面对危机自强而迎

危机伴着"神象"电子商务部成立而来，"神象"猝不及防。

原来，2015年东方购物对代理商进行调整，"神象"作为供应商也被"清了盘"。对于刚成立的电子商务部，打击是致命的。因为"神象"产品的客户群，与电视购物渠道的人群画像高度一致，而且那两年"神象"跟着代理公司正不断熟悉电视购物渠道的运作思路，并对这个赛道寄予厚望。

2015年夏天，"神象"利用之前在上海广播电视平台广告投入的影响，通过上海广播电视台广告中心与东方购物多次沟通。8月，东方购物业务停止近半年后，"神象"产品又出现在电视购物直播中。这次"神象"不再通过代理公司，而是以自己的团队负责选品、报品、过质量控制、上制播会，直播现场、销售及售后的全过程。

机不可失，"神象"电商团队展现出旺盛的战斗力。商品准备批量打包、直播前连夜入库，直播道具制作、直播内容讨论……大家明白，要取得成功，就必须全面掌握各环节的技能。西洋参片产品在东方购物首播的前一天，电商部用了一个晚上，从连夜标签印刷到凌晨发送昆山东方仓库，硬是在规定时间前成功入仓，圆满完成了首播。"打铁必须自身硬"，"神象"此后在东方购物各环节的工作，都得到了有效提升。

待电视购物渠道慢慢进入常规化，"神象"又启动东方购物的 IC 网站业务。在电视购物业务拓展和团队建设的同时，天猫、京东等自营店铺业绩也逐步上了台阶。

拓展电商势在必行

上海局面打开了，"神象"开始在全国全面布局电视购物渠道。高峰时期，北京环球、北京央广、湖南快乐购、南京好享购、浙江好易购、江西风尚，"神象"均有产品上线。

为了同时在传统电商和电商分销渠道有所斩获，电商整体系统的升级势在必行。

2017 年，以"万里牛"系统为架构基础，"神象"第一代电商仓储系统软件进入运营。以统一仓储，配置各地电视购物、天猫、京东等平台电商，及各中小型平台一键代发业务。

爆发期终于来临！至 2020 年，"神象"电商业务涉及全国各主要电视购物平台，天猫、京东等平台电商，中小型平台数量超过 50 个，全年部门销售额破 7 000 万元。东方购物全年突破 3 500 万元，成为"神象"电销之冠，"神象"也成为东方购物的核心供应商，野山参、西洋参等核心品类抢占各平台品类前列。

手机小屏抢占电视大屏，一场疫情，使电视购物成交量断崖式下跌。电商要发展，不能躺在功劳簿上按部就班。业务转型，产品开发，在新赛道加速布局是电商的必经之路。

电视购物的运营机制，为传统电商的转型提供了有效的参考。2020 年，"神

电商直播

象"天猫旗舰店通过营运投流、店铺优化，全年商品交易总额突破1 000万元；2021年，"神象"授权经销商开设京东保健品旗舰店；2022年"神象"京东滋补店合作运营，来年成功拓展京东自营，京东系"神象"产品销量突破1 000万元。

"神象"电商加快分销定向拓展，2023年在新渠道"中免日上"实现销售300万元，并通过自行开发和经销商联动开发，将"神象"产品的触角伸向各个电商平台；内卖微商城通过重新定位，以上药系统员工为服务对象，深挖产品组合，完善系统优化，年商品交易总额破2 000万元。

"功成有我"雄鹰展翅

市场"内卷"激烈，保健品行业增幅减缓。2023年，"神象"电商直面重重压力热血出击，实现销售过亿元目标，同比增长78%，资金回笼100%，交出了最亮眼的成绩单。

"神象"团队聚焦产品强突围，以"功成必定有我"的担当，充分调研市场，剖析行业竞品，在众多同类品种中独创概念。先后成功上市小罐茶、沙棘汁、小白燕、鹿血酒等深受年轻人群喜爱的轻养生产品，为"神象"电商发展再添利刃；通过增加品规、更换包装、赠品组合以及商品形态，以迎合顾客购买兴趣，提升直播效率，确保千万级销售单品西洋参稳居电购板块销量霸主地位；同时成功打造流量爆款，天猫"双十一""神象"野山参位居平台行业第一，80克装西洋参片、6克装冬虫夏草销售冲上单品热搜榜前列！

当凯歌响起，"神象"电商团队如释重负。电商团队以爆品思路入手，精准施策：价格政策、内容营销、供应链保障、店铺运营。大促期间，部门负责人程斌带领团队全员上阵不间断直播，多点发力强势打造引流爆品，提升搜索排名。店铺粉丝量突破30 000，同比增长51%；平台电商逆势增长，商品交易总额（GMV）实现50%的同期增长。

"神象"电商团队还拓展了抖音、小红书等新兴渠道。以品牌促商品，以品种带流量，多样化线上平台筑起电商销售循环圈。

"我们以硬核高能战斗力，凝聚团队成长力量。确保顾客下单24小时内发货，大促期间48小时内发货。为满足这一最新平台标准，大促期间，全体电商小伙伴们以公司为家，日夜奋战不止，靠着相互支撑、相互鼓励的集体力量，全程'高能'，倾力付出。确保订单无积压，商品第一时间发货，又一次完成了'不可能'的艰巨任务。"

无处不在的电波，传来了"神象"电商团队年轻人的心声。

"神象"电商团队就是这样一步一个脚印，创新拼搏、逆流而上。他们为电商渠道壮大、为企业高质量发展而奋力前行！

第六十一节　领先行业护风帆

随着我国市场经济体系不断趋于健全，继引进外资、生产设备、国际先进的经营理念之后，现代化的检验检测仪器及其质量管理方式也后来者居上。

二十年前，上海市药材有限公司捷足先登。

中药材的品质是中医药行业可持续发展的基础。公司已实现中药材从农户"田头"到患者"床头"的全流程信息化追溯。现代研究表明，中药过程质量控制对于确保中药安全性、有效性及质量一致性，具有重要的现实意义。公司从原药材入库、饮片生产加工到市场流通等环节进行全过程质量控制。其中，被称为"质量守护神"的技术检测中心，在公司"集中检测"的战略布局下发挥着极其重要的作用。

小白楼再次传喜讯

2004年3月的一天，春寒料峭，时间已近凌晨，周边居民早已进入梦乡，位于闵行区老沪闵路1301号的一幢小白楼依然灯光通明，身穿白大褂的员工还是一派忙碌的景象。原来，上海华宇药业有限公司技术检测中心正处于接受中国合格评定国家认可委员会（CNAS）认证的关键时刻。

其实，作为一个药品营业批发企业，并不一定需要具备药品检测能力，但为了向市场提供更优质的服务和更高品质的产品，公司领导审时度势，投资上千万元，毅然决定组建"技术检测中心"。

初始，公司的中药商品检测能力远远领先于同行企业。然而，技术检测中心人员不仅没有停下脚步，反而一鼓作气，向更高峰攀登！

CNAS认证评审只有三天时间，因技术检测中心具有中药材、中药饮片全项检测能力，检测项目全面且复杂，故需现场操作以便评审综合检测能力。为了评审公平公正，CNAS评审专家为国家权威机构委派，外省市的专家来沪，时间一到，立

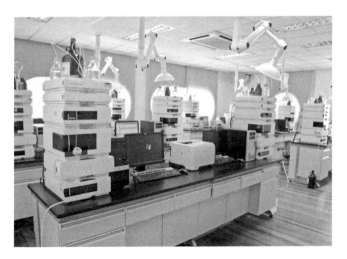

公司技术检测中心

刻回程,哪可能给你机会"悔过自新"。

评审专家都回酒店休息了,但技术检测中心人员丝毫不敢松懈。虽然平时"身经百战",可没看到捷报,谁都无法安心。操作人员一步不离地监测着实验的进行。当得到最后一份成功的实验数据后,大家忐忑的心终于放下了。直到这时,大家才发现紧张得连晚饭都忘了吃,于是草草地吃了些小零食、小饼干,便在办公室就地安歇。

第二天,看到近乎完美的实验结果,评审专家眼前一亮,一致好评。有志者事竟成。技术检测中心一举赢得中国合格评定国家认可委员会的首肯。全国中药行业有了第一家通过 CNAS 认证的企业技术检测中心!

国家企业技术中心的保障平台

药材人引以为豪的技术检测中心,是上药药材国家级企业技术中心的重要技术保障平台,坐落于老沪闵路 1301 号一幢 1 100 多平方米的整栋大楼内。先进的检测设施、高学历的技术骨干队伍、业内首屈一指的药材全项检测能力,令人叹为观止。

公司成立之初,决策层就把建设高水准的技术检测中心,作为依托科技发展、壮大企业战略的重中之重。当时的检测部门包括样品室,仅有 100 平方米的 4 间简陋小屋,全部设备价值不到 2 万元,检验人员仅 2 名,检测内容仅限于药材的水分和灰分。就是在这样薄弱的基础上，通过数以千万计资金的不断投入，技术检测中心已拥有来自美国、德国、日本等发达国家的现代化尖端科研装备。药材人以矢志不渝的精神，坚持不懈的努力，建起了业内唯一具有如此规模和检测能力的国家级技术检测中心。

技术检测中心的检测数据，在国内同行中具有权威性。随着中国与国际实验室合作组织中 52 个国家和机构成功签署多边互认协议，技术检测中心出具的检测报告，也得到了这些国家和机构的认可。这不仅开创了中药企业科技进步的先河，也使公司站上了同行业科技发展的制高点：获认可参数扩项到 97 个，覆盖中药材及中药饮片的全部检验检测项目。

技术检测中心具备强大的中药材及中药饮片检测能力，在农药残留测定、含量测定、有毒有害物质分析、标准方法确认和验证等方面有着长期的经验积累。实验室配备检测设备 300 多台（套），原值超 2 000 万元，包括：三重四级杆超高效液相色谱质谱联用仪（LCMSMS）、气相色谱质谱联用仪（GCMSMS）、电感耦合等离子体质谱仪（ICPMS）、超高效液相色谱（UPLC）、全自动薄层点样展开扫描系统（UTLC）、基因扩增（PCR）凝胶成像系统等大型精密仪器，并能将采集到的原始数据实时上传服务器进行网络化管理，保证检验检测数据的完整性、合规性、及时性和准确性。

要发展科技，人才是决定因素。为此，公司决策层通过市场招聘，不惜投入资金引进高端人才，同时也花大力气培养内部骨干。企业真心用才，科技队伍相对稳

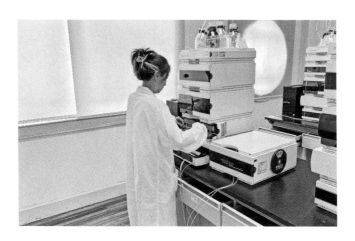

检测中心的实验仪器

定，并且不断壮大。技术检测中心团队由正高级工程师领衔，团队成员全部拥有本科以上学历，形成了主任分析师、分析师、助理分析师、分析员、见习分析员五级人才梯队的职业生涯培养模式。

技术检测中心拥有多名全国名老中医药专家传承工作室、上海市名老中医药专家传承工作室继承人及上海中药行业名师所带的高徒。这对公司提升中药品质保障起到了至关重要的作用。

麝香露出狐狸尾巴

技术检测中心将创新、创造转化为企业效益，解决企业经营中的实际问题。质量负责人杨勇师从全国老中医药专家叶愈青，钻研贵稀类药材鉴定。在拜师学艺期间，公司预进货一批天然麝香。麝香，这一世界性稀缺资源，原料已经涨到80万元1公斤，可以说是贵稀药材价格的天花板。若购进10公斤，就是800万元。此事非同一般，过去买卖麝香都凭行业老法师的经验鉴定，几个专家老法师用火眼金睛判别商品的真伪优劣，等级规格尽收眼底。如今现代化的仪器设备成了重要的辅助工具。老法师和设备仪器相辅相成，性状鉴别与理化检验相得益彰，运用传统经验鉴别与现代特征图谱鉴别技术相结合，为贵稀药材品质保证保驾护航。经检测，这批天然麝香含有其他动植物组织。检测数据与经验判别表明，麝香原料有30%的掺杂物，按国家标准是劣药的品质。这批"天然麝香"最终被拒绝收购，公司避免了经济损失。

2018年，技术检测中心参与《中国药典》2020年版饮片"填平补齐"项目，又发挥了长期在贵稀类药材鉴别方面的技术优势，完成羚羊角粉的国家标准起草，最终被《中国药典》收录，为企业实验机构参与国家标准制定的首例。

多年来，技术检测中心团队不满足于领先同行业的优势，在原有实验能力的基础上，陆续新增了二氧化硫残留量、重金属及有害元素、有机氯农药残留量、黄曲霉毒素等多项安全性检测，为公司全面提升药品品质奠定了坚实基础。

技术检测中心团队创建和壮大过程中，得到了政府、社会以及各大科研机构、大专院校的鼎力支持。先后承担了国家发改委、国家科技部、上海市科委以及上海市经委等二十多项科研攻关项目。与复旦、二军大合作开展药材种植、指纹图谱及濒危动物繁育研究；与上海中医大、南京中医大、上海市中药研究所合作开展中药饮片标准化、药效和炮制机理研究；与浙大、上海农药研究所合作进行药材农药残留和农业生态环境研究；与上药集团中央研究院合作开展药材深度开发研究；"西红花的种植方法"获得了国家发明专利授权。大量的科技研发为企业的发展提供了源源不竭的动力，事实再次雄辩地证明"科技是第一生产力"这一伟大的科学论断。

九次复审顺利过

2024年的盛夏，7月又是全年最炎热的日子，上海连续高温达50多天，5日至7日日均气温38度以上。中国合格评定国家认可委员会评审组对公司检测中心进行了两年一次的现场复评审。这也是技术检测中心成立以来的第九次评审。此次评审组由国家药典委员会、中国食品药品检验研究院、青岛市食品药品检验研究院等机构的专家团队组成。

评审组通过现场观察、现场提问、查阅记录等，对实验室管理体系的运行状况、技术能力进行了综合评估。评审共安排了25项（参数）现场试验，通过常规试验、现场观察、加标回收、人员比对、仪器比对、留样再测等多种手段，对试验过程中的主要操作步骤，使用的仪器设备、标准物质，原始记录和检测报告进行了现场确认。

经过团队上下通力合作，技术检测中心以精湛的业务能力，翔实的数据资料，完备的管理水平，又一次通过CNAS换证复评审。在技术中心主任、正高级工程师张玉莲的带领下，团队不断提升新设备、新技术的应用能力，检测能力也持续提高，认可参数从最初的23项扩增到2024年的97项，建成公司中药材、中药饮片安全性指标集中检测平台，为公司经营服务。

第六十二节　全程信息数字化

公司信息技术部副经理沙江的办公室，与同事们的办公场所大同小异。

点击鼠标，屏幕上出现"上药药材质量溯源与经营管理驾驶舱"图案，分布着密密麻麻的小黄点——溯源管理的监测区。

"这是崇明西红花种植基地，西红花正处于避光期，现在遇光照就会长叶子，消耗养料。避光期到 10 月份，我们的西红花有效成分高达百分之十几，这样顾客就能减少用量，节省支出。"

画面切换到十分气派、厂区模样的大楼，这是上药慧远。

呵，转眼间我们到了大西南。

炮制车间，拣选、切制、蒸煮、干燥各工序实时状况尽收眼底。

在西藏沙迦县，暖棚里的西红花已播种，地黄绿叶清新。

坐在"驾驶舱"，通过公司中药全产业链体系，西红花种植系统、慧远种植生产管理系统、投料饮片生产管理系统，直至代煎代配的相关数据和各环节情况了如指掌。沙江介绍说，截至 2024 年 3 月，公司已完成了 41 个溯源饮片试点品种在 35 家试点医院的供货工作。此外，我们还储备了 100 个，覆盖全国 200 多个种植基地。

上药华宇综合办副主任王慧，2002 年从上海财大信息管理专业毕业进入华宇时，企业的信息管理只是简单的进货、销售、储存统计。随着上药华宇业务模式和规模的不断拓展，数据量从每天几百笔上升到几千笔，财务与业务信息的整合、快速准确的统计分析、全流程 GSP 质量管控、与子公司饮片厂的信息孤岛问题成为信息化建设的几大痛点，2018 年上药华宇完成了 ERP 的建设工作，整合了公司的物流、财流、信息流，提高了公司总体管理效率，及时提供了高质量的数据分析辅助经营开展。围绕着 ERP 开发的各类接口，极大降低了人工重复工作量和差错。在仓库现场部署了无线环境覆盖，利用掌上电脑（PDA）程序

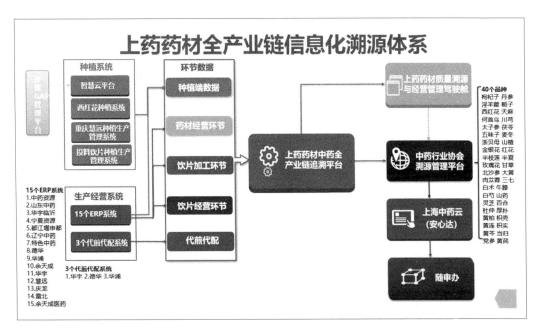

公司信息化管理系统

功能和货位条码管理，使仓库保管员、养护员等一线管理人员能够在现场移动工作。

上药华宇三家子公司饮片厂的信息化联动建设，于2019年起启动。在公司分管领导刘勇军和信息技术部的推动下，2022年所有饮片厂完成ERP建设，并与上药华宇完成数据共享的联动项目，打破了库存、销售等数据的孤岛原状。

2019年，上药华宇上线煎配管理系统。虽然选型的产品本身吸取了江浙区域众多饮片厂的经验，但系统设计期间，仍然通过实地场景调研和访谈，总结上药华宇特点及医院客户的需求，对标准产品进行了较大程度的开发，上线的系统实现了质量流程严控、处方数据化和客户服务的目标。随着煎配业务的发展，系统也在不断迭代更新，目前电子处方占比超过90%，并新增了处方溯源、自动加水等模块。系统对内提供处方的条码闭环管理，对全流程进行严格管控，实现处方用药的批号跟踪和溯源品种的溯源实现，对外实现终端服务，通过网站和微信小程序，为医院和病人提供流程溯源、药品溯源和物流跟踪，并与上海市中药安心达平台对接，为广大市民提供数据服务。为保障服务的高可用性、系统安全性及隐私安全，系统于2021年通过了三级等保。

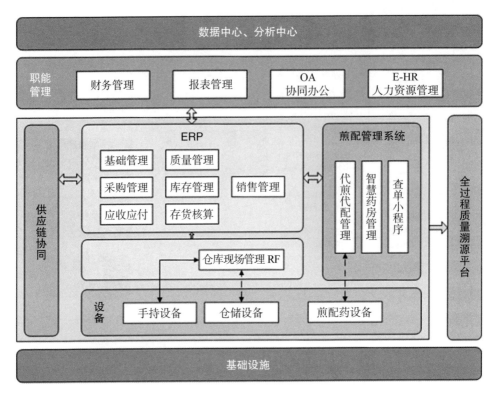

上药华宇信息化整体规划

公司不断提升办公效率，办公自动化系统（OA）建设历经近十年，从最初最基本的行政发文、简单合同流转，到目前盖章、申购修理、请假培训、工作汇报、报销费控等事关公司管理流程的方方面面，流程规范、移动办公，实现了管理效率的提升，杜绝了违规操作的可能性。

从工业、仓库、销售等信息化，到基本的行政发文、人员管理、行政审批等，全程信息数字化为公司履行神圣使命提供了有力保障！

第六十三节　人才培养先手棋

　　企业的持续发展，离不开人才的支撑，而人才的支撑，更离不开人才培养的制度与机制的建立和完善。

　　面对中医药发展战略的新挑战与新机遇，公司为加快培养和造就中药行业高层次中药特色技术人才，传承中药独特专业技能，承担起历史赋予中药行业的使命，坚持机制、体系、方式三大创新，开展人才梯度培育，主动下好人才培养先手棋。

机制创新：选拔干部测评、业绩相结合；
管理干部有监督体系；考核更严格、全面

　　公司党委坚持"党管干部"原则，重在强化党组织领导和把关作用，严格按照公司中高级管理人员管理办法的有关规定，选拔任用干部注重实绩。

　　2021年以来公司共提任、引进、调整直管干部78人次，其中行政干部60人次，党务干部18人次；提任17人次，外部人才引进5人次，岗位调整56人次，干部挂职交流27人次。

　　用人的标准和导向，首先在于"把对企业忠诚、勇于担当、善于作为、实绩突出、守正创新、专业专注、廉洁自律"等，作为衡量干部的基本素质要求；从实干来看德才、以实绩来用干部，为想干事、能干事、干成事的干部提供舞台；激励干部守责、尽责、负责、担责，激发创新创造活力；坚持完善不同层次干部考核方案，体现"责、权、利"相一致的管理原则。

　　按照上海医药系统对干部管理工作的要求，公司党委结合公司实际情况，不断完善干部管理制度。严格按照有关规定，落实选人用人程序，开展干部选拔任用，推进干部选拔任用制度化、规范化，营造风清气正的选人用人氛围。

　　公司党委重视干部监督体系的建立，推进数字化管理，完善人才基础信息。围绕公司党风廉政建设工作任务和目标，紧扣"四责协同"机制，落实廉政工作责任

任务清单，强化党员及领导干部廉洁从业教育，注重经营管理风险管控，为公司持续健康稳定发展提供坚强有力的政治与廉洁保障。

体系创新：横向提升专业型人才能级，纵向打造三梯队人才准备计划

公司作为一个传统企业，一直以来人员结构性矛盾比较突出。随着公司明确"大基地、大品种、大品牌、大健康"的发展战略，积极推进市场化改革，转型发展的力度进一步加大，对相关专业领域的高层次人才需求更加紧迫。公司党委积极探索多渠道选人育人机制，全面梳理公司紧缺人才和关键岗位需求，健全人才培养机制，完善育人模式。在加快内部培养的基础上，进一步加大人才引进力度，大胆起用具有实践经验的专业技术人才和管理人才，引进一批有实践经验的技术和管理人才。2022年以来市场化引进公司直管中层干部5人，以进一步提升专业化管理水平，有力推进了各项工作的开展，也激发了干部队伍的活力。

公司通过内培和外拓的路径，加强后备人才的锻炼，提升育人实效。

在后备人才培养上，进一步加大后备人才队伍培养力度，完善人才梯队培养机制。针对70后、80后、90后等不同年龄段的人才，采取不同的人才梯队，通过单位推荐或自我推荐，完善人才梯队库建设。通过外送与内培相结合的方式，多形式多渠道的培养措施，采取挂职锻炼、轮岗锻炼、兼职锻炼形式，尝试跨部门、跨专业、跨单位开展挂职、轮岗、兼职锻炼，进一步开阔眼界，拓展思路，提升综合能力和素质。近三年，集团内挂职、交流27人次；推荐集团中层后备干部2名，优秀青年人才4名，90后储备人才3名。积极探索"耀才"培养计划，做好管理、专业人才储备。积极用好上海医药人才培养平台，累计有19人参加菁雁班、7人参加鸿雁班、6人参加集团短期管理（MINI-MBA）培训。在专业技术人才培养上，选派优秀青年参加人力资源、财务、质量、精益生产等高潜人才培训项目。

通过外拓育人渠道，推进校企合作，建立产教融合、协同育人模式，深入参与"引企入教"改革，协同提升人才培养能力，持续推进与上海市医药学校中药专业合作开展的现代学徒制项目，全面深化以上海中医药大学为主的高校创新人才合作培养模式，促进双方在人才培养、科技创新、成果转化、技术合作等方面优势互补和紧密合作，实现"模式创新、合作互赢、共同发展"目标。

公司与上海中医药大学中药学院携手打造了"上海市高校学生职业（生涯）发展教育校外基地""上海中医药大学岐黄育人实践基地""大学生劳动育人实践基地"。公司联合上海中药行业协会，组织39人参加2024级上海中医药大学中药学专升本学历教育。公司与上海市医药学校连续两届开展"中药专业现代学徒制项目"，联合举办2019级、2022级中药学学徒制班。公司参与专业课、实操课、企业文化课授课，并组织毕业实习，录用2019级学生12人。公司与上海市闵行区青少年活动中心合作，搭建上海市中小学中医药文化资源共建共享平台，共同推动中医药文化在上海市中小学校的传播。

方式创新：培训、带教、项目实践三合一；挂职轮岗、强化公司人才库概念

"一日为师、终身为父""天地君亲师，师徒如父子"。千百年来，传统中医药通过师徒心传口授代代相传。师道立而善人多，师道废而教无成。新时期，师徒文化的精髓通过名师带徒、高技能人才培养而备受推崇。

上海药材业曾以拥有一批"犀角王"、参茸鉴别老法师、草药王、炮制大王而自豪。公司积极参与国家中医药局组织开展的全国老中医药专家学术经验继承工作，培养国家级人才、大师级人才。

公司拥有14名指导老师，累计带教34名学员。目前，叶愈青专家担任第七批全国老中医药专家学术经验继承工作的指导老师。在中药特色技术传承人才培训项目中，宋嬿、吴咏梅成为全国中药特色技术传承人。

神舟飞天、太空探月、北斗组网、超算发威、六神泛丸、饮片鉴别……匠石运斤，匠心独具。

推动高质量发展，离不开高素质技术技能人才的奉献投入，离不开人才培养过程中工匠精神的培育。

近十年来，公司将工匠精神深度融入人才培养全过程。在选树培育、大力弘扬劳模工匠过程中，先后有3人被授予"上海市五一劳动奖章"；3个单位被授予"上海市五一劳动奖状"；1人被上海市经信委授予2021年"上海产业菁英"高层次人才（产业领军人才）。2020年，毕琳丽获全国劳动模范称号，李跃雄、王平被授予上海市劳动模范称号。

"名师育高徒　匠心铸传承"第三届名师带徒大会

公司工会开展"药材工匠选树"十年，共命名上海工匠 6 人、区级工匠 4 人、中国能源化学地质工会大国工匠 3 人、上药集团匠心大师 15 人、药材工匠 25 人。

名师带高徒，既为中药行业特色，也是高技能人才培养和培育工匠的有效途径！

2017 年，公司成立中药传承名师带徒认定委员会。七年来，在三届"名师育高徒　匠心铸传承"大会上，共有 44 位名师收徒 103 名，涵盖中成药制造、中药材鉴别、中药饮片鉴别、参茸鉴别、中药质量控制、中药研发等领域。公司有叶愈青、张增良、陈军力 3 个全国名老中医药专家传承工作室；有张增良、高崎、王平、戴一民 4 个上海市名老中医药专家传承工作室。公司积极参加浦东新区"技师育高徒"活动，选送市、区技师工作室包括首席技师的千人计划，培育上海市技术能手、技能大师等。

在构建人才体系建设中，高管带教 14 人次、42 人次轮岗挂职学习交流；公司后备人才培养项目，形成"金樱""远志"和"耀才"三个梯队，并开展了"金樱班"和"远志班"一期培训。

公司工会围绕形成"中医药文化传承与创新的特色"，打造"以匠心为品牌"，锤炼"新时期产业工人队伍"，坚持深入开展"劳动竞赛、我的岗位我创新"等群众性技术创新活动；聚焦企业经营发展中的重点、难点、瓶颈点，深度挖掘一批优

在第三届全国中药传统名堂职业技能竞赛决赛中获奖的公司职工

秀创新项目，参加国家和上海市各类发明与创新竞赛。在职工创新创效大舞台上，药材人的优秀发明成果、技术创新成果、合理化建议与先进操作法成果屡获大奖：近年来，共有 5 个项目在三届上海市优秀发明选拔赛上获 3 项优秀发明金奖、2 项银奖。

2020 年 10 月起，在三届全国中药传统名堂职业技能竞赛上，公司选拔的 14 人次青年员工共夺得 3 个一等奖、5 个二等奖、2 个三等奖。

公司工会建立的劳模先进、劳模工匠创新工作室，技能大师、首席技师工作室，技师（职工、巾帼）创新工作室多达 25 个。创新领头雁示范引领，2020 年以来，共获得 75 项发明专利、实用新型专利、外观设计的授权。

针对不同的人才，公司设有不同的激励措施。高潜管理人才，提供挂职、轮岗机会；高技能人才，提供相应的技能津贴；高端领军人才，设置经营团队年度激励；专业技术人才，提供培训学习机会；研发创新人才，有科研成果奖励；高学历高层次人才，用好上海市人才引进政策，提供住宿或住房补贴。

六七十年前，将缺兵少车马稀。而今，公司的行列中，有高级技师 46 人、技师 56 人、高级工 53 人，高级职称 35 人，中级职称和中级工 215 人……

匠心聚，百业兴。

古老的上海中药行业后继有人，生机勃勃、熠熠生辉。

第六十四节　岐黄世界女豪杰

义妁、鲍姑、张小娘子、淳于衍、胡愔、谈允贤、曾懿……在岐黄世界，古代女神医声名远扬，而无数挎着药篓采摘、炮制的女药工却不为人知。

然而在现代社会，女药工当技师、为工匠，备受赞誉。上海华宇药业有限公司毕琳丽就是百草园中女豪杰。

遍尝百草　博览众"采"

神农遍尝百草，因而解民疾苦、开创中医学。在现代医药行业，要成为一名合格的中药药材验收员，同样要在千差万别的药材中博览众"采"，至少十年方能练得眼观、手触、口尝，便可辨别真伪优劣的看家本领。

对毕琳丽来说，进入中药行业本该是水到渠成的事，因为她的父亲就是这个行业的老法师、老劳模。然而，毕琳丽却说，与中药结缘是个意外："当时高考失利，才进了上海药材公司技校，以前对中药没有特别的感觉，反而是进了学校后对这个专业产生了很大兴趣——好多生活中常见的叶子、虫子都能当药材治病救人，多神奇啊！"

1994 年毕琳丽参加工作，从仓库保管员做起。那一年，她第一次参加公司的"认药比赛"，5 分钟认 30 种药，她轻松拿下。因为对专业有兴趣，她也更有劲头主动学习。在上海市中药材鉴别专家张增良的指导下，随着工作经验的累积，她在脑中储存的药材种类越来越多，很快上手中药药材验收工作。随后，她又转而从事中药饮片验收和质量管理，难度又上了个台阶。

有些中药药材性状相似，如果说独立甄别还相对容易，那么经过切片、炮制等环节，其差别则更加细微。所以，做饮片检验不仅要能认药，还要学习每种药材的切、润、炮制等加工工艺。为此，毕琳丽一边勤奋自学，一边到饮片公司实习。三十七八摄氏度的高温天气里，她要穿着全套工作服在仅有顶棚的验收场地，对每批饮片按比例进行查验。对于一些细贵的药材则更是件件要看，逐一倒包检查。一旦发现问题，绝不放行。

也正因为对待专业有着精益求精的追求，毕琳丽成为这一领域的行家里手。她的脑子里储存着 600 多种药材的相关知识，对于高度仿真的假虫草，她只要瞅上一眼便能立刻揪出其中的"马脚"，她用手捏一捏便能准确估算某批饮片的水分比例……在这些年饮片验收与放行过程中，毕琳丽凭借自身过硬的业务技能，多次阻止来货商品中岩柏、酸枣仁、白及、冰球子及秦皮等中药饮片伪品、混淆品入库，不仅避免了伪劣中药饮片进入生产环节和流通市场，也避免了企业遭受重大经济损失。

"虫草为啥这么贵？"

毕琳丽 1994 年 7 月毕业于上海市药材公司技工学校，同年 9 月进入上海上药华宇药业有限公司。

三十载艰辛耕耘，毕琳丽怀着对中药事业的诚挚热爱，从一名普通员工逐渐成长为一名知识、技能兼备的优秀复合型人才。她长期从事质量验收、库存养护及商品售后服务，是质量科研部的技术骨干。在工作的同时，她利用五年时间参加了上海中医药大学中药学专业学习，在中药理论知识上又得到提升。2011 年和 2012 年，毕琳丽分别参加上海市卫生系统组织的中药师（初级）、执业药师资格考试，并且顺利通过。

她是全国第六批名老中医药专家学术经验继承人之一，师从上海市中草药鉴别专家张增良，研修中药材鉴别技术，并于 2021 年出师。

"她最大的特点，就是好学好问！"七十多岁的张增良难掩对徒弟的喜爱之情。

那是很多年前了。有一次，毕琳丽又发问："师傅，虫草为啥这么贵？"

张增良从虫草产地的地理、气候特点，再介绍起虫草蝙蝠蛾的发育，经历卵、幼虫、蛹和成虫四个过程。虫草蝙蝠蛾幼虫生长速度缓慢，整个生命周期长达几年，这是导致冬虫夏草产量稀少的原因之一。

毕琳丽听得很认真，过了几天她高兴地告诉张增良："师傅，我知道了，虫草蝙蝠蛾完整的生命周期是四年……"

火眼金睛　明察秋毫

药材中添加金属粉，在水中长时间浸泡药材，使用硫黄大剂量熏蒸药材……在药材质量把关过程中，类似的问题并不少见。

更有甚者，穿山甲含盐类结晶，全蝎中含大量食盐，冬虫夏草插入大头针、细棒，红花中加重金属粉，杭菊中加米粉，远志未去心使用，辛夷花混有大量的花梗，陈皮混有广柑皮等屡见不鲜。

我国虽已有很多中药饮片加工生产企业，但现在市场上大部分饮片仍以个体农户加工为主。有不少饮片生产企业，从个体户手中购买饮片，再包装出售。有些农户在饮片加工过程中，或受利益驱使，或缺乏专业的药学知识，导致饮片质量不过关。这不仅严重影响了中药质量，更会给患者带来危害。

在中药饮片商品质量把关过程中，还经常会遇到一些家种栽培品与野生品的品种鉴别，例如防风。

防风是常用的大宗中药材品种，市场流通主要有家种和野生两种，两者在性状、颜色、气味上，有很直观的区分。野生的主产于内蒙古、东北；家种的主产于内蒙古、河北、安徽、山西、甘肃（萝卜防风，切成饮片后与党参极相似）。通常家种的有籽播和秧播之分。家种防风格子粗壮，质地较重，断面质地坚实，呈浅黄色，尤其是韧皮部少裂隙，且闻起来有一股子浓重奶香味；野生防风有蚯蚓头，质地较轻，菊花心明显。野生防风闻出来的奶香味淡一些。从规格上来说防风还分关防风（东防风、北防风）、西防风（口防风）、水防风三种。另防风尚分母公，母防风，又名硬防风，是防风植株已开花结实后的根，根心变硬，根浆不足，柴性较大，质次，一般不入药。

凭借三十年的工作实践，毕琳丽先后在中药材、中药饮片质检岗位上进行磨砺，熟悉中药材商品知识，掌握中药饮片真伪优劣的鉴别技能，具有较高的专业知识和丰富的实践经验。她在质检工作的第一线，始终秉承"工匠精神"，怀着对中药事业的热爱和对科技创新的不懈追求，学以致用，保障了人民用药安全。

把自己这关守好！

在获得"全国五一劳动奖章""上海市劳动模范""上海工匠""上海市技能大师"等荣誉后，毕琳丽丝毫未感到功成名就，而是增添了更多的压力和动力。毕琳

公司首席技师工作室成立

丽深知，中药是一门不断发展的学科，中药的专业性关系着学科的进步，更关系着公众用药的安全和有效性。

2013年以来，上药华宇相继组建了"毕琳丽首席技师工作室""上海市劳模创新工作室""中国长三角地区劳模工匠创新工作室"。在毕琳丽的带领下，工作室致力于中药文化的传承和弘扬，尤其是在中药商品质量管控上，坚守现场一线严把商品质量关；坚持深化自主技术创新，取得了丰硕成果。工作室成员共发表论文16篇，获得1项发明专利、9项实用新型专利，2项计算机软件著作权获授权实施成果转化；工作室修订企业内部标准77个品种；参与丹参国际化、标准化的研究，收集与整理中药饮片600个样品工作，获得4个科研项目立项；组织团队成员参与研究的"沪产西红花引种栽培、种质优化及品质研究"项目，荣获第四届上海市中医药科技二等奖；制定了2个国际标准并获颁布，为中药国际化奠定基础；参与了中药饮片质量标准及上海市、全国炮制规范的制定与修订。

作为全国老中医药专家学术经验继承工作继承人，毕琳丽乐于做好传帮带的工作，她的徒弟都成为商品质检岗位能手。

毕琳丽先后被推选为上海市第十一次、第十二次党代会代表。2021年，她又被授予"全国劳动模范"称号。

2023年，她通过努力，取得了高级工程师职称。

毕琳丽被推选为上海市第十二次党代会代表

从事中药质量的现场管控以及对中药饮片真伪优劣鉴别，行使商品入库与放行的最终裁决权。这是何等重要的责任！

近几年，唤毕琳丽为"师傅"的年轻人越来越多了。她对徒弟重复最多的话就是："药材是容不得假的，我们必须用过硬的专业素养把这关守好！"

第六十五节 "工匠精神"驱动力

2022 年 4 月 27 日，习近平总书记在致首届大国工匠创新交流大会的贺信中指出：技术工人队伍是支撑中国制造、中国创造的重要力量。我国工人阶级和广大劳动群众要大力弘扬劳模精神、劳动精神、工匠精神，适应当今世界科技革命和产业变革的需要，勤学苦练、深入钻研，勇于创新、敢为人先，不断提高技术技能水平，为推动高质量发展、实施制造强国战略、全面建设社会主义现代化国家贡献智慧和力量。各级党委和政府要深化产业工人队伍建设改革，重视发挥技术工人队伍作用，使他们的创新才智充分涌流。

为更好激发公司全体职工爱岗敬业、钻研技术、攻坚克难、创新超越，公司工会于 2016 年起实施了药材工匠的培养选树计划。

作为培育工匠的摇篮、唱响工匠精神的舞台，公司工会组织开展员工读书活动，推荐《匠人精神》《工匠精神》等书籍；结合读书活动，开展"工匠精神"读后感演讲比赛；组织召开"弘扬工匠精神"座谈会；邀请全国劳模孔利明培训授课，传经送宝；开展"上海工匠""药材工匠"推荐评选工作；建立员工天地微信平台，编写传颂"上海工匠、药材工匠"先进事迹。

公司党委副书记、工会主席凌文婕回顾道："我们致力于在企业内部培育出一批批技艺精湛、品德高尚的'药材工匠'，让'工匠精神'成为驱动企业不断前行的强大引擎。过去几年里，我们勇于创新，积极探索'融时代特色与行业特色、融企业发展与个人成长'的高素质产业工人培育之路。我们深知，每一位工匠的成长，都是企业宝贵的财富；每一次技艺的传承，都是中药文化的延续。因此，我们不断优化人才培养机制，加大投入力度，累计培育并选出了 25 名杰出的药材工匠，其中张雄毅、毕琳丽、李跃雄、朱俊江、王平、宋嬿 6 位同志更是被评为'上海工匠'，另有 3 人被授予'能化工会大国工匠'称号，15 人成了上海医药集团的'匠心大师'。这些荣誉的获得，不仅是对他们个人技艺的肯定，更是对我们人才培养

"匠领新时代 逐梦新征程"中药文化匠心主题活动

工作的肯定与鼓舞。"

公司的 25 个职工创新工作室如同一个个创新孵化器。工匠们在职工创新工作室交流切磋，将自己的创新想法转化为成果。

2024 年 7 月 9 日，上海中药行业工匠学院、上药药材工匠学院启动。这是公司在人才建设道路上的一座重要里程碑，它承载着公司对未来的无限憧憬与期望。学院将围绕"系统培训、师承实践、技能竞赛、工匠结对、座谈交流、工作室创建"六大核心板块，构建全方位、多层次的人才培养体系。

公司党委书记、总经理张聪认为：中医药的发展需要工匠精神的引领，而工匠精神的传承需要有力的人才支撑。强化人才战略，传承工匠精神，是建立工匠学院的初衷，也是中药企业基业长青的保证。公司将按照中华全国总工会、上海市总工会和上海市医药工会有关要求，结合企业自身发展需求，把工匠学院建成中药行业和企业职工技能素质提升、技术创新的基地，建成成果转化、展示交流的平台。通过培训、师承、实践、竞赛等形式，充分发挥工匠学院"大学校"的作用，扎实开展培养选树计划和中药专业人才培育。

上海中药行业协会工匠学院、上海市药材有限公司工匠学院启动仪式

　　七十年来，工匠精神引导激励着公司职工前赴后继、勇往直前。

　　工匠精神是文化技艺能够传承的精髓，对拥有数千年历史的中医药而言更是如此。正是因为有了一代代工匠，才有了源远流长的中医药传承，才有了当下作为国家战略产业的中医药行业的蓬勃发展……

第六十六节　沪滇合作绽"金花"

"大理三月好风光，蝴蝶泉边好梳妆"。电影《五朵金花》温婉柔美的插曲《蝴蝶泉边》，唱了半个世纪仍经久不衰。然而，本文介绍的并非蝴蝶泉，而是云南省大理白族自治州弥渡县牛街彝族乡康郎村。

康郎村地处哀牢山深处，崇山峻岭，交通极度不便。喀斯特地貌，造成农作物品种较为单一，并且大量年轻劳动力外出务工，村子长期处于较为贫困的状态。

为进一步促进沪滇对口合作，助力云南省弥渡县牛街乡康郎村，公司自2018年来积极响应号召，对口帮扶云南省弥渡县牛街乡康郎村。经过三年共同努力，于2020年助力康郎村圆满完成脱贫。在打赢脱贫攻坚战后，公司继续履行企业社会责任，积极弘扬中医药文化与民族特色文化，围绕"往心里帮、往实处帮、往乡村振兴帮"，探索出具有上药药材特色的"党建振兴＋产业振兴＋消费振兴＋人才振兴＋文化振兴"的五连环振兴模式。

助力打赢脱贫攻坚战

公司积极响应上海市委、上海市政府的"双一百"村企结对精准帮扶号召，自2018年12月起结对帮扶康郎村。通过"三带两转"原则，结合康郎村实际需求，制定"一村一策"三年脱贫攻坚行动计划，启动"爱心零距离·扶贫助攻坚"党建联建共建扶贫项目。

三年间，公司投入真情实意、真金白银，传授"授人以渔"的本领，因地制宜地推动当地优势产业发展，发挥"造血"和"输血"两种方式的综合效应，为补齐弥渡县产业、基础设施、就业等方面的短板贡献了自身力量。公司积极发挥产业优势，激发贫困人口内生动力，公司领导为当地干部培训授课，邀请云南省农业大学教授对村民进行专业培训。通过党建结对、理论培训和技能培训相结合的模式，实现政治上关心、技术上指导，并定期跟踪培训效果。同时，作为一家有温度、负责任的企业，公司领导层多次走访看望当地退伍军人、残疾共产党员、因病致贫在读大学生和贫困家庭。开辟教育扶贫宣传栏，党员带头捐赠书籍，结对帮扶贫困大学生，为对口专业大学生提供毕业就业或实习培训机会。

经过药材人的坚持和当地人民的艰苦奋斗，康郎村于2020年5月随弥渡县一起成功实现脱贫。三年间，公司累计资助贫困大学生20人，共计20万元；资助爱心超市建设20万元、康郎村卫生室建设30万元；在中药材种植方面，投入化肥、种子种苗19.7万元，直接受益对象2 876人，实现效益147万元。

翻开乡村振兴新篇章

在打赢脱贫攻坚战后，公司党委即刻成立对口乡村振兴工作小组，与康郎村党总支开展联建共建，翻开了乡村振兴、合作共赢的崭新篇章。

自2021年以来，公司坚持将教育振兴摆在首位，多次向康郎完小捐赠教学设施设备和生活物资，坚持每年开展帮困助学。2022年，上药药材向弥渡县红十字会捐赠资金74万余元，专门用于康郎完小食堂改造、体育运动场所升级等三个项

对口帮扶项目捐赠仪式

目的建设，为孩子们的就学和生活带来了实实在在的好处。

走进上药康郎完小食堂，过道边的亭子上铺满了橙色炮仗花，一串串花朵相互簇拥着热烈绽放。围墙边的花坛里，各色花朵也竞相开放。食堂里铺着洁净明亮的地板，崭新的不锈钢桌椅整齐排列。大容量的冰箱存放着肉类和蔬菜。消毒柜里摆满统一的不锈钢餐盘。餐边柜分类摆放着各年级学生的日常用品。在干净整洁的环境中吃着热腾腾的饭菜，在漂亮的新场地挥洒汗水锻炼身体，孩子们的笑容更加灿烂了。

走进寄宿生宿舍，新的储物柜内装着学生们的衣物，每一扇柜门上都有学生们的姓名贴。床上用品已经全部换新，被子叠得方方正正，床单铺得平平整整，上海医药和上药药材的标志十分显眼。寄宿的学生们兴高采烈地告诉老师，新被子既柔软又暖和，舒服极了。

走进上药康郎村篮球场，地上铺装了平整的塑胶层，场边树立着 8 根灯杆。东边背景墙上是健身主题的彩绘，西边砌筑了大理石看台，看台上方的平台摆放着各种健身器材。小叶榕树下，可供休憩的圆形坐台围绕着树干。在这片场地上，学生们能够完全按照国家课程标准上体育课，并能实现课后的一小时体育锻炼。晚间，这片场地还对全村村民开放，真正发挥了学校基础设施的普惠作用。

乡村振兴　产业先行

公司利用专业优势，结合当地土地、劳动力、气候条件等优势，挑选适合发展的中药材品种，提升农户种植积极性。仅 2021、2022 两年，就免费发放红花、续断等种子及化肥价值 27 万元；发展种植红花 1 650 亩、续断 560 亩、黄芩 230 亩，产生实际效益 742 万元。

公司除免费提供种子种苗外，还定期邀请云南农业大学、云南省农科院、大理州农科院教师，为农户免费提供种植技术讲座、现场培训；公司与云南省农科院合作，引进红花新品种"云红花 7 号"推广种植，农户增产增收，提高了种植积极性；"大理州特色中药材绿色提质增效技术模式推广应用"，被列为云南省科技厅重点研发项目。公司还参与并获得了项目经费支持。通过科研合作及技术推广，农户掌握了种植技术、提高了经济效益。

合作振兴之路仍在延续

民族要复兴，乡村必振兴。党的二十大报告提出了"产业兴旺、生态宜居、乡风文明、治理有效、生活富裕"的乡村振兴战略总要求。脱贫摘帽不是终点，而是新生活、新奋斗的起点。

公司与康郎村签署了 2023—2025 年"百企兴百村"对口支援乡村振兴合作协议书。在新三年乡村振兴合作计划中，关爱儿童成长仍然被放在"头条"，因为孩子是全村的希望，是乡村振兴最长久的推动者。

两年来，公司又完成了康郎完小学生宿舍修缮、寄宿生服饰和床上用品购置，以及康郎完小食堂改造及就餐区延伸等项目，康郎完小基础设施明显改善，寄宿学生生活条件不断提升。

产业振兴也在继续。2023 年，公司向包括康郎村在内的牛街乡 4 个村委会提供种子种苗扶持资金，在牛街乡推广种植红花 3 742.7 亩，创造经济效益约 972 万元。2024 年的红花收获季，在康郎村和先锋村共收购红花 10 吨，收购金额达 100

公司与云南省弥渡县康郎村签订《2023—2025 年对口支援乡村振兴合作协议书》

万元,涉及农户475户;康郎村当归种植面积235亩,鲜品当归产量235吨,产地加工干品58.75吨,增加农民收入235万元。

在"献爱心、齐帮扶、同振兴、奔幸福"的责任感召下,公司每年向优秀学生和困难家庭学生颁发"益智奖学金"和"远志助学金",向困难党员发放慰问金。历年来,还向康郎完小捐赠了崭新的课桌椅;走访慰问康郎村特困党员家庭、最长党龄家庭和最美村民家庭,为他们送上油、米等食品;为爱心超市采购厨具、食品、洗涤用品等日常生活必需品;为村卫生室添置了必备的医疗器械;"爱心零距离——上药药材健康义诊"活动,一如既往受到当地百姓的高度赞扬。

依托党建共建平台,上药药材开启了两地党组织联建共建的新模式。邀请受资助的康郎村大学生代表,参加建党百年微党课演讲;康郎村党总支30名党员应邀参与"喜迎二十大建功新时代"主题线上活动;公司出资对康郎村党总支党员活动室进行改造,并在崭新的活动室内开展药材本部党总支与康郎村党总支的连线联组学习。

从贫困到振兴,上海药材人与康郎村村民共同见证了期间的每一个日日夜夜,有艰辛、有汗水、有喜悦,更有脱贫致富的成就感。

大国工匠 大爱情怀

大国工匠、上海工匠、非物质文化遗产项目六神丸制作传人张雄毅,此次也来到了康郎村。

此前,张雄毅通过上药药材,为康郎村乡村振兴事业发展捐款人民币10万元。他表示,在上药药材工作了近四十年,是这个温暖的集体给了他成长空间和展示自我的舞台,让他能够从事钟爱的六神丸泛丸事业。虽然他已于2003年9月退休,但仍要在力所能及的范围内,为上药药材的乡村振兴工作出一分力。能够把企业对自己的关心,回馈于提升康郎村孩子们的生活质量上,他感到十分荣幸。

在捐赠仪式现场,张雄毅作了简单朴实的讲话后,他展示了六神丸人工泛丸的过程。孩子们纷纷围拢过来,看得津津有味,还不时发问。也许,在他们之中,就有未来中医药事业的"接棒人"。祖国的优秀传统文化正在悄然传承。

青葱大地洗霓裳,稻花香,麦芽黄。云卷云舒,润雨渐成行。和煦熏风吹不尽，腾绿浪，见牛羊。

　田园处处好风光，品沧桑，诉衷肠。指点江山，多少脱贫乡。奋起农人
千百万，同意气，共兴邦。

借用这首《江城子·小满》，愿康郎村在弥渡县县委、县政府的领导下，继续
在乡村振兴的大道上昂首迈进。祝愿康郎村的父老乡亲生活幸福甜蜜，孩子们健康
快乐成长！

第六十七节　党建引领健体魄

2023 年 12 月 19 日，公司党委书记张聪、党委副书记凌文婕撰写的《用好"党建复核方"，助力企业铸魂强身健体》，获"长三角地区企业党建调研报告"优胜奖。同日，该文发表在《组织人事报》上。

企业党建，尤其是国企党建是企业全局工作的重要组成部分。七十年来，公司党委始终把党的建设放在突出地位，从而保证了经济建设沿着正确的方向前进。

近年来，公司党委把中医药学蕴藏的哲学智慧，灵活运用到党建实践，通过"固本、通络、健体、培元、聚气、祛风"的复合方，助力经营重点工作实现突破，为推进企业战略构想、实现各项工作目标提供了坚实保障。

从弱到强领路人

自 1955 年公司成立到 1978 年党的十一届三中全会召开，公司从小到大、从弱到强，逐步成为上海市首屈一指的中药领军企业。

公司成立初期，针对社会上的一些错误言论，公司党委明确指出，中医药有着巨大的市场需求。1958 年，我国是有着 6.6 亿人口的发展中大国。穷国办大卫生要逐步建立基本医疗保障制度，切实解决人民群众看病难、看病贵问题，必须充分开发利用中医药资源，充分发挥中医药的作用。在这特定时期，公司党委坚定执行上级党委的指示要求，开创性领导公司完成初创的各项建设和公私合营的特定历史任务，确保市场用药供应，确保百姓用药需求，确保药品生产供应计划的落实。公司成立初期的十年，以奋发有为的进取精神和敢为人先的大胆实践，积极创建中成药现代工业体系和中药材现代经营体系，为企业发展奠定了物质基础，积累了精神财富，开启了上海中药业向现代经济的跨越，为上海和全国中药业发展作出了显赫的贡献，成为中国中药业领军企业之一。

公司成立前，遍布上海市的中药店均为私人企业，所谓的工业基本为前店后作坊模式。直到 1958 年，由雷允上、童涵春、蔡同德和胡庆余四大户合并才产生了第一家真正意义上的中药企业。此时的公司党组织，主要任务就是私有化改造和社会主义思想灌输，让大家同心同德为社会主义服务。当时，吃药材饭的大都是宁波人。宁波人以精明著称，擅长经商更是享誉上海滩。公司党组织通过学习、提高、融会和贯通，把一支支私人老板带领的队伍，改造成为社会主义建设的生力军。

在历时十年之久的"文革"期间，公司广大干部员工以不同形式抵制错误路线，维持和发展生产经营，为改善社会缺医少药状况、保障人民健康作出了应有努力。

1978 年，党的十一届三中全会引领我国走进改革开放的新时期。在邓小平理论的实践中，公司置身逐步开放的产业环境，导入现代理念，探索体制机制改革，起步向市场经济转型。公司党委顺时把握发展机遇，转变发展观念，创新发展模式，提高发展质量，加快转型发展。

随着人民群众生活水平提高、老龄群体扩大、健康观念变化，人们对中医药又有了新认识。从国内到国外，多层次、多形式的需求持续增长，中医药有了更广阔的发展空间。公司党委顺应时代的要求，主动应变，冲破计划经济时期固有的藩篱，支持重新建立适应市场经济的体制和机制，带领党员主动适应市场经济。

思政建设聚人心

2012 年，进入中国特色社会主义社会新时代，党组织的头等任务是在各级党组织和党员中开展深刻领悟"两个确立"的决定性意义，增强"四个意识"、坚定"四个自信"、做到"两个维护"。

2021 年是中国共产党建党 100 周年，公司党委紧紧围绕"学党史、悟思想、办实事、开新局"的总要求，推进党史学习教育。党委注重以学习形式的创新实现学习效果的提升，将建党百年作为主线，开展以上海市红色地标为线索的"党在我心中·永远跟党走——红色寻访活动"，追寻红色足迹，体悟初心使命；结合非遗文化传播，组织策划《红色精神》系列剪纸活动，引导广大药材党员以党史铸魂补钙，构筑精神谱系；参加上海市国资委举办的百人合唱《庄重的承诺》快闪活动，向中国共产党献上真挚美好的祝福；药材党员经过 25 天 78 148 针的传递刺绣，协

"党在我心中·永远跟党走"庆祝建党 100 周年主题活动

作完成《入党誓词》手绣活动；举办"承初心 聚合力 再辉煌"——庆祝中国共产党成立 100 周年文艺汇演，集聚药材系统各单位优秀文艺资源，由公司党员群众精心编排了 15 个节目，以诗颂党、以舞寄情、为党而歌，以多元化的艺术方式讴歌党的百年伟大征程，进一步展现公司党员群众朝气蓬勃、爱党爱国、知史奋进的精神风貌。

公司党委锚准"成为全国优质溯源饮片和健康养生品的市场引领者"这一愿景，围绕"争、抢、提、拓、省"五字方针，聚焦"大局与责任""认知与创新""发展与价值"这三组关键字，加大党建工作对改革发展的引领保障和突破先导作用。深入开展学习贯彻习近平新时代中国特色社会主义思想主题教育，推动各级党组织将办实事、办好事作为体现主题教育成果的落脚点。公司党委通过提升职工薪酬和高级工、技师、高级技师的技能津贴标准，让职工共享企业发展成果。公司举办了三届"名师育高徒 匠心铸传承"活动，提升了职工的专业技能水平。各基层党支部根据所在单位实际，确定"一个支部一件实事"，切实为职工群众和广大市民办实事、办好事。扎实开展党纪学习教育，通过全面系统学习贯彻落实新修订的《中国共产党纪律处分条例》，教育引导党员、干部学纪、知纪、明纪、守纪，切实搞清楚党的纪律规矩是什么，弄明白能干什么、不能干什么，进一步强化纪律意识、加强自我约束、提高免疫能力，增强政治定力、纪律定力、道德定力、抵腐定力，锻造忠诚干净担当的党员、干部队伍，推动形成公司高质量发展的强大动力和合力。

公司党委还依托联建共建实现优势互补，推动党建工作水平的提升。与上药信谊党委、广发银行上海分行党委开展三方党建共建；与上海市国资委组织处党支部、上海爱乐乐团党总支联建共建；与云南省弥渡县康郎村党总支基于对口帮扶平台进行联建共建；与上海中医药大学中药学院及多家企业结成校企党建共建联盟；与上海市市东中学党建联建，将中药文化送进校园。这些举措充分发挥了党组织的政治优势和行业优势，强化了党建资源的整合。

近年来，在公司历任党委书记徐文财、余卫东、张聪的大力推动下，公司积极打造和培育高质量的党建品牌，彰显基层党组织的凝聚力、号召力、战斗力和组织力，对于加强党的领导、提升基层党组织服务能力和组织形象、增强党的执政能力具有重要意义。通过构建从公司党委到基层党支部的垂直体系，实现了品牌全覆盖，拓展了党建品牌的广度。同时，深挖"党建＋"品牌内涵，增加了党建品牌的深度。公司党委和上药神象党支部的党建品牌先后入选第一、第二轮"上海国企党建工作品牌"。

知人善任"培元气"

公司首任党委书记兼经理李廷奎，从硝烟弥漫的战场走进传承千古的岐黄本草园。他一手创建了上海的现代中成药工业和现代中药材经营体系，卓著的功绩长期以来为公司广大员工口口相传。李廷奎进公司时，正值上海中药业进入改造转型期。面对陌生的中药专业，他没有畏缩，而以军人特有的气质投身新工作。他一方面主动深入基层学习，另一方面充分发挥"懂行干部"的才智。他当时主要抓三个熟谙业务的行家：业务领域的沈惠民、管理领域的谢霖富、政工领域的朱绍桢。由于他知人善任、敢于负责，广大干部工作积极性高涨。

如今，公司坚持三大创新，即机制创新、体系创新、方式创新，开展人才梯度培育，人力资源得到有效配置，跟上时代的步骤扎实前行。

合规建设风清正

2015 年，在徐文财书记的倡导下，公司利用"制度＋科技"的形式，在系统内开展"合规"建设，以确保党风廉政建设的落实和营造风清气正的经营环境。

公司作为上海医药上市公司旗下的全资子公司，为规范内部管控，由会计师事务所参与制定了《内控手册》，用以指导公司及基层加强内部管理，杜绝人为因素造成的失误和失控。2017 年，公司根据经营发展的实际联合会计师事务所对《内控手册》进行了修订。在此规范指导下，公司下属各业务单位也纷纷建立《营销合规手册》，内容涵盖营销活动开展、营销费用、业务接待等，对营销工作合法合规进行了制度规范。

与此同时，公司法务合规部于 2010 年建立了《合同管理制度》，并于 2014 年、2024 年分两次进行了修订。在《合同管理制度》的规范下，公司对所有订立的合同进行全面管控和审核，避免合同瑕疵给企业造成损失。2014 年建立了《法务管理制度》，统一规范公司系统包括诉讼在内所有法律事务，并于 2024 年进行了修订。

为规范公司系统领导人员的廉洁从业行为，公司纪委根据上级总体要求，制定了《领导人员履职待遇、业务支付管理办法》，规范公司及下属单位所有担任领导职务人员在履职工作过程中的办公用房、公务用车、通信费、差旅费、业务招待、会议会务纪念品礼品登记、出国（境）及培训费等。公司两任纪委书记张建南、顾俊定期组织开展专项检查，通过自查自纠、抽查整改，层层传导廉洁从业的规矩，树立领导干部以身作则、以上率下的良好风尚。

在建立和完善制度的同时，公司以科技手段，把制度融入系统管理中，通过办公自动化系统（OA）的建立和不断升级，用现代电脑系统来管控制、管流程、管审核、管费用等，避免管理流程中人为的干扰，使所有的制度通过 OA 平台线上实现跨地域、跨部门、跨单位的管理。当下包括投资项目、股权投资、法人治理、费用控制、费用审核等都通过系统来管控，初步实现"制度＋科技"的管控目的。

为在全体从业相关人员中开展相关法律法规教育，公司法务合规部每年两次组织开展法制教育，邀请市场监督、国资委党校和集团职能部门有关专家，针对知识产权、反不正当竞争等进行授课培训。公司工会和法务合规部每年组织全员开展针对药品管理、安全管理等的专项普法培训，旨在提高全员的法制意识。

公司纪委（纪律检查室）和法务合规部每季度邀请律师事务所和会计师事务所的老师，针对合规管理、反商业贿赂等开展专项培训教育。

为全面落实合规管理，公司专门成立了安全管理委员会和信息安全委员会，每季度开展一次例会，总结合规工作经验，查找合规工作中的薄弱环节，补齐合规工作中的短板；做到防范法律风险，提升内控管理水平，进而全面实现合规管理。

经过多年的不懈努力，公司已连续多年被评为上海市守合同重信用企业，合同信用等级 AAA。

创新六维复合方

要勇于自我净化，"内无妄思，外无妄动""胸中正，则眸子瞭焉""知之愈明，则行之愈笃""禁微则易，救末则难"。2024 年 4 月，公司党委举办的一堂党课正在进行。党课结合中国传统文化，为党员干部"通经络""聚精气"，生动形象。

中医药文化蕴藏着民族智慧，滋养了一代代中医药从业者。公司把其中的哲学智慧灵活运用到党建实践，"党建复核方"颇具特色。

公司党委通过构建从公司党委到基层党支部的品牌垂直体系，进一步推动党建工作与企业特点深度融合，打造一批富有不同产业板块特色的创新党建项目。围绕传承发展、专业专注、矢志不渝、厚积薄发、技艺精湛、品质卓越的"匠心"文化，以及"成为全国优质溯源饮片和健康养生品的市场引领者"的企业愿景，公司党委打造了党建品牌"匠心药材　健康先锋"。各单位党组织及基层党支部也先后推出了各自的党建品牌，党建工作质量不断提升，党建促发展的效果不断显现。

此招谓"通经络，创新品牌建设增强组织力"。功效：党建品牌入选上海市国资委"上海国企党建工作品牌"；助力康郎村实现脱贫，持续乡村振兴；强化廉洁教育，增强免疫力。

公司从"固本、通络、健体、培元、聚气、祛风"六个维度开出的企业强身健体铸魂的复合方，推动了政治功能和组织功能的有力发挥，并将政治优势和组织优势转化为发展优势和创新优势。

在上海中药行业七十年波澜壮阔的壮美史诗中，在公司员工不辞艰辛、勇于拼搏的奋进乐章里，公司党建发展的旋律坚定有力、激昂嘹亮。

第六十八节　和谐企业聚人心

"有付出未必都有回报，但是不付出则肯定没有回报。如何看待付出后的没有回报，这才是考量境界的真正尺度。那种急功近利、施恩图报式的'舍'，毫无疑问是'得'的最大天敌。"

这是一位年青销售员的感言。

《舍与得的人生经营课》《不负我心》是药品经营部向员工推荐的两本书，要求员工至少阅读其中一本。职工们不仅读，70%以上还撰写了读书心得。

一大批有真知灼见的青年才俊挑起了大梁，成为企业的中流砥柱。

在公司，民主、权益、法规、技能、关爱、实事、自尊、自强，众多元素构成了绚丽的和谐企业之光：

全国、上海"模范职工之家"；上海市厂务公开民主管理工作先进单位；上海市文明单位；上海市五一劳动奖状；上海市守合同重信用企业（AAA级）；上海市和谐劳动关系达标企业……

公司获评"上海市和谐劳动关系达标企业"

民主管理　增强企业凝聚力

公司及所属企业全部建立职代会制度，坚持稳妥推进集体协商。公司工会通过职代会审议《集体合同》《工资专项集体合同》《女职工特殊权益保护专项集体合同》《员工手册》等，坚持每年与行政签订《工资专项集体合同》，让全体职工共享企业发展成果。

行得春风有夏雨。企业民主管理是职工积极性的调节剂，是职工凝聚力的源头。

在市场经济条件下，企业与员工的关系，实际上也是依法办事的关系。法律法规是保障职工合法权益的准绳。公司严格执行《劳动法》《劳动合同法》，劳动合同签订率100%。

"娘家人＠你"　关爱递送暖人心

2022年3月初，疫情猝不及防地在大上海蔓延。

公司工会立即成立了以党委副书记、工会主席凌文婕任组长的"娘家人＠你"关爱行动工作组，明确分工、制定计划、积极应对、落实措施。

12次线上工会主席会议暨关爱行动工作会议，对员工思想的了解、情绪安抚、生产生活物资保障、支援临港建方舱医院物资准备、疫情信息汇总、困难职工排摸、慰问确诊职工与家属、复工复产准备等作了统一领导和部署。

作为防疫药品保供企业，公司下属的上药华宇、中药资源分公司、和黄药业均有员工始终坚守在生产一线。工会及时采购配送近39万元的防疫与生活物资，配送到生产一线：连花清瘟胶囊、力度伸、雷氏一号、神象一号饮以及防护服、一次性手套、消毒湿巾、免洗洗手液、牙膏、牙刷、香皂、被子、床垫、枕头等，另有800盒吉祥馄饨、150箱甜瓜等，以及上海市总工会援助的115公斤沃柑、300公斤蔬菜和牛奶、鸡蛋、水果等，被及时送到职工手中。

疫情发生后，公司工会向49名确诊感染新冠的职工、56名职工家属、20名疫情期间困难职工、3名外派员工困难家属发放了慰问金。公司工会与各基层工会还以电话、微信形式关心劳模、工匠，并配送物资慰问。

在防疫保供的同时，公司工会与各基层工会全方位配合行政部门，参与制定复工复产计划、积极做好物资和人员的准备。对复工前安全检查、环境消毒、防疫保障等做好预案积极落实，并采购自热米饭、方便面、火腿肠、巧克力、牙刷、充气床等生活物资，助力复工复产。

职工们纷纷响应公司工会号召，积极参加志愿者服务，共1 653人次参加了社区志愿服务，服务时间达6 979小时。

疫情期间，为安抚职工情绪、学习防疫抗疫知识、坚定战胜疫情的信心，公司工会通过工会班组网络，先后推送了《疫情下的心理调适及个人成长》《疫情下的和谐沟通》等16次线上心理课程。在企业微信"员工天地"上，先后推送了《抗击疫情 娘家人与你风雨同舟》《奥密克戎可怕吗？听专家解答》《娘家人的温度、力度、速度》《防疫抗新冠 保卫大上海 赞大国工匠 扬劳模精神》等报道。上报集团工会宣传通讯稿《全力以赴 共同抗疫》《守土尽责显担当，坚守一线保平安》《和黄"厨神"显神通，打好疫情"保胃战"》《复工复产重启中的上药药材》等7篇。各基层工会在本单位公众号上也发布了16篇通讯稿。这些宣传报道，为广大职工注入了力量和温暖。

公司工会女职工委员会坚持每年开展先进选树与表彰，积极组织广大女职工投身企业经济建设主战场，充分发挥女职工在企业创新发展中的半边天作用，立足岗位建功立业。围绕"拥抱幸福"主题，女职工委员会每年开展庆祝国际三八妇女节活动，展现了药材女性"自尊、自信、自立、自强"的靓丽风采。

女职工委员会以"爱心妈咪小屋"的创建为抓手，关心关爱广大女职工。目前和黄药业、上药华宇、上药神象、公司本部均创建了"爱心妈咪小屋"。其中和黄药业、上药华宇物流关港仓库爱心妈咪小屋，分别获评市级五星级小屋、集团五星级小屋；上药神象、上药华宇老沪闵路爱心妈咪小屋，分别获评集团四、五星级小屋。

企业兴则经济兴，职工稳则社会稳。

春日细雨，润物无声。以人为本，和谐共生。

第六十九节 文化铸魂行致远

企业文化这一概念，首见于1981年7月出版的《企业文化——企业生存的习俗和礼仪》一书。其时，美国哈佛大学教授迪尔和麦肯锡咨询公司顾问肯尼迪合作，对80家企业进行了详尽调查，发现"成功企业都有强有力的企业文化，即为全体员工共同遵守，但往往是自然约定俗成的而非书面的行为规范，并有宣传、强化价值观念的仪式和习俗"，遂将这一研究成果著书发表。

"企业文化"理论问世后，引起全球学术界和企业界的高度关注。时值我国改革开放春潮初起，它很快被导入国内，各行各业兴起企业文化建设的一股热潮，上海市药材公司也不例外。

一

20世纪80年代后期，适逢我国开始向社会主义市场经济体制转型。面对企业优胜劣汰的严峻现实，时任公司总经理许锦柏、党委书记顾铭锡经与班子成员讨论，决定开展企业文化建设。1988年，公司率先登报向社会公开征集企业标识，在758份应征稿中，最终选用沈阳市胶版印刷设计室王成山的稿件，其构图由三片绿叶和双环叠合而成，时称"三叶"司标。

1993年，经过历时一年的全员大讨论，公司首次提出"从严求实、团结奋进、弘扬国药、造福世人"的企业精神，并以规整的楷体书就，制成大幅标牌悬挂于公司本部二楼走廊。虽然此时企业文化建设尚处萌芽阶段，但它对公司凝聚人心、认清使命，起到了不可低估的作用。

1997年，在总经理吴伟英和党委书记许琴法带领下，公司继续推进企业文化建设，公司宣传部承接了这项任务，何健、金望东拟定的"志当存高远"文案，为公司领导层所采纳。

2001年至2012年，陈保华、杨弘先后担任公司总经理。他们在继承原有工作成果的基础上，以新举措推进企业文化建设。其间，企业精神表述改为"至诚至信关爱生命"和"地道药材 道地服务"，及三大内涵"绿色安全、名医名药、服务健康"。尤其在"雷氏"品牌的宣传上，另辟蹊径、敢于创新，走出了一条新路。如每年投资 500 万元，坚持数年与上海滑稽剧团合作，开展"雷氏欢乐行"综合系列活动。通过演出、走进社区和公益活动，使得"雷氏"品牌的知名度急遽攀升。2010 年，公司举行成立 55 周年庆典，在卫生部副部长王国强和公司总经理杨弘的共同见证下，新司标揭牌。司标设计为以绿为主色、繁体汉字"药"的艺术形体为主图的新标识。

二

2013 年年初，公司审时度势，提出企业文化重塑工程。在修订《上海市药材有限公司三年发展规划纲要》时，企业文化建设列为专门章节，并突出企业文化的实践性和全员参与性。为加强组织领导，公司还成立了由党委委员、工会主席凌文婕任组长的企业文化建设工作小组。

公司企业文化光阴长廊

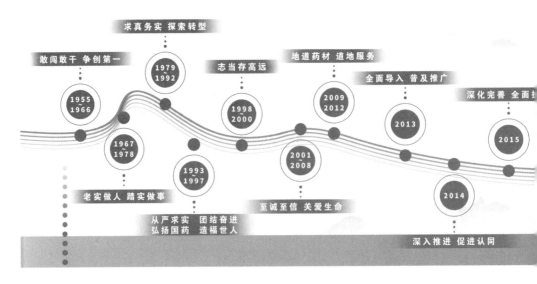

在上海医药集团"333+1"企业文化发展规划和"1+4"企业文化体系的框架下，公司按集团要求并结合企业自身实际，确定"责任、专业、合作、创新"的企业核心价值观，撰写"以文化为先导，推动战略实施"宣贯材料，编发企业核心价值观释义和基本要求文本，开展职工代表专题培训，印制《企业文化案例汇编》书刊等，帮助提高员工践行企业价值观的自觉性。

工作小组每年制订企业文化推广行动方案。2013年以来，在陈军力、戴家骅、徐文财、余卫东、张聪等历任领导的倡导下，企业文化得到进一步深化。年年主题明确，目标清晰——

全面导入，普及推广。通过层级推进，立体导入，使全体员工普遍理解、认同公司三年发展规划及企业核心价值观，并能记诵和理解基本内容。

深入推进，促进认同。通过坚持的理念，持续的宣导，制度文化、品牌文化、营销文化的建立，加深员工对文化理念的理解，推进企业文化的落地。

深化完善，全面提升。通过制定各层级员工（领导干部、中层干部、基层员工）的行为规范，积极推进行为文化的建设，从文化认知向文化自觉跨进。

上海市药材有限公司企业文化光阴长廊

上药药材70周年庆

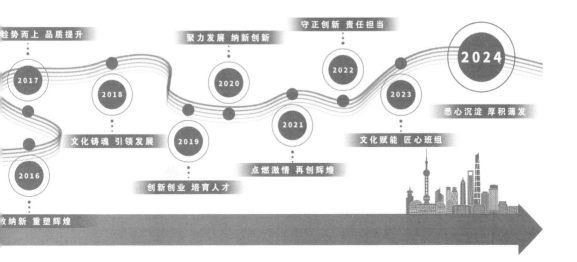

吐故纳新，重塑辉煌。以培养员工的知行合一和组织凝聚力为手段，深化文化提升，促进全员悟从为目的，实现企业与员工共同成长。

趁势而上，品质提升。坚持以三个战略为切入点，不断注入文化新内涵，搭建"工匠精神"落地平台，培育选树药材工匠。

文化铸魂，引领发展。围绕"初心永存担大义 匠心独具聚人心"，要求全体干部职工做到两个"必执行"，即：必执行干部行为规范，必执行企业各项规范和制度。

创新创业，培育人才。强化协同文化制度，齐头并进，厚积薄发，人才发展，积聚能量。

聚力发展，纳新创新。把践行企业核心价值观融入企业文化建设全过程，全面推进精益文化、合规文化、责任文化、业绩文化、创新文化。通过"战略牵引—经营管理提升—文化落地"三轮驱动，助推药材实现百亿元目标的宏伟蓝图。

点燃激情，再创辉煌。坚定文化自信，坚持新发展理念，坚持高质量发展，创新企业发展模式，适时调整发展业态，培育"工匠精神"，加强品牌文化建设，讲好"劳模"故事，强化文化担当，深化文化落地。

守正创新，责任担当。在深入总结企业发展实践和文化积淀的基础上，提出"彰显责任 勇于创新 保持领先"的企业文化工作思路。

文化赋能，匠心班组。坚持以人为本，建立科学合理的班组管理机制，创造适合员工发展的良好的工作环境，提倡班组内开放、包容的文化氛围，重视班组文化建设的传播，让所有员工认同和践行企业文化。

悉心沉淀，厚积薄发。在公司成立七十周年之际，对过去进行悉心的回顾梳理，包括近三年的工作成果、近十年的奋斗足迹，以及七十年的发展历程。同时，展望未来，规制下一个"三年行动计划"和中长期发展规划，思考企业文化对于企业未来发展有怎样的推动作用。

企业文化教育具有潜移默化的特点。多年来，工作小组以职工喜闻乐见的活动形式寓教于乐，举办职工运动会、药材好声音、健康马拉松长跑、专题微征文微演讲等比赛。

三

2023 年 11 月 16 日，公司党委申报课题《守文化之正　创共识之新——企业创新文化的实践运用研究》获评中国企业文化研究会优秀课题，并被评为"新时代十年企业文化"典型案例。

从课题阐述的研究背景、创新文化与企业文化的阐述中，人们又能感受到清新之风——

中医药文化底蕴深厚，是中华文明的一大瑰宝，凝聚着中华民族的博大智慧。一直以来，公司坚持贯彻落实"文化强国""文化强企"战略，自觉增强民族自信和文化自信，在"守正"的基础上与时俱进，为新时代中医药文化的创新发展而不懈努力。

课题组牵头召开了5场企业文化座谈会，深入公司所属各单位，了解广大干部职工对企业文化的认同度，并听取意见建议。各单位的党政班子成员、优秀党员代表、优秀职工代表、劳模工匠代表共70余人参加座谈。课题组向职工发放企业文化建设调研问卷，418人参与问卷调研，占本部及沪内全资子公司在编在岗总人数的90.87%。

课题报告认为：企业创新文化是否具有活力，思维起着决定性作用。如果将创新约束在技术革新、产品创新、制度更新等传统理念的"框架"内，那么创新文化就会因失去延展性而变得枯燥乏味。公司从思想观念、战略愿景、经营管理、社会责任等多个层面进行创新探索，使企业的创新文化范畴得到延伸，创新概念变得更为丰满，创新的渗透力也随之得到提升。

2024年，在公司即将迎来70周岁生日之际，公司党委又实施了企业文化提升项目，力争使公司企业文化体系更加完善，特色更加鲜明，亮点更加突出，作用发挥更加明显，为企业长期健康稳定高质量发展提供保障。

历经数十年锲而不舍的探索与实践，公司在融合本企业传统文化和社会先进文化的基础上，正在形成全新的企业文化理念，为内聚员工、外塑形象，促进企业发展，提供了不竭的动力。

第七十节　登高望远向未来

健康长寿始终是人类不懈追求的永恒目标，在新时代背景下，社会经济快速发展，人民生活水平显著提高，健康需求更显其重要性。近年来，国家层面对中医药发展给予了前所未有的高度重视，出台了一系列旨在推动其高质量发展的政策措施，制定发布了"健康中国"战略，鼓励和支持健康产业创新发展，培育新质生产力。这不仅彰显了中医药在维护国民健康中的独特地位，也预示了大健康产业将成为医药行业未来发展的璀璨明珠。

站在新的历史与时代的交汇点上，上药药材，一个承载着七十年光辉历程与深厚底蕴的企业，正以登高望远的广阔视野和格局，紧跟时代发展的步伐，不断推动中药事业的繁荣发展。公司以"大基地、大品种、大品牌、大健康"为引领，秉持"好药材、药才好"宗旨，未雨绸缪，布局中药资源与饮片全国性战略，旨在通过构建完善的中药产业链，为大众提供更高品质的中药健康服务。

在瞬息万变的市场环境中，上药药材始终坚持"传承精华，守正创新"，不断完善市场布局、拓宽业务领域，求新突破，以更加开放的胸怀，迎接未来的挑战与机遇，在激烈的市场竞争中立于不败之地。

战略：筑基固本，全国布局谋长远发展

所谓"一方吃全国"，即中医开的一张方子，上面的许多药材可能来自全国各地。按照中医理论，处方的构成分"君臣佐使"，有君药、臣药、佐药、使药，它们相互协同，互为作用。同样，药材种植、商业流通、中药饮片工业、中成药工业、中药临床使用，这条链应有机连通。公司大力开展中药溯源工作，是为了把这条链通过信息化技术建立溯源体系有机地串联在一起，形成一个整体。公司打造的上海中药智慧云，就是把种植端、生产端、销售端、使用端以及整个体系有机地整合联动。

为了提高中药的临床价值，保证中药质量有效安全，实现企业的长远发展目标，公司精心布局，以"大基地、大品种、大品牌、大健康"为战略导向，勾勒出一幅宏伟的发展蓝图。围绕"全程追溯、定点采购、专业生产、集中检测、统一销售"的核心策略，积极构建四大药材特色全国性战略区域：以上海为中心的长三角经济一体化区域、以川渝为中心的大西南区域、以广东为中心的粤港澳大湾区、以北京为中心的京津冀区域。通过在这些区域优化生产布局，推动企业并购重组，拓展北京、广州等中药饮片市场，稳步实现全国市场的深度拓展，构建起一张覆盖广泛、高效协同的中药资源网络。

围绕这一战略，公司将不断强化基地建设，尤其是中药溯源饮片基地的建设，进一步加强中药材种子种源种植、加工和研发的能力；进一步提升中药材及中药饮片的质量和标准，形成上海的中药行业标准，确保产品每一个药材来源的可追溯、可信赖。

公司将积极布局全国市场，通过基地建设、渠道建设、建立全国中药销售网络，以医院临床使用为方向，不断提高市场拓展率和占有率，扩大品牌影响力。同时，依托坚实的产业链基础与品牌影响力，积极拓展传统配方饮片与高端精品饮片的市场版图，稳步迈向滋补养生、中医康养等大健康领域，开启大健康产业新纪元，为消费者提供更多元化、更全面的健康服务。通过全国市场的深耕细作，进一步加强与行业内优秀伙伴携手合作，共同推动中药产业的高质量发展。

情怀：匠心制药，好药材成就健康未来

中医，这一承载着悠久历史与深厚文化底蕴的健康医学体系，与中药理论共生发展，其临床疗效的彰显，是中医与中药理论在实践中相互验证，两者相辅相成，缺一不可。

中药材，作为中药的基石与灵魂，其质量优劣直接关系到中药方剂的整体效能及最终的临床治疗效果。每一味药材，它们在不同的生长环境、采摘时节、炮制工艺下，展现出各异的药性与功效。因此，确保中药材的纯正与高品质，是保障中医临床疗效的前提与基础。

然而，中药材的种植、采集、加工、流通等诸多环节，均可能受到多种因素的干扰与影响，如土壤污染、气候变化、种子种源、非道地产区、不规范种植等，这

些因素无一不在侵蚀着中药材的纯洁性，降低了其药用价值，进而影响到中医的整体疗效。此外，为了追求低成本、低价竞争，一些不法商家不惜采用染色、增重、生长剂催熟、掺杂等造假手段，严重损害了中药材的品质。

公司经营者充分认识到"中药材的真正价值"，唯有拥有良好的品质保证，药材才能真正发挥其独特的作用，也才能让广大民众对中医药的信任度和获得感大大增强。只有这样，中药事业才能在新时代的浪潮中乘风破浪，继续为人类健康事业贡献力量。

公司始终严守中药产品质量底线，确保每一味药材都能符合国家标准与临床要求。舍得资金投入建设以现代化信息技术手段和科学规范的质量体系，真实记录每一个环节，做到"来源可溯、质量可控、去向可追、责任可究"，从而实现中药饮片从"田头"到"床头"的全产业链环节的质量有效管理，让百姓能吃到放心的好药，进而提升民众对中药的满意度与安全感。

中医药能够流传至今，根本原因是它有疗效。习近平总书记指出，要把中医药"继承好、发展好、利用好"。上药药材经营者带领团队心怀对中医药的信任和热爱，在"功成不必在我"的思想境界、"功成必定有我"的历史担当中，满怀信心直面未来。

树人：药者匠心，锻造专业精英

医者仁心，药者匠心。人才始终是企业蓬勃发展的第一资源，要久久为功。构筑专业的中药人才培育平台，汇聚匠心独运的团队与人才，是成就中药行业领军地位的关键。

随着中医药地位逐渐提升，中国的医药事业迎来了前所未有的发展机遇。公司经营者带领团队将"树人育才"视为支撑企业长远发展的重要战略，致力于培养兼具中药情怀与专业技能的匠心人才。

作为上药药材的领军人，张聪博士在"奋进七十年　感恩有你——药材人的对话"座谈会上，强调"中药是一门经验学科，中药人才要有学历，更要有经历与情怀"。

围绕行业未来的发展，迫切需要更多能在中药材鉴定，中药饮片的炮制、仓储、管理，在质量体系和科研建设等各方面发挥重要作用的匠心人才。这些人才将在推动企业产品品质持续优化与提升的过程中，发挥不可替代的作用。

公司前瞻性地开展中药人才的储备工作，积极打造一支集知识型、技能型、创新型于一体的高素质人才队伍。工匠学院的成立，标志着在人才培养领域迈出了重要且坚实的一步。该学院通过系统的培训项目、专业讲座及深入交流，有效传承和弘扬匠人精神，显著提升员工的专业技能与职业素养。

未来，公司还将继续广泛吸纳行业内的顶尖人才，为创新发展不断注入新的活力与灵感。通过"内培外引"的方式，不断提升员工的职业素养和高技能水平，更重要的是培养一支能长期扎根在中药各领域，坚持不懈、坚韧不拔、刻苦钻研的人才队伍，为公司的持续繁荣与长远发展提供坚实而可靠的人才保障与智力支持。

展望：不忘初心，砥砺前行再出发

七十年风雨兼程，初心如磐，使命必达。

回首过去，公司以辉煌的成就镌刻了坚实的足迹；展望未来，公司将以更加宽广的视野与坚定的信念，矢志前行，以创新和卓越为翼，向着更高远的目标翱翔。

站在七十年辉煌成就的新起点上，药材人满怀信心以健康为基、以梦想为翼，肩负起推动中医药文化传承与发展的重任！为实现"健康中国"的宏伟战略蓝图，上药药材人将一如既往地辛勤耕耘、不懈奋斗，共同续写新的辉煌篇章，迎接更加灿烂美好的未来！

后　记

值此上海市药材有限公司七十周年庆典之际，公司成立编写组，在党委书记、总经理张聪，党委副书记、工会主席凌文婕的带领下，对公司七十年的发展进行回顾总结、传承历史、弘扬正气、激励后人；对公司发展史上具有里程碑意义的人与事以纪实文学载体进行撰写，以更好反映公司七十的春华秋实和七十年的砥砺奋进。

从2024年年初起，在公司各部门、各单位密切配合下，编写组收集整理了七十年公司发展进程中的大事和先进人物事迹，并进行梳理和考证，按照真实、正向、全面的要求，反映公司职工七十年不懈奋斗的历程，为读者了解公司发展，激励后人继续努力奋进起到导向作用。

与此同时，为客观反映公司发展历程和功绩，编写组怀着崇敬的心情，分别采访了公司部分老领导与现任领导以及曾经在公司发展进程中作出贡献的前辈；实地走访了公司所属单位和生产基地，亲身感受一线员工的爱企敬业的精神；通过与有关人员的访谈，真实了解公司在科研、生产、营销、人才培养上和文化建设等方面的举措；查阅档案中的公司发展史及历史故事，加深了解公司在不同发展阶段的历史功绩和经验教训。

在此基础上，编写组以公司七十年发展为时间轴，以各个阶段重大工作举措、重大经营安排、重大活动推进、重大里程碑成果以及党建引领、工会凝聚、人才培育、文化建设等为叙事主题，取名《厚德远志》，以纪实文学的形式，全面展现公司成就，勾勒了公司成立至今七十年历经的风风雨雨，诠释药材人七十年来永葆基业长青的心路历程和付出的辛勤汗水，展现公司发展的整体面貌，以此更好地回顾过往，总结经验，激励后人，为公司成立七十周年献上一份厚礼。

编写组成员深深为药材人的"坚忍不拔、艰苦创业、不断拓展"的创业精神所感动；深深为药材人的"守正创新、与时俱进、持续发展"的执着坚守精神所鼓舞。每每提笔写作，总有千言万语道不尽的感慨，说不尽的峥嵘历程，叙不完的历史功绩。《厚德远志——上海市药材有限公司七十年发展纪实（1955—2025）》一书的编写，更是历经了十个月，写就五章七十节的纪实文学稿。

编写组在整理和写作过程中，共召开专题讨论会三十余次，并多次登门采访相关同志，为本书征集到很多一手资料。在采访公司退休高级专家严崇萍一个月后，老人家溘然离世，令人唏嘘。

编写过程中，还得到公司各单位、各部门及公司老领导、有关人员的大力支持，为编写组提供了大量文字材料和历史照片，为后人了解公司、热爱企业提供了相对完整的基础史料和宣传教材，这也是对公司历史记录的一次补正和抢救。

参加本书撰写和提供材料的达百余人（按姓氏笔画排序）如下所示：

丁仁忠　丁建弥　马冰洁　马晓骅　王士祥　王卫红　王　平
王　宁　王丽丽　王惠清　王　慧　王　震　毛羽丰　方　亮
叶松虎　叶愈青　卢静雯　乐　勤　冯顺宝　司睿蓉　吕国文
吕婷婷　伍兆宏　朱承伟　朱国琴　朱海嫔　朱惠心　朱　翔
刘　佳　刘国栋　刘明朗　刘勇军　刘　峰　刘晓燕　许振光
许锦柏　汤雅萍　孙龙惠　孙　帆　孙峥嵘　劳三申　严崇萍
李远帆　李佳蕾　李保卫　李剑峰　李　悦　李跃雄　李锭富
李蓉蓉　杨　宁　杨　弘　杨玮玉　杨　勇　苏俊英　苏　瑶
苏　毅　吴伟英　吴树华　吴晓春　吴悦瑛　吴　燕　余卫东
何宝鑫　何　健　邱晔华　邹　敏　汪承先　沈文权　沈平孃
沈建亚　沈敏捷　宋学文　宋　嬿　沙　江　闵莉丽　陈一诚
陈军力　陈欣怡　陈学根　陈保华　陈剑煜　陈逸红　陈潇潇
张元珍　张建南　张洪魁　张　雪　张　琼　张福敏　张　聪
张增良　陆培康　陆燕萍　范　磊　周云鸿　周宁舜　周果威
金凤敏　金　波　金海燕　金望东　季伟苹　庞继亮　郑　熠
孟晓萍　项荣荣　赵洁梅　赵培颖　俞爱琴　娄永康　胡　方
胡　怡　洪光祥　姚韧九　侯　伟　施奕君　夏伟勇　夏　坚
夏霞云　顾初章　顾　俊　顾振乐　顾　萍　莫静义　徐文财
徐志仁　奚永林　凌文婕　涂幼婕　高俊斌　谈景福　堵仁杰
黄丽娅　黄哲夫　黄　静　崔进军　章　瑾　梁晓蕾　彭　琳
程　斌　童俊伟　谢德隆　詹子夏　裴卫忠　臧　艳　潘建人
霍全胜　薛绍达　魏兴泉　戴家骅

在此，向公司各部门和单位，向倾力相助的老领导和相关人员表示衷心的感谢！

编写过程中，也得到社会各界朋友的热情关注和大力支持。国家中医药管理局原副局长、中国中药协会专家委员会主任委员房书亭为本书作序。

忆往昔峥嵘岁月，每每掩卷，公司七十年发展的一幅幅画面总是挥之不去。这正是一代代"上药药材"人的薪火相传、接力奋进，才有了今天的一片基业，有了本书的厚重与感动。至此掩卷，除了感恩，还有许多遗憾。由于历史久远，历经多次搬迁，致使资料不全，有些事件无法查证，难免存在偏差；限于篇幅，对企业作出贡献的人员也不能一一提及，疏漏之处在所难免。

上海市药材有限公司已经走过整整七十年光辉历程，还将继续乘中医药大发展的东风，发扬七十年积淀的优秀特质，为公司基业长青而不懈努力奋进。

《厚德远志》编写小组

2024 年 10 月

附录一 公司大事记

创业初成（1955—1966）

1955 年

1955 年 1 月 3 日，中国药材公司上海市公司成立，地址为西藏中路 69 号，公司下设业务、储运、财务、计划、物价、秘书、组织 7 科和 1 家磨粉厂、1 个批发部，人员共计 377 人。1959 年 1 月 4 日，公司本部迁至汉口路 239 号。

1955 年 1 月 3 日，"上海市药材公私联购处"由上海市人民政府工商局核准备案，其中公股占 15%、私股占 85%，1959 年 4 月 28 日撤销。

1955 年 1 月 7 日，公司第一届党支部成立。支部委员由 7 人组成，单裕民任书记、倪云洲任副书记。支部成立时有党员 28 人，其中候补党员 9 人。

1955 年 1 月 9 日，公司第一届团总支成立，蔡祖慈任书记。

1955 年 1 月，公司第一届工会成立，朱剑萍任工会主席。

1955 年 1 月，公司为加强中药零售商进货管理，实行计划供应措施，规定各零售店编制季度要货计划，经审查后核定计划数供应货源。

1955 年 3 月 18 日，上海市人民委员会任命单裕民为公司副经理。

1955 年 4 月 6 日，公司首派人员赴西藏，在拉萨、昌都等地区进行为期一年的中药材收购和资源调查，供应上海市场贝母、麝香、鹿茸、冬虫夏草等商品。1960 年至 1979 年，公司共派出 11 批、111 人次进藏工作。

1955 年 7 月 1 日，根据国务院有关指示，随着中国药材公司归属全国供销合作总社系统，中国药材公司上海市公司更名为中华全国供销合作总社上海市中药材经营处，归全国供销合作总社中药材管理总局、全国供销合作总社上海办事处领导。

1955 年 10 月，外马路仓库职工为了从笨重体力劳动中解放出来，成功研制出上海市中药系统第一台载重 150 公斤的药材堆垛机。

1955 年 12 月，公司对上海市中药零售商生产的中成药，实行加工订货、收购、包销等，当年计有 12 家中药店、51 个品种、金额 74.6 万元；至 1957 年，发展为 48 家中药店、226 个品种、金额 441 万元。

1955 年，公司首派人员赴新疆采购药材，调入甘草、红花、生贝等商品支援上海市场。

1956 年

1956 年 1 月 20 日，上海市人民委员会批准上海市中药业实行全行业公私合营。计有国药店 777 户，从业人员 5 415 人；药材业 146 户，从业人员 1 020 人；参茸业 67 户，从业人员 539 人。

1956 年 1 月 23 日，上海市国药、药材公私合营委员会和参茸银耳公私合营工作委员会成立。同年 1 月 27 日，通过清产核资工作方案（草案）；同年 8 月经全业清产核资，认定私股股金 728.5 万元，按国务院规定每年向私方发放 5% 定息。

1956 年 1 月 26 日，经上海市委组织部批准，并经全国供销合作总社理事会同意，单裕民、李廷奎任上海中药材经营处副经理。

1956 年 2 月 11 日，上海市卫生局对上海市国药商业同业公会报送的《国药固有成方标准（草案）》审核完毕，成为上海市中药店制备中成药的统一标准。

1956 年 4 月 1 日，中华全国供销合作总社上海药材经营处更名为中国药材公司上海市公司，归中国药材公司和上海市第一商业局领导。

1956 年 4 月，公司成立参茸批发部，地址为人民路 328 号，1959 年 1 月 12 日撤销，业务并入外马路批发部。

1956 年 6 月，沈纪卿被评为上海市先进生产（工作）者。

1956 年 7 月 1 日，公司科室改为行政管理机构，下设药材批发商店和成药批发商店。药材批发商店经营药材购销业务，原各批发所改称批发部，归属其领导，孙玉堂任党支部书记兼经理。成药批发商店以收购和加工成药为主，兼办外地调拨供销业务，郭继忍任党支部书记兼副经理。1958 年 8 月 11 日，在原药材批发商店和公司业务科基础上，成立第一业务科；在原成药批发商店和国药参茸批发部基础上，成立第二业务科。

1956 年 7 月 12 日，公司设立药材收货处，地址为延安东路 175 号。

1956 年 9 月 27 日，卫生部《为通知中药秘方制造保密的几点内部掌握原则，希望查照执行》文件规定，雷允上六神丸列入国家保密制造范围。

1956 年 9 月底，根据国家有关"量才使用，辅以必要照顾"的原则，公司对 1 022 名资方实职人员作出安排，包括任命公司副经理 1 人、副科长 2 人。

1956 年 11 月 1 日，上海市人民委员会财办党委批复，提任王维扬为公司副经理。

1956 年 11 月 9 日，根据市人民委员会文件，李廷奎、张善章、单裕民为中国药材公司上海市公司副经理。

1956 年 12 月 13 日，经市委财贸工作部批准，李廷奎为中国药材公司上海市公司经理。

1957 年

1957 年 2 月 5 日，上海市政协委员、著名中医师丁济民主持中医中药结合工作会议，上海市中医药界程门雪、姜春华、石筱山、夏忠芳、顾伯华、钱伯文、汪殿华等专家、教授出席。自此，公司与市医学会、市药学会保持经常联系。

1957 年 2 月 8 日，公司在丹巴路征地 5.5 亩，投资建造简易仓库及熏焙房 2 112 平方米，建立丹巴路仓库。

1957 年 3 月 22 日，上海市供销社通知从 4 月 1 日起，本市郊区生产的药材（包括家种及野生），由上海市药材公司批发商店直接收购。

1957 年 8 月 19 日，经上海市商业一局批准，成立上海市药材交易所，规定所有药材进交易所成交；除国家统一收购的品种外，其他药材由买卖双方自由讲价，必要时交易所可根据货源供求及照顾购销双方正当利益，对进场商品采取民主议价或进行货源分配。

1957 年夏至 1958 年 6 月，姜衍泽堂（发记）中药店研制成功以氧化锌橡胶为基质的伤湿宝珍膏，成为国内首创的中成药硬膏新剂型，1958 年由上海市卫生局批准生产。1959 年，该店工场并入黄浦中药联合制药厂。

1958 年

1958 年 1 月 17 日，中国药材公司上海市公司更名为上海市药材公司，归卫生部药政管理局和上海市卫生局领导。

1958 年 1 月，上海市药材公司制药厂成立，员工二十余人，生产片剂、糖浆等四十多个品种，厂址为金陵东路 417 号，由公司成药商店主管。

1958 年 5 月，公司成立上海中药切制厂，地址为丹巴路 5 号，生产饮片品种 170 余个，后增至 230 余个，改变了上海市国药店"前店后场"的中药饮片加工方式。

1958 年 6 月 8 日，上海市中医学会、市药学会召开座谈会。出席会议的有中医专家，市卫生局药政处人员，中药工作者等。会议就药材品种、饮片加工、成药生产等问题开展交流。公司副经理单裕民在会上发言。此为上海市中医药联手推进中医药事业建设的重要起点。

1958 年 6 月 23 日，公司通知各区药材区店，7 月 1 日起第一批 230 种药材，统一饮片零售价格。8 月 1 日，公司降低 22 种饮片零售价，平均降幅为 20.57%。

1958 年 7 月 5 日至 8 日，公司参加上海市土产出口公司召开的中成药产销协作会议，讨论提高中成药质量、争取中成药出口和在国外进行宣传等问题。

1958 年 8 月 1 日，公司主导成立公私合营上海中药联合制药厂，由胡庆余、童涵春、蔡同德、雷允上等药店的成药工场以及永顺泰磨粉厂合并而成。厂部人民路 324 号，职工 497 人，生产品种 252 个。李厚海任党支部书记，方国风任厂长。

1958 年 8 月 14 日，公司在中山西路 1500 号征地 33.782 亩，建造药材仓库，1959 年 2 月 16 日投入使用，建筑面积 2 020 平方米，命名为上海市药材公司中山西路仓库。后经不断扩建，80 年代仓库建筑总面积达 25 000 平方米。

1958 年 8 月，上海市药材公司第一届党总支成立，李廷奎任党总支书记，单裕民、王维扬任副书记。

1958 年 8 月，上海中药联合制药厂参与由北京药品生物制品检验所组织的人工牛黄研制并获成功。

1958 年 10 月 31 日，公司贯彻国务院关于中药材"就地生产，就地供应"方针，成立药材生产筹备工作组。公司在龙华、浦东两地种植土藿香、佩兰、紫苏、豨莶草等 20 余个品种，并将大部分鲜货直接供应市区中药店使用。1958 年末，市郊 11 个县的 87 个人民公社中药材种植面积 5 751 亩，品种 230 余个。1959 年 3 月，公司在龙华乡建立华泾培植场，引种、试种各省药材 50 余个品种。

1958 年 10 月，上海市各县医药公司归上海市药材公司领导。

1958 年 11 月，公司第二届团总支成立，赵荣卿任书记。

1958 年，上海中药联合制药厂建立试验室，1960 年扩大，设置制剂、药理、分析、生药等组。

1959 年

1959 年 1 月 1 日，黄浦区药材公司报请区人民政府商业科批准，将达仁堂、宏仁堂、姜衍泽堂、郑福兰堂、种德园堂等 30 家药店的中成药工场合并，成立公私合营黄浦中药联合制药厂，职工 288 人，生产中成药 130 余种。1960 年 1 月，邑庙中药制药厂并入；1963 年，南市中药厂成药大组并入。

1959 年 1 月，公司与中国药学会上海分会协作编辑的《药材资料汇编》上、下两册，由科技卫生出版社出版。

1959 年 4 月，公司派员参加上海市卫生局组织编写的《上海市饮片炮制规范》第一版发行，收载药物 933 种。

1959 年 5 月 10 日，公司举办第一届运动会，429 名运动员参加短跑、接力跑、自行车、跳高、拔河等项目比赛。

1959 年 7 月 6 日，经上海市农村工作委员会批准、松江县人民委员会同意，松江县天马山、钟家山、后山三座山头拨公司使用；刘家山、温家圩等四块土地共 172.3 亩由公司征用，公司支付征地、补偿等费用 42 万余元。公司成立天马山药材培植场。

1959 年 7 月 23 日，公司成立药材生产科。

1959 年 8 月，经上海市人民委员会批准，公司成立上海市中药学校，公司经理李廷奎兼任校长。当年招收两个班级，80 名学生，学制三年；9 月 1 日开学，临时校址为北京东路国华大楼 5 楼。1960 年 9 月，迁入嘉定外冈新校址，校舍面积 4 012 平方米。1960 年和 1961 年继续招收学生共 130 名。1962 年 12 月 3 日学校停办。

1959 年 9 月 1 日，公司招收第一批艺徒 200 名，分配到药厂、切制厂、仓库、市区中药店学艺三年。

1959 年 10 月 21 日，上海市工业、交通运输、基本建设、财贸方面社会主义建设先进集体和先进生产者代表大会举行。上海中药联合制药厂修配车间被评为先进集体，同年又被评为全国先进集体，谢杏富代表先进集体参加全国工业、交通运输、基本建设、财贸方面社会主义建设先进集体和先进生产者代表大会。上海中药切制厂陆来贵被评为上海市先进生产者。

1959 年 11 月 7 日，公司在嘉定县外冈初建鹿场。当年，从辽宁省调来梅花鹿 2 头，尝试"北鹿南养"获得成功。1960 年至 1962 年，又从北京调来梅花鹿 30 头，从新疆调来马鹿 126 头。1961 年 5 月 10 日，公司松江天马山鹿场竣工。外冈养鹿场迁入，成立上海市药材公司天马山鹿场。

1959 年 12 月 5 日，公司第二届工会成立，王忠发任主席。

1960 年

1960 年 1 月 14 日，国营上海市药材公司制药厂和公私合营上海中药联合制药厂合并，但对外保留两个厂名。

1960 年 3 月 8 日，公私合营上海中药联合制药厂工人封翠英被评为"市三八红旗手"。

1960 年 5 月 3 日，公司成立技术革新办公室。

1960 年 5 月，国内第一支抗菌消炎中药复方注射液——"抗 601"诞生，产品由上海医药工业研究所和上海中药联合制药厂联合研制。1969 年，经改进处方与工艺，更名为银黄注射液。

1960 年 5 月，上海中药联合制药厂在上海医药工业研究院协作下，试验成功"水提醇沉""减压蒸馏"真空干燥工艺，用于注射液和片剂生产。

1960 年上半年，公司第一届团委成立，郭继忍任书记。

1960 年 7 月 4 日，市卫生局批准公司成立第一届党委，党委委员：李廷奎、单裕民、王永信、沈惠民、谢霖富、李厚海、郭继忍。李廷奎任党委书记，单裕民任党委副书记。下设七个支部。

1960 年 7 月，公司和上海市药检所、黄浦区药材公司联合组成"民济堂草药整理研究小组"，对创设于 1923 年的民济堂草药店经营特色"问病卖药"和 200 余种特有药物进行整理研究。1967 年 4 月药店改名为群力草药店。

1960 年 8 月 1 日至 25 日，北京、天津、上海三市药材公司开展竞赛，卫生部药政局邀请广西等 11 个省区药材公司对三市中药工作进行检查评比。

1960 年 11 月 1 日，外马路批发部搬迁至丹巴路 5 号与中药切制厂联合办公，并改名上海市药材公司批发部。中药切制厂机构不变，两单位联合建立党支部。

1960 年 11 月 11 日，上海市卫生局报上级批准，提任王永信为公司副经理。

1960 年 12 月 12 日至 18 日，公司组织上海市中药质量大检查，检查了 133 家单位的药品质量和服务态度，听取 66 家医疗单位、85 位中医师的意见。

1961 年

1961 年 3 月，浙江省舟山县的嵊泗列岛划入上海市建制后，公司分批派员去该岛开发药材资源。

1961 年 7 月，公司第三届工会成立，郭继忍任主席。

1961 年，由上海伤科名医石筱山拟定处方，黄浦中药联合制药厂研制投产新产品伤湿止痛膏。

1961 年，上海市卫生局批准投资 30 万元，修建上海中药联合制药厂水剂车间（提取）和针剂车间（灌封），形成中药针剂生产线，年生产能力为 5 万支（2 mL/安瓿）。

1961 年，上海中药联合制药厂在承接上海第二军医大学初步提出的工艺路线基础上，开展人工天竺黄代替进口天竺黄的研究。1968 年起，人工天竺黄在上海地区试作药用，1970 年由上海市卫生局批准投产。1975 年，产品移交公司天马山车间生产。

1962 年

1962 年 3 月，上海中药联合制药厂徐宝树被评为"1960—1961 年度市先进生产（工作）者"。

1962 年 6 月 18 日，公司会同上海市药检所开展全市药品大检查，对市、县的中药切制工厂和零售店等 106 家单位的药品质量进行全面检查。

1962 年 12 月 14 日，公司第四届工会成立，杨德常任主席。

1962 年 12 月 20 日，经上海市卫生局党委批准，公司党委改选，第二届党委由李廷奎、单裕民、王维扬、王永信、李厚海、沈惠民、郭继忍、谢霖富、陆玉琦九人组成。李廷奎为书记，单裕民为副书记。

1962 年年底，因上海市中药学校停办，团员人数减少，公司团委改为团总支，董炳麟任第三届团总支书记。

1963 年

1963 年 2 月 5 日，公司下达"对各级医疗机构供应中成药的暂行办法"，规定原由上海市公司直接供应的 22 个医疗机构暂仍由市公司供应；各区可指定供应站或加工厂为区级供应机构，负责区内医疗机构、中药店、药房、新村商店等供应；各县仍由县公司批发部负责供应；工厂医务、保健站及事业单位仍由中药店按零售价供应。

1963 年 2 月，公司中药切制厂陆来贵、公司批发部郑德林、黄浦中药联合制药厂张景飞被评为"1962 年度上海市先进生产（工作）者"。

1963 年 7 月 1 日至 14 日，公司在上海市药检所配合下进行药品质量大检查，检查市、区、县公司的仓库、药厂、批发部、切制厂、门市部、煎药站等 184 个单位，占总户数的 37.23%。

1963 年 10 月，公司车队成立，人员 29 人，机动车 9 辆。

1963 年 11 月 15 日，上海市卫生局批复，上海市药材公司制药厂和公私合营上海中药联合制药厂的名称一并撤销，合并更名为"国营上海中药制药厂"，1964年 1 月 1 日启用新厂名。合并时，共有职工 641 人，生产品种 262 种。

1963 年 12 月 20 日，经上海市卫生局批准，授予孔庆蕃、胡章才等 25 人中药师技术职称。

1964 年

1964 年 1 月 1 日，上海中药制药厂启用"上药"商标。

1964 年 1 月 1 日，公司更名为中国药材公司上海市公司，划归上海市第一商业局领导。

1964 年 3 月，根据商业部指示，公司副经理王维扬带队到南市区童涵春药店进行零售企业整顿试点工作。通过整顿，全市进一步建立和完善了药店管理制度，提高了经营管理水平。

1964 年 6 月 23 日，上海中药职业学校成立，校址为山东中路 298 号，学制三年。同年 9 月，经上海市教育局统考，招收初中毕业生两个班级共 100 名学生。公司经理李廷奎兼任校长，董炳麟任副校长兼党支部书记。

1964 年 7 月 22 日，公司发文要求各县药材公司抓好郊县中药行业经营管理，并随文下发《对郊县中药行业改善企业经营管理的意见（试行）》。

1964 年 10 月，公司决定对上海中药切制厂进行改建，将其转型为中成药厂，原饮片加工经营业务下放至各区加工场。1966 年至 1968 年，各区饮片加工场相继改名为区中药切制厂。

1965 年

1965 年 3 月 24 日，公司成立民兵团，沈惠民任团长，李廷奎任政委。

1965 年 4 月，根据上海市商业一局党委通知，公司向全体职工分发《毛主席著作选读》，共计发出甲种本 445 套、乙种本 1 420 套。4 月 16 日，公司召开"学习毛主席著作积极分子大会"。

1965 年 5 月，上海中药职业学校实行半工半读，学制改为 4 年。同年 9 月，又招收 100 名初中毕业生；还开办工读训练班，招收 60 名初中毕业生。"文革"期间，中药职业学校改名"上海市中药半工半读学校"。1968 年 12 月，学校 64 届毕业生分配工作，65 届学生动员上山下乡，工读班学生转公司当学徒。1970 年 9 月学校停办。

1965 年 8 月 15 日，卫生部、商业部等下达《积极做好成药下乡的联合通知》，公司将中央通知规定的 22 个中成药和上海规定的 11 个中成药定为必备品种。1965 年 9 月 21 日，公司成立成药下乡工作组。至 1966 年 1 月，全市 10 县的 1 447 家下伸店，已有 922 家经营中成药。

1965 年 9 月，上海市城建局调拨奚家塘南公地 27 亩给公司，建造药材仓库。

1967 年 4 月仓库投入使用，隶属外马路批发部领导。1968 年 9 月 26 日，该库成为独立单位，命名为"上海市药材公司沪闵路仓库"，李明淡任革委会主任。

1965 年 12 月 6 日，卫生部药政局、中国药材公司等部门下发通知，中药批发环节用秤改为一市斤十两制，1966 年 3 月 1 日起执行。公司据此布置上海市中药系统执行。

1965 年 12 月 15 日，国营上海中药制药厂更名为国营上海中药制药一厂；上海中药切制厂更名为国营上海中药制药二厂。1966 年 1 月 1 日起启用新厂名。

1965 年 12 月，上海市卫生局组织修订的 1965 年版《上海市中成药制剂规范》发行。该书正文部分收载中成药 358 种，公司派员参加编写工作。

1965 年，黄浦中药联合制药厂与上海医工研究院、曙光医院等协作研制感冒退热冲剂，1966 年 12 月试制成功，为全国首创的新剂型（后国家药监部门改称颗粒剂），1968 年 5 月 14 日通过鉴定，同年 7 月 18 日批准生产。

1966 年

1966 年 3 月 8 日，中药制药一厂林茂宝、中药制药二厂陈双娣、中药职业学校鲍珊珊、外马路批发部杨根芳、黄浦中药联合制药厂姚凤英被评为"上海市三八红旗手"。

1966 年 4 月 30 日至 8 月 5 日，中国医药公司奉贤县等 10 个县公司，并入中国药材公司上海市公司各县药材公司。

1966 年 5 月 18 日，上海市商业一局批准，投资 40.52 万元筹建黄浦中药联合制药厂新厂房。经上海市城建局核准，在上海县老沪闵路 1303 号征地 15.4 亩，新建砖混结构的二层厂房，建筑面积 3 320 平方米。生产规模为年提取液 600 吨，膏药 1 亿片。1967 年 10 月，新膏药、膏露等生产部门逐步迁入，定名"沪闵路车间"。

1966 年 9 月，公司临时党委会成立，临时党委委员：李厚海、张淑云、蔡祖慈、陈德明、张杏生、陆玉琦、郭继忍。李厚海任临时党委书记。

1966 年 12 月，公司临时党委决定，黄浦中药联合制药厂和虹口中药制药厂，分别改名为"上海中药制药三厂"和"上海中药制药四厂"（仍归区公司领导）。1968 年中药制药四厂撤销，部分职工并入中药制药二厂。

1966 年，公司第五届工会成立，俞德庆任工会主席。

逆势前行（1967—1978）

1967 年

1967 年 4 月 1 日，公私合营上海黄浦中药联合制药厂改为国营上海中药制药三厂。

1967 年 5 月，上海市开展河蚌育珠试验。1968 年通过卫生部、上海市卫生局和公司联合鉴定后，公司下达收购计划。1969 年，上海市养殖面积扩展至 10 县 84 个乡。1979 年珍珠产量 1 805 公斤。

1967 年 10 月 24 日，公司革委会成立，成员 24 人，其中常委 9 人，单裕民为主要召集人。

1968 年

1968 年 3 月起，公司在山东中路 222 号、中山南路 121 号、中山西路 1500 号等处，筹组机修工场，商业部拨款部分技术措施费。1973 年 8 月 30 日，国务院转发国家计委、商业部报告，指定上海、长春、周口、天津成立中药机械厂。1974 年 1 月，机修工场改名为"上海中药机械厂"，后在真北路 206 号征地 11.6 亩建新厂房，1978 年 10 月动工，1981 年 12 月建成，投资 108 万元，建筑面积 5 656 平方米。

1968 年 5 月 22 日，宜山路仓库竣工验收，地址为中山西路 1695 号，建筑面积 3 629 平方米，隶属中山西路仓库管理，1977 年 8 月 11 日成为独立单位，命名"上海市药材公司宜山路仓库"，施仲良任党支部副书记兼仓库副主任。

1968 年 12 月，中药制药三厂与上海医工院协作试验"薄膜浓缩法"获得成功，用来替代旧式蒸汽夹套的中药水剂浓缩，缩短热交换时间，改善工作条件。

1968 年以来，中药制药三厂开展剂型改革，将大蜜丸牛黄解毒丸改为牛黄解毒片；1969 年 12 月，将银翘解毒丸（大蜜丸）改为银翘片；1979 年，将橘红丸改为橘半冲剂。

1969 年

1969 年 8 月 6 日，公司成立"整党建党领导小组"，并确定中药制药一厂为试点单位。同年 12 月 31 日，经上海市商业一局党的核心领导小组批复，该厂成立新一届党支部。

1969 年 8 月 25 日，公司执行上级部门有关"干部下放劳动"指示，成立"四个面向"（面向农村、面向边疆、面向工矿、面向基层）工作小组，共有 19 名干部被分配外地或本市各单位。

1969 年 11 月 25 日，公司为完成商业部下达的战备中成药生产任务，成立战备药品工作小组。

1969 年 12 月 1 日，公司全面调整上海市中药零售价格，计有饮片 813 种，降幅为 35%～42%；中成药 268 种，下降总水平为 15.1%。同时，统一了上海市区和郊县的零售价。

1969 年年末，在上海医工院帮助下，中药制药一厂从中药材黄芩中提取黄芩甙，成为新的中药原料药，1970 年投产。此后，陆续用于配制生产银黄注射液、银黄片、茵栀黄注射液和黄芩甙片。

1969 年年底，公司系统 100 余名干部陆续赴上海市财贸五七干校劳动，1971 年年底大部分干部返回公司。

1970 年

1970 年 1 月 10 日，上海市商业一局党的核心领导小组批复，李嘉和、陈业芳、宋学文、蔡祖慈四人组成公司党的核心领导小组，李嘉和任组长。

1970 年 1 月 24 日，上海市商业一局批准公司革委会调整班子，由 16 名成员组成，李嘉和任主要召集人。

1970 年年初，由公司上报计划，上海市农业局、上海市商业一局联合下达上海市中药材种植计划面积 12 000 亩。至 1983 年，有关部门均按此数字为依据，下达田亩计划。

1970 年 6 月 10 日，上海市商业一局党的核心领导小组批复，李嘉和、邵洪泰、单裕民、董炳麟、蔡祖慈组成公司第三届党委，李嘉和任书记。

1970 年 7 月 1 日，外马路批发部撤销，成立外马路仓库。孙锦章任仓库党支部书记兼革委会主任。

1970 年 7 月 1 日，根据商业部通知精神，公司降低 136 种中成药零售价格，下降水平为 9.41%。

1970 年 12 月 22 日，公司成立业务部，全面负责采购、种植、供应、储运等业务工作，1972 年 3 月 6 日撤销。

1970 年至 1971 年，中药制药一厂投产一批中药注射剂新品。其中，1970 年有板蓝根注射液；1971 年有复方柴胡注射液、复方当归注射液。

1970 年开始，中国医药科学院药物所、上海中药制药一厂和山东济南中药厂等协作起步研究人工合成麝香。1974 年，公司中药研究室（上海市中药研究所前身）成立后，接替中药制药一厂参与研制。

1971 年

1971 年年初，中药制药二厂为对外开放单位。朝鲜民主主义人民共和国卫生部部长参观该厂。

1971 年 4 月，公司与江西、山东等省药材公司联合发起，建立每年一度的华东地区中药材协作会议制度，议定每年例会由华东 7 省市药材公司轮流召开。1971 年 4 月在江西遂川召开一届一次会议。

1971 年 5 月 22 日，柬埔寨王国尤瓦那王子和柬埔寨驻中国大使吉春大臣等二十余人参观中药制药二厂。

1971 年 6 月 9 日，公司召开会议，要求广大干部职工重点学习六本马列著作。此后，公司组织短训班等推动学习。

1971 年 11 月 3 日，公司成立工代会，宋学文任主任。

1971 年 12 月，公司成立工业组，主管中成药生产、基建和工业科研，兼管中成药质量工作。后工业组改为工业科，基建、科研和质量等工作也逐步移归新组建的基建科、科技科和质量科等。

1971 年，公司在天马山养鹿场建立备战车间，1973 年 5 月，投产枇杷叶膏、益母草膏，1975 年停产。1976 年生产人工天竺黄。1982 年 9 月，备战车间改名为天马中药加工厂。1988 年 2 月，改名为上海天云中药保健品厂。

1972 年

1972 年 1 月 11 日，"中国人民解放军毛泽东思想宣传队"进驻公司，"军宣队"负责人全双林任公司党委副书记。1973 年 5 月 11 日"军宣队"撤离。

1972 年 2 月，经上海市革委会批准，中药制药一厂迁址陆家浜路 914 号原上海商业会计学校内。

1972 年 3 月 1 日，上海市商业一局革委会同意，单裕民任公司革委会副主任。

1972 年 3 月 6 日，经上海市商业一局批准，公司科室改为"七组一室"制（采购、供应、储运、工业、综合、后勤、组织、办公室）。

1972 年 4 月，公司负责起草 1977 年版《中国药典》的部分中药标准。其包括：中药材血余炭、鸡内金、珍珠等 23 种，中草药提取物及制剂汉肌松、银黄注射液、穿心莲内酯等 15 种，中成药石斛夜光丸、苏合香丸、伤湿止痛膏等 26 种。

1972 年 5 月 1 日，中国药材公司上海市公司革委会改名为上海市药材公司革委会。

1972 年 7 月 17 日，上海市商业一局通知，本市市区的医药和中药区店合并，统一由上海市药材公司归口管理。通知要求商品流转统计，统一报送上海市药材公司。

1972 年 9 月 6 日，中药制药一厂在中药麻醉协作组成员单位和解放军第 88 医院协助下，试制成功以中药洋金花为主药的中麻 II 号注射液，专供医疗单位手术麻醉使用。

1972 年，卫生部、商业部颁布《人工牛黄暂行质量标准》，开辟了新的牛黄代用药源。上海中药制药一厂成为全国人工牛黄主要生产基地。

1972 年开始，中药制药三厂与上海农科院食用菌研究所协作，开展真菌类药物研究，开发中药原料新门类。至 1985 年，开发了灵芝片、猴菇菌片、安络解痛片、云芝片及云芝胶囊等真菌类药物。

1973 年

1973 年 1 月 29 日，公司第二届团委成立，龚佩芬任书记。

1973 年 2 月 26 日至 27 日，公司召开第六届工代会。3 月 5 日，上海市商业一局党委批复林秀琴任主任。

1973 年 4 月 28 日，上海市商业一局批复，同意公司成立质检组（科）。

1973 年 5 月 24 日，公司组织上海中药系统（市区）技术操作比赛，分设老年组、中年组、青年组和艺徒组，参加人员约 800 人。比赛项目有：药品知识笔试、算方计价、填写药物类别和药用名称、配方操作、配伍应付、药品鉴别。

1973 年 9 月，上海市药材公司技工学校成立，校址为河南中路 275 号，设置药厂班、药店班和仓库班，招收中学毕业生，学制两年。当年招收 3 个班级、150 名学生。1983 年 9 月，学制改为三年。

1973 年 11 月，公司会同上海市药检所开办细菌检验学习班，培训中药厂菌检人员。1974 年年初，公司各药厂都设置细菌检验室。

1973 年 12 月 5 日，世界卫生组织考察组人员纽威尔（新西兰）、凡拉（马耳他）、菲拉奥特（法国）参观中药制药二厂。

1973 年，上海市革委会批准中药制药一厂迁址。1976 年 3 月，该厂在真北路 233 号征地 30 亩，建造新厂房。生产规模为年提取能力 2 600 吨，合成牛黄 1 吨，针剂 1 亿支，片剂 12 亿片。1979 年 8 月 1 日，新厂房建成并开始办公。项目投资 446 万元，建筑面积 20 811 平方米。

1974 年

1974 年 1 月，商业部批准改建中药制药二厂煎膏车间和药酒制酒设备，投资金额 164 万元，1979 年 11 月 26 日建成。提取车间安装有直径 3 米、容积为药汁 50 吨的锥体立式提取锅，实现密封提取，管道化生产。

1974 年 2 月 1 日，上海市药材公司中药研究室建立，下设行政、植化、药理、制剂四个组，地址为人民路 324 号。

1974 年 4 月，毛里塔尼亚伊斯兰共和国总统达达赫参观中药制药二厂。

1974 年 5 月 30 日，中药制药一厂在协作组成员单位和解放军第 88 医院协作下，试制成功"中麻Ⅱ号催醒注射液"和"汉肌松注射液"，由上海市卫生局批准生产，产品与中麻Ⅱ号注射液配套使用。

1975 年

1975 年 3 月 27 日至 9 月 7 日，应毛里塔尼亚伊斯兰共和国卫生部和达荷美（贝宁）共和国公共卫生部分别邀请，卫生部派出中国药用植物考察组，赴两国进行药用植物资源和关于援建草药厂可行性的考察，中药制药一厂童俊伟参加考察。

1975 年 4 月 15 日，上海市商业一局党委批复，同意邵洪泰任公司党委副书记、革委会副主任。

1975 年 5 月 13 日至 9 月 26 日，公司会同上海市药检所赴川沙县中药加工场蹲点，帮助提高饮片质量。同年 11 月 5 日，召开现场交流会，其为以后每年开展的上海市饮片生产质量评比奠定了基础。

1975 年，中药制药一厂试制成功参桂鹿茸口服液，以后又开发上海人参蜂皇浆，口服液制剂成为中成药新剂型。

1976 年

1976 年 4 月 2 日，成立中成药研究室情报中心站（上海）；1979 年 7 月更名为国家医药管理局中成药情报中心站，仍由公司兼管。

1976 年 4 月 28 日，上海市商业一局党委根据上海市革委会财贸组批复，同意李廷奎任公司顾问。

1976 年 6 月，中药制药三厂在老沪闵路厂区内建设整贮磨粉车间大楼，1978 年 9 月动工，1979 年 6 月建成投产，投资金额 64 万余元，建筑面积 4 856 平方米。

1976 年 8 月，唐山大地震发生后，公司成立抗震救灾工作组，至 8 月底共有 1 900 多人次参加救灾工作，发运商品 27 批次，计 5 816 箱、34 个品种、99.8 吨。

1976 年 12 月 2 日，经上海市委批准，中成药情报中心站编辑的《中成药研究》杂志在上海试刊；1978 年 8 月，国家科委批准 1979 年起由邮局公开发行该刊。

1977 年

1977 年 1 月 23 日，公司召开"双学"（学大庆、学大寨）动员大会。

1977 年 6 月，公司与杭州药物试验场、南京药学院药用植物园共同编著《药用植物栽培》一书，由上海人民出版社出版，全书 34.9 万字。

1977 年 8 月 7 日，中药制药二厂司炉工胡阿土被评为"1976 年度市先进生产（工作）者"，还荣获"全国先进生产（工作）者"称号，出席全国工业学大庆会议。

1977 年 10 月 19 日，上海市商业一局党委通知，接上海市革委会财贸办公室批复，同意王永信、沈惠民任公司革委会副主任，增补王永信、沈惠民为公司党委委员。

1977 年 12 月 8 日，公司举行市区中药零售系统技术操作练兵比赛大会。比赛项目有：配方操作、算方计价、配方应付、药品鉴别。上海市商业一局、中华医学会上海分会、上海市药品检验所、市区三级医院和驻沪部队医院、各区县药材公司等单位代表莅临观摩。

1977 年，商业部医药局批准公司在天马山鹿场内投资建设天竺黄车间，1977年 6 月开工，1979 年 12 月建成投产，年生产能力 4 万公斤。

1978 年

1978 年 1 月 18 日，公司副经理沈惠民赴日本考察。

1978 年 1 月，成立"上海市药材公司七二一工人大学"，设药学班，学制三年，校址为陆家浜路 914 号，公司经理李嘉和兼任校长。3 月，招收上海市中药系统 32 名职工入学。1980 年，上海市高教局委托上海市医药局对学员进行考核。1981 年 5 月，经考核合格的 22 名学员，由上海市高教局颁发大专毕业证书。同年该校停办。

1978年3月18日，全国科学大会在北京举行，朱承伟参加会议。大会颁发科技成果奖，上海市中药系统10项成果获奖：中药制药一厂的中药麻醉注射液、醒脑静注射液、苏冰滴丸和人工牛黄用于天然牛黄适应证的研究，水牛角用于犀牛角适应证的研究；中药制药二厂的蛇伤中草药研究、子宫颈癌的防治研究、穿心莲有效成分研究；中药制药三厂的丹参治疗冠心病的研究；徐汇、卢湾区药材公司的中药电动配方机。

1978年3月21日，中药制药二厂胡阿土和公司采购科金伴被评为"1977年度市先进生产（工作）者"。公司外马路仓库杨家渡分库被评为"1977年度市先进集体"。

1978年4月24日，经上海市商业一局批准，朱承伟为主任药师，胡章才、孔庆蕃等10人为中药师。

1978年6月21日，公司举行郊县中药零售系统技术操作比赛大会。比赛设有配方操作、算方计价、药品鉴别、处方应配四个项目。

1978年7月1日，公司贯彻国家计量局通知精神，上海市中药配方实行公制计量计价，每10克为计价单位。

1978年9月6日，上海市商业一局党委通知，接上海市革命委员会财贸办公室党组批复，同意李嘉和、王永信、沈惠民、单裕民、宋学文、邵洪泰、沈伟志等为党委委员。李嘉和任公司党委书记、经理，王永信任公司党委副书记、政治处主任，沈惠民任公司党委副书记、副经理，单裕民、宋学文、邵洪泰任公司副经理。

1978年11月1日至30日，公司举办"上海市中成药展览会"，展出中成药263种。国家医药管理局、上海市财贸办公室、上海电视台、《文汇报》报社，以及科研、教学单位、医院的教授、医师等263人参观预展。展会期间共有12 527人次参观。

1978年11月16日，公司第七届工会成立。同年12月9日，上海市商业一局党委批复，王忠发任主席。

1978年12月19日，上海市商业一局转发市财办文，各区中药、新药基层商店分别归口上海市药材、医药两公司领导管理，待条件成熟时再分开设区公司。

1978年，中药机械厂试制成功SF-170型粉碎机；还设计制造SQA双缸球磨机，容量16升×2规格，调节速度为40转和78转两种，细度在200目以上。

春催改革（1979—1995）

1979 年

1979 年 1 月 20 日，上海市商业一局党委批复，李嘉和、王永信、沈惠民、单裕民、谢霖富、蔡祖慈、沈伟志、董炳麟、方国风等组成公司第四届党委。李嘉和任书记，王永信、沈惠民任副书记。

1979 年 1 月 28 日，公司策划的中药制药二厂"参桂养荣酒"广告在上海电视台播出，这是中国大陆首则电视商业广告。

1979 年 3 月 8 日，中药制药一厂朱春英、中药制药二厂庄希萍、技工学校劳倩华获"上海市三八红旗手"称号。

1979 年 4 月 11 日，公司第三届团委成立，龚佩芬任书记。

1979 年 5 月，公司成立上海中药加工厂，解决企业职工知青子女返城后的就业问题。1980 年 4 月 1 日，公司集体所有制企业上海中药加工厂投产。施仲良任厂党支部书记兼厂长。

1979 年 6 月 23 日，公司决定成立技术职称考核领导小组，王永信任负责人。11 月 10 日经报局审批，评定工程师 5 人、技术员 33 人、工人技术员 17 人（含区公司 2 人）。这是"文革"结束后公司首次开展技术职称评定。

1979 年 6 月 24 日，中药制药二厂胡阿土被评为"1978 年度上海市劳动模范"。外马路仓库杨家渡分库俞鑫棠被评为"1978 年度上海市先进生产（工作）者"。

1979 年 7 月 1 日，公司归上海市医药管理局领导。

1979 年 7 月，公司与中药制药一厂组成开展全面质量管理（TQC）工作组，在中药制药一厂五车间试点，8 月召开现场交流会。1980 年 3 月，公司连续举办三期全面质量管理学习班，175 人参加学习。此后，各药厂普遍开展全面质量管理活动，成立质量管理（QC）小组。中药制药一厂提高针剂得率 QC 小组首获先进 QC 小组称号，出席全国质量管理小组代表会议。

1979 年 8 月，经上海市计委批准，公司在宛平南路 160 号（原中药制药三厂整贮车间）兴建第一批职工住宅 3 幢，项目投资 122 万元（其中中国药材公司拨款

13 万元），1979 年 12 月动工，1983 年 12 月陆续建成，建筑面积 7 452 平方米，计
136 套。

1979 年 9 月 9 日，中药制药一厂"上药"牌六神丸获 1979 年国家经委颁发的
优质（金质）产品证书。

1979 年 9 月 29 日，上海市商业一局发文，倪瀛为公司顾问。

1979 年 12 月 11 日，上海市医药局党委批复，组成公司纪律检查委员会，王
永信任书记。

1979 年，中药制药一厂试制成肌肉松弛药氯甲左箭毒注射液，于 1980 年市卫
生局批准生产，获 1982 国家科技发明奖三等奖。

1979—1983 年，中药研究所与中药制药三厂协作，将环氧乙烷用于中药灭菌。

1980 年

1980 年 1 月 26 日，上海市医药局党委批准中药一厂、二厂设党总支。4 月 17
日局党委批复，沈伟志任中药制药一厂党总支书记、王关钰任中药制药二厂党总支
书记。

1980 年 1 月，公司启用新印章，"上海市药材公司革命委员会"改为"上海市
药材公司"。

1980 年 2 月 23 日，公司与上海市药学会联合举行上海市中医中药新春茶话
会，上海中医学院、上海市药检所、各大医院专家、医师和中药工作者等八十余人
出席，公司经理李嘉和汇报上海中药工作情况。

1980 年 3 月 17 日，中国药材公司发文，中成药生产从 1980 年起正式纳入国
家计划；上海中药制药一厂、二厂、三厂被定为重点中成药厂联系点（全国共有
14 个省市的 21 个重点厂）。

1980 年 4 月 28 日，中药制药二厂胡阿土被评为"1979 年度上海市劳动模范"。
中药制药一厂丸散车间六神丸包装小组被评为"1979 年度上海市模范集体"。中药
制药一厂被评为"大庆式企业"。

1980 年 4 月 29 日，公司成立工程技术干部技术职称评定委员会，王永信任主
任委员。经考核和上海市医药局复评，本次共恢复、套改、评定工程师 17 人、助

理工程师 73 人、技术员 16 人。同年 10 月，公司又成立会计、统计技术系列职称评定委员会。至 1981 年 5 月，评出会计师 14 人、助理会计师 34 人、会计员48 人。

1980 年 5 月 28 日，中国药材公司批准公司从日本引进西红花球茎栽培，同时明确引进种茎 1 000 公斤，所需外汇 6 000 美元，在其进口南药外汇中支付，国内接收所用人民币 10 000 元，在其生产扶助资金中专项安排。公司经与中国药科大学协作，西红花试种及球茎复壮增产技术研究获得成功，1985 年 12 月 16 日，通过上海市医药局鉴定。至 1986 年，年产量已达 400 多公斤，调拨量占全国的90%，并出口创汇。

1980 年 5 月，经上海市工商局核示备案，公司下属药厂生产的保健饮料采用"上海保健饮料厂"名称，国家工商总局于 1982 年 10 月 15 日核准企业注册商标"常春"。

1980 年 6 月 24 日，成立上海市药材公司参茸业务部，次年 8 月 20 日对外营业，地址为延安东路 175 号，这是公司批发环节尝试市场化体制下的经营与加工一体的第一家单位。

1980 年 7 月 12 日，上海市医药局党委批复，经报请上海市经委党组同意，雷传湛任公司副经理。

1980 年 9 月 30 日，上海市医药局党委批复，经报请上海市经委党组同意，谢霖富任公司副经理。

1980 年 9 至 10 月，中药制药一厂聘请上海第二医学院副院长邝安堃、上海中医学院王玉润教授、龙华医院外科主任顾伯华、上海市第一人民医院中医科主任张镜人等 8 人为顾问；中药制药二厂聘请上海中医学院钱伯文教授、华山医院中医科副主任陈泽霖、上海市第九人民医院内科主任徐济民等 14 人为顾问；中药制药三厂聘请市第三人民医院副院长江绍基、上海伤骨科研究所副所长李国衡、上海医工研究院潘咸新等 11 人为顾问。

1980 年 10 月，商业部 1977 年批准的中药制药二厂"复方丹参片、穿心莲甲素等新产品投产"项目醇溶液提取车间建成，投资 53 万余元。

1980 年 10 月，商业部 1978 年批准的中药制药三厂增添"猴菇菌片"生产设备工程完成，投资 15 万元，年生产 200 万瓶。

1980 年 11 月 17 日至 19 日，公司召开郊县旺季市场供应工作会议。会议期间进行参茸业务知识和接待艺术辅导，并分发《参茸业务知识问答》小册子。

1980 年 11 月 27 日，经上海市医药局批准，公司成立上海中药贸易货栈，1981 年 1 月 2 日对外营业。

1980 年 12 月，由商业部批准，1978 年 11 月动工的中山西路仓库内，新建进口南药中转仓库落成，投资 174 万元，建筑面积 8 095 平方米，储存能力 5 000 吨。

1980 年 12 月，中国药材公司 1979 年批准的中药制药三厂密闭粉碎钢丝气流分筛流水生产设备建成，投资 177 万元，改善了劳动卫生条件。

1980 年，中药制药二厂新增品种虫草补酒、炮天红酒。

1980 年起，各中药厂着手试验薄膜包衣新工艺，以取代糖衣工艺。

1981 年

1981 年 1 月 1 日，中药制药三厂归公司直属领导，冯学连任党总支书记兼厂长。

1981 年 4 月 13 日，公司第四届团委成立，陈琳根任书记。

1981 年 5 月 6 日，中药制药一厂"上药"牌冠心苏合丸获国家经委颁发的优质（银质）产品证书。

1981 年 6 月 15 日，上海市医药局党委批复，孙龙惠任公司党委委员、副经理。

1981 年 6 月 18 日，公司技校承担中国药材公司下达的职工培训教材编写任务，1984 年完成《中药调剂学》《中药炮制学》《中药制剂学》等编写；1986 年年底完成职工中级技术培训教材《中药化学》《中药学》等编写。

1981 年 6 月 24 日至 25 日，公司会同上海市药检所开展市区中药零售系统药品质量大检查，共检查 110 家零售药店。

1981 年 8 月 12 日，为适应市场变化需要，公司组织有关科室和药厂，以及区成药供应站、门市部等，成立由 28 人组成的市场预测调研小组。

1981 年 8 月 26 日，上海市医药局党委批复，同意聘任张善章为公司业务技术顾问。

1981 年 9 月 11 日，卫生部副部长王伟参观中药制药一厂。

1981 年 10 月 5 日至 11 月 4 日，中药制药一厂、二厂、三厂经上海市药厂整顿办公室验收合格，分别取得营业执照。

1981 年 10 月 25 日，公司首次召开郊县饮片加工质量评比会议。上海市卫生局和市、县药检所等部门参加。

1981 年 10 月 31 日，公司建立直属党委领导的离退休干部党支部，单裕民任书记。

1981 年 10 月，公司首次举办"科技论文报告会"，收到 1980 年以来未发表过的论文 30 篇，其中"麝香中雄性激素化合物的合成"等 15 篇在会上宣读。

1981 年 12 月 18 日，上海市医药局党委批复，蔡祖慈任公司工会负责人。

1981 年 12 月 23 日，公司下达郊县城厢、大镇、公社的基层药店药品经营必备目录，规定城厢药店饮片 700 种、中成药 300 种；大镇药店饮片 650 种、中成药 280 种；公社药店饮片 600 种、中成药 260 种。

1981 年，中药制药二厂被列为全国 56 个重点中成药厂之一。

1981 年，中药制药一厂微粒丸新品六应丸研制成功。

1982 年

1982 年起，中药制药三厂实施工厂总体改造。至 1987 年，共投资 748 万元，建造综合楼和提取楼，新建锅炉房、废水站、冷却泵房、变电所，生产关键部位提取车间采用遥控自动装置，还从联邦德国、日本引进胶囊分装机、流态床制粒机等装备。

1982 年 2 月 22 日，上海市医药局规定从当年起，以局为单位实行利润留成，按此规定公司全额利润留成率为 15.5%。

1982 年 3 月 24 日，中药制药一厂在原实验室基础上，成立中心试验室，负责工艺技术改革和新产品开发。1983 年，中药制药二厂、三厂也相继成立中心试验室。

1982 年 3 月 30 日，公司召开花类药物（玫瑰花、月季花、款冬花）真空密封储存鉴定会，上海市医药局、上海市药检所和有关大专院校专家参加。会议通过鉴定并同意投入使用。

1982 年 3 月 31 日，胡耀邦对新华社第 662 期《国内动态清样》"上海市有一百多种中药材严重紧缺脱销"作出批示。5 月 11 日至 12 日，上海市医药局、上海市供销社联合召开上海市药材工作会议。会后，公司派员赴各地加强采购调运，至年底上海市紧缺脱销品种减少到 80～90 种，1986 年年底再减少到 60～70 种，为全国紧缺品种最少的省市之一。

1982 年 3 月，中药制药二厂完成药酒车间技术改造，将传统的"静态冷浸提取法"改为"动态冷循环提取法"，1983 年 3 月 22 日获上海市卫生局批准，新工艺提高了产品质量，缩短了生产周期。

1982 年 6 月 8 日，国家医药局对国营中药企业进行全面整顿，并确定上海中药制药一厂等 5 家中药厂为首批整顿单位。

1982 年 6 月 30 日，公司和上海市中医学会、上海市药学会联合召开中医中药结合工作会议，决定成立上海市中医中药结合工作协调班子，公司副经理谢霖富为协调小组成员。

1982 年 7 月 16 日，公司组织对上海市市区中药行业有丰富实践经验和一定理论知识的药工，通过推荐、考核、评议相结合的方式，评定主管中药师 22 人、中药技师 2 人、中药师 133 人，占市区职工总数的 1.6%。

1982 年 8 月 26 日，中药制药一厂丸散车间六神丸包装小组被评为"1981 年度市模范集体"。

1982 年 9 月 1 日，公司成立工程技术干部技术职称评定委员会，谢霖富任主任委员。

1982 年 9 月 6 日，公司成立社会科学业务技术职称评定委员会，王永信任主任委员。经考核，评定会计师 10 人、助理会计师 26 人、会计员 105 人。

1982 年 9 月 12 日，公司组织市区中药系统技术操作比赛大会，分设药厂、仓库、药店条线 29 个技术操作项目，2 071 人参赛，3 000 余名职工观看比赛，是新中国成立以来上海市中药行业规模最大的一次操作练兵活动。

1982 年 9 月 23 日，公司设立上海市药材公司职工中学，公司副经理孙龙惠兼任校长，校址为河南中路 275 号，设两个初中补课班，其余教学班设在各基层单位。1987 年 4 月该校撤销。

1982年9月27日，中药制药三厂"灵芝牌伤湿宝珍膏"，获国家经委颁发的优质（银质）产品证书。

1982年9月，中药制药三厂改传统手工包糖衣片法为"混浆包衣法"取得成功，改善了操作环境。

1982年10月22日，上海市科委、上海市经委批准，在上海市药材公司中药研究室基础上，成立"上海市中药研究所"，人员编制80人左右，仍归口公司管理。该所以应用技术研究为主，开展中成药新产品、新剂型、新技术、新工艺的研究，药材鉴别、饮片炮制和质量标准、中药有效成分的研究，以及中药管理研究等。

1982年12月27日，中国药材公司通知，其与上海、广东、天津三省、市药材公司签订"进口药材联合经营协议书"，自1983年1月1日起执行。协议规定了有关经营和利润分配等事项。

1982年12月28日，上海市医药局举行麝香保心丸鉴定会。该产品由中药制药一厂与华山医院共同研制，1983年由上海市卫生局批准投产。

1982年12月30日，中国土产畜产品总公司等召开全国中药出口碰头会议，通过《关于中成药保健品创名牌、保名牌问题的决定》，确定上海中药制药一厂六神丸为19种名牌产品之一，1983年1月1日起执行。

1982年12月，公司结束我国援外医疗队药品供应任务。该工作历时8年，共向38个国家和地区供应价值254万元的中成药。

1982年，中药研究室和中药制药一厂联合研制熊去氧胆酸，两单位从1974年起开始研制，历时8年，获得成功。

1983年

1983年3月3日，公司和上海市中医学会、上海市药学会联合举行春节茶话会，会议由上海市卫生局副局长、著名中医专家张镜人主持。医、药双方沟通情况，努力做到"药知医用、医知药源"。

1983年3月8日，中药制药一厂陈怡霞被评为"上海市三八红旗手"，中药制药一厂丸散车间六神丸包装小组被评为"上海市三八红旗集体"。

1983年4月13日，公司举办上海市中成药展销会，接待全市各级医院、工厂医务室等 3 285 个单位、13 000 余人次，成交金额 1 041 万元。

1983 年 6 月，为贯彻《国营企业职工思想政治工作纲要（试行）》，公司分批开展职工脱产政治轮训，至 1985 年末，共轮训 30 岁以下青年职工 2 188 人，占公司职工总数的 48%。

1983 年 7 月 12 日至 16 日，全国中药厂质量管理（QC）小组成果发布会举行。中药制药二厂"三七伤药片标准化小组"和中药制药三厂"感冒退热冲剂攻关小组"分获第一名和第三名。"三七伤药片标准化小组"还被国家经委、全国总工会等命名为全国优秀质量管理小组。

1983 年 9 月 12 日，中药制药一厂丸散车间六神丸包装小组获"全国三八红旗集体"称号。

1983 年 9 月，中药制药二厂"双鹤牌三七伤药片"、中药制药三厂"灵芝牌感冒退热冲剂"获国家经委颁发的优质（银质）产品证书。

1983 年 11 月 18 日，公司报经上海市物价局、上海市医药局同意，下发《关于执行上海市改革中药作价办法的通知》，试行办法自 1983 年 12 月 1 日起执行。

1983 年 12 月 1 日，中药制药一厂企业全面整顿工作，通过上海市经委、上海市医药局、上海市财政局、中国药材公司和上海市药材公司验收。1982 年 2 月起，该厂先行开展以提高经济效益为中心的企业全面整顿工作。

1983 年 12 月 29 日，上海市经委和上海市生产技术局批准中药制药二厂、三厂的糖衣片生产工段技术改造，采用程序控制喷雾包衣新技术，投资额分别为：二厂 35 万元，三厂 12 万元。

1983 年，中药制药一厂投产茵栀黄注射液。

1983 年，中药制药一厂从日本引进中药水提取生产成套设备和 TF-Z08 干式造粒机，从联邦德国引进 WSG-UDl20 流动层造粒机，总投资人民币 193 万元。

1983 年，中药制药二厂从联邦德国引进 WSG-3 和 WSG-CDl20 喷雾干燥制粒机，总投资人民币 46 万元。

1984 年

1984 年 4 月 5 日，上海市医药局党委批复，公司调整党政领导班子，组成新的党委会。顾铭锡任党委书记，伦丰平任党委副书记。许锦柏任经理，张元珍任副经理，谢霖富、雷传湛任技术顾问，孙龙惠任公司调研员（副处级）。

1984年4月26日，中药制药一厂陈怡霞被评为"1983年度上海市劳动模范"。中药制药一厂丸散车间六神丸包装小组被评为"1983年度上海市模范集体"。

1984年4月，中药制药三厂引进冲剂生产关键设备，从日本引进FLO-120EX沸腾状一步造粒机、CF-160EX小型流动造粒机、KF-126自动铝塑包装机，总投资人民币56万元，1989年投产。

1984年5月15日，按上海市医药局相关文件精神，公司成立整顿"以工代干"领导小组，449名"以工代干"人员转为干部，1985年2月整顿工作结束。

1984年5月17日，上海市中成药展销会开幕，展出品种399种。会议期间组织4次专题座谈会，听取医院、工厂医务室等意见。

1984年5月21日，为贯彻国务院常务会议决定和国家经委通知，上海召开中药资源普查动员大会，上海市医药局、卫生局联合组建上海市中药资源普查小组，公司派员参加普查工作，公司经理许锦柏任普查小组办公室负责人。

1984年5月29日，中共中央顾问委员会常委黄火青视察中药制药一厂。

1984年5月，公司成立老干部工作委员会，伦丰平任主任。1986年1月，公司工会、团委和各科室参加委员会工作。

1984年6月20日，公司成立由顾铭锡为组长、许锦柏为副组长的企业整顿领导小组。1982年以来，公司先以中药制药一厂为试点，其后在工业企业全面开展，后又推进至商业批发环节。12月30日，公司举行企业全面整顿验收合格证颁证大会，上海市医药局副局长沈惠民授证。

1984年7月5日至7日，国家医药局副局长刘永纲在上海检查中药工作，并视察中药制药一厂，该厂年产值为全国第一（1985年产值6606万元，创利1459万元）。

1984年7月26日，公司成立思想政治工作研究会，设理事13人，顾铭锡任会长。

1984年8月1日，上海市医药局党委批复，杨义根任公司党委委员、工会主席（享受副经理级待遇）。

1984年8月28日至9月8日，公司举办以外地二、三级商业站司为主要对象的首届上海中成药展销会。25个省、自治区、直辖市的457个单位1100多人次参会。会议期间公司购进药材 50 万元，销售药材 27 万元、销售成药 1 225 万元。

1984 年 8 月 29 日，公司与上海中医学院签订委托培养中药专业人才协议。公司提供智力投资 50 万元，分三年支付。协议约定，自 1984 年起，学院为公司招生两批共 40 人进行定向培养，同时争取在国家计划内每年分配公司药学系毕业生 5 至 10 人。

1984 年 8 月，公司成立上海电视大学党政干部马列主义专修科教学班，1987 年 11 月 21 日，全部学员毕业，获大专学历证书。

1984 年 9 月 3 日，公司第五届团委成立，王震任书记。

1984 年 9 月 8 日，公司向深圳中国广深医药有限公司投资 50 万元，谢霖富任公司董事。

1984 年 11 月 19 日，公司成立贯彻《药品管理法》领导小组，张元珍任组长，并受上海市医药局委托，负责上海市中药系统药品生产、经营企业的验收发证工作。

1984 年 11 月 25 日，中药制药一厂签订从日本引进提取及喷雾干燥设备合同，合同金额约 50 万美元。1986 年 6 月 10 日，经安装调试验收交接。

1984 年 12 月 18 日，泰国总理披猜·拉达军和夫人由阮崇武副市长陪同参观中药制药一厂。

1984 年 12 月 22 日，公司第八届工会成立，杨义根任主席。

1984 年 12 月 22 日，公司自 1983 年 11 月以来，调整基层领导班子，班子成员平均年龄由 48.94 岁降至 41.31 岁，具有高中以上文化程度的占比由 44.9% 增至 75.56%，具有技术职称的占比由 34.69% 升至 37.78%。

1984 年 12 月底，公司职工参加各类学校学习的人数有：初中 762 人，高中、中专 342 人，大专 87 人。在文化补课应补对象 2 366 人中，已有 1 687 人补课合格。

1984 年 12 月，中药制药一厂从联邦德国引进洗瓶、干燥灭菌、灌装、加盖、贴签等口服液流水线设备，从香港引进反渗透水处理设备，总投资人民币 826 万元，1989 年投产。

1984 年，中药制药一厂由国家经委授予全国工业交通系统经济效益先进单位，成为全国 102 个授奖单位中唯一的中药企业。

1984年，中药制药一厂"上药"牌六神丸蝉联优质（金质）奖，中药制药二厂"双鹤"牌复方丹参片获优质（银质）奖。

1984年，中药制药一厂被国家经委授予全国工业交通系统经济效益先进单位，成为全国102个获奖单位中唯一的中药制药厂。

1985年

1985年1月15日，为进一步搞活中药市场，公司与中药加工厂合资创办上海振兴中药贸易公司，地址为汉口路394号。许锦柏任董事长，张善章任副董事长，孟嗣良任副董事长兼经理。1989年企业撤销。

1985年1月15日，公司与上海市中医学会共同主办的科普类报纸《上海中医药报》创刊。

1985年1月18日，公司成立体制改革领导小组，许锦柏任组长，顾铭锡任副组长。

1985年1月19日，公司举行成立30周年庆祝大会。

1985年1月24日，公司成立职工建房分房领导小组，孙龙惠任组长。

1985年2月7日，根据上海市医药局部署，公司列为第二期整党单位。公司成立整党办公室，伦丰平任主任。

1985年2月8日，上海市医药局党委根据市工业党委通知，核定中药制药一厂为市医药局系统县团级单位。

1985年2月12日，公司发出紧急通知，就上海市卫生局2月7日《关于处理假蛤士蟆油的通知》提出具体处理意见。1984年10月以来，公司参茸业务部、中药贸易货栈和卢湾、黄浦、静安、南市等区公司收购746公斤蛤士蟆油，有近300公斤投放市场，经上海市药检所抽样确定为假药，系山东苍山县、吉林桦甸县、浙江永嘉县等个体户投售。

1985年2月，上海市医药局党委批准，公司党委副书记伦丰平兼任公司纪委书记。

1985年3月，中山西路仓库被上海市人民政府评为"1984年度文明单位"，这是公司系统第一家市级文明单位。

1985 年 3 月，公司开始实行干部聘任制，先在公司业务科室试行，至 1986 年年底，聘用干部 19 人。

1985 年 5 月 29 日至 31 日，上海市卫生局、医药局对中药制药一厂按新颁布的《药品管理法》标准进行验收。各大媒体随行采访，上海电视台现场录制。这是上海市按新法规验收的第一家制药企业。至 7 月 16 日，中药制药一厂、二厂、三厂全部领到药品生产合格证和许可证。

1985 年 7 月，公司成立上海中药贸易中心，倪云洲任经理，职工 60 余人。

1985 年 9 月 24 日，上海市政府召开深入查处假药劣药动员大会。会后，公司原已发现的和基本查清的案件有：1984 年从总公司调入的大黄中，夹入 4 万公斤西藏波纹大黄，不能作药用；山东等地客户投售的伪蛤士蟆油 48.08 公斤；1984 年以来购进的掺杂麝香 62.689 公斤；1985 年 4 月百泉会议购进的湖北鄂州市药厂阿胶库存 897 公斤。

1985 年 9 月，公司筹建中药检测室，设在中药研究所内。1986 年 4 月起投入运行，1988 年 4 月划归公司质检科。

1985 年 11 月 30 日，麝香熊羚丸通过上海市经委鉴定。该品是国家经委 1983 年下达的重点新产品试制项目，由中药制药二厂和中药研究所共同试制而成，后批准投产。

1985 年，中药制药一厂率先试行厂长负责制。1987 年 5 月，中药制药二厂、三厂也实行厂长负责制。

1985 年，公司发展第三产业，新建灵芝综合服务公司、中药机械厂综合服务公司、中药制药三厂顺风汽车服务公司和顺丰招待所等。

1985 年，中药制药三厂蟾酥膏获卫生部科技成果甲级奖。

1986 年

1986 年 1 月 16 日，国务院批转国家医药局《关于进一步加强中药工作的报告》，要求在三年内力争做到：除稀有动植物药材外，其他药材基本满足需要；全面提高中药质量，特别是饮片质量；对一般药材经营放开搞活同时，对名贵药材和属于保护资源的少数品种，加强管理，统一收购、经营。据此，公司写出《贯彻国务院提出中药工作要三年大见成效的报告》。

1986 年 1 月 24 日，上海中药加工厂改名为上海长青中药加工厂。

1986 年 3 月 10 日，公司举行颁发老药工荣誉证书大会，根据国家医药局《关于颁发老药工荣誉证书的通知》，向上海市 4 075 名从事中药工作 30 年以上人员颁发证书，上海市人大常委会副主任左英、副市长谢丽娟出席。全国人大常委会委员长彭真在荣誉证书上题词：光荣的老药工的经验是我国传统医药学的一个宝库。按相关规定，老药工们还享有每月 20 元津贴。

1986 年 3 月 26 日，公司与上海市中医中药学会联合召开中医药结合会议，向全市 94 名中医和西医学中医的教授、主任医师、专家颁发特约配方印章，指定 14 家中药店保证供应配方所需药物。上海市政协副主席杨恺、中国药材公司副经理任德权、上海市卫生局副局长施able、上海市医药局副局长孙芸荪等出席会议，新华社、《解放日报》社、《文汇报》社等记者参会。

1986 年 3 月，中山西路仓库、外马路仓库被国家医药局评为全国医药商业"四好仓库"。

1986 年 4 月，中药制药一厂被上海市人民政府命名为"1985 年度上海市文明单位"。

1986 年 3 月 31 日，公司成立退休职工管理委员会，王卫斌任主任。

1986 年 6 月初，公司举行第一期干部普法学习班，50 人参加。按照计划，科级干部 112 人全部参加学习，学习班分两期举办，每期两个半月。

1986 年 6 月 16 日、27 日、30 日，上海市科委委托市医药局举行技术鉴定会。鉴定项目有：中药研究所与二医大附属第九人民医院共同开展的"中药厚朴酚防龋研究"；中药制药二厂研制的"养生酒"和"人参汽酒"；中药研究所与中药制药二厂共同开展的"中药颗粒剂工艺技术研究"。其中，中药颗粒剂工艺研究是 1983 年上海市科委下达的科研项目。

1986 年 7 月，中药制药一厂连续第三年（1983、1984、1985）获全国工业交通系统经济效益先进单位称号。

1986 年 8 月 15 日，公司与各直属药厂签订 1986 年度第四季度中成药购销合同和中药材原料购销合同，合同规定双方职责和违约责任，改变了过去公司统购统销状况，扩大了企业自主权。

1986 年 8 月 25 日，公司第六届团委成立，张建南任书记。

1986 年 9 月 4 日，中药制药三厂与日商签订引进巴布剂生产技术和关键设备的合同，金额 30 万美元。

1986 年 9 月 13 日，光明中药函授学院上海分院成立，上海市人大常委会副主任左英出席。首期学员 150 余人，学制三年。1990 年 7 月 2 日举行毕业典礼。

1986 年 10 月 3 日，中药研究所与日本全药株式会社等签订从中国产植物中找出有效活性成分的医药品开发协议。协议明确研究开发期间，中研所每年选派 2 位研究人员赴日本进修。

1986 年 10 月 15 日，公司成立党史征集委员会，顾铭锡任主任。

1986 年 10 月，中山西路仓库被国家医药局评为"全国医药系统先进集体"。

1986 年 11 月 14 日，公司撰写专题汇报。汇报称：上海市现有中药从业人员 13 985 人，其中市属的 4 625 人，区属的 5 792 人，县属的 3 568 人。

1986 年 11 月 15 日至 20 日，上海市人大副主任左英带队视察中药制药一厂。11 月 20 日，副市长谢丽娟参加视察小结会议。

1986 年 11 月，中药制药二厂引进生物制剂设备，引进瑞士的蛋白质和氮测定仪，意大利的 530/12—1610 毫升灌装锁茎机和 RICAR2S—T126570 毫升灌装锁茎机。总投资人民币 244 万元，1991 年年初投产。

1986 年 12 月 31 日，公司与上海医药学校签订协议，以联合建校形式，解决中专人才培养问题。协议规定，在向上级部门申请以"上海市中药学校"名义，每年招收一定人数的中药班，并向公司分配一定数额毕业生的前提下，公司出资 150 万元帮助筹建医药学校。

1986 年 12 月，根据上海市工业党委、上海市经委通知精神，公司自 1985 年第四季度起开展职工全员政治轮训。至 1986 年年底，在应训的 3 149 人中，已轮训 1 156 人。

1986 年，公司成立落实知识分子政策工作协调小组，伦丰平任组长。1985 年以来，公司落实知识分子政策，已发展 31 人入党；选拔 10 人担任公司科室和基层党政领导；解决 20 对夫妻长期分居两地的困难。

1986 年，中药机械厂生产的中药粉碎机向系列化发展，设计制成 SF-250 组合式高速粉碎机，生产细度 50～250 目，产量每小时 10～80 公斤。

1986 年，公司重视和帮助民主党派做好新会员发展工作，已有"民建"成员
23 人、"民盟"成员 1 人、"民革"成员 1 人、"台盟"成员 1 人。1987 年公司"民
建"建立支部。

1986 年，中药制药二厂从 1982 年起开展的一步制粒工艺研究获得成功。

1987 年

1987 年 2 月 20 日，公司与上海中医学院等发起组织的上海市中医药界联谊会
成立。上海市委副书记、市长江泽民，市委、市人大、市政府、市政协领导王力
平、左英、谢丽娟等到会祝贺。公司经理许锦柏任联谊会副会长，谢霖富任顾问。

1987 年 3 月 6 日，为贯彻全国经济工作会议精神，公司召开增产节约、增收
节支动员大会，成立"双增双节"领导小组，许锦柏任组长。

1987 年 5 月 5 日，公司成立中成药业务部，并将宜山路仓库划入，负责上海
市场中成药销售，经营体制进一步向市场化转型。1993 年更名为成药市内第一分
公司。

1987 年 5 月，中山西路仓库被上海市人民政府命名为"1986 年度上海市文明
单位"。

1987 年 6 月，公司成立外经贸科。

1987 年 7 月，公司"番红花球茎复壮、增产技术及推广研究"项目获国家科
学技术进步奖二等奖，这是全国中药系统当时获得的最高国家技术奖项。

1987 年 8 月 27 日，根据经营权与所有权分离原则，公司与上海市医药局、财
政局签订 1987—1988 年两年承包经营责任制合同，确定公司承包基数为 1 015 万
元，承包期间的增长率为 25%，并确定相关承包制约条件。与此同时，中药制药
一厂、二厂、三厂、中药机械厂和天云中药保健品厂，也分别与上海市医药局、上
海市财政局签订承包经营合同。

1987 年 8 月，公司成立经济协作办公室。

1987 年 9 月 11 日，上海市医药管理局党委同意，中药制药一厂由党总支升级
为党委，并设立纪委。

1987 年 11 月 10 日，经上海市劳动局同意，公司培训中心在前些年组织开展

中药中级工培训的基础上，举办五级（高级）营业员培训班。

1987 年 11 月 27 日，上海中药资源普查工作举行验收会，上海市人大、市政协领导谈家桢、杨檞，以及生物学家、名中医等参加。经普查确认，上海市有中药材资源 1 023 种。现本公司经营的 1 070 余种药材中，属本市有产的 488 种。本市年需药材量 2 000 万公斤，其中 20% 已做到自产自用。1989 年，上海中药资源普查项目获上海市科技进步奖三等奖。

1987 年 11 月，上海市政协委员视察中药制药一厂、中山西路仓库等单位。视察后，上海市政协撰写《振兴上海中医药事业的若干问题和建议》报告，送交上海市政府。

1987 年 12 月 21 日，上海市医药管理局党委同意，王琏真为公司副经理。

1987 年 12 月，中国药材公司举办全国中药职工技术业务竞赛，上海市代表队 4 名参赛选手（其中公司 3 人）全部获奖，其中 2 人获第二名，2 人获第四名。

1987 年，中药制药一厂生产的上海人参蜂皇浆获国际博览会金奖。

1987 年，中山西路仓库和上海农科院作物研究所协作，对中药材磷化铝熏蒸的增效、用量、时间和残留量进行全面研究，获得成功。该项目自 1985 年启动，历时两年。1989 年获国家中医药局中医药科技进步奖三等奖。

1987 年，公司成立职工培训中心，负责公司员工的技术、文化和政治培训，同时承担全市中药系统等级工培训。

1988 年

1988 年 2 月，公司在中山西路仓库内筹建的中药标本室竣工。

1988 年 3 月，公司与上海市医药局、财政局签订"一定三年不变"的经营承包合同，许锦柏经理代表公司在合同上签字。

1988 年第一季度，上海流行甲肝。公司在兄弟省市支持下，供应全市药材 145 万公斤，成药 1 493 万瓶（盒、袋），茵栀黄注射液全年供应量 15.94 万盒，为全市甲肝防治作出了贡献。《中国医药报》等发表长篇报道，上海市委办公厅和组织部将中山西路仓库党支部和党员在甲肝防治中发挥的战斗堡垒作用及先锋模范作用拍成录像，在上海市委、市府召开的纪念七一大会上播放，江泽民、朱镕基等领导观看。

1988 年 5 月，公司与南汇县中药饮片厂共同投资 560 万元，联营建立上海信德中药公司兼饮片厂，厂区面积 46 895 平方米，生产能力为年产量 2 000～3 000 吨。

1988 年 5 月，公司登报征集公司标记，在 758 份稿件中，选用沈阳市胶版印刷设计室王成山的应征稿，司标形象为"三叶"图案。

1988 年 6 月，公司举行"上海市药材公司社会主义时期党史大事记"定稿会。

1988 年 7 月，自恢复技术职称评定以来，公司已有 40 人分别获主任中药师、副主任中药师和高级工程师等高级技术职务；200 多人获中级技术职务；700 多人获初级技术职务。

1988 年 9 月 9 日，公司第七届团委成立，夏坚任书记。

1988 年 9 月，根据上海市医药局批复，公司实行党政分开的经理负责制。

1988 年 11 月 28 日，公司设在深圳广深商场的上海医药展销厅中药部开业。

1988 年，中山西路仓库被命名为全国医药系统先进集体。同年，中药制药一厂获"上海市文明单位"称号。

1988 年，公司与河南宛西中药厂联营，与雷允上西区公司、雷允上北区公司、雷允上南号、雷允上饮片厂、苏州雷允上制药厂合资筹建雷允上诵芬堂国药总公司。

1988 年，中药机械厂从日本引进造粒机组，通过消化吸收，完成 SKS-180 湿法造粒机、SKP-200 破碎造粒机、SKZ-230 颗粒整形机的设计。

1988 年，中药制药一厂将首乌片糖衣改为薄膜包衣，解决了糖衣片裂片的质量问题。

1988 年，"猴菇菌人工培养"获国家人工培养技术创造发明奖二等奖。

1989 年

1989 年 1 月，中药制药一厂扩建合成车间、液体制剂大楼和新建科研检测中心大楼。生产规模为年产 100 毫升口服液 500 万瓶，10 毫升口服液 118 亿支，2 毫升水针剂 1 亿支，合成牛黄 6 吨，熊去氧胆酸 900 公斤。建筑面积 9 500 平方米，堆场面积 2 500 平方米，绿化面积 8 700 平方米。

1989 年 2 月，参茸业务部向国家工商局申请的"神象"商标获准注册，这是全国最早的中药材参茸商品注册商标之一。

1989 年 7 月 12 日，中宣部、中央电视台等组织 47 个部委拍摄反映我国十年改革的电视片，其中有反映中医药十年改革的成效与经验的专题片，摄制组来中药制药一厂拍摄。

1989 年 7 月 18 日至 19 日，中药制药一厂、三厂通过国家二级企业考评验收。

1989 年 7 月 30 日，国际药理联合会委托捷克斯洛伐克医学会主办的第四届世界临床药理及治疗学座谈会在布拉格举行，主题为"植物药在现代治疗中的作用"，中药制药一厂沈平嬢和华山医院戴瑞鸿等参加。我国代表介绍麝香保心丸临床经验，受到欢迎。

1989 年 8 月 4 日，公司向 140 多人颁发技术职务聘书，这是公司首次对具有专业技术职称的人员实施聘任。截至 1989 年 7 月底，公司评出各类技术职称人员 1 044 人。其中，高级职称 41 人，中级职称 282 人，初级助理职称 494 人，初级员职称 227 人。按专业划分，其中工程系列 334 人，药师系列 338 人，经济系列 138 人，会计系列 133 人，统计系列 47 人，教师系列 23 人，其他系列 31 人。

1989 年 9 月 3 日，上海中药职工技术业务操作比赛举行，2 000 多人参加开幕式，上海市总工会副主席石圣钰、上海市医药局党委书记兼局长谢天寿出席。

1989 年 9 月 14 日，参茸业务部和辽宁新宾满族自治县参茸总公司联合举行辽宁兴京白参推广会。

1989 年 9 月 26 日，上海中药行业协会（筹）代表大会举行，出席会议代表 140 人。会议通过《上海中药行业协会章程》并产生 80 名理事。全市 673 户中药工商企业中，已有 522 家自愿入会。

1989 年 9 月，中药制药三厂从日本引进高速搅拌机组、滚压涂布排列机组、密封纸包装机组、测力传感式自动重量分类机线等，总投资 143 万元，1989 年投产。

1989 年 11 月 11 日至 16 日，北京举行第一届国际传统康复医学、医疗仪器、保健用品展览会，公司所属药厂的"鹿茸精""金狮酒""上海人参三宝"，中药机械厂的"MDO-45 多功能电子烘烤箱"获金奖。

1989 年 11 月，中药制药三厂建造的 100 立升、500 立升、2 000 立升三级发酵罐等药用真菌发酵设备，通过技术鉴定，克服了传统固体栽培法设备的缺陷。

1989 年，中药研究所 1984 年以来开展的黄连和怀地黄的组织和细胞培养研究，摸索药材工业化生产经验，通过上海市科委组织的评审和验收。

1989 年，公司成立中成药第二业务部，负责本市郊县市场中成药批发业务。1993 年，改名为成药第二分公司。

1989 年，国家中医药局授予公司先进中药商业企业、中药制药三厂先进中药工业企业、中山西路仓库先进中药商业企业"四好仓库"等称号。同年，中山西路仓库保持"上海市文明单位"称号。

1989 年，公司与华山医院共同完成的"麝香保心丸治疗冠心病心绞痛的临床应用"，获国家中医药局中医药科技进步奖二等奖。

1989 年，全国政协常委唐翔千、委员林辉实，由上海市政协副主席、上海市统战部长毛经权陪同，视察中药制药一厂。

1990 年

1990 年 3 月 2 日，中药制药一厂"胆宁片""钙制大黄片"通过卫生部新药评审委员会专家组评审。这是 1985 年卫生部实施新药审批条例后，上海首次通过评审的中成药新药。

1990 年 3 月 21 日，全国营养协会名誉顾问、营养学家于若木视察中药制药一厂。

1990 年 5 月 4 日，参茸业务部召开医院供应沟通会，中山、长海、长征、华东等医院负责人参加，会议旨在搞好医药结合、探索医院用参。

1990 年 6 月 19 日至 20 日，上海市档案局、上海市医药局通过对公司和中药制药一厂、二厂企业档案管理升国家二级的评审。

1990 年 7 月 10 日，国家中医药局副局长朱杰视察中药制药一厂。

1990 年 7 月 14 日，中药制药二厂从意大利引进两台灌装锁盖机，设备投产后，口服液安瓿瓶盖开始改成铝轧盖。

1990 年 9 月 14 日，公司第八届团委成立，梁兵任团委书记。

1990 年 9 月 15 日，公司第九届工会成立，杨义根任主席。

1990 年 9 月 27 日，公司开展首批政工专业技术职务评聘，评出初、中级职称 76 人，推荐高级职称 2 人。

1990 年 11 月 11 日，在中国中医药文化博览会上，公司的"六神丸""虫草补酒""MDO-45 多功能烘烤箱"三产品分获金、银、铜奖。

1990 年 12 月 10 日，公司召开 1991 年度中成药产供用计划会议，上海市 44 家市级医院和区中心医院院长参加。

1990 年，中药制药一厂"大黄钙盐制剂临床、药理、毒性综合研究"获上海市科技进步奖二等奖；"熊去氧胆酸下脚综合利用"获上海市科技进步奖三等奖。

1990 年，中药制药三厂"无糖型颗粒剂参茜固经冲剂"投产，为全国首创。同年，中药制药三厂巴布剂膏药"关节镇痛膏"投产，这是引进日本技术的贴膏新剂型，为国内首仿。

1990 年，中药制药三厂"巴布剂生产规范化 QC 小组"获优秀 QC 小组称号。

1990 年，公司被上海市企业管理指导委员会命名为"市级先进企业"。

1991 年

1991 年 1 月 27 日至 28 日，国家中医药局组织的国家七五重点科技项目"中药饮片炮制研究"通过鉴定。其中，公司被鉴定的有何首乌、熟地、白术等 18 味中药饮片。

1991 年 1 月 2 日，经中共上海市医药管理局委员会批复，公司第五届党委成立。党委委员：王琏真、许锦柏、伦丰平、刘雅琴、王震、杨义根、沈志明，许锦柏任书记，伦丰平任副书记。1 月 5 日，纪委成立，纪委委员：陆惠民、叶万安、朱惠心、王震、曹妙琴，陆惠民（主持工作）、叶万安任纪委副书记。

1991 年 2 月 5 日，上海举行继承老中医药专家学术经验拜师大会，上海市委副书记陈至立、副市长谢丽娟等出席。国家人事部、卫生部和国家中医药局制定并经国务院批准，在全国范围内确定 500 名老中医药专家为指导老师，其中上海 26 人，包括公司系统的李绍周、孔庆蕃、冯世镐、黄有云 4 人。上海同时确定 46 名中青年医药师为继承学员，包括公司系统的陈军力、陈立羽、叶愈青、李跃雄、张增良、韩素琴、应杨生、赵士凯 8 人。

1991年4月，经上海市经委批准，公司新增关港仓库，并列入上海市经委生产措施项目。6月3日，公司与上海县关港仓储公司签订转让关港仓库协议。仓库地处上海县曹行路民建村，占地19.27亩，建筑总面积22 322平方米，8月27日举行移交仪式。1996年8月8日，仓库改造竣工，建筑为四个层面共22个仓间，设计储存能力21 031吨。

1991年5月18日，公司举行第三届职工体育运动会。上海市医药局副局长张瑶华出席，493名运动员参加了23个项目比赛。

1991年5月23日，卫生部批准中药制药一厂四类中成药新药"珍珠粉胶囊"正式生产。同年，卫生部批准中药制药三厂"参茜固经冲剂"为三类中成药新药。

1991年5月28日，上海中药贸易中心获上海市财贸系统"物价、计量、质量、服务"信得过单位称号，全市商业共有26家单位获此荣誉。

1991年6月11日，江淮和太湖流域发生严重洪涝灾害，公司向灾区捐款30 944元，有3 593人参加捐款。8月8日，上海举行"灾区在我心中——上海赈灾千人大义演"活动，公司党委书记、经理许锦柏代表公司捐款价值20万元中成药。

1991年6月，公司芳香性药材综合管理质量小组，获国家中医药管理局商业质量管理小组第一名。

1991年7月4日，中央电视台主办、卫生部国际交流中心等单位协办的全国"健康杯中医药知识电视大奖赛"在京举行。汤雅萍、朱聪康、季伟苹组成的公司代表队，荣获第一名。中顾委常委李德生向获奖者颁发奖杯。7月18日，中央电视台播放了大赛录像。

1991年9月28日，上海雷允上制药厂举行揭牌仪式，卫生部药政局原局长李超进等出席。此前6月15日，该厂装修改造工程通过验收，项目投资300多万元，建筑面积2 700平方米。

1991年11月12日，中药制药一厂"酶解法制备中药口服液"通过上海市医药局鉴定，这是国内在中成药制剂中首次运用酶解法。

1991年，由国家技术监督局、国家中医药局、中国医药保健品出口商会共同组织的"长城国际金奖"评选揭晓。中药制药一厂六神丸获金奖，麝香保心丸获荣誉奖。

1991年，外马路仓库职工方伟德、冯伯荫，在"上海青年百里挑一金状元"评选活动中分获第一名、第二名。该活动由上海市青联、劳动报社、新民晚报社政法教卫部联合主办。

1991年，《中成药》杂志获1991年国家医药局情报成果奖二等奖。

1991年，上海市科委批准的中药制药二厂"甘草酸提纯及开发应用研究"项目通过验收。

1992 年

1992年4月22日，上海市医药管理局党委发文《关于重新组建中共上海市药材公司委员会的通知》，委员会由许琴法、伦丰平、许锦柏、王琏真、杨义根、王震、沈志明、刘雅琴、陆伟康组成。许琴法任书记，伦丰平任副书记。

1992年4月23日，上海市医药管理局批复上海市药材公司（实体性公司）行政领导班子组成人员，许锦柏任总经理，王琏真、李锭富、沈平嬢、钱贯华、丁建弥任副总经理。

1992年5月8日，工商结合、资产经营一体化的上海市药材公司成立。上海市人大常委会副主任李家镐、上海市政协副主席陈灏珠、国家中医药局副局长张洪魁、中国药材公司副经理陈文定、上海市医药局党委书记俞德雄等出席。按整合方案，中药制药一厂、二厂、三厂和中药机械厂取消独立法人，与原上海市药材公司组成工商一体的实体性公司，公司注册于浦东新区。

1992年5月28日至29日，公司举办"深化企业改革学习班"，制订和学习《上海市药材公司章程》《关于上海市药材公司理顺内部机制实施方案》《上海市药材公司劳动人事制度改革总体方案（讨论稿）》《上海市药材公司全员劳动合同制实施细则（讨论稿）》等文件。

1992年6月10日，公司成立上海市中药研究所制药厂。

1992年6月20日，公司召开"上海市药材股份有限公司"筹建动员大会，并成立工作组。1993年，公司股份制试点因故未果。

1992年7月22日，公司科学技术委员会召开首次会议。该机构是公司科研、新产品开发、技术发展的参谋和审议机构，组成人员13人，张元珍任主任委员。

1992 年 8 月 27 日，公司经上海市对外经济贸易委员会批准，成为上海第一批获得自主经营进出口权的企业。此后，公司成立进出口贸易部。

1992 年 9 月 24 日，公司举行全员劳动合同签约仪式。根据 5 月 12 日上海市经委批复，公司实施"利税分流、税后还贷、实行全员劳动合同制"的配套改革，制定了改革总体方案及实施细则等 9 个文件，先后三次召开职工代表大会，以无记名投票方式通过。上海市医药局副局长俞斯庆到会讲话。

1992 年 9 月 25 日，经国务院经贸办、国家计委、国家统计局、财政部、劳动部、人事部批准，公司列入国家大型二档工业企业。

1992 年 9 月 29 日，公司专家咨询委员会成立。来自北京、上海的卫生界和医药界专家 70 人被聘为委员，裘沛然、颜德馨为名誉主任，孙芸荪为主任。上海市医药局副局长张瑶华出席。

1992 年 10 月 17 日，上海市药材公司第一届工会成立，杨义根任主席。

1992 年秋季，成药第一分公司宣布，改变对上海市各区药材公司下达从市公司进货指标的规定，与区公司建立平等竞争的伙伴关系。这是公司实施市场经济转型的重要举措。

1992 年 12 月 29 日，公司与中国药材公司合资在浦东陆家嘴开发区建造中药贸易商厦项目（后定名为"上海华诚国贸商厦"）举行开工典礼，国家中医药局副局长张洪魁，上海市医药局党委副书记邹祥英、副局长张瑶华出席。1994 年 12 月 30 日，项目竣工投入试营业。上海市人大常委会主任叶公琦、上海市副市长孟建柱、国家中医药局副局长张洪魁等出席开幕式。项目占地面积 3 574 平方米，建筑面积 17 800 平方米，分为地下 2 层、地上 9 层，实际总投资 1 亿多元。

1992 年，《中成药》杂志被评为全国中文核心期刊。

1992 年，全国中药工业企业销售收入前 20 名揭晓。《中国中医药报》刊登国家中医药局统计数据，北京同仁堂以 1.5 亿元名列榜首，上海中药制药一厂以 1.1 亿元名列第 5。此外，上海中药制药三厂、二厂进入前 20 名行列。

1993 年

1993 年年初，公司成立旅游保健品分公司，从事保健产品销售和以涉外药房、商厦为主要对象的保健品供应。1995 年 7 月，划归成药第一分公司管理。

1993 年 1 月 9 日，上海市药材公司采购供应分公司成立。

1993 年 2 月 5 日，上海市药材公司第一届团委成立，武贵英任书记。

1993 年 4 月 6 日，中药制药二厂生物制剂车间项目竣工，由上海市经委、上海市医药局组织验收。该项目投资 338 万元，建筑面积 2 600 平方米。工程于 1989 年 9 月启动，产能规模为年提取量 600～1 000 吨、针剂 18 万瓶、口服液 100 万盒。

1993 年 4 月，公司企业报《上海中药报》试刊。

1993 年 5 月 7 日，公司在西安市开设的"上海中药经营部"开业。这是公司贯彻年初提出的"重点开拓全国市场"计划的举措。陕西电视台新闻节目进行了报道。

1993 年 5 月 28 日，成药一分公司沪东分部开业；1994 年沪西分部开业。同时，分公司本部所在地兼作沪中分部。至此，一分公司基本完成上海市销售网络体系构建。

1993 年 5 月 31 日，沈惠民、许锦柏、李绍周被上海中医学院、上海市中医药研究院聘任为专家委员会名誉委员。

1993 年 6 月 26 日，全国生活消费相关行业利税十强企业新闻发布会在北京举行。按国家统计局统计，公司以 7 317 万元列医药行业十强企业之一。

1993 年 8 月，中药制药一厂参与的"人工牛黄新配方"通过卫生部评审、验收。1987 年，为提高药品质量，卫生部和商业部成立由中国药品生物鉴定所、北京中医学院、上海中药制药一厂等 6 家单位参加的协作组并开展研究，经过 5 年努力，取得成功。

1993 年 9 月，公司与上海市医药学校联办"上海市药材公司技工学校"。学校实行董事会领导下的校长负责制，许锦柏任董事长。校舍设在上海市医药学校内。招生计划由公司提出、董事会讨论决定；学生毕业分配由公司负责安排。公司每年向学校支付一定的教育培养费用，并支持和安排学生生产实习教育。学校于 9 月 1 日开学。

1993 年 9 月，戴玉山被评为 1993 年全国优秀教师并授予"全国优秀教师奖章"。

1993 年 10 月 18 日，卫生部副部长、国家中医药局局长张文康视察中药制药一厂，并题词"继承发扬中医药学，加速中药现代化步伐"。

1993 年 11 月 4 日，公司管理委员会成立，管委会由 17 人组成，许锦柏任主任。此举为完善公司科学决策和健全一体化管理奠定了基础。

1993 年 12 月 23 日，上海市中医药工作咨询委员会成立。公司许锦柏、沈平孃、孙龙惠、谢德隆任委员，李绍周任顾问。这是上海市政府根据上海市政协八届一次会议提案而成立的高层次专家咨询组织。

1993 年 12 月 24 日，上海举行第二批继承老中医药专家学术经验拜师大会，上海市委副书记陈至立、副市长谢丽娟等出席。上海市人事局宣布带教老师 40 人名单，其中包括公司的顾孝铨、王惠清，黄浦区药材公司的沈宏涛 3 位副主任药师。公司江立钧、方伟德、谢金龙、颜建平和黄浦区药材公司杨天宝五人为学员。1996 年 11 月，五位学员通过操作和论文答辩等考核，期满结业出师。此外，公司王依群、冯柏荫和黄浦区药材公司柏巧民三人，也通过考核结业。

1993 年 12 月 30 日，上海市药学会中药专业委员会成立，李仪奎任主任委员，公司经理许锦柏为顾问，沈平孃任副主任委员。

1993 年，经上海市技术监督局批准，常设于上海中药研究所内的"上海市中药质量监督检验室"成立。

1993 年，公司开设上海市药材公司上南商场。以后又相继开设上海众益贸易公司、上海珍珠贸易服务公司。

1993 年，中药制药一厂"胆宁片薄膜包衣工艺"获药监部门生产批文，该品为上海市科委火炬计划推广应用项目。

1993 年，中药制药一厂六车间灌封小组被评为"上海市红旗班组"。

1993 年，公司的"人工麝香、银杏叶制剂和长春西汀制剂开发"项目，中药制药一厂的"片剂薄膜包衣等四大剂型生产流水线改造"项目，列入上海现代生物与医药产业第一期实施项目，总投资 8 000 万元。

1993 年，采购销售分公司在成都市的中成药、中药材转运站正式运行。转运站根据销售合同实行就地发货，方便成都市内和川西地区客户要货，加快自产成药销售。

1993 年，由国务院发展研究中心《管理世界》中国企业评价中心与国家统计局工业交通统计司共同举办的 1993 年中国 500 家最佳经济效益工业企业评价揭晓，公司获以下称号：1993 年全国 500 家最大工业企业；1993 年行业 50 家最佳经济效益工业企业；1993 年地区 50 家最佳经济效益工业企业。

1993 年，中药制药一厂附桂骨宁片获卫生部三类中成药新药证书和生产批文。

1994 年

1994 年年初，公司贯彻上海市医药局《关于认真开展"一厂一品"活动的通知》精神，确定麝香保心丸、胆宁片、西洋参系列产品、巴布剂系列产品、杞菊地黄胶囊分别为公司和中药制药一厂、二厂、三厂及雷允上药厂的"一厂一品"品种。

1994 年 1 月 4 日、1 月 6 日，首批老中医药专家学术经验继承人举行实践操作考核和论文答辩会。按照国家中医药局《全国老中医药专家学术经验继承结业考核评估方案》，上海市医药局成立了考核工作组。8 名中青年学术继承人经过 3 年跟师学习，全部通过考核和答辩。

1994 年 2 月 5 日，国务院发布"中药品种保护条例"。卫生部公布三批中药保护品种名单。其中第一批 97 个、第二批 48 个、第三批 35 个，公司 3 个品种入选二级保护，分别是中药制药一厂的麝香保心丸、六神丸，中药制药三厂的金胆片。

1994 年 2 月 16 日，药材供销分公司成立，对原药材分公司全部和原采购供应分公司的药材采购、种植业务，实施整合。

1994 年 2 月 18 日，公司获"人工麝香"及其 3 个原料药的一类新药证书。"七五"期间在卫生部、商业部和中国药材公司组织下，公司与有关单位对麝香有效成分、药理作用进行了全面研究。1984 年国家科委把人工麝香列入攻关课题，由中国医药科学院药物所、上海市中药研究所、济南中药厂等分别承担相关科研任务，经十多年研究获得成功。

1994 年 2 月，中药制药一厂和上海中医药大学共同承担上海市科委下达的科研项目"首乌片研究"，通过上海市科委、上海市医药局鉴定。该研究包括药理、毒理、化学动力学、炮制工艺、质量控制和制剂等方面。

1994 年 2 月，公司确定兼并长青中药加工厂，其塑料制品业务转灵芝实业公司，人参和胡椒粉加工业务归天云保健品厂。该厂集体所有制财产全部转入全民所有制企业。

1994 年 3 月 17 日，公司与上海中药行业协会举行《上海地区中成药用药情况分析系统》软课题立题论证会。项目以中药全国统一标准编码形式进行分析统计，这是上海中药行业管理的新突破。

1994 年 3 月 30 日，公司举行首届人才劳务交流会，此后又举行两次交流会，年内共有四十余人实现内部交流。

1994 年 3 月，成药一分公司组建市场开发科，开展以医院临床医生为主要对象的终端推广和学术营销，一年内在上海市 62 家医疗单位召开 75 次推介会，参加会议的医生达 1 800 多人次。

1994 年 3 月，主任中药师李绍周获批享受国务院政府特殊津贴。

1994 年 4 月 18 日，公司召开清产核资领导小组会议，对全民所有制单位开展清查资产欠债、界定所有权、资产核实、资产价值重估、国有资产产权登记、建章建制等，历时半年结束。

1994 年 7 月，据国家中医药管理局综合计划司统计，全国中药工业企业达 840 个。在按销售收入排定的前 20 名中，中药制药一厂、二厂、三厂榜上有名，其中中药制药一厂名列第四。

1994 年 9 月 1 日，公司首家合资企业上海维多利亚彩印厂举行签约仪式，主要生产销售彩印包装及彩印印刷等制品，由公司与上海科源高科技实业公司、香港长江彩印有限公司共同出资组建，总投资 500 万美元，其中公司出资 140 万美元。

1994 年 10 月 9 日，公司与北京中西医结合学会、北京同仁医院在北京联合举办冠心病大型义诊咨询活动。北京市中西医结合学会会长李清朗等 14 位教授、专家参加义诊，500 多人前来应诊和咨询。北京电视台、电台、《北京日报》、《北京晚报》等作专题采访报道。

1994 年，公司质量科科长林秀琴获国家技监局、中国科协、中国质量协会等颁发的"全国优秀质量管理工作者"证书。

1994 年 4 月，中药制药一厂六车间灌封组长朱海娣荣获"1993 年度上海市劳动模范"称号。

1994 年，中药制药一厂冠心苏合胶囊获新药批文。

1994 年，外马路仓库员工顾振声获中国中药仓储管理委员会授予的"全国优秀中药仓储工作者"称号。

1994 年，中药研究所与南京大学合作完成的"沪地龙质量研究"项目通过技术鉴定，确认其主要来源是"钜蚓科动物通俗环毛蚓、威廉环毛蚓和栉盲环毛蚓"，药理学、毒理学研究表明，其与广地龙无显著差异或基本一致。沪产地龙作为药用商品已有三十多年历史，但动物来源不清，这项鉴定为沪产地龙收入《中国药典》提供了科学依据。此后，公司起草制订的沪地龙药品标准被收入 1995 版《中国药典》。

1995 年

1995 年 1 月，公司技工学校更名为"上海中药学校"。

1995 年 2 月，公司包装材料厂成立，厂址老沪闵路 1301 号，主营药用包装。

1995 年 4 月，公司启动上药牌珍珠粉整体营销计划，副总经理李锭富任总协调人。成药一分公司承担编制营销策划书；药材分公司拨出所售珍珠粉原料部分利润，用于整体营销费用；中药制药一厂承担计划生产量。这是公司首次实施的整体营销项目。至 1998 年，产品年销售额从原先 2 000 余万元增至 6 000 多万元。

1995 年 5 月 5 日，公司列入市府第一批现代企业制度综合试点企业。6 月，经上海市现代企业制度试点工作领导小组原则同意，上海市医药局批复公司于 2 月 28 日上报的"现代企业制度综合试点方案"。

1995 年 6 月 4 日，公司与上海中西医结合学会、上海市中医西结合医院联合举行麝香保心丸大型义诊咨询活动。上海市中山、仁济、瑞金、九院等医院的专家郑道声、徐济民等二十余人参加。上海电视台、电台、《文汇报》《大众卫生报》等来现场采访。

1995 年 6 月 26 日，卫生部药政局在上海举办"人工牛黄审批管理与生产工艺学习班"。此前，卫生部修订人工牛黄质量标准，并将现有的 120 家生产企业压缩至 25 家左右。学习班上，卫生部药政局宣布，上海中药制药一厂为全国首家新配方人工牛黄生产企业和人工牛黄主要原料生产基地。

1995 年 6 月，根据上海市医药局意见，公司将经营自主权下放至下属药厂，并拟定《关于药厂销售体制改革的意见》。

1995 年 7 月，汉光药品总店开业，店址为河南中路 301 号。

1995 年 8 月，根据国家工业普查办公室部署和国家医药管理局、中医药管理局"医药工业普查工作会议"要求，公司成立以副总经理丁建弥为组长的普查领导小组。

1995 年 9 月 1 日，中研所实验动物房通过市级验收。

1995 年 9 月 24 日至 28 日，国家医药管理局在天津召开 18 项制药机械国家标准、行业标准审定会。公司中药机械厂制订的"锤式粉碎机"标准被定为国家先进标准。

1995 年 10 月，外马路仓库葛海晖获"神象杯"上海市药材青年技术大赛仓库保管员组第一名。该项活动由上海市青年岗位能手活动组织委员会主办，团市委副书记薛潮等观看比赛。

1995 年 11 月，公司与上海市中西医结合学会联合举行麝香保心丸新闻通气会。上海市各大医院院长、医生和媒体记者 260 多人与会，华山医院戴瑞鸿教授主持会议。上医大药理教研室会同 6 所市级医院，在会上发布以最新仪器为检测手段的药理实验结果和临床验证结果。

1995 年 12 月 4 日，由国家科委批准、依托上海市药材公司组建的国家中药制药工程技术研究中心成立，这是我国首家国家级中药制药工程技术研究机构。研究中心设在公司中药研究所内，同时在上海中医药大学设分中心。上海市副市长谢丽娟，国家科委社会发展司司长甘师俊，国家中医药局副局长于龙生，上海市科委主任华裕达，上海市医药局党委书记沈培达、局长李明轩，中科院上海分院院长王志勤等出席。

1995 年 12 月 4 日，国家中药制药工程技术研究中心与上海有机化学研究所共同开发牛膝多糖合作协议签约。牛膝多糖是一种天然小分子多糖免疫调节剂。

1995 年 12 月 23 日，经上海市医药管理局批复，公司成立第一届董事会，董事会成员：许锦柏、陆培康、杨义根、袁恩桢、施杞，许锦柏任董事长，陆培康任副董事长；监事会成员：俞淑珍、程声华、俞爱琴，俞淑珍任监事长。董事、监事任期三年。

1995 年 12 月 25 日，公司成立党委。党委委员：许锦柏、陆培康、伦丰平、王琏真、杨义根、王震、沈志明、陆伟康、刘雅琴。许锦柏任书记，伦丰平任副书记。

1995 年 12 月 28 日，按 GMP 规范设计、投资 1 000 余万元的上海市中药研究所制药厂"人工麝香和激素合成工业性试验"项目通过竣工验收。中研所于 1993 年 9 月上报《人工麝香和激素合成工业性试验项目建议书》，经上海市计委同意立项，1995 年完成土建、设备安装和 GMP 改造，工程初验后进行试生产。产品由中国药材公司负责统一协调安排、生产、收购、销售。

1995 年，公司总经理许锦柏获第二届"全国中药行业优秀企业家"称号。这次评选由国家中医药局委托中国中药企业管理协会组织进行。

求索奋进（1996—2020）

1996 年

1996 年 1 月 4 日，公司召开干部大会，上海市医药局宣布公司改制为国有独资性质的"上海市药材有限公司"，这是上海市医药系统首家改制为国有独资性质的有限责任公司。

1996 年 1 月 4 日，公司召开一届一次董事会，聘任陆培康为公司总经理，任期三年。

1996 年 1 月 30 日，国家科委副主任邓楠视察国家中药制药工程技术研究中心，参观上海市中药研究所的人工麝香车间、植物组织培养室等，并题词："创立中药工程，实现中药现代化"。

1996 年 1 月 31 日，上海市药材有限公司举行成立大会。上海市副市长蒋以任表示祝贺；上海市政协副主席陈灏珠、上海市人大教科文卫委员会主任王道民出席；上海市医药局局长李明轩、中国药材公司副总经理刘晋儒、上海市经委局长叶惠伦在会上讲话。

1996 年 2 月 14 日，国家中医药管理局公布 1994 年度全国大型中药工业企业名单，公司被列入大型一档工业企业。

1996 年 5 月 16 日，公司举行缪亿萍先进事迹报告会，公司各单位 600 余人参加，总经理陆培康主持会议。缪亿萍是成药第一分公司销售员，于 1996 年、1998 年两次荣获"上海市劳动模范"称号。

1996 年 6 月 12 日，经公司总经理提名，公司第一届董事会第三次会议讨论通过，陈军力、丁建弥、李锭富、沈平嬢被聘为上海市药材有限公司副经理，王琏真被聘为上海市药材有限公司调研员（享受公司级副职待遇）。

1996 年 7 月 8 日，国家中医药局组织 QC 成果发布会，在各地选送的 57 份成果材料中，成药第一分公司"中成药计算机批号管理"项目和神象参茸分公司"创神象名牌，扬神象风采"项目分获中成药组和参茸组一等奖。其中，成药第一分公司项目还被选送和获评国家经委 QC 成果奖。

1996 年 9 月 19 日，公司与上海市医学会、上海市中医药学会、上海市中西医结合学会、上海市药学会联合举行"上海中成药双放心工程创建大会"。这是贯彻国务院办公厅第 14 号文件精神，承担企业社会责任、提升企业形象的一项举措。上海市副市长左焕琛、上海市政协副主席陈灏珠、上海市卫生局副局长张明岛、上海市医药局副局长张瑶华、上海市医疗保险局局长王龙兴、上海市工商局副局长陈海刚，以及各医、药学会负责人等出席会议。参加会议的有八百多人。

1996 年 9 月 23 日，公司举行中药制药三厂"参茜固经冲剂"和"感冒退热冲剂"无糖型剂型产业化科技开发项目竣工验收会。1994 年 5 月 23 日，上海市经委科技处批准实施该项目，其主要由三项子工程构成：提取车间喷雾干燥设备添置；制剂车间生产设备及环境条件改善；溴化锂冷冻中心站建设。工程安装设备总量 30 余套（台），场地调整和修缮面积 4 000 多平方米。

1996 年 10 月 29 日，公司举行"中药材电脑批号管理"动员会，决定成立中药材电脑批号管理推进小组，公司副总经理陈军力任组长。会议确定明年 1 月 1 日起，出入库药材全部记有批号标记，7 月 1 日前所有仓库全部达到电脑批号管理要求。

1996 年 10 月，上海市委、市府决定对上海化工控股（集团）公司的国有资产和上海市医药管理局所属企业的全部国有资产联合重组，成立上海华谊（集团）公司，组建上海医药（集团）总公司。公司归属上海医药（集团）总公司领导。

1996 年 11 月 8 日至 9 日，德国史瓦伯制药集团和法国博福—益善生制药集团联合访华团造访公司，参观中药制药一厂、二厂、三厂和中药研究所。两集团是目前世界最大的银杏叶制剂企业。

1996 年 11 月 14 日，公司工会与行政方面举行员工集体劳动合同第一次协商。12 月 6 日，公司董事长许锦柏与公司工会主席杨义根分别代表公司行政和全体职工在合同上签字。上海市劳动局劳动关系处处长蔡斌、上药集团工会副主席蔡新云参加签字仪式。

1996 年 11 月 21 日，中药研究所新址基建项目竣工。该项目是 1986 年由上海市经委批准立项，项目计划总投资 1 470 万元，实际到位资金 1 800 多万元，选址浦东新区东方路峨山路路口，占地面积 16.18 亩，其中建设用地 10.109 亩，规划道路 6.019 亩。总建筑面积 8 841 平方米，分为实验楼、中试楼、行政楼及锅炉房等配套实施，包括 7 个研究室和 1 个中试试验车间。1991 年 6 月工程开工，1992 年 11 月迁入新址。

1996 年 12 月 26 日，中药制药二厂固体口服制剂车间基建项目竣工，建筑面积 4 625 平方米，设计年产能 1 100 吨，生产车间内净化区为 10 万级净化标准，采用全密封中央空调系统。该项目是 1989 年国家中医药局批准的国家基建项目，1992 年 7 月开工，1994 年年底完成基建。

1996 年，公司决定与山东威海昆山制药厂组建合资企业，并由公司控股；参与组建中美合资泰山制药有限公司；对上海信德中药公司扩股增资，股份比例由 50% 增至 51%。

1996 年，上海贝斯欧药业有限公司成立。公司主要从事新配方人工牛黄及原料的生产，预计年产人工牛黄 10 吨、贝斯素 15 吨。

1996 年，上海中药贸易中心歇业。下半年，上海中药贸易中心零售业务划归公司新成立的汉光药品总店。1997 年年初，鉴于其成药销售渠道与成药市内分公司高度重合，公司遂决定将其并入成药分公司。

1996 年，杏林科技药业严崇萍荣获上海市妇女联合会授予的"上海市三八红旗手"称号。

1997 年

1997 年 1 月，公司实行事业部制管理体制，成立药品经营事业部、工业事业部、科技事业部、拓展事业部、海外发展事业部。各事业部总经理由公司分管副总经理兼任。

1997 年 1 月 9 日，国家中医药管理局副局长任德权视察上海信德中药公司。5 月，任德权视察中药研究所和中药制药三厂。

1997 年 3 月 27 日，公司成立职工帮困基金会。

1997 年 3 月，成药第一分公司恒业路分部率先实行财务商品账电算化。

1997 年 4 月 10 日，药材分公司饮片部开业，开展中药饮片的医院直供销售。年初，药品经营事业部举行各区、县药材公司通气会，公司副总经理兼事业部总经理陈军力通报公司全面进入饮片市场的信息。会后，药材分公司抓紧筹备，在外马路仓库辟出场地建饮片供应部,并如期开业。

1997 年 4 月,上药集团副总裁廖有全兼任公司董事长,许琴法任公司副董事长,吴伟英任公司总经理。

1997 年 5 月 24 日,公司举行开发全国市场动员会,宣布组建新药市外分公司和选聘经营者及地区经理,在各地建销售办事处,并在大中城市实施终端营销的决定。董事长廖有全、总经理吴伟英出席,副总经理陈军力主持会议。公司进入大规模开发全国市场的新阶段。

1997 年 6 月 20 日,中药制药一厂自 1989 年起扩建合成车间、液体制剂大楼和新建科研检测中心大楼(即"3650 工程项目")完成动态验收,并于 7 月 1 日竣工。

1997 年 6 月 25 日,新药市外分公司成立暨干部教导团开学。7 月下旬,各单位自愿报名并经选拔录用的首批学员 26 人,分赴 15 个城市建设地区办事处。11 月 21 日,第二批教导团 42 名学员培训结业,其中 25 人由竞聘入选,其余 17 人为公司选送的本部挂职干部和具有市外业务经验的销售骨干。1998 年,市外办事处已达 27 个。

1997 年年中,公司与美国麦肯锡公司签订"麝香保心丸营销策划咨询"项目协议书,项目费用 30 万美元。

1997 年 9 月 12 日,公司董事长廖有全当选中共十五大代表并出席全国代表大会。

1997 年 10 月,廖有全因上药集团另有任用,辞去公司董事长职务,许琴法任公司董事长。

1997 年 12 月 1 日,公司资金结算中心正式运转,1998 年 1 月,进入资金结算中心的单位增加到 9 个。

1997 年 12 月 19 日,上海市副市长左焕琛视察中药研究所。

1997 年年底,公司组建工商一体化运行与管理的成药分公司,将中药制药一厂、中药制药三厂、成药市内分公司和合并后的成药市外分公司划归成药分公司管理。公司副总经理陈军力兼任成药分公司总经理。

1997 年,占地 15 亩、建筑面积 10 000 平方米的成药一分公司宜山路仓库,以 2 400 万元价格出让。

1997 年，神象参茸分公司开拓南京市场，完成全市 68 家零售商企铺点。

1997 年，公司开展中药配方颗粒饮片研制，首批完成 20 余味颗粒饮片试验，进入临床验证。

1998 年

1998 年 1 月，中药研究所经过近十年努力，研制成功银杏酮酯及制剂杏灵颗粒，获国家中成药二类新药证书，为国内现有银杏叶中成药唯一的二类新药。其总黄酮含量大于 44%，内酯含量大于 6%，致敏物质银杏酸低于百万分之五。

1998 年 3 月 19 日，公司召开工人技师颁证大会，顾振声等 19 人获上海市劳动局统一印制的上海市技师聘任书，这是上海中药行业首批工人技师。本次评聘是在 80 年代以来开展中、高级工培训基础上，由各单位推荐、公司审核，报上药集团和上海市劳动局批准。

1998 年 5 月 19 日，公司与上海中西医结合学会联合召开 "国家二类新药杏灵颗粒首批进入美国食品药品管理局（FDA）成果发布会"，上海市医药局副局长张瑶华、上海市科委生物医药办主任王建平出席。1998 年 3 月 4 日，该品通过美国食品和药品管理局心肾药品部预审，这也是通过美国 FDA 的新药临床研究审批（IND）预审的我国首批中药产品。

1998 年 5 月，神象参茸分公司荣获 "全国中药系统先进集体" 称号；旅游保健品分公司市外销售部鲍祺威被评为 "全国中药系统劳动模范"（享受省部级劳动模范待遇）。

1998 年 6 月 29 日至 30 日，公司举行第六次党代会，选举产生第七届党委和纪委。党委委员：许琴法、王震、陈军力、吴伟英、许锦柏、刘雅琴、丁建弥、杨义根、朱惠心；许琴法任书记，吴伟英、王震任副书记。纪委委员：王震、陈桂征、伍兆宏、程声华、庞纯；王震任书记，程声华任副书记。

1998 年 7 月 15 日，公司召开二届一次职代会，表决通过《公司减员分流再就业工作实施意见》。

1998 年 7 月 18 日，上海雷氏药业有限公司成立。其由上海市药材有限公司、上海雷允上北区药业股份有限公司、上海药房股份有限公司、上海蔡同德药业有限公司四方投资。王震为董事长，汪承先为总经理，陈桂征为监事长。11月28日，公司举行揭牌仪式。

1998年7月28日，公司第二届工会成立，杨义根任主席。

1998年8月6日，上海市副市长周禹鹏视察上海市中药研究所及制药厂。

1998年8月12日，长江和松花江流域发生特大洪灾，公司员工捐款23.2334万元，公司捐赠救灾药品价值50多万元。8月16日，中央电视台在播放赈灾义演中予以报道。

1998年8月13日，公司第二届团委成立，卢琦慧任书记。

1998年9月19日，公司与中国药材公司合资组建的上海华宇药业有限公司举行签字仪式。双方法人代表许琴发、范洪哲签字。协议明确公司出资65.2%，中国药材总公司出资34.8%。范洪哲为名誉董事长，陈军力为董事长，杨弘为总经理，张晓蕾为监事长。12月20日，公司举行成立大会，上海市卫生局副局长张明岛、上海市医药局副局长张瑶华、上海医药（集团）总公司副总裁张家林、中国药材公司总经理范洪哲出席。

1998年9月22日，由上海市中药研究所制药厂改制的上海杏灵科技药业有限公司举行成立揭牌仪式，上海市副市长周禹鹏、上海市科委副主任李明轩、华谊集团董事长俞德雄等出席。

1998年10月，公司工会荣获"全国模范职工之家"称号。这是上海医药系统唯一获此殊荣的工会组织。

1998年11月6日，公司通过国家药监局GSP达标验收组现场验收，成为上海中药行业首批通过验收的企业。

1998年11月27日，大陆药业有限公司举行首届股东会、董事会，商柯永为董事长，韩均辉为总经理。此前，经上海医药（集团）总公司批复，上海灵芝实业公司改制为大陆药业有限公司。其中，公司出资33%，有关自然人出资67%。11月25日进行股东签字仪式，1999年2月5日公司获工商登记执照。

1998年，根据国家劳动和社会保障部通知，公司职工培训中心经原劳动部批准为中药行业特有工种职业技能鉴定站，鉴定范围为中药材收购员等14个工种。

1998年，雷氏药业策划实施"炮天红酒"营销，1999年产品销售17万瓶，带动"雷氏"品牌价值快速上升。

1998 年，成药分公司策划并实施珍菊降压片营销方案。通过设置产品经理和组建专门推广队伍，开展多形式社区健康教育和医院终端营销，2000 年销售额猛增至 12 000 万元，成为公司第一个销售规模上亿元的中成药。

1999 年

1999 年 1 月 22 日，科技部副部长惠永正，卫生部副部长彭玉，中科院副院长许智宏，上海市市长徐匡迪，上海市副市长左焕琛、周禹鹏等视察中药研究所和杏灵科技药业。

1999 年 1 月 29 日，公司再度举行"上海中成药双放心工程"医药结合工作大会。上海市卫生局副局长张明岛、上海市医药局副局长张瑶华、上药（集团）总公司副总裁张家林，以及医院专家、医生等近八百人出席。

1999 年 3 月 25 日，台盟上海市主委许佩琴、民盟上海市主委沈立恭、《上海中医药杂志》社朱邦贤三位上海市政协委员，在上海市政协会议上递交关于上海市中药产业化、现代化等三个提案。公司副总经理陈军力率公司相关部、室负责人与提案委员进行座谈。

1999 年 4 月 2 日，公司在成药一分公司沪东分部召开企业管理现代化现场会议，推广沪东分部运用电脑开展"一次输入数据、同时生成四本账（库存实物账、业务商品账、财务成本账、应收款往来账）"的经验。

1999 年 4 月 2 日，上海中药贸易中心复业。

1999 年 5 月 12 日，杏灵科技药业车间改造工程通过验收。该工程 1998 年 9 月立项，同年 11 月 15 日竣工。工程改造面积 600 平方米，所需资金由浦东新区政府优惠贷款。

1999 年 5 月 22 日，公司与中央电视台《夕阳红》栏目联办的"99 国际老年人健康咨询服务活动"在北京东单公园举行，首都近百名专家、医生为中老年群众义诊，参加活动的达二万余人次。

1999 年 5 月，中山西路仓库荣获第九届（1997—1998 年度）"上海市文明单位"称号。

1999 年 6 月 15 日，公司中药机械厂正式托管公司包装材料厂。

1999 年 7 月 23 日，公司根据上海市政府有关促进高新技术成果转换的若干规定，奖励为杏灵颗粒和人工麝香研制作出重大贡献的技术人员。公司将杏灵颗粒等技术成果作价 2 400 万元，其中的 2 000 万元进入股本金，从中提取 548 万元奖励有功人员作为股本投入，股权收益不低于六年。

1999 年 8 月 8 日，上海杏灵科技药业股份有限公司（简称"杏灵科技药业"）成立，上海市副市长周禹鹏、上海市经委主任黄奇帆出席成立仪式。杏灵科技药业由市药材公司与长江投资实业股份有限公司、上海新药研究开发中心、浦东科技投资有限公司以及投资自然人组建，注册资金 8 000 万元。

1999 年 8 月 8 日，由华宇药业发起，二十多个省市四十多位专家、代表参加的中药材生产质量管理规范（GAP）体系建设座谈会在上海举行。会议倡议建立放心药材体系、实施绿色药材工程。这是国内首次以企业名义组织的 GAP 座谈会。上海市医药局副局长张瑶华，中国药科大学教授、中国 GAP 起草组组长周汉荣，沪上中医专家施杞、夏翔等出席。

1999 年，公司注册的"上药网站"正式开通，"上药网站"上有公司所属 24 个单位的中英文简介和 21 个重点产品介绍。

1999 年，《中成药》杂志被评为全国中文核心期刊。全国中文核心期刊是由北京大学、中科院文献情报中心等权威学术机构评定的。

1999 年，华宇药业与金山医药药材公司在原金山中药饮片厂基础上，组建上海华鹰药业有限公司；与南汇医药药材总公司在原南汇中药饮片厂基础上，组建上海华浦中药饮片有限公司，以资本购并方式实施产业扩张。

2000 年

2000 年 1 月 15 日，上海市副市长蒋以任、上海市经委主任黄奇帆、上海市医药管理局局长杨颖顺等领导，赴中药制药三厂考察。

2000 年 3 月 22 日，公司召开厂务公开工作会议。上药集团总公司将公司列为第二批推行厂务公开试点单位。

2000 年 5 月，公司与上海市医学会、上海市康复学会联合举办"新世纪万人保健促进大行动"，活动为期三个月。

2000年5月，华宇药业员工杨斐从1980年起参加无偿献血，至2000年共献出7 200毫升，被授予"无偿献血全国金杯奖"。

2000年7月24日，上海市副市长蒋以任来公司现场办公，强调上海中药产业在拓展市场、科技开发、加大技改、基地建设上要有所作为。上海市政府副秘书长黄奇帆，上海市经委副主任杨颖顺，上海市药监局副局长张瑶华，上药集团总公司党委书记沈培达、副总裁黄彦正参加。

2000年7月27日，上海市市长徐匡迪带领市府15个委、办、局负责人来中药制药三厂现场办公。

2000年8月18日，通过上海市药材有限公司优质实物资产注入，上海雷氏药业有限公司变更组建为"上海雷允上药业有限公司"（简称"上海雷允上药业"）。9月28日，上海雷允上药业有限公司正式挂牌，上海市市长徐匡迪发来贺信，上海市副市长蒋以任，上海市政府副秘书长黄奇帆，上药集团董事长杨颖顺、总裁高均芳等出席。

2000年8月18日，华宇药业召开"加强中药材生产基地建设座谈会"。来自上海市和江、浙、皖、云、贵、川、甘等十大药材生产基地的负责人，上海中医药大学、上海交大农科院等专家四十余人参加会议。

2000年9月24日，以公司人员为主的上海市46名高级中药技术工人通过工人技师论文答辩。

2000年9月28日，公司和上海市医学会、上海市药学会等四家学术团体联合召开"医药结合、加快建设上海中药现代化高地"大会。上海市副市长蒋以任、上海市药监局副局长张瑶华、上药集团总裁高均芳，以及各医、药学会负责人和医院院长等八百余人出席。

2000年10月12日，上海雷允上药业有限公司医药销售分公司成立。同年11月14日更名为上海雷允上药业有限公司药品销售分公司。

2000年10月19日，神象参茸分公司与复旦大学生命科学院共同完成的"野山人参与移山人参、栽培参的非细胞DNA克隆鉴定技术"，通过上海市科委鉴定，并申请国家专利。

2000年11月25日，上海雷允上药业举行"2000文化艺术节"，三千余名职工参加。

2000年12月8日，上海雷允上药业被批准为"上海市高新技术企业"；同年，又获"2000年度上海工业优秀企业"。

2000年，杏灵科技药业的银杏酮酯GBE50（银杏叶浸膏）、银杏颗粒（银杏叶颗粒）提取方法、重复生产过程及应用，获美国专利事务及商标事务署颁发的美国发明专利证书。银杏酮酯1997年申报中国发明专利，1998年申报美国发明专利。2001年，杏灵颗粒还获中、英国家专利和商标局授权书。

2000年，上海市实验动物管理委员会通过中药制药一厂实验动物室验收，颁发"普通级实验室、清洁级小鼠的实验动物饲育环境及设施"合格证。实验室占地400平方米，总投资100万元。

2000年，上海中药学校开设成人教学班，设中药调剂和中药制药两个专业，学制一年半，考试合格者颁发市技工学校毕业证书。

2000年，公司与美国亚洲恒信集团签订合作协议，双方就遴选出口产品、开拓国际市场、开发新品及相关投资计划达成一致。恒信集团董事长兼首席执行官林有信、美国加州戴维斯分院副院长库勒博士、公司相关领导等出席。

2000年，华宇药业推进江苏丹参基地、安徽板蓝根基地等10个药材种植基地的GAP管理工作。

2001 年

2001年1月6日，公司和香港和黄（上海）投资公司共同投资的上海和记黄埔药业有限公司举行合资签字仪式。经投资各方同意和上海市药监局批准，原中药制药一厂的麝香保心丸等76个药品的生产单位名称，变更为上海和记黄埔药业。2001年8月8日，公司举行成立揭牌仪式。

2001年2月9日，日本生药界泰斗南波恒雄教授应邀来公司作学术报告。

2001年2月17日至19日，公司举办"上海雷允上药业企业发展战略研讨会"，特邀国家经贸委、上海市经委、上海市科委等部门领导和专家参加。公司总经理吴伟英在会上介绍了企业发展构想。

2001年4月，上海医药（集团）总公司任命陈保华为上海市药材有限公司总经理、党委书记。

2001年4月，上海雷允上药业荣获"1999—2000年度上海市文明单位"。

2001年5月28日，上海市药品监督管理局批复同意组建上海雷允上药品连锁经营有限公司。该公司系由上海雷允上药业有限公司和上海市药材有限公司共同投资，在上海汉光药品总店基础上改制设立，后被国家药监局批准为药品零售跨省连锁试点企业。

2001年6月16日，公司与日本津村株式会社、上海张江高科技园区开发股份有限公司，在浦东张江高科技园区合资组建"上海津村制药有限公司"。该公司注册资本2 070万美元，其中日方出资63%、公司出资34%，张江高科技园区出资3%。2003年10月30日，举行竣工仪式。国家中医药局副局长李振吉、日本驻沪总领事山本倍雄、卫生部原部长钱信忠、上海津村制药公司董事长高均芳、日本津村株式会社社长风间八左卫门等莅会。该公司占地面积4万平方米，总建筑面积1.5万平方米，总投资2 980万美元，年生产能力浸膏600吨，产品主要面向国内市场和以出口日本为主。

2001年7月4日，公司召开上海雷允上药业上市研讨会。上药集团总公司副总裁黄彦正传达上海市政府指示："希望雷允上尽快完成发起时股份制的改制工作，尽快进入辅导期。"会上，上海医药（集团）总公司决定由总公司资产部加强和帮助推进上市工作，尽快形成改制方案。

2001年8月11日，国务院发展研究中心李泊溪局长、科技部社会发展司邹建强处长、清华大学药物研究所罗国安副所长、中国中医科学院王一涛院长和首席科学家邓文龙等，应邀来沪参加上海雷允上药业战略定位和产品发展研讨会。

2001年8月20日，神象分公司在成立20周年之际，举行"神象——保健品发展战略研讨会"。

2001年10月20日，列为国家计委中药现代化重大专项的上海雷允上药业"中药复方提取物先进生产工艺高技术产业化工程"，举行开工典礼，国家药监局副局长任德权、上海市计委副主任俞北华、上药集团董事长周玉成等出席。项目选址奉贤区上海市综合开发区，总投资1.5亿元，总占地面积99 304平方米，总建筑面积21 310平方米，绿化面积20 000平方米。设计产能为年处理原药材6 000吨、片剂50亿片、胶囊2亿粒、颗粒剂600吨的中间体原料。2006年，项目通过国家验收和药品生产质量管理规范（GMP）认证。

2001年11月23日，第三届上海工业博览会开幕。中共中央政治局委员黄菊和上海市市长徐匡迪等出席开幕式，并先后来到生物与医药馆区的"雷允上百草园"展台参观。

2001 年 12 月 3 日，中药制药三厂固体制剂车间落成，车间占地 1 990 平方米、建筑面积 6 058 平方米、总投资 4 000 多万元，车间洁净等级为 10 万级，年生产能力片剂 25 亿片、胶囊 1 亿粒。

2001 年 12 月 26 日，上海雷允上药业一届一次职代会、上海市药材有限公司三届一次职代会举行。

2001 年，上海雷允上药业设计和启用新的企业司标。

2001 年，上海雷允上药业的癣开颗粒被批准为国家中成药三类新药。

2001 年，上海雷允上药业干部学校成立，公司党委书记陈保华兼任校长。

2001 年，中药制药三厂提取车间质量控制（QC）小组《控制感冒退热冲剂中间体水分》获国家医药管理总局 QC 成果奖一等奖。

2001 年，中药制药一厂技术人员樊敏伟获全国企业青年科技创新奖。

2002 年

2002 年 1 月 18 日，上海医药（集团）总公司、上海雷允上药业与复旦大学结成战略联盟，成立"上海复旦雷允上天然药物研究中心"，下设雷允上分部和复旦分部。

2002 年 1 月 23 日，由上海中药贸易中心、大陆药业、华诚药业联合组建的上海市药材公司药品经营部举行重组整合动员大会。

2002 年 2 月 27 日，华宇药业与奉贤古华药业集团、台湾救心化学股份有限公司，组建上海德华国药制品有限公司（简称"德华国药"）。三方分别持有 40%、35%、25% 的股份，预计年无税销售额 4 500 万元。

2002 年 4 月 18 日，上海雷允上药业党委举行《群星璀璨》一书的首发仪式。该书收集了公司系统近两年来在"一个党员一面旗，一个党员一个责任区，争做优秀党员"主题活动中涌现出来的先进典型人物和事迹。

2002 年 4 月 28 日，上海雷允上药业工会成立，行使原上海市药材有限公司工会职能。杨义根任工会主席。

2002 年 4 月 30 日，上海雷允上药业团委成立，行使原上海市药材有限公司团委职能。卢琦慧任团委书记。

2002年7月，公司丹参薄膜包衣片获科技部等6部委颁发的"国家重点新产品"证书。

2002年8月5日，由上海雷允上药业、上海市药材公司、封浜中药厂在原中药制药一厂封浜车间基础上，共同投资1 000万元，组建上海雷允上封浜制药有限公司，以生产丸剂为主。

2002年8月，上海雷允上药业通过国家药监局GMP认证。

2002年11月16日，由上海雷允上药业和上海教育电视台、上海中医药报共同主办的（第二届）雷允上膏方节开幕。上海市劳模杨富珍、杨怀远、裔式娟、徐虎，上海市中医药协会会长施杞，上海教育电视台副台长汪天云等出席。

2002年12月17日，中研所动物房改建工程通过验收。该工程3月份通过上海市药监局和上海市动物实验管委会的检测评审，6月份获上海市科委颁发的实验动物使用许可证。

2002年，由上海雷允上药业与上海市公惠医院、上海医药股份有限公司三方合作的上海医药雷允上公惠医院药房成立，这是上海市首家依托社会力量经营管理的新型医院药房。

2002年，上海雷允上药业被列为上海市经委"上海市企业管理信息化100家企业试点"单位。

2002年，华宇药业获评上海市经委"上海工业系统国内经济合作暨对口支援工作先进集体"，总经理杨弘被评为先进个人。

2002年，公司将"上药""黄浦"等商标统一集中为"雷氏"商标。雷氏商标在当年上海名牌产品100强排名中由原来的81位跃升至23位，成为上海医药行业第一品牌。

2002年，上海雷允上药业被上海市经委、上海市知识产权局列入上海市第三批专利试点企业。

2003年

2003年1月1日，公司实施客户代码统一管理制度。

2003 年 1 月 16 日，国家药监局认证中心对上海雷允上药业及所属经营分公司进行供应规范（GSP）现场检查并通过认证。此前，公司共增订、修订药品经营质量管理制度 127 项、药品经营质量管理程序 52 项。

2003 年 1 月 17 日，上海雷允上药品进出口有限公司成立。该公司由上海雷允上药业控股，主营中药类产品进出口业务，同时获外贸流通经营权。

2003 年 3 月 12 日，第三批继承全国老中医药专家学术经验工作，举行学员进岗签字仪式。神象参茸分公司和职工培训中心两位专家陈立羽、谢金龙入选本批带教老师，负责带教 4 名学员。

2003 年 4 月 9 日，上海雷允上药业通过上海市高新技术企业认定办公室组织的高新技术企业复审。

2003 年 4 月，上海雷允上药业与上海防治非典型性肺炎专家咨询小组配合，生产预防非典方剂"扶正祛邪颗粒"，临床研究课题作为上海抗非典攻关项目，由上海市科委立项，上海雷允上药业三分厂负责生产。4 月 22 日首批产品下线，3 天内提供 20 万人次用药。

2003 年 4 月，上海雷允上药业承担的上海市中药储备药品进行调整，增加六神丸、感冒退热颗粒、牛黄解毒片等近十个品种八千多件药物，同时制订《上海雷允上药业市级储备药品应急方案》。

2003 年 4 月，上海医药（集团）总公司实行事业部制，上海雷允上药业、上海中华制药厂、青岛国风药业股份有限公司纳入"中药与天然药物事业部"。上海雷允上药业实际负责事业部管理工作。

2003 年 8 月 27 日，雷允上药品连锁经营公司和上海中药贸易中心通过国际著名的荷兰 KEMA 认证公司香港分公司 ISO9001 质量管理体系认证。

2003 年 8 月，上海雷允上药业荣获"2001—2002 年度上海市文明单位"称号。

2003 年 10 月 16 日，由丁肇中倡导、国家科技部认可、刘永龄先生独资捐款设立的第二届刘永龄科技奖揭晓。杏灵科技药业"高含量银杏叶浸膏（银杏酮酯）及其制剂（银杏颗粒）"等研究和应用获奖，成为中药行业第一个获奖项目。

2003 年 11 月，上海市民政局社区服务办公室、上海市民政局基层政权和社区建设处，授权上海雷允上药品连锁经营有限公司下属 30 家连锁门店，作为本市首批"上海市享受城镇最低生活保障居民指定（特惠药店）"供应点，从 11 月起启动这项社会公益服务。

2003 年 12 月 6 日，上海雷允上药业代表队获上海市职工健身操比赛金奖。

2003 年 12 月 22 日，华宇药业技术检测中心通过中国实验室国家认可委员会（CNAS）评审，成为我国中药生产经营企业中首家通过认证的单位。

2003 年，上海雷允上药业一分厂与讯博技术软件公司合作，成功开发生产制造过程管理信息系统、物资管理信息系统和生产现场质量管理信息系统，通过上海雷允上药业验收并上线运行。

2003 年，上海雷允上药业与雷允上药品连锁经营公司、上海南翔商业总公司及三名经营管理者签署协议，通过股权转让和增资扩股相结合方式，对上海南翔医药有限公司进行重组，重组后更名为上海雷允上南翔医药有限公司，公司最终拥有 51.02% 股权。

2003 年，上海雷允上药业中药提取物示范研究课题"黄芩提取物的研究"列入国家"十五"重大科研专项。

2003 年，公司西红花生产基地通过国家农业规范（GAP）认证，成为我国第一批通过认证的中药材品种生产基地。

2003 年，公司完成贝斯欧药业公司的资产重组。

2003 年，公司出资 4 400 万元回购杏灵科技药业 37.5% 股份，使中药与天然药物事业部最终拥有 75% 的股权。

2003 年，上海雷允上药业以 298 万元受让嘉兴医药集团拥有的雷允上药业北区公司 5% 股份，使上药集团相对控股雷允上药业北区公司 44.24% 股份。

2003 年，华宇药业通过 ISO9000 质量体系监督审核。

2003 年，雷允上药品连锁通过 ISO9000 质量体系认证。

2004 年

2004 年 1 月 5 日，上海雷允上药业被评为 2003 年度上海市"实施用户满意工程"先进单位，这是上海市医药行业唯一获奖企业。上海市人大常委会副主任任文燕、上海市副市长周太彤等出席颁奖仪式。华宇药业张裕昌获"2003 年上海市质量能手"称号。

2004 年 4 月 16 日，上海雷允上药业总经理陈保华、中药研究所常务副所长王建新，荣获"2001—2003 年度上海市劳动模范"称号；上海雷允上药业三分厂片剂车间荣获"上海市劳模集体"称号。

2004 年 6 月 7 日，上海雷允上药业与上海滑稽剧团联合举办"2004 年雷氏健康欢乐行曲艺巡演"，将名家名曲与名医名药结合，民族戏曲与民族工业结合，打响"绿色安全、名医名药、服务健康"的品牌宣传，几年间共演出近百场，受众人数突破二十万人次。

2004 年 9 月 15 日，英国中草药管理委员会主任理查德、世界卫生组织官员一行三人，考察长兴岛西红花 GAP 药材基地、上海雷允上药业三分厂及德华国药、华宇药业饮片配货中心。

2004 年 10 月 5 日，上海雷允上药业与荷兰神州天士力医药集团共同投资的中药批发企业在英国伦敦开业。世界中医药学会联合会、英国卫生部、中国驻英使馆等官员出席，全英中医药联合会副主席吴建东主持开幕式。

2004 年 10 月 21 日，原隶属于上海市虹口区经济党工委的雷允上北区药业股份有限公司党委转交中药与天然药物事业部党委管理。

2004 年 12 月 25 日至 26 日，国家及上海市药监局领导、国内中药材 GAP 顶级专家、华宇药业和山西天士力药业等单位代表，举行"推进中药材 GAP 产业化发展交流会"。由华宇药业提出，经与会 23 家通过 GAP 认证和检查的企业一致同意，发出"中药生产经营优先采购使用中药材 GAP 基地产品的倡议书"，《解放日报》等媒体到会采访。

2004 年，华宇药业副主任药师王惠清花了近十年时间写成的《中药材产销》一书，由四川科技出版社出版，全书 105 万字，载有常用药材 261 种。

2004 年，上海雷允上药业"雷氏"商标在新加坡注册成功。2005 年 7 月 27 日，"雷氏"商标在中国香港注册成功。

2005 年

2005 年 1 月 6 日，历时两个月的雷氏中医药保健节暨第四届雷氏中医膏方节落幕。上海市政府顾问胡锦华、上海市中医药学会会长施杞、上海市中药行业协会会长许锦柏出席闭幕式。

2005年5月，上海雷允上药业团委被团市委授予"2003—2004年度上海市新长征突击队"称号。

2005年6月8日，上药集团中药与天然药物事业部第一届工会成立，卢静雯任主席。

2005年6月15日，上海雷允上药业采购与制造中心三分厂六神丸班组荣获"上海市红旗班组"称号。

2005年6月，上海雷允上药业有限公司被中国商业联合会中华老字号工作委员会批准为"中华老字号"会员单位。

2005年9月20日至23日，世界卫生组织在上海举办"地区草药GAP、GMP培训班"。二十多个国家和地区的42位政府官员、专家及企业代表参会。会议期间，代表们参观了上海雷允上药业奉浦生产基地、华宇药业技术检测中心及药材仓库、长兴岛西红花GAP种植基地。

2005年11月29日，上海市人大常委会主任龚学平视察上海雷允上药业，了解中药发展情况，文广集团总裁薛沛建随同。

2005年12月23日，上海老商标重塑辉煌推展活动揭幕，上海市副市长周太彤、国家工商总局商标局局长安青虎、上海市工商局局长方惠萍为回顾展揭幕剪彩并颁奖。上海雷允上药业"雷氏"商标被评为"十大最具价值的上海老商标"。

2005年12月23日，上海雷允上药业与上海中医药大学签订全面战略合作伙伴关系协议，共同打造上海中医药最大的产业基地。上海雷允上药业总经理陈保华和上海中医药大学常务副校长谢建群，分别代表本单位签字。上海市经委副主任呆云、上海市食药监管局副局长谢敏强等出席。

2005年12月29日，上药集团中药与天然药物事业部团委成立，任命胡怡为书记。2007年12月18日，选举产生第一届团委，胡怡任书记。

2005年，上海雷允上药业荣获"2003—2004年度上海市文明单位"。

2005年，杏灵科技药业被科技部、中科院、上海市政府认定为高新技术企业。

2005年，上海雷允上药业开展保持共产党员先进性教育活动，历时4个多月。

2005年，上海雷允上药业、雷允上药品连锁获中国商业名牌管理委员会认定的"中国商业名牌"称号。

2005 年，华宇药业技术检测中心被评为"上海市第 11 批市级企业技术中心"。华宇药业"中药饮片标准化研究技术平台建设"项目被上海市经委列为"上海市企业技术中心建设支持资金的计划项目"，获上海市政府 60 万元补助资金。

2006 年

2006 年 1 月 10 日，上海雷允上药业获"上海市 2004—2005 年度企业商标管理先进单位"，拥有注册商标 77 件、在注商标 157 件，申请防御性商标 35 件，在 13 个国家和地区注册了国际性商标。

2006 年 2 月 20 日，德国 PHARMAPIAN 公司派出现行药品生产管理规范（CGMP）专家对上海雷允上药业奉浦生产基地进行为期 4 天的 CGMP 检查和开展咨询工作。

2006 年 2 月，杏灵科技药业总经理、总工程师谢德隆荣获上海市总工会首届"上海市十大职工科技创新英才"称号。

2006 年 3 月 8 日，雷允上药品连锁（汉光）旗舰店被上海市总工会授予 2005 年度首届"五一巾帼奖"。

2006 年 4 月 22 日，中药与天然药物事业部召开第一次党代会，选举产生事业部第一届党委和纪委。党委委员：陈保华、杨弘、卢静雯、徐福莺、万斌。陈保华任党委书记，卢静雯任党委副书记兼纪委书记。

2006 年 4 月 26 日，上海雷允上药业被上海市经委、国资委、上海市知识产权局等 6 部门共同认定为第一批"上海市知识产权示范企业"。上海首批示范企业有 29 家。

2006 年 9 月 16 日，历时两个月的"雷氏健康欢乐行——食品药品安全进社区活动"结束。上海市食药监管局局长王龙兴、虹口区区长俞北华出席闭幕式。

2006 年，上海雷允上药业的中药浓缩丸压制法制备工艺获国家发明专利，课题领衔人劳三申。该工艺解决了浓缩丸生产过程中长期存在的浸膏与药粉细粉的成型比例失调导致无法成型的工艺问题，且减少了易挥发性药物成分损失。

2006 年，"雷氏"品牌经中国品牌研究院评估，其无形价值 11.56 亿元，客户满意度 70.26%。

2006 年，经中科院文献情报中心《期刊引证报告》（2005 卷）统计，《中成药》期刊被引频率居中医药类期刊榜首，药学类期刊第 4 位；在全国 5 000 份科技期刊中，被引频率排名第 58 名。

2006 年，"雷允上"获上海市首届中华老字号品牌价值百强称号。"雷氏"品牌获最优价值上海老商标、上海市自主出口品牌、上海现代服务业百强称号。

2006 年，中药与天然药物事业部和张江（集团）有限公司签订"推进现代化中药产业发展，战略合作协议"。

2007 年

2007 年年初，上海雷允上药业举行迎春文艺汇演暨第一届"雷氏文化节"。文化节涵盖体育、文艺等众多形式，时间跨度半年。

2007 年 1 月 18 日，上海雷允上药业奉浦项目通过国家重大工程项目档案验收。

2007 年 3 月，雷允上药品经营连锁公司兰坪店荣获"2005—2006 年度市三八红旗集体"和"2004—2006 年度市模范集体"称号。

2007 年 4 月，华宇药业吴晓春被上海市总工会、上海市人力资源和社会保障局授予"上海市五一劳动奖章"，同时被授予上海市"十佳"知识型员工称号。

2007 年 5 月 8 日至 11 日，卫生部副部长兼国家中医药局局长王国强率职能部门视察上海雷允上药业和华宇药业。

2007 年 6 月 28 日，泰国卫生部泰医与替代医学发展司司长松育率泰国卫生部代表团一行 20 人，参观考察上海雷允上药业和奉浦基地。

2007 年 8 月 27 日，泰国卫生部主办的第四届传统草药大会在曼谷国际会展中心举行，上海雷允上药业参展。泰国卫生部副部长莅临公司展区参观。

2007 年 9 月 8 日，2006 年度中国纳税百强排行榜公布。上海雷允上药业继 2005 年度获中国医药制造业纳税百强后，又以 7 820 万元纳税额获此荣誉，排名从第 43 位升至 39 位。

2007 年 9 月 30 日，上海市卫生局、上海市中医药学会、上海市中西医结合学会、上海市针灸学会主办，上海雷允上药业协办的"上海市百名中医义诊活动"举行，百名国家级、市级名老中医为市民义诊。上海市副市长杨定华、上海市卫生局长徐建光等出席。

2007年10月12日，国家发改委主办的国家高技术产业化示范工程及创新能力建设项目授予大会在深圳举行。上海雷允上药业"中药复方提取物先进生产工艺高技术示范工程"和杏灵科技药业"银杏酮酯和杏灵颗粒高技术产业化示范工程"两项目，被授予国家高技术产业化示范工程。

2007年10月，国家工商总局商标局和商标标审委员会在商标管理案件、商标异议案和争议案中，认定包括"雷氏"商标在内的197件为中国驰名商标。

2007年11月22日，上海市委宣传部、上海市卫生局和上海雷允上药业主办的第五届雷氏中医保健节、第七届中医膏方节暨东方讲坛"雷氏中医药治未病系列讲座"举行启动仪式。卫生部副部长兼国家中医药局局长王国强与上海雷允上药业董事长陈保华共同点亮启动仪式彩灯。

2007年，中央文明办、卫生部组织的"相约健康社区行"活动阶段总结表彰大会在北京举行。上海雷允上药业有限公司被授予"全国卫生进社区社会公益奖"，全国共有5家单位获此荣誉。上海雷允上药业社区健康服务系列活动主要有：以曲艺形式巡演，普及健康知识和现代保健理念；与上海市药监局联合开展"食品药品进社区"活动，与上海市百家居委会开展文明社区健康共建活动；编辑出版《雷氏名医谈病丛书》《中医膏方指南》《中医五行与四季保健》等科普书籍。

2007年，上海雷允上药业申报的"建设拥有自主知识产权的中药原料药系统研发平台"项目，获国家发改委立项，这是上海入围的唯一中药项目，项目总投资3 950万元。

2007年，上海雷允上药业中成药工业生产开始向奉浦基地集中，完成原中药制药二厂整体搬迁，固体制剂车间扩建，液体制剂车间、食品生产大楼也相继开工。

2007年，中药研究所、杏灵科技药业入驻张江药谷。

2008 年

2008年2月20日，日本大阪府中医药交流团参观华宇药业和德华国药。

2008年2月，华宇药业"西红花的种植方法"获国家知识产权局"国家发明专利"。

2008 年 3 月 20 日，国家中医药局副局长吴刚率有关司、处领导来上海雷允上药业调研。

2008 年 4 月，国家中医药局启动"传统名优中药保护与生产示范基地建设"工作，公司六神丸被遴选为第一批 8 个品种、9 个基地之一。2009 年 5 月，中国中药协会会长房书亭带队对公司"传统名优中药六神丸保护与生产示范基地建设"项目实地调研。

2008 年 5 月 21 日，5·12 汶川大地震发生后，中药与天然药物事业部捐款捐物近 500 万元，其中员工个人捐款 385 364.92 元，捐款人数 4 464 人（不含青岛国风药业）。同时，公司 533 名党员缴纳特别党费 130 095 元。地震发生第二天，事业部紧急调运 9 个品种、30 吨中药材，通过绿色通道急送 137 批约 473 吨药品。

2008 年 6 月 2 日，第五届世界品牌大会在北京召开。世界品牌实验室发布"2008 年中国 500 最具价值品牌排行榜"，"雷氏"榜上有名，其品牌价值评估为 20.8 亿元，这也是上海地区医药类唯一入选品牌。

2008 年 7 月 22 日，日本津村株式会社社长芳井顺一应邀来公司作"日本汉方医学的普及战略"演讲，事业部有关单位代表百余人参加。

2008 年 9 月 12 日，为落实上海市委、上海市政府对口支援都江堰灾后重建任务，公司与都江堰中药有限责任公司合资建立"都江堰申都中药有限公司"。2009 年 1 月 8 日举行奠基仪式，上海市副市长胡延照、都江堰市委书记刘俊林和市长许兴国等出席。项目一期投资 1 000 万元，占地 25 万亩，建设生产能力为 1 500 吨的中药材前处理工厂；建设 100 亩"三木"药材种植示范基地，带动沿山 15 万亩"三木"药材种植基地发展，解决当地药材收购和劳动就业，促进都江堰市中药产业发展。

2008 年 10 月 25 日，"中医中药中国行"上海市活动开幕，卫生部副部长兼国家中医药局局长王国强、上海市人大常委会主任刘云耕、上海市副市长沈晓明出席。公司在启动仪式上向上海市社区卫生中心赠送《雷氏中成药临床选用指导图解》一书。

2008 年 11 月 6 日至 9 日，集中展示改革开放 30 年来我国中医药和民族药成就的"中国中医药展"在北京举行。上海雷允上药业是上海唯一参展企业，卫生部副部长兼国家中医药局局长王国强、上海市卫生局副局长李卫平等来公司展区参观。

2008 年 11 月 7 日至 9 日，世界卫生组织在北京召开传统医药大会。会上 15 家企业和 9 位个人荣获"中国自我药疗产业发展杰出贡献企业和人物"，上海雷允上药业董事长陈保华榜上有名。

2008 年 11 月，上海雷允上药业、华宇药业、杏灵科技药业被认定为上海市高新技术企业。

2008 年 12 月 19 日，上药集团宣布：撤销中药与天然药物事业部党委，组建上海市药材有限公司党委，党委委员：戴家骅、杨弘、吴佩颖。戴家骅任书记。陈保华任中药与天然药物事业部总经理兼上海市药材有限公司董事长，杨弘任中药与天然药物事业部副总经理兼上海市药材有限公司总经理，戴家骅、吴佩颖、张聪任上海市药材有限公司副总经理。

2008 年 12 月 20 日，华宇药业举行成立十周年庆典，原国家中医药局副局长任德权、中国药材公司总经理李光甫、上海市中医药学会会长严世芸、上药集团重组小组组长吕明方和上海市药材有限公司总经理杨弘出席。

2008 年，由倪志福、聂力、朱丽兰、田力普等人组成编委、知识出版社出版的《中国当代发明家》（第一卷）发行。中药与天然药物事业部总工程师、中药研究所所长谢德隆入选。

2008 年，上海雷允上药业"上海市知识产权示范创建工程"项目，通过市知识产权局复审验收。2006 年 4 月 26 日，上海雷允上药业被定为"上海市第一批知识产权示范企业"后，新申请发明专利 16 项（历年累计 64 项），新授权发明专利 15 项（历年累计 31 项），新注册商标 74 件（历年累计 150 件），新登记著作权证书 50 件（历年累计 50 件），申请上海市非物质文化遗产目录 1 项。

2009 年

2009 年 1 月 12 日，上海雷允上药业申报的上海市企业专利战略项目通过验收，上海市知识产权局副局长洪永清等出席验收会。

2009 年 1 月 13 日，撤销中药与天然药物事业部采购中心，成立上海雷允上药业有限公司制药总厂（简称"雷允上药业制药总厂"），刘冬雪任上海雷允上药业有限公司制药总厂一分厂、二分厂、三分厂、奉浦分厂厂长。

2009年1月14日至15日，中国合格评定国家认可委员会对华宇药业技术检测中心进行五年一次的现场复评审。

2009年2月3日，中药与天然药物事业部工会更名为上海市药材有限公司工会。

2009年2月，凌文婕任上海市药材有限公司工会副主席（主持工作）。

2009年3月4日，上海市工商局召开"上海商标发展工作推进会"，上海市副市长胡延照、上海市工商局局长方惠萍出席。"雷氏"商标获专项奖金100万元。

2009年3月，公司组建雷允上药业制药总厂党委和雷允上药业营销中心党委。

2009年3月，"珍菊降压片二次开发研究"项目列为2009年中药现代化重大专项，获总额600万元政府资金支持。

2009年4月15日，上药集团明确上海市药材有限公司的投资主体与管理平台功能。

2009年4月17日，华宇药业举行2009年度中药材公开招标采购会。这是公司药材采购首次面向社会进行公开招标，首次利用传媒进行信息覆盖，首次开放采购渠道，百余家新老客户参会。

2009年4月，和黄药业固体车间丸剂班组被上海市总工会授予"上海市工人先锋号"称号。

2009年5月4日，公司团委书记胡怡荣获"上海市新长征突击手"称号。

2009年6月2日，上海市总工会和四川都江堰市总工会联合举办、上海市医药工会和公司承办的"为企业重建送技术、为灾区直供送技能"培训活动举行启动仪式，上海市总工会副主席杜仁伟、都江堰市总工会领导等出席。来自都江堰市的10名员工接受了为期11天的培训学习。

2009年6月25日，公司召开第七次党代会，选举产生第八届党委和纪委。党委委员：杨弘、吴佩颖、张建南、凌文婕、戴家骅。戴家骅任党委书记，张建南任纪委书记。

2009年6月30日，上海医药（集团）总公司撤销中药与天然药物事业部。

2009年7月1日，雷允上药业销售分公司正式开通"药品检测报告查询系统"，下游客户可点击公共查询栏目，即可打印所需的药品检测报告。

2009年7月23日，华宇药业实施"中药饮片定点加工规模化生产"管控模式，本部及所属 6 家饮片企业实行饮片加工"五统一"：统一原料采购、统一质量检测、统一生产加工、统一储存养护、统一物流配送。同时，确定第一批 50 个品种实行定点加工。同日，上海市药监局、上海市中医药发展办公室、上海市中药行业协会联合召开"进一步加强中药饮片质量管理专题会"。

2009 年 7 月，中药研究所从浦东张江哈雷路 898 弄 4 号楼搬迁至奉浦基地陈桥路 1398 号 E 楼。

2009 年 8 月，"神象名贵药材野山参的基地建设"项目获工信部中药材基地建设总额 50 万元资金支持。

2009 年 8 月，由公司发起，华宇药业、虹桥中药饮片有限公司、康桥中药饮片有限公司、万仕诚国药制品公司等本地知名饮片企业共建中药材联合采购公共平台，首开国内中药材经营企业联合公开招标、统一药材采购、统一质量检测、统一物流配送先河。

2009 年 9 月，上海市副市长沈晓明率有关委、办、局领导前往宁夏，对公司的枸杞、肉苁蓉药材种植基地进行考察。

2009 年 11 月，预防甲型 H1N1 流感用药"扶正祛邪颗粒"由雷允上药业生产面市。该药组方为 2003 年上海抗甲流专家组推荐的"六味汤"，即扶正祛邪颗粒三号方。

2009 年，雷允上药业奉浦生产基地通过国家 GMP 认证，获得片剂、硬胶囊、合剂、糖浆剂、酒剂、煎膏剂 GMP 证书。

2009 年，公司的"雷公藤 GAP 研究及雷公藤甲素质量标准的建立""沪产番红花脱毒快速繁殖及药材的品质评价"科研项目结题，并申请发明专利 2 项。

2010 年

2010 年 1 月 16 日，雷允上药业制药总厂 ERP 系统正式切换上线投入试运行。

2010 年 1 月 24 日至 25 日，公司举行成立 55 周年庆典。卫生部副部长兼国家中医药局局长王国强，中国中药协会会长房书亭，上海市卫生局和药监局党委书记王龙兴，上海市卫生局局长徐建光，上实集团董事长滕一龙，上药集团董事长吕明方和党委书记杨锡生，上海中医药大学副校长谢建群，名老中医裘沛然、颜德馨，各省市中医药界代表等六百多人参加。

2010年1月25日，上药集团、上海市药材有限公司与上海市中医药发展办公室举行"推进中医药发展项目"签约仪式。公司总经理杨弘与上海市卫生局副局长、上海市中医药发展办公室主任沈远东在协议书上签字。

2010年1月25日，公司新司标正式启用，其背景图案为两个同心圆组合，阳体大圆套着阴体小圆，体现天人合一、阴阳平衡、大气包举的意象，象征中华医药宇宙观和辩证思维。司标核心为大写的"药"字，以绿色为基调。

2010年4月，"传统名优中成药六神丸的二次开发"项目，列入2010年中药现代化重大专项，获总额457万元资金支持。

2010年4月至5月，公司修订、完善各项管理制度和主要业务的内控流程。2012年5月，《上海市药材有限公司内部控制手册（试行）》定稿。

2010年5月5日，上海医药任命刘勇军为公司财务总监。

2010年5月11日，公司聘任日本中川工程技术株式会社社长中川公一先生为工程技术顾问。中川公一长期致力于中药制药设备研究和创新，特别在现代化中药提取设备方面有很深造诣。

2010年6月25日，公司第四届工会成立，凌文婕任主席。

2010年7月26日，上海雷允上药业有限公司、上海杏灵科技药业股份有限公司，获上海市科委、上海市国资委、上海市总工会颁发的首批"上海市创新型企业"称号。

2010年7月，接国家文化部通知，2011年5月，由国务院公布、文化部颁布，"沪产六神丸制作技艺"被列入国家非物质文化遗产名录。

2010年7月30日，国家创新工程上海市试点工作推进会举行。上海市经委、国资委、上海市总工会授予雷允上药业和杏灵科技药业等200家企业2010年度"上海市创新型企业"称号，上海市委书记俞正声宣读名单并授牌。

2010年9月，定居香港的知名企业家、78岁的雷璧芬女士作为雷氏家族传人，被公司聘为高级顾问。20世纪50年代，雷璧芬母亲把六神丸秘方献给了国家。

2010年6月21日，公司召开四届一次职工代表大会，审议通过《员工手册（2010版）》，自2010年6月21日起施行。同年9月13日，公司举行《员工手册》首发仪式。员工手册是统一企业的基本价值观，实施企业制度化、规范化管理的基础手段之一。

2010 年 9 月 29 日,上海市经委企业和技术创新服务中心主持、上药集团组织的《上海市引进技术的吸收与创新计划》项目验收会召开,中研所的"心脑血管系列现代中药的产业化中药标准提取物研究和海外注册""贯叶连翘制剂的临床研究及产业化",杏灵科技药业的"荆银颗粒的研发及产业化"三个参评项目全部通过验收。

2010 年 10 月 8 日,公司第三届团委成立,金凤敏任书记。

2010 年 10 月,上药集团大宗药材集中采购对接与业务洽谈会召开,调整完善操作模式,推进平台建设。公司承担上药集团大宗药材采购职能。

2010 年 12 月,根据上药集团 A+H 股上市的特殊要求,持续办刊 17 年的《上海中药》报发布启事,自 2011 年 1 月起停刊。

2010 年,经上海市社会治安综合治理委员会评审,公司获 2009 年度"上海市平安单位"称号。此后,连续三年被上海市社会治安综合治理委员会命名为"上海市平安单位"。

2010 年,公司开发饮片"质量检测报告网上查询系统",实现相关单位通过互联网即时查询、打印所销售品种的质量检测报告。

2010 年至 2012 年,公司按年度编制内部控制自我评价报告。

2010 年,公司出资成立的专项冠名基金——雷氏中医药英才基金,2010—2012 年共注入资金 165 万元,共计博士生 11 人、硕士生 28 人获得奖学金,674 人次获得助学金。

2010 年,华宇药业科技质量部被评为"2007—2009 年度上海市模范集体"。

2011 年

2011 年 2 月,雷允上药业制药总厂人事档案管理通过上海市国资委二级标准验收。

2011 年 3 月 7 日,雷允上药业二分厂营业执照注销。

2011 年 6 月 29 日,国家发改委 2008 年立项的上海雷允上药业国家级企业技术中心创新能力建设项目——中药原料药系统研究,通过上海市经委技术进步处验收。

2011 年 7 月 15 日，雷允上药业营销中心信息化管理系统项目立项，项目总投资预算 116 万元，包括 ERP 软件实施费 85 万元，电脑等配套设施费 31 万元。

2011 年 7 月 21 日，神象参茸分公司申南路生产基地"生产及仓库整修改造工程"项目经上药（集团）总公司批复，2012 年 4 月 28 日正式开工，同年 12 月基本完成。项目总投资 1 287.81 万元，形成每年加工银耳 20 吨、生晒人参类 30 吨能力。

2011 年 7 月 26 日，六神丸"中药保护与生产示范基地"获中国中药协会授牌。

2011 年 7 月，公司上报雷允上药业"工业集中奉浦生产基地"项目建议书，总投资约 11 240 万元，9 月份获上海医药批复同意。

2011 年 8 月，雷允上药业奉浦分厂"固体制剂车间扩大产能"项目完成，片剂产能为 24 亿片 / 年，解决了固体制剂生产瓶颈。

2011 年 10 月，雷允上药业营销中心工会为 47 名劳务派遣工办理入会手续，成为首批劳务派遣制工会会员。

2011 年 11 月 11 日，雷允上药业与上海交大实行校企合作，成为上海交大药学院本科生校外实习基地。

2011 年 12 月，公司被上海市经济和信息化委员会认定为企业技术中心。

2011 年 12 月，公司收购上海上联药业有限公司自然人股东持有的 49% 股权，同时上药集团将持有的上联药业 51% 股权划拨公司。上述交易完成后，公司对杏灵科技药业增资和杏灵科技药业对上联药业吸收合并。

2011 年，公司收购杏灵科技药业自然人股权（无形资产量化部分）。

2012 年

2012 年 3 月，公司团委被评为"上海市五四特色团委"。

2012 年 4 月 27 日，雷允上药业与上海中医药大学签订协议，成为中药学硕士专业学位研究生实习基地。

2012 年 4 月 27 日，"神象"商标被国家工商管理局认定为中国驰名商标。

2012 年 5 月 27 日，公司举办第四届职工运动会。

2012 年 6 月，雷允上药业制药总厂奉浦 62 亩"综合仓库配套设施改造项目"开工，12 月基本完成。项目于 2012 年 1 月 9 日获上药集团批准，总投资 1 795.88

万元，对尚未完成的综合仓库及配套设施完善改造。2012 年 12 月 25 日，仓库如期投入使用。

2012 年 8 月，公司收购封浜制药小股东持有的 40% 股权，使公司对目标公司股权增至 60%，加之雷允上药业所持 40% 股份，公司成为目标公司实际控制人。

2012 年 8 月，公司合同办公自动化（OA）管理平台正式上线。

2012 年 11 月 18 日，雷允上药业制药总厂仓库管理系统（WMS）正式上线。

2012 年 12 月，张雄毅荣获第七届"上海市技术能手"称号。

2012 年，华宇药业首获"2011 年度安全生产标准化二级"称号。雷允上药业制药总厂、雷允上药业营销中心、神象参茸分公司、杏灵科技药业和信德公司首获"2011 年度安全生产标准化三级"称号。

2012 年，华宇药业对入库药材开展全项检测，9 月起形成安全性指标自检能力，开展重金属、农药残留量等指标检测。

2012 年，华宇药业获"番红花的组织培养快速繁殖方法"专利证书，华宇药业被评为"上海市创新型企业"。

2012 年，华宇药业聘任毕琳丽为首席技师，并申报成立上海市首席技师培养选拔"千人计划"工作室。

2013 年

2013 年 1 月至 3 月，公司实施内部体制改革。组织构架按公司现有业态分为中药材与中药饮片、健康保健品、中成药制造、中成药分销四个板块，以及华宇药业、神象分公司、雷允上药业、杏灵科技药业、医药分公司、药品经营部六个经营主体。公司总部设置十部一室，并理清与下属单位的关系，即总部只承担管控和服务职能，经营工作由各经营主体单位具体负责。

2013 年 4 月 11 日，公司根据上药集团要求，启动"333+1"（10 年）发展规划编制工作，明确公司及各子分公司企业定位、发展目标、发展路径等。

2013 年 6 月 21 日，公司党委召开第八次党代会，选举产生公司第九届党委和纪委。党委委员：戴家骅、陈军力、吴佩颖、张建南、凌文婕。戴家骅任党委书记，陈军力任党委副书记，张建南任纪委书记。

2013 年 6 月，公司完成公司及直管企业非生产经营性公务用车改革。此次车改针对包括公司本部在内 14 家涉及车辆产权单位。经统计，本次车改涉及公务车辆 38 辆，按固定资产管理报废处置车辆 2 辆，涉及车改人员 38 人。实施用车改革后，公司对属于范围内人员均签订了《私车公用协议》，并严格控制公司现有机动公务用车数量，预计车改后按现有标准范围每年可节约费用 150 万元。

2013 年 7 月，公司全面完成下属企业管控类制度、公司本部管理类制度和专项类制度的梳理，新增、废止、修订了相关的制度条目和内容，并逐步下发付诸实施。

2013 年 8 月，公司实施以塑造核心价值观"责任、专业、合作、创新"为主要内容的企业文化再造工程，实施企业文化宣传贯彻认知阶段的工作。

2013 年 9 月 10 日，公司党委启动党的群众路线教育实践活动。此前，开展"承诺践诺 创优争先"党建示范活动，要求与"四好领导班子创建""创先争优立项活动"有机结合起来。

2013 年 10 月 26 日，公司工会举办首届"上海药材好声音"决赛。本次大赛历时三个月，华宇药业参赛队在决赛中摘取桂冠。

2013 年，杏灵科技药业高新产品"荆银颗粒""杏灵系列制剂"的产业化项目——"青浦生产基地提取车间改造工程"项目进入实质性实施阶段。

2014 年

2014 年 1 月 1 日，神象参茸分公司申南路生产基地首次通过 GMP 认证并正式投产。

2014 年 1 月 29 日，雷允上药业与二军大等单位联合申报的"新型高分子凝胶释药系统的研究与应用"项目（雷允上公司巴布系列产品技术应用）获 2013 年度教育部科学技术进步奖一等奖。

2014 年 1 月，公司本部率先推行 5S（整理、整顿、清扫、清洁、素养）管理，继而在公司系统内逐步展开此项工作。

2014 年 1 月，神象分公司成立电子商务部，重新划分电商职能，这是公司旗下核心企业对新型业态流通渠道的首次探索。

2014 年 1 月至 7 月，神象分公司强化原料基地建设和探索集中采购新模式，完成野山参和枫斗基地认证和挂牌工作，进一步把控产品品质源头，提高采购议价能力。

2014年2月17日，杏灵科技药业提出的"一种甾醇化合物的制备方法"专利申请，完成第二次审查意见答辩。

2014年2月19日，公司召开"精益六西格玛管理专项工作启动会暨立项"评审会。5月19日，公司对下属六家企业共九个项目的培训及项目现场指导进行阶段性回顾总结。7月22—23日，雷允上药业的两个项目"提升藿胆滴丸成品率"和"野菊花浸膏粉生产周期压缩"通过了上海医药的终期评审，"提升藿胆滴丸成品率"被评为集团十个优秀项目之一。

2014年2月，公司党委组织开展2014年度"承诺践诺 创先争优"党建示范活动，以项目制推行党组织和党员个人的承诺立项、措施亮诺、践诺考评。

2014年3月，公司职能部室定岗定编工作基本结束，原12个部室调整为10个，原45个岗位调整为39个，原人员编制49人调整为39人。

2014年3月，公司纪委制定《关于重点关键岗位的监督管理意见（试行）》，加强风险岗位的管控。

2014年3月，杏灵科技药业与上海中医药大学国家中药制剂工程中心签订"注射级银杏酮酯及其制剂药学研究"合作协议。

2014年4月29日，公司召开四届十次职工代表大会，审议通过《员工手册（2014版）》，自2014年5月1日起施行。

2014年4月，上药集团中央研究院与上海市药材有限公司签订《共建上海市中药研究所合作框架协议》。

2014年4月，华宇药业饮片营销部班组被上海市总工会授予"上海市工人先锋号"称号。

2014年5月17日，公司"2014健康马拉松"活动在奉浦生产基地举行，公司各单位的400多名员工踊跃参加，拉开公司成立六十周年庆典活动序幕。

2014年5月19日，雷允上药业"奉浦生产基地打粉车间一层改造为药品成品仓库"等项目获公司批复。

2014年5月20日，遵义市副市长黄庆伟带队当地相关政府部门及药企领导一行来公司考察交流，探讨进一步对接黔沪两地资源，发挥合作优势，促进当地生物医药产业的发展。

2014年5月28日，公司选举产生第四届团委，李蓉蓉任书记。

2014年5月30日，上海医药集团股份有限公司、上海市药材有限公司与和黄药业签署合作协议，新设上海上药和黄医药销售有限公司，做大做强上海医药优势产品。公司六个产品委托其独家销售。

2014年5月至8月，神象分公司通过面向大众的第三方征信考验，申报"上海市企业诚信创建二星级企业"并获准晋级，提升企业品牌形象。

2014年6月14日，"交大—上海药材后备干部高级研修班"举行结业典礼。2013年9月7日，该研修班在上海交通大学海外教育学院开学，公司新一轮的后备干部梯度培养计划正式启动。经过为期9个月的学习，33位学员完成学业及结业论文。

2014年6月18日，上海华宇药业有限公司收购上海古华药业有限公司及自然人持有的上海德华国药制品有限公司股权。完成收购后，华宇药业持有德华国药70%股权。

2014年6月28日，公司党委以"光荣永远属于务实奉献的共产党员"为主题召开党员大会。表彰先进党组织9个，优秀共产党员33名，优秀党务工作者5名。

2014年6月，公司借鉴联想集团的"发动机文化"，进一步推进企业文化建设，要求公司下属六家直管单位成为责、权、利统一的经济体，成为"6个小发动机"，并涌现一批"发动机"人才。

2014年6月，公司离休干部党支部顺利进行换届改选，由张元珍、耿锡斌、李蓉蓉三人组成支委会，张元珍任书记。

2014年6月，杏灵科技药业与华东理工大学签订《"人工麝香关键组分的手性合成及产业化研究"合作协议》。同年7月，该项目获上海市科委立项资金支持150万元。

2014年6月底，公司完成上海医药人力资源管理系统（EHR）一期项目，实施单位为药材公司本部与上海雷允上药业有限公司（工业）。此项目于2013年12月正式启动。项目二期实施单位确定为雷允上医药分公司、神象参茸分公司、华宇药业、杏灵科技药业、药品销售分公司、雷允上封浜制药、华钺物业等单位。

2014年7月19日，雷允上药业老沪闵路生产基地提取车间永久性停产，标志着老沪闵路生产基地正式向奉浦生产基地转移并集中生产管理。

2014 年 7 月，公司联合华宇药业、国家中药制药工程中心申请上海市科委 2014 年产学研医合作项目"中药配方颗粒标准及产业化研究"，获市科委立项资金支持 100 万元。

2014 年 7 月，公司工会编写《企业文化案例汇编》。

2014 年 8 月 13 日，公司收购中国药材公司持有的华宇药业 34.78% 股权，华宇药业成为公司全资子公司。

2014 年 8 月 16 日，公司举行"上海市药材有限公司六十周年庆暨职工嘉年华文化活动"，600 多名员工参与。

2014 年 8 月，经上海市安全生产协会专家验收，公司所属单位全部成为安全生产标准化（二级）企业。

2014 年 8 月，公司参加"上海市五星级企业诚信创建"活动并获证书。

2014 年 8 月，公司关闭天云保健品厂天马山养鹿场养殖经营业务。神象分公司处置鹿资产共计 301 头。同年 9 月，场地移交给华宇药业。

2014 年，神象参茸分公司完成视觉识别系统（VI）设计。经过近一年的项目合作，"神象"品牌标识优化完成，企业宣传口号确定，并于 2014 年 3 月 20 日进行注册；8 月完成野山参、虫草、枫斗全系新包装的设计和市场应用；9 月完成视觉识别系统（VI）使用手册编制。

2014 年 9 月 4 日，公司召开 2014 年科技工作会议，提出"完善结构，明确目标，创新科研，驱动发展"。会议明确相关单位科研发展方向；其中，杏灵科技药业以二次开发与创新并举；雷允上药业以二次开发为主；华宇药业以培育技术与新型饮片为主；神象参茸分公司以质量标准与二次开发为主。本次会议标志着公司科研工作进入发展新阶段。

2014 年 10 月 23 日，上海医药任命徐文财为上海市药材有限公司党委书记、董事、副总经理。

2014 年 11 月 8 日，公司工会在火车头体育场举行公司第五届职工运动会。

2014 年 11 月，上海医药向公司增资 1.25 亿元，部分款项用于购买中国药材公司持有的华宇公司 34.8% 股权，部分款项用于向华宇公司增资。这是上海医药对公司最大一笔增资。同年 8 月 13 日，公司已实施该项股权收购工作，完成收购后，公司持有上海华宇药业有限公司 100% 股权。

2014 年 12 月 16 日，上海市药材有限公司西红花分公司成立。同年 12 月 31 日，更名为上海市药材有限公司西红花事业部。

2014 年，公司为总结企业发展的历史经验和教训，经过两年收集采编，完成"公司大事记"的重新梳理和续写工作并整理成书，取名《六十征程》。与此同时，完成"公司简史"及"历史故事集"编写，合订成书，取名《辉映甲子》。

2014 年，公司呈强劲发展态势，营业收入突破 40 亿元，其中工业销售 15 亿元，两年复合增长率分别为 10% 和 8%，税后净利润达到 1 亿多元。这是公司成立 60 年以来，公司净利润首超亿元大关，创造公司历史新标。

2015 年

2015 年 1 月 3 日，公司在上海艺海剧场，举办"辉映甲子，光耀未来"——公司 60 华诞庆典活动。

2015 年 1 月 29 日，杏灵科技药业高崎获批享受国务院政府特殊津贴。

2015 年 2 月，世界顶级科技杂志《科学》在其中医药专刊中对麝香保心丸的研究成果作了专题报道。

2015 年 3 月，上药集团（大理）红豆杉生物有限公司成立。公司下属上海华宇药业有限公司和上海医药下属全资子公司上海中西三维药业有限公司控股子公司上海金和生物技术有限公司，分别以现金出资取得大理中谷红豆杉生物有限公司 40% 和 27.5% 股权，布局抗肿瘤原料药基地建设。

2015 年 4 月，华宇药业毕琳丽、医药分公司成本海荣获"2010—2014 年度上海市劳动模范"称号。和黄药业固体车间丸剂班组被评为"上海市模范集体"。

2015 年 5 月 18 日，华宇药业在山东临沂全资投资组建成立上药华宇（临沂）中药资源有限公司，建立丹参、金银花等规范化、规模化、产业化基地。

2015 年 5 月 25 日，神象参茸分公司与华山医院、岳阳医院、曙光医院、龙华医院、普陀医院联合启动"野山参治疗慢性心力衰竭的安全性和有效性临床研究"项目。2018 年 1 月，该项目荣获上海市中医药学会颁发的第八届上海中医药科技奖二等奖。

2015 年 7 月，神象参茸分公司响应上海市国资委援疆号召，神象南派阿胶于2016 年 9 月 22 日恢复上市。该项目帮助喀什当地药企吸纳 300 余人就业，100 余户实现增收，实现精准扶贫。2018 年 9 月，项目入选《人民日报》"大国攻坚"精准扶贫产业发展模式推荐案例。

2015 年 7 月，神象参茸分公司核心品种野山参首次进行产品二维码防伪系统升级。

2015 年 9 月，上海和黄药业有限公司被上海市院士专家工作站指导办公室、上海市奉贤区人民政府授予"上海市院士专家工作站"。

2015 年 11 月 20 日，华宇药业承担的国家工信部 2012 年度中药材扶持项目"西红花规范化、规模化和产业化生产基地建设"通过结题验收。

2015 年 11 月，上海市人力资源和社会保障局命名华宇药业"毕琳丽上海市技能大师工作室"。这是上海医药系统第一个被命名的上海市技能大师工作室。

2015 年 12 月 1 日，公司优化企业组织构架，启动分销板块雷允上医药分公司、药品销售分公司两家分销单位业务合并工作，并于 2016 年 1 月 1 日正式完成业务合并。

2015 年 12 月 2 日，公司成立中药资源事业部，搭建中药资源平台，从事大宗品种的中药材基地建设、科技研发，建立从源头开始的追溯体系，在保障上海医药中药原料质量的前提下，形成稳定的供应链。

2015 年 12 月 5 日，由上海市中药行业协会主办、神象参茸分公司承办的首届上海野山参文化节成功举办。

2015 年 12 月 16 日，公司"人工麝香研制及产业化"项目荣获国务院颁发的2015 年度国家科学技术进步一等奖。

2015 年 12 月，杏灵科技药业"'银杏酮酯原料及制剂、人工麝香原料海可素Ⅰ、Ⅱ'的产学研二次开发"项目荣获上海产学研合作优秀项目奖励委员会授予的上海产学研合作优秀项目奖一等奖。

2016 年

2016 年年初，神象参茸分公司和中国农科院特产研究所开展"建立野山参质量安全环境可追溯系统"项目，年底初步建立了野山参系列产品的质量追溯体系。2017 年 9 月，完成野山参基地评估报告并签订基地共建合作协议。2019 年 9 月，建立国内第一套野山参基地监控系统。

2016 年 3 月 1 日，公司在辽宁省桓仁县投资新设"上药（辽宁）参业资源开发有限公司"，注册资本 1 亿元人民币，其中公司持股 59%。

2016 年 4 月 1 日，原"上海杏灵科技药业股份有限公司"更名为"上海上药杏灵科技药业股份有限公司"（简称"上药杏灵"）。

2016 年 4 月 8 日，原"上海华宇药业有限公司"更名为"上海上药华宇药业有限公司"（简称"上药华宇"）。

2016 年 4 月，上药华宇毕琳丽被中华全国总工会授予"全国五一劳动奖章"；11 月荣获上海市人力资源和社会保障局授予的第九届"上海市技术能手"称号。

2016 年 4 月，公司团委被共青团上海市委员会授予"2015 年度上海市五四特色团委"称号。

2016 年 4 月，上药杏灵青浦生产基地提取车间被上海市总工会授予"上海市工人先锋号"称号。

2016 年 5 月 6 日，公司与日本津村株式会社签订合资合同，共同设立上海上药津村制药科技有限公司，制造、销售中药配方颗粒。其中公司持股 51%。7 月 13 日，上海上药津村制药科技有限公司正式成立。2020 年 11 月 9 日，为充分整合资源，降低公司经营成本，上海上药津村制药科技有限公司注销。

2016 年 7 月，公司及和黄药业获得国家工商行政管理总局颁发的《2014—2015 年度"守合同重信用"企业公示证明》。

2016 年 8 月 1 日，原"上海雷允上药业有限公司医药分公司"更名为"上海上药雷允上医药有限公司"（简称"雷允上医药"），为雷允上药业下属的全资子公司。

2016 年 8 月 15 日，在雷允上药业奉浦生产基地举行工业集中落成仪式，完成原一分厂、二分厂、三分厂所有产能迁移集中。

2016 年 9 月 7 日，公司成立上海雷氏中医门诊部有限公司，为公司全资子公司。9 月 19 日，公司成立中医医疗投资管理事业部。9 月 28 日，位于斜土路 1105 号一层的首家雷氏中医门诊部正式营业。

2016 年 9 月 28 日，上海和黄药业有限公司位于奉贤区上海工业综合开发区内的研发生产基地全面投入使用。

2016 年 10 月 15 日，公司举办第六届职工体育运动会。此次运动会设 17 个大项，45 个单项，共有 450 人参加了个人项目决赛、364 人参加了团体项目决赛。

2016 年 10 月 27 日，雷允上药业丸剂车间六神丸班组长、六神丸制作技艺第六代传承人张雄毅被上海市总工会命名为首批"上海工匠"，这也是上海医药行业第一位"上海工匠"。同时，张雄毅被上海市总工会、上海市人力资源和社会保障局授予"上海市五一劳动奖章"。

2016 年 11 月 21 日，公司投资金额 1 000 万元成立湖南上药中药材发展有限公司，为公司全资子公司，以满足公司掌握、保障中药材原材料质量、稳定供应量及对可追溯优质原料的需求。

2016 年 12 月 15 日，公司收购上海蔡同德药业有限公司、上海药房股份有限公司、上海雷允上北区药业股份有限公司持有的上海雷允上药业有限公司共计 2.42% 股权。完成收购后，上海雷允上药业有限公司（简称"雷允上药业"）成为公司全资子公司。

2016 年 12 月 15 日，和黄药业的复方中药胆宁片获得"加拿大天然药品上市许可"。2019 年 9 月，胆宁片获"加拿大境外生产场地认证"。2022 年 10 月 14 日，胆宁片（Biliflow）成功出口加拿大。

2016 年 12 月，神象参茸分公司技术研发中心"技师创新工作室"获上海市总工会授牌。

2017 年

2017 年 1 月，上药杏灵被上海市总工会授予"上海市五一劳动奖状"。

2017 年 3 月 10 日，上海上药神象健康药业有限公司成立（简称"上药神象"），承接原上海雷允上药业有限公司神象参茸分公司业务。

2017 年 3 月，上药华宇主导制定的丹参种子种苗质量标准获 ISO/TC249 正式颁布，成为上海市第一个由企业主导制定的中医药国际标准。

2017 年 4 月，上药神象李跃雄、上药杏灵朱宝中被上海市总工会、上海市人力资源和社会保障局授予"上海市五一劳动奖章"。

2017 年 5 月，上药华宇质量员毕琳丽当选上海市第十一次党代表大会代表；同月，荣获全国总工会授予的"全国五一巾帼标兵"称号；9 月，上海市总工会授予其"上海工匠"称号。

2017年5月，麝香保心丸创新提案获上海市总工会职工创新成果奖。

2017年6月2日，公司收购平邑华宇饮片有限公司90%股权，9月1日，更名为山东上药中药饮片有限公司，注册资金1 000万元。

2017年6月6日，公司启动"名师育高徒　匠心铸传承"第一届中药专业技能名师带徒传承工作。

2017年6月16日，上药神象云南耿马石斛基地实时监控系统立项，于2018年1月通过验收并正式运行。

2017年6月，上药神象胡怡荣获上海市妇女联合会授予的2016年度"上海市三八红旗手"称号。

2017年7月25日，雷允上药业"六神丸"班组荣获中国医药质量管理协会授予的全国医药行业"质量信得过班组"称号。

2017年11月3日，坐落于崇明区林风公路501号的上药中医药文化园正式开园。

2017年11月10日，公司第二家中医门诊部——上海雷氏汉光门诊部有限公司注册成立，11月28日举行揭牌仪式。门诊部于11月15日被纳入上海市基本医疗保险定点医疗机构。

2017年11月15日，公司召开中共上海市药材有限公司第九次代表大会，选举产生第十届党委、纪委。吴佩颖、张建南、胡怡、徐文财、凌文婕当选为党委委员，徐文财当选为党委书记，凌文婕当选为党委副书记。万斌、刘勇军、张建南当选为纪委委员，张建南当选为纪委书记。

2017年12月1日，雷允上药业"传统名优中成药六神丸的二次开发"项目荣获上海产学研合作优秀项目奖励委员会授予的2017年度上海产学研合作优秀项目奖二等奖。

2017年12月，上海医药任命沈波为公司董事长，余卫东为总经理，苏俊英为常务副总经理。

2017年12月，神象品牌荣获上海市商业联合会"上海十佳商业品牌"。

2017年12月，雷允上药业"张雄毅上海市技能大师工作室"获上海市人力资源和社会保障局授牌。

2017年12月，和黄药业的胆宁片荣获第十九届中国专利优秀奖。

2018 年

2018 年 1 月，上药华宇毕琳丽被上海市总工会、上海市人力资源和社会保障局授予"上海市五一劳动奖章"。

2018 年 2 月，和黄药业被上海市总工会授予"上海市五一劳动奖状"。

2018 年 3 月 23 日，雷允上药业"天然活性多糖质效控制关键技术与产业化应用"项目荣获上海市科学技术奖一等奖。

2018 年 3 月，上药杏灵完成收购浙江九旭药业有限公司 51% 股权。

2018 年 4 月，上药杏灵科研发展部被上海市总工会授予"上海市工人先锋号"称号。

2018 年 5 月 23 日，文旅部、工信部联合发布第一批国家传统工艺振兴目录，"雷氏"六神丸制作技艺入选。

2018 年 5 月 25 日，共青团上海市药材有限公司第五次代表大会选举产生新一届团委。闵莉丽当选为团委书记。

2018 年 6 月 27 日，公司举办"匠领新时代　筑梦新征程"中药文化匠心主题活动，公司被上海中药行业协会授予中药文化匠心传承教育基地。

2018 年 7 月 22 日，和黄药业联合阿里健康，实现全线药品应用"码上放心"追溯技术。

2018 年 7 月，公司与宁夏康业投资有限公司合资成立上药（宁夏）中药资源有限公司，注册资本 1 000 万元人民币，其中公司持股 80%。

2018 年 8 月，上药神象首次被中国商业联合会评为"2017 年全国商业质量品牌示范单位"。

2018 年 8 月，雷允上药业与上海香山中医医院开展院用制剂产业化合作，落地奉浦生产基地。9 月 25 日，"曙光医院－上海雷允上药业中药制剂科创中心"在奉浦生产基地成立。

2018 年 9 月 29 日，上药神象微商城及会员系统上线。

2018 年 10 月，上药杏灵"银杏酮酯、人工麝香产业升级示范"项目奠基仪式在青浦隆重举行。

2018 年 10 月，公司由汉口路 239 号迁至太仓路 200 号。同时，上药华宇迁至长阳路 235 号；中药资源部迁至中山西路 1500 号。

2018 年 11 月 4 日，公司西红花、丹参两个药材品种通过了"中药材基地共建共享联盟"无硫加工、无黄曲霉素污染、无公害及全过程可追溯的"三无一全"认证。

2018 年 11 月 9 日，上药神象李跃雄被上海市总工会授予"上海工匠"称号。

2018 年 11 月 27 日，上药神象获得由上海市科学技术委员会、上海市财政局、国家税务总局上海市税务局颁发的"高新技术企业"证书。

2018 年 11 月，公司"上药药材崇明西红花基地"正式揭牌。

2018 年 11 月，公司"无公害中药材精细栽培关键技术与应用"项目荣获中华中医药学会科学技术奖一等奖。

2018 年 11 月，根据上海市国资委《关于开展"双一百"村企结对精准扶贫行动的通知》要求，公司扶贫工作组前往对口帮扶村——云南省弥渡县牛街乡康郎村进行扶贫考察及对接工作。

2018 年 11 月，"雷氏""神象"商标入选第一批上海市重点商标保护名录。

2018 年 12 月 12 日，"麝香保心丸现代创新研究"项目荣获 2018 年度国家科技进步奖二等奖。

2018 年 12 月 20 日，和黄药业"麝香保心丸预处理工序的改进"项目荣获第三十届上海市优秀发明选拔赛优秀发明金奖。

2018 年 12 月 20 日，雷允上药业"猴头菌片二次开发及相关产品开发研究"项目荣获上海产学研合作优秀项目奖励委员会授予的 2018 年度上海产学研合作优秀项目奖一等奖。

2018 年 12 月 25 日，"雷氏"六神丸制作技艺传承人张雄毅荣获上海市人力资源和社会保障局授予的第十届"上海市杰出技术能手"称号。

2018 年 12 月，和黄药业院士专家工作站被上海市院士专家工作站指导办公室授予"上海市优秀院士专家工作站"称号。

2019 年

2019 年 1 月 23 日，雷允上药业"复方紫荆消伤巴布膏的工艺改进和临床疗效研究"项目获 2018 年度上海中医药科技奖三等奖。

2019 年 1 月 28 日，公司调整中药资源与饮片业务板块结构，设立上海市药材有限公司中药资源分公司。

2019 年 1 月，公司投资收购重庆慧远药业有限公司，更名为重庆上药慧远药业有限公司（简称"上药慧远"）。公司合计持有上药慧远 83.5% 股权。3 月 26 日，收购揭牌仪式在重庆举行。此项收购拓展了中药全产业链在国内西南区域的布局。

2019 年 2 月，上药华宇主导的 ISO 21314：2019《中医药–丹参》国际标准、参与的 ISO 21317：2019《中医药–金银花》国际标准正式颁布。同年 5 月，上述两项标准获得国际化标准组织 / 中医药技术委员会（ISO/TC249）的《国际标准制修订证明》。

2019 年 2 月，和黄药业詹常森获批享受国务院政府特殊津贴。

2019 年 3 月，上药杏灵"银杏叶类的掺伪检查及全面质量控制的关键技术研究及应用"项目荣获上海市药学会颁发的 2018 年度上海药学科技奖（应用类）一等奖。

2019 年 3 月 26 日，公司和弥渡县康郎村签署了《村企扶贫开发合作协议书》。4 月 25 日，公司产业扶贫项目之一的丹参种植基地揭牌仪式在康郎村举行。

2019 年 4 月 16 日，叶愈青被国家中医药管理局纳入 2019 年全国名老中医药专家传承工作室建设项目专家名单。

2019 年 4 月 27 日，公司举行"承初心 传经典 创百亿"表彰大会暨庆祝中华人民共和国成立 70 周年主题活动。

2019 年 4 月，公司被上海市人民政府授予第十九届（2017—2018 年度）"上海市文明单位"称号。

2019 年 4 月，公司、和黄药业被上海市总工会授予"上海市五一劳动奖状"。

2019 年 4 月，上药杏灵"一种银杏酮酯及其制备方法"项目荣获第三十一届上海市优秀发明选拔赛优秀发明金奖。

2019 年 6 月 25 日，公司党建品牌"岐黄百草情暖人心"入选上海市国资委党委"上海国企党建品牌 100 强"。

2019 年 6 月，公司被上海市人力资源和社会保障局、上海市民族和宗教事务局授予"2016—2018 年度上海市民族团结进步先进集体"称号。

2019 年 8 月，上药杏灵与上海市食品药品检验所季申主任团队合作的"银杏叶类药物质量关键技术研究及应用"项目荣获中国药学会科学技术奖二等奖。

2019 年 8 月，公司购置杨浦区霍山路 519 号办公楼。12 月 30 日，公司本部（含西红花部）正式迁入。

2019 年 10 月，上药杏灵荣获上海市市长、世界知识产权组织总干事签发的上海市知识产权创新（保护）奖。

2019 年 11 月 5 日，"雷氏"作为上海老字号代表之一和上海医药集团内唯一现场参展企业亮相第二届中国国际进口博览会。

2019 年 11 月 8 日，上药华宇"毕琳丽中药传承创新工作室"被上海市总工会、江苏省总工会、浙江省总工会、安徽省总工会授予"中国长三角地区劳模工匠创新工作室"。

2019 年 11 月，"雨田氏"藏红花面膜三款产品获得德国皮肤科医生协会（Dermatest）认证，认定为五星等级产品。

2019 年 12 月 10 日，公司启动"名师育高徒　匠心铸传承"第二届中药专业技能名师带徒传承工作。同时启动"启航·行动·百亿"青年人才培养项目。

2019 年 12 月，和黄药业朱俊江、德华国药王平被上海市总工会授予"上海工匠"称号。

2019 年 12 月，上药杏灵高崎被上海市总工会、上海市人力资源和社会保障局授予"上海市五一劳动奖章"。

2020 年

2020 年 1 月 1 日，上药神象核心品种野山参粉在行业内首次采用蚂蚁区块链防伪技术。

2020 年 1 月 15 日，公司、上药华宇"丹参规范化、规模化和产业化生产基地建设及推广应用"项目荣获第十届上海中医药科技奖成果推广奖。

2020 年 1 月，和黄药业技术中心被国家发展改革委、科技部、财政部、海关总署、国家税务总局认定为"国家企业技术中心"。

2020 年 5 月 25 日，许锦柏荣获"上海市中医药杰出贡献奖"。

2020 年 5 月，雷允上药业获评"上海市和谐劳动关系达标企业"。

2020 年 5 月，上药杏灵"一种喷雾干燥机"项目荣获第三十二届上海市优秀发明选拔赛优秀发明银奖。

2020 年 6 月 20 日，上海雷氏中医门诊部有限公司全面停业。

2020 年 8 月 3 日，上海医药任命张聪为公司党委书记、总经理、董事。

2020 年 9 月 30 日，公司中药全产业链追溯平台获得《中华人民共和国国家版权局计算机软件著作权登记证书》。

2020 年 10 月 15 日，在"中新药业杯"全国中药传统名堂职业技能竞赛中，中药资源分公司王小丽、姚科俊获一等奖，上药华宇詹维超、万夏欣获二等奖。

2020 年 10 月，上药杏灵银杏酮酯片获得加拿大卫生部天然药品和非处方药局批准的产品许可证（PLAS）。银杏酮酯制剂首次在北美完成产品注册，标志着银杏酮酯制剂可以以天然健康产品身份进入北美市场。

2020 年 10 月，"雨田氏"面膜通过欧盟认证许可。2021 年 2 月获得德国、西班牙、法国三国专利。

2020 年 11 月 24 日，上药华宇毕琳丽荣获"2020 年度全国劳动模范"称号。

2020 年 11 月，公司完成退休人员人事档案社会化管理。

2020 年 12 月 2 日，上药神象李跃雄、德华国药王平荣获"2020 年度上海市劳动模范"称号。

2020 年 12 月 11 日，上药杏灵获评国家知识产权局授予的 2019—2022 年"国家知识产权优势企业"称号。

2020 年 12 月 28 日，雷允上药业张雄毅获批享受国务院政府特殊津贴。

2020 年 12 月，雷允上药业"雷氏"品牌、和黄药业"上药"品牌被上海市商标品牌协会评为首届"上海好商标"。

向新而行（2021—2024）

2021 年

2021 年 2 月 17 日，公司"一种含石斛提取物的组合物及其制备方法和应用"获得欧盟专利授权。

2021 年 4 月 27 日，公司召开六届三次职工代表大会，审议通过《员工手册（2021 版）》，自 2021 年 7 月 1 日起施行。

2021 年 4 月，上药资源王小丽、姚科俊荣获中国能源化学地质工会全国委员会授予的"全国能源化学地质系统大国工匠"称号。

2021 年 5 月 1 日，雷允上药业亮相 2021 年上海"五五购物节"开幕式。上海市委书记李强在雷氏展位现场听取企业汇报。

2021 年 5 月 16 日，公司组队参加上海医药集团"庆祝中国共产党成立 100 周年"歌咏大会，参赛曲目《我爱你中国》荣获歌咏比赛一等奖。

2021 年 5 月 17 日，公司、上药华宇、上药华宇（临沂）"采叶银杏的有机栽培方法"获得国家知识产权局授予的发明专利证书。

2021 年 5 月 22 日，公司党委"党在我心中 永远跟党走"庆祝中国共产党成立 100 周年系列活动正式启动。6 月 27 日，"承初心 聚合力 再辉煌"上药药材庆祝中国共产党成立 100 周年文艺汇演在宛平剧院隆重上演。

2021 年 5 月，公司"中药全产业链追溯平台建设"项目被上海市总工会等五家单位授予第三十三届上海市优秀发明选拔赛优秀创新金奖。同年 6 月，公司"中药全产业链追溯平台建设的实施经验"项目被上海市经济和信息化委员会授予"2020 年度上海市质量标杆"称号。

2021 年 5 月，上药神象"野山参粉坯干燥回归方程的建立和应用"项目荣获上海市总工会、上海市科学技术委员会、上海市经济和信息化委员会颁发的 2020 年度上海市职工先进操作法创新奖。

2021 年 6 月 9 日，公司西红花事业部张雪荣获上海市妇女联合会授予的 2019—2020 年度"上海市三八红旗手"称号。

2021 年 6 月 28 日，公司完成新办公楼智能化集成系统竣工验收。

2021 年 7 月，上药神象的"神象"品牌被上海市工业经济联合会、上海市经济团体联合会评选为"百年上海工业市民最喜爱的十个品牌（消费品类）"。

2021 年 9 月，上海医药集团发文《关于上海雷允上药业有限公司调整为集团 A 级业务单位的通知》（沪医药集战略〔2021〕224 号），将上海雷允上药业有限公司调整为集团 A 级业务单位（简称"上药雷允上"），并下辖上海雷允上制药总厂（原雷允上药业奉浦基地和雷允上封浜制药）、上海上药杏灵科技药业股份有限公司、浙江九旭药业有限公司、上海上药雷允上医药有限公司四个业务单位。

2021 年 10 月 12 日，公司收购重庆上药慧远 13.5% 股权，持股变更为 97%。12 月，重庆上药慧远出让和平国根 49% 股权项目。

2021 年 10 月，上药资源《中药智慧云平台建设》项目团队被上海市总工会授予"上海市工人先锋号"称号。

2021 年 10 月，上药神象"提高实验室检验效率"项目荣获中国医药质量管理协会颁发的全国医药行业优秀质量管理成果发表一等奖。

2021 年 11 月 17 日，公司中药资源业务信息统一管理及数据分析平台获得《中华人民共和国国家版权局计算机软件著作权登记证书》。

2021 年 11 月 19 日，和黄药业被工业和信息化部认定为"国家技术创新示范企业"。

2021 年 12 月，上药雷允上（雷允上总厂）参与申报的"基于海派中医治疫特点的新冠肺炎中西医协同方案的理论与实践"项目获中国中西医结合学会科学技术奖三等奖。

2021 年 12 月，德华国药高俊斌入选中共上海经济和信息化工作委员会、上海经济和信息化委员会评定的 2021 年"上海产业菁英"高层次人才——产业领军人才。

2021 年，雷允上医药首次取得医疗器械经营许可证，拓展医药器械品类，当年度医疗器械实现净增销售 1.19 亿。

2022 年

2022 年 1 月 14 日，上药杏灵银杏酮酯原料药及其制剂、银杏叶片产品完成备案，同年 1 月 28 日，通过药品生产质量管理规范符合性现场检查，3 月 10 日取得药品生产许可证，至此上药杏灵华青路 1991 号生产基地正式投产运营。

2022 年 1 月 13 日，公司联合上药华宇、上药雷允上（雷允上总厂）共同申报的"丹参及其制剂全产业链质控升级技术研究与产业化"项目被上海市中医药学会、上海中医药科技奖奖励委员会授予第十二届上海中医药科技奖一等奖。

2022 年 2 月 16 日，上药药材党委、上药信谊党委、广发银行上海分行党委召开"携手共扬帆奋进新征程"三方党建共建研讨会，三家企业的党委书记共同签订党建共建协议，形成三方红色联盟。

2022 年 2 月，上海市人力资源和社会保障局命名和黄药业"陈嵩上海市技能大师工作室"。

2022 年 3 月，公司工会为应对新冠疫情，发起了"娘家人＠你"行动，关注职工心理健康，解决职工物资短缺问题，为困难职工排忧解难。累计为下属企业采购配送近 39 万元的防疫与生活物资，向 135 名沪内外职工和家属发放各类慰问金 15.7 万元。

2022 年 3 月，公司对上药资源实行扁平化管理。分公司相关管理职能统一由公司各职能部门实行垂直管理。

2022 年 4 月 17 日，上海东方卫视报道公司旗下上药华宇关于新冠肺炎患者中药汤剂（清化辟秽方）的抗疫保供生产工作。18 日，国务院联防联控机制综合组黄璐琦院士一行调研上药华宇生产基地。

2022 年 5 月 9 日，陈军力、张增良被国家中医药管理局纳入 2022 年全国名老中医药专家传承工作室建设项目专家名单。

2022 年 6 月 25 日，全国劳动模范、"上海工匠"毕琳丽被推选为上海市第十二次党代会代表。

2022 年 7 月，上药神象荣获上海市经济和信息化委员会颁发的"上海市品牌引领示范企业（2022—2025）"铭牌。

2022 年 7 月，中药资源分公司王小丽当选第一届市国资青联常委。

2022 年 8 月 16 日，上药雷允上召开第一次工会会员代表大会，选举产生上药雷允上工会第一届委员会，刘咏海当选为工会主席。

2022 年 8 月，上海市卫健委、上海市中管局、上海市药监局、上海市医保局、上海市商务委联合发文，共同制定《上海市中药饮片全流程追溯临床应用试点工作方案》，公司上线首批 11 个溯源饮片品种，2023 年 6 月上线第二批 12 个品种，2023 年 12 月上线第三批 18 个品种。

2022 年 8 月，公司被上海市人力资源和社会保障局、上海市总工会、上海市企业联合会 / 企业家协会、上海市工商业联合会等部门授予"上海市和谐劳动关系达标企业"称号。

2022 年 9 月，公司联合上海中医药大学、中国科学院上海药物研究所、上海上药杏灵科技药业股份有限公司、上海绿谷生命园医药有限公司开展的"中医药联合创新发展中心建设"项目成功申报上海张江国家自主创新示范区专项资金重大项目。

2022 年 9 月，上药神象被上海市总工会授予"上海市五一劳动奖状"。

2022 年 9 月，和黄药业荣获 2021 年度上海市质量金奖。

2022 年 9 月，和黄药业被人力资源社会保障部、中华全国总工会、中国企业联合会 / 中国企业家协会、中华全国工商业联合会授予"全国和谐劳动关系创建示范企业"。

2022 年 9 月，上药神象荣获第四届上海市普陀区质量金奖组织奖。

2022 年 9 月，上药雷允上（雷允上总厂）完成奉浦生产基地 ISO 14001 环境管理体系认证。

2022 年 10 月 28 日，共青团上海市药材有限公司第六次代表大会选举产生新一届团委，周云鸿当选为团委书记。

2022 年 10 月，上药慧远南川工厂正式建成投产，该厂建设项目投资金额为 2.5 亿元。

2022 年 10 月，上药神象党建品牌"让我 @ 你"、上药雷允上党建品牌"雷氏文化行"入选上海市国资委"上海国企党建工作品牌"。

2022 年 10 月，上药华宇《中医药–丹参》(ISO 21314：2019) 国际标准被上海市市场监督管理局、上海市人力资源和社会保障局授予上海市标准创新贡献奖标准项目奖二等奖。

2022 年 10 月，上药神象"林下山参种植及技工技术研究"项目，首次通过国家科技部验收。

2022 年 11 月 8 日，上药雷允上召开第一次团员大会，选举产生上药雷允上团委第一届委员会，温强蔚当选为团委书记。

2022 年 11 月 22 日，上药中医药文化园入选上海市中医药文化宣传教育基地。

2022 年 12 月 22 日，公司"中药材种植标准化与质量提升研究"项目荣获中国能源化学地质工会全国委员会颁发的优秀职工技术创新成果一等奖。

2022 年 12 月 28 日，公司、上药华宇、上海中药行业协会"天麻等中药饮片标准研究及溯源体系建设"项目荣获上海市中医药学会、上海中医药科技奖奖励委员会颁发的"第十三届上海中医药科技奖"科技成果奖二等奖。

2022 年 12 月，"沪光""神象"商标入选 2022 年度"上海好商标"。

2022 年 12 月，公司"丹参种苗标准研究和产业化应用"项目荣获第三十四届上海市优秀发明选拔赛优秀发明银奖。

2022 年 12 月，上药雷允上（雷允上总厂）质量控制（QC）部门荣获第三十四届上海市优秀发明选拔赛优秀发明银奖。

2023 年

2023 年 1 月 13 日，公司旗下"神象""上药""古华"入选上海市商务委员会颁布的 2022 年度"上海老字号"。

2023 年 1 月 30 日，公司成立药材质量技术专家组，旨在充分发挥专业技术人员的核心力量，提升产品质量。

2023 年 1 月，上药杏灵被上海市经济和信息化委员会授予"上海市 100 家智能工厂"称号。

2023 年 2 月 8 日，公司召开第十次党代会，选举产生第十一届党委和纪委。张聪、凌文婕、胡怡、顾俊、宋嬿 5 名同志当选为党委委员，张聪当选为党委书记，凌文婕当选为党委副书记。顾俊、施奕君、尤海莹 3 名同志当选为纪委委员，顾俊当选为纪委书记。

2023 年 2 月 21 日，"天麻等中药饮片标准研究及溯源体系建设"项目荣获上海市中医药学会颁发的第十三届上海中医药科技奖二等奖。

2023 年 2 月 24 日，西红花事业部"一站式特色中药材衍生产品新零售服务平台"项目通过上海市经济信息中心验收。

2023年3月7日，重庆上药慧远与上药控股云南有限公司、云南大理医投管理有限公司合资成立上药大理中药产业有限公司，其中重庆上药慧远占51%股权。

2023年3月7日，上药雷允上召开第一次党员代表大会。苏俊英、龚铭、李琦、刘咏海、金凤敏5名同志当选为党委委员，苏俊英当选为党委书记。刘咏海、李蓉蓉、秦陶3名同志当选为纪委委员，刘咏海当选为纪委书记。

2023年3月，公司参与编写的青葙子、栀子、炒栀子、大蓟、防己5个品规的国家炮制规范标准由国家药典委员会发布。

2023年3月，上药华宇万夏欣荣获第七届全国医药行业特有职业技能竞赛优胜奖。同年4月，荣获第二届中国能源化学地质工会技能大赛个人三等奖。

2023年3月，上药杏灵被上海市经济和信息化委员会授予"上海市创新型中小企业"称号、"上海市专精特新中小企业"称号。

2023年4月13日，公司参与组建上海市卫生健康行业中医药发展青年岗位建功联盟，并当选副主席单位，是联盟主席团成员单位中唯一一家国有企业单位。

2023年4月27日，上药华宇詹维超当选为共青团上海市第十六次代表大会代表。

2023年4月，公司凌文婕被上海市总工会、上海市人力资源和社会保障局授予"上海市五一劳动奖章"。

2023年4月，上药神象终端管理部被上海市总工会、上海市人力资源和社会保障局授予2022年度"上海市工人先锋号"称号。

2023年4月，和黄药业正气片获加拿大天然药品上市许可。

2023年5月9日，公司"西红花事业部"更名为"特色中药事业部"。

2023年5月，上药神象入选上海市经济和信息化委员会认定的"上海市专精特新中小企业（2023—2025）"。

2023年5月，上药华宇毕琳丽当选上海市工会第十五次代表大会代表。

2023年6月20日，上海中药行业协会会长、公司党委书记、总经理张聪受邀担任上海人民广播电台《直通990》节目嘉宾，围绕百姓关心的热点——"中药溯源"进行了访谈交流。

2023年6月21日，公司与上海中医药大学中药学院签署校企党建共建协议。

2023 年 6 月，重庆上药慧远参与重庆市中药饮片炮制规范（2023 年版）的编写。

2023 年 7 月 7 日，公司"守文化之正 创共识之新——企业创新文化的实践运用"参与上海医药集团企业文化优秀案例评选活动，获选"十佳"示范案例。同年 11 月 16 日，申报课题"守文化之正 创共识之新——企业创新文化的实践运用研究"获评中国企业文化研究会优秀课题，并被评为"新时代十年企业文化"典型案例。

2023 年 7 月 14 日，上海中药行业协会、上海市药材有限公司联合启动第三届"名师育高徒 匠心铸传承"名师带徒传承工作。

2023 年 7 月 23 日，上药神象参与的"林下山参生产开发关键技术攻关及产业化"项目荣获辽宁省科技进步一等奖。

2023 年 7 月 31 日，"沪光""神象"商标入选上海市知识产权局公布的上海市第十三批重点商标保护名录。

2023 年 7 月，重庆上药慧远、重庆天宝被重庆市农业农村委员会评为重庆市农产品加工业"百强领军企业"。

2023 年 8 月 30 日，和黄药业质检部被团市委授予第 25 届"上海市青年文明号"称号。

2023 年 8 月 31 日，上海雷诵芬堂中医门诊部有限公司因黄浦区房屋征收需要全面停业。

2023 年 8 月，和黄药业刘献洋被上海市执业药师协会评为第五届上海市"最美执业药师"。

2023 年 9 月，在上海市质量协会开展的 2023 年上海市现场管理创新活动成果评选中，上药神象"运用过程控制工具，提高野山参粉成品率和生产效率""以现代质量管理方法提升实验室能力"获评优秀级成果，上药华宇"煎配服务生产线（现场）的接方审方流程优化实践"和上海华浦饮片"缩短中药材及中药饮片检验周期时间"获评推进级成果。

2023 年 9 月，上药雷允上（雷允上总厂）雷氏创新 QC 小组"建立 QC 实验室试剂入库领用管理方法"项目被中国医药质量管理协会评为 2023 年度全国医药行业质量管理 QC 小组活动"一等成果"，上药杏灵"提高检验流程的累计直通率

（RTY）"项目和雷允上医药"提升质量管理体系流程流转效率"项目被评为 QC 小组活动"优秀成果"。

2023 年 9 月，上药雷允上（雷允上总厂）完成奉浦生产基地 ISO50001 能源管理体系认证。

2023 年 10 月 22 日，公司在西藏萨迦县的藏红花高原引种一期项目顺利完成，确立了藏红花高原引种的先进模式。

2023 年 10 月 23 日，公司完成上海华铖物业管理有限公司的注销工作。

2023 年 10 月 23 日，公司收购重庆慧盈企业管理咨询中心（有限合伙）持有的重庆上药慧远 3% 股权，至此重庆上药慧远成为公司全资子公司。

2023 年 10 月，公司"中药全产业链追溯平台数字化转型"案例、上药华宇"中药饮片代煎服务管理平台数字化转型"案例荣获 2023 上海国际生物医药产业周（2023IBIWS）生物医药产业数字化高峰论坛优秀应用场景奖。

2023 年 10 月，公司参与的"基于 5G+ 区块链技术的中药饮片全生命周期管理"项目荣获工业和信息化部主办的第六届"绽放杯"5G 应用征集大赛 5G+ 医疗健康专题赛一等奖。

2023 年 10 月，"沪光""神象"商标入选上海市商业联合会"2023 年上海市首发经济引领性本土品牌"。

2023 年 10 月，上药神象"野山参粉灌装纠偏操作法"项目荣获上海市职工先进操作法创新奖项。

2023 年 11 月 8 日，上药药材与上海中医药大学中药学院共同打造的"大学生劳育基地"揭牌。

2023 年 11 月，上药杏灵被国家知识产权局授予 2023 年度"国家知识产权示范企业"称号。

2023 年 12 月 6 日，上药药材乡村振兴工作小组赴云南省弥渡县康朗村落实对口帮扶，完成上药康郎完小学生宿舍修缮及寄宿生服饰、床上用品等生活需求项目。

2023 年 12 月 18 日，"神象"品牌入选中医药生态大会暨中医药产业博览会组委会"2023 年中药饮片品牌发展指数 TOP30"。

2023 年 12 月 19 日，公司党委《用好"党建复核方"，助力企业铸魂强身健

《体》一文获得"提高党建工作质量　推动企业高质量发展"长三角地区企业党建调研报告"优胜奖"，并在《组织人事报》上发表。

2023 年 12 月，上药神象荣获 2023 年全国医药行业数字化转型创新案例征集活动数字化转型优秀案例奖。

2023 年 12 月，上药华宇入选中国中药协会"2023 年中药饮片品牌企业"；"沪光"牌天麻入选"2023 年中药饮片品牌产品"。

2024 年

2024 年 1 月 31 日，上药慧远与重庆市中药研究院、重庆邮电大学三方共同筹备成立中药创新药物与健康干预重庆市重点实验室。

2024 年 2 月 1 日，"神象"品牌荣获商务部、文旅部、市场监管总局、国家知识产权局、国家文物局认定的第三批"中华老字号"称号。

2024 年 3 月 5 日，上药大理中药产业有限公司通过云南省药监局认证，取得经营许可证。

2024 年 3 月 8 日，公司工会举行"奋进七十　阅见美好"国际劳动妇女节纪念大会暨上药药材成立七十周年庆启动仪式，揭开了公司七十周年庆系列活动的序幕。5 月 8 日，公司团委举行"奋进七十，不可限量"纪念五四运动 105 周年暨青年岗位建功主题实践活动。6 月 2 日，公司举行"奋进七十　绿野寻粽"——上药药材第一届家庭主题日活动。6 月 28 日，公司党委在老市府大楼举行"奋进七十　感恩有你——药材人的对话"座谈会，公司历任领导班子成员与现任班子成员、青年代表出席。6 月 30 日，公司党委举行 2024 年上海市药材有限公司"七一"党员大会暨党史党纪司史知识竞赛。7 月 11 日，公司党委举行"奋进七十　基业长青"企业文化提升项目启动会暨企业文化专题培训。9 月 18 日，公司人力资源部、团委联合组织的"奋进七十　逐梦同行"——"耀才"星计划训练营开营。

2024 年 3 月 8 日，上药神象终端管理部被上海市妇女联合会授予"2023 年上海市巾帼文明岗"称号。

2024 年 3 月 18 日，上药华宇参与的中国中药协会团体标准《中药材产地加工（趁鲜切制）生产技术规范》（T/CATCM 029—2024）正式发布。

2024 年 3 月，公司与上海中药行业协会在行业内选拔优秀从业人员，通过考试，其中 39 人被上海中医药大学继续教育学院 2024 级中药学本科班录取。

2024 年 4 月 18 日，公司旗下"张增良上海市中药专家传承工作室""戴一民上海市中药专家传承工作室""王平上海市中药专家传承工作室"建设项目顺利通过验收。其中，"戴一民上海市中药专家传承工作室"验收结果为"优秀"。

2024 年 4 月 25 日，公司团委获 2023 年度上海市基层团组织典型选树通报表扬；团委书记周云鸿获 2023 年度上海市基层团组织典型选树个人通报表扬。

2024 年 5 月 16 日，国家中医药管理局党组成员、副局长王志勇一行到上药慧远庆龙调研。

2024 年 5 月，上药慧远庆龙入选"重庆市专精特新企业"。

2024 年 5 月，上药华宇张海江、和黄药业段丽颖被上海市总工会、上海市人力资源和社会保障局授予"上海市五一劳动奖章"。

2024 年 6 月，宋嬿被上海市质量协会授予第二届（2024 年度）"上海质量工匠"称号。同年 11 月，被上海市总工会授予 2024 年"上海工匠"称号。

2024 年 6 月，公司"上药药材质量溯源和生产经营驾驶舱"项目建设取得阶段性成果。该项目以多维度多元化的数字化形式，展示公司质量溯源工作的成果。这也是公司参与上海市科学技术委员会的上海张江国家自主创新示范区专项发展资金重大项目——"中医药联合创新发展中心建设"科创项目的重要组成部分。

2024 年 7 月 9 日，上海市药材有限公司工匠学院启动仪式暨第三届全国中药传统名堂职业技能竞赛（上海赛区）选拔赛成功举办，上海市总工会党组成员、副主席桂晓燕等领导出席。

2024 年 8 月 27 日，上海市委副书记、市长龚正在西藏萨迦县视察公司藏红花种源种养基地。高原产藏红花已实现种源突破，其药用有效成分超过国家药典标准 40%，每年可为当地解决两千人次就业。

2024 年 8 月，上海市总工会、上海市科学技术委员会、上海市经济和信息化委员会授予和黄药业"麝香保心丸制丸用自动喷枪的研制"2024 年上海市职工合理化建议创新奖；授予和黄药业"胆宁片制粒优秀操作法"2024 年上海市职工先进操作法创新奖。

2024 年 9 月 24—26 日，第三届全国中药传统名堂职业技能竞赛决赛在吉林通化举行，公司共有 5 名选手参赛。其中，中药资源分公司谈慧琳获一等奖；上海华浦饮片李传红，上药华宇万夏欣、詹维超获二等奖；上海余天成饮片陆欢欢获优秀奖。

2024 年 11 月，公司召开六届十五次职工代表大会，审议通过《员工手册（2024 版）》，自 2025 年 1 月 1 日起施行。

2024 年 11 月，公司《企业文化手册（2024 版）》完成编纂。

2024 年，公司总结企业 70 年发展的历程，经过一年收集采编，完成"公司大事记"的梳理，并根据公司发展史编写纪实文学作品《厚德远志——上海市药材有限公司七十年发展纪实（1955—2025）》。

附录二　公司名录

一、上海市药材有限公司历年党政领导班子成员名录

历年党组织书记、副书记、纪委书记名录

1955 年 1 月	**中国药材公司上海市公司成立**	
1955 年 1 月—1958 年 5 月	中国药材公司上海市公司第一届党支部书记	单裕民
1955 年 1 月—1958 年 5 月	中国药材公司上海市公司第一届党支部副书记	倪云洲
1955 年 6 月	中国药材公司上海市公司党支部副书记	李廷奎
1958 年 1 月	**中国药材公司上海市公司更名上海市药材公司**	
1958 年 5 月—1958 年 8 月	上海市药材公司第二届党支部书记	李廷奎
1958 年 5 月—1958 年 8 月	上海市药材公司第二届党支部副书记	单裕民
1958 年 5 月—1958 年 8 月	上海市药材公司第二届党支部副书记	倪云洲
1958 年 8 月—1960 年 7 月	上海市药材公司第一届党总支书记	李廷奎
1958 年 8 月—1960 年 7 月	上海市药材公司第一届党总支副书记	单裕民
1958 年 7 月	上海市药材公司第一届党总支副书记	王维扬
1960 年 7 月—1962 年 12 月	上海市药材公司第一届党委书记	李廷奎
1960 年 7 月	上海市药材公司第一届党委副书记	单裕民
1962 年 12 月—1966 年 9 月	上海市药材公司第二届党委书记	李廷奎
1962 年 12 月	上海市药材公司第二届党委副书记	单裕民

1964 年 1 月	**上海市药材公司更名中国药材公司上海市公司**	
1966 年 7 月—1967 年 1 月	中国药材公司上海市公司临时党委书记	李厚海
1967 年 10 月	**成立中国药材公司上海市公司革命委员会**	
1970 年 1 月—1970 年 6 月	中国药材公司上海市公司党的核心领导小组组长	李嘉和
1970 年 6 月—1978 年 9 月	中国药材公司上海市公司第三届党委书记	李嘉和
1972 年 5 月	**中国药材公司上海市公司革命委员会更名上海市药材公司革命委员会**	
1972 年 1 月	中国药材公司上海市公司党委副书记	全双林
1975 年 4 月—1978 年 1 月	中国药材公司上海市公司党委副书记	邵洪泰
1978 年 9 月	**变更为上海市药材公司**	
1978 年 9 月—1979 年 1 月	上海市药材公司党委书记	李嘉和
1978 年 9 月—1979 年 1 月	上海市药材公司党委副书记	王永信
1979 年 1 月	上海市药材公司党委副书记	沈惠民
1979 年 1 月—1984 年 4 月	上海市药材公司第四届党委书记	李嘉和
1979 年 1 月	上海市药材公司第四届党委副书记	王永信
1979 年 12 月	上海市药材公司纪委书记	王永信
1984 年 4 月—1990 年 12 月	上海市药材公司党委书记	顾铭锡
1984 年 4 月—1991 年 1 月	上海市药材公司党委副书记	伦丰平
1985 年 2 月—1991 年 1 月	上海市药材公司纪委书记（兼）	伦丰平
1991 年 1 月—1992 年 4 月	上海市药材公司第五届党委书记	许锦柏
1991 年 1 月—1992 年 4 月	上海市药材公司第五届党委副书记	伦丰平
1992 年 4 月	**组建实体性上海市药材公司**	
1992 年 4 月—1995 年 12 月	上海市药材公司党委书记	许琴法

1992 年 4 月—1995 年 12 月	上海市药材公司党委副书记	伦丰平
1992 年 4 月—1998 年 7 月	上海市药材公司纪委书记（兼）	伦丰平

1996 年 1 月   **上海市药材公司更名为上海市药材有限公司**

1995 年 12 月—1997 年 4 月	上海市药材有限公司党委书记	许锦柏
1995 年 12 月—1997 年 4 月	上海市药材有限公司党委副书记	伦丰平
1997 年 4 月—1998 年 7 月	上海市药材有限公司党委书记	许琴法
1997 年 4 月—1998 年 7 月	上海市药材有限公司党委副书记	伦丰平
1997 年 5 月—1998 年 7 月	上海市药材有限公司党委副书记	吴伟英
1998 年 7 月—2001 年 4 月	上海市药材有限公司第七届党委书记	许琴法
1998 年 7 月—2001 年 10 月	上海市药材有限公司第七届党委副书记	吴伟英
1998 年 7 月—2000 年 2 月	上海市药材有限公司第七届党委副书记	王 震
1998 年 7 月—2000 年 2 月	上海市药材有限公司纪委书记（兼）	王 震
2001 年 4 月—2004 年 6 月	上海市药材有限公司党委书记	陈保华
2001 年 4 月—2003 年 3 月	上海市药材有限公司党委副书记	朱 翔
2008 年 12 月—2009 年 6 月	上海市药材有限公司党委书记	戴家骅
2009 年 6 月—2013 年 6 月	上海市药材有限公司第八届党委书记	戴家骅
2013 年 1 月—2013 年 6 月	上海市药材有限公司党委副书记	陈军力
2009 年 6 月—2013 年 6 月	上海市药材有限公司纪委书记	张建南
2013 年 6 月—2014 年 10 月	上海市药材有限公司第九届党委书记	戴家骅
2013 年 6 月—2014 年 10 月	上海市药材有限公司第九届党委副书记	陈军力
2013 年 6 月—2014 年 10 月	上海市药材有限公司纪委书记	张建南
2014 年 10 月—2017 年 11 月	上海市药材有限公司党委书记	徐文财

2014 年 10 月—2017 年 11 月	上海市药材有限公司党委副书记	陈军力
2014 年 10 月—2017 年 11 月	上海市药材有限公司纪委书记	张建南
2017 年 11 月—2019 年 1 月	上海市药材有限公司第十届党委书记	徐文财
2017 年 11 月—2019 年 1 月	上海市药材有限公司第十届党委副书记	凌文婕
2018 年 3 月—2019 年 1 月	上海市药材有限公司党委副书记	余卫东
2017 年 11 月—2019 年 1 月	上海市药材有限公司纪委书记	张建南
2019 年 1 月—2020 年 8 月	上海市药材有限公司党委书记	余卫东
2019 年 1 月—2020 年 8 月	上海市药材有限公司党委副书记	凌文婕
2019 年 1 月—2020 年 8 月	上海市药材有限公司纪委书记	张建南
2020 年 8 月—2023 年 2 月	上海市药材有限公司党委书记	张 聪
2020 年 8 月—2023 年 2 月	上海市药材有限公司党委副书记	凌文婕
2020 年 8 月—2022 年 3 月	上海市药材有限公司纪委书记	张建南
2022 年 3 月—2023 年 2 月	上海市药材有限公司纪委书记	顾 俊
2023 年 2 月至今	上海市药材有限公司第十一届党委书记	张 聪
2023 年 2 月至今	上海市药材有限公司第十一届党委副书记	凌文婕
2023 年 2 月至今	上海市药材有限公司纪委书记	顾 俊

历年行政领导班子成员名录

1955 年 1 月　　　　**中国药材公司上海市公司成立**

1955 年 3 月—1956 年 12 月	中国药材公司上海市公司副经理	单裕民
1956 年 1 月—1956 年 12 月	中国药材公司上海市公司副经理	李廷奎
1956 年 11 月—1956 年 12 月	中国药材公司上海市公司副经理	王维扬
1956 年 12 月—1958 年 5 月	中国药材公司上海市公司经理	李廷奎

1956 年 12 月—1958 年 5 月	中国药材公司上海市公司副经理	张善章
1956 年 12 月—1958 年 5 月	中国药材公司上海市公司副经理	单裕民
1956 年 12 月—1958 年 5 月	中国药材公司上海市公司副经理	王维扬

1958 年 1 月   **中国药材公司上海市公司更名上海市药材公司**

1958 年 5 月—1976 年 4 月	上海市药材公司经理	李廷奎
1958 年 5 月	上海市药材公司副经理	张善章
1958 年 5 月	上海市药材公司副经理	单裕民
1958 年 5 月	上海市药材公司副经理	王维扬
1960 年 11 月	上海市药材公司副经理	王永信

1964 年 1 月   **上海市药材公司更名中国药材公司上海市公司**

1967 年 10 月   **成立中国药材公司上海市公司革命委员会**

1967 年 10 月	中国药材公司上海市公司革命委员会召集人	单裕民
1970 年 1 月	中国药材公司上海市公司革命委员会召集人	李嘉和
1972 年 1 月	中国药材公司上海市公司革命委员会副主任	全双林
1972 年 3 月	中国药材公司上海市公司革命委员会副主任	单裕民

1972 年 5 月   **中国药材公司上海市公司革命委员会更名上海市药材公司革命委员会**

1975 年 4 月	上海市药材公司革命委员会副主任	邵洪泰
1976 年 4 月	上海市药材公司革命委员会顾问	李廷奎
1977 年 10 月	上海市药材公司革命委员会副主任	王永信
1977 年 10 月	上海市药材公司革命委员会副主任	沈惠民

1978 年 9 月   **变更为上海市药材公司**

1978 年 9 月—1984 年 4 月	上海市药材公司经理	李嘉和
1978 年 9 月	上海市药材公司副经理	沈惠民
1978 年 9 月	上海市药材公司副经理	单裕民

1978 年 9 月	上海市药材公司副经理	宋学文
1978 年 9 月	上海市药材公司副经理	邵洪泰
1979 年 9 月	上海市药材公司顾问	倪　瀛
1980 年 7 月—1984 年 4 月	上海市药材公司副经理	雷传湛
1980 年 9 月—1984 年 4 月	上海市药材公司副经理	谢霖富
1981 年 6 月—1984 年 4 月	上海市药材公司副经理	孙龙惠
1981 年 8 月	上海市药材公司顾问	张善章
1984 年 4 月—1992 年 4 月	上海市药材公司经理	许锦柏
1984 年 4 月—1991 年 7 月	上海市药材公司副经理	张元珍
1984 年 4 月	上海市药材公司顾问	谢霖富
1984 年 4 月	上海市药材公司顾问	雷传湛
1984 年 4 月	上海市药材公司调研员（副处级）	孙龙惠
1988 年 11 月—1991 年 1 月	上海市药材公司副经理	伦丰平
1987 年 12 月—1992 年 4 月	上海市药材公司副经理	王琏真
1990 年 6 月—1992 年 4 月	上海市药材公司副经理	李锭富
1990 年 7 月—1992 年 5 月	上海市药材公司副经理	杨义根

1992 年 4 月　　　　　　　**组建实体性上海市药材公司**

1992 年 4 月—1995 年 12 月	上海市药材公司总经理	许锦柏
1992 年 4 月—1996 年 6 月	上海市药材公司副总经理	王琏真
1992 年 4 月—1996 年 6 月	上海市药材公司副总经理	李锭富
1992 年 4 月—1996 年 6 月	上海市药材公司副总经理	沈平孃
1992 年 4 月—1996 年 6 月	上海市药材公司副总经理	钱贯华
1992 年 4 月—1996 年 6 月	上海市药材公司副总经理	丁建弥

1996 年 1 月　　　　　　　**更名为上海市药材有限公司**

1995 年 12 月—1997 年 4 月	上海市药材有限公司董事长	许锦柏
1995 年 12 月—1997 年 4 月	上海市药材有限公司副董事长	陆培康

1996年1月—1997年4月	上海市药材有限公司总经理	陆培康
1996年6月—1997年4月	上海市药材有限公司副总经理	陈军力
1996年6月—1997年4月	上海市药材有限公司副总经理	丁建弥
1996年6月—1997年4月	上海市药材有限公司副总经理	李锭富
1996年6月—1997年4月	上海市药材有限公司副总经理	沈平孃
1996年6月—2003年7月	上海市药材有限公司调研员	王琏真
	（享受公司级副职待遇）	

1997年4月—1997年10月	上海市药材有限公司董事长	廖有全
1997年4月—1997年10月	上海市药材有限公司副董事长	许琴法
1997年10月—2001年4月	上海市药材有限公司董事长	许琴法
1997年4月—2001年4月	上海市药材有限公司总经理	吴伟英
1997年4月—1999年12月	上海市药材有限公司副总经理	陈军力
1997年4月—2000年10月	上海市药材有限公司副总经理	丁建弥
1997年4月—2001年4月	上海市药材有限公司副总经理	李锭富
1997年4月—1999年4月	上海市药材有限公司副总经理	沈平孃
1999年2月—2001年4月	上海市药材有限公司副总经理	戚建敏
1999年4月—2000年12月	上海市药材有限公司副总经理	王　宁
2000年10月—2001年4月	上海市药材有限公司副总经理	薛秉汉

2001年4月—2003年5月	上海市药材有限公司董事长	许琴法
2001年4月—2003年4月	上海市药材有限公司总经理	陈保华
2001年4月—2003年4月	上海市药材有限公司副总经理	李锭富
2001年4月—2003年4月	上海市药材有限公司副总经理	戚建敏
2001年4月—2003年4月	上海市药材有限公司副总经理	薛秉汉
2002年11月—2003年4月	上海市药材有限公司副总经理	杨　弘

2003年5月—2010年9月	上海市药材有限公司董事长	陈保华
2003年5月—2009年2月	上海市药材有限公司副董事长	许琴法

2003 年 4 月—2010 年 9 月	上海市药材有限公司总经理	杨 弘
2003 年 4 月—2008 年 12 月	上海市药材有限公司副总经理	李锭富
2003 年 4 月—2008 年 12 月	上海市药材有限公司副总经理	戚建敏
2003 年 4 月—2006 年 5 月	上海市药材有限公司副总经理	薛秉汉
2008 年 12 月—2010 年 9 月	上海市药材有限公司副总经理	戴家骅
2008 年 12 月—2010 年 9 月	上海市药材有限公司副总经理	吴佩颖
2008 年 12 月—2010 年 9 月	上海市药材有限公司副总经理	张 聪
2009 年 6 月—2010 年 5 月	上海市药材有限公司财务总监	孙庆新
2010 年 5 月—2010 年 9 月	上海市药材有限公司财务总监	刘勇军
2010 年 9 月—2013 年 1 月	上海市药材有限公司董事长	李永忠
2010 年 9 月—2013 年 1 月	上海市药材有限公司总经理	杨 弘
2010 年 9 月—2013 年 1 月	上海市药材有限公司副总经理	戴家骅
2010 年 9 月—2013 年 1 月	上海市药材有限公司副总经理	吴佩颖
2010 年 9 月—2013 年 1 月	上海市药材有限公司副总经理	张 聪
2010 年 9 月—2013 年 1 月	上海市药材有限公司财务总监	刘勇军
2013 年 1 月—2017 年 12 月	上海市药材有限公司董事长、总经理	陈军力
2013 年 1 月—2017 年 12 月	上海市药材有限公司副董事长	杨 弘
2013 年 1 月—2014 年 10 月	上海市药材有限公司副总经理	戴家骅
2013 年 1 月—2017 年 12 月	上海市药材有限公司副总经理	吴佩颖
2014 年 10 月—2017 年 12 月	上海市药材有限公司副总经理	徐文财
2015 年 6 月—2017 年 12 月	上海市药材有限公司副总经理	李 琦
2017 年 4 月—2017 年 12 月	上海市药材有限公司副总经理	汤雅萍
2013 年 1 月—2017 年 12 月	上海市药材有限公司财务总监	刘勇军
2017 年 12 月至今	上海市药材有限公司董事长	沈 波
2017 年 12 月—2022 年 8 月	上海市药材有限公司副董事长	杨 弘
2017 年 12 月—2020 年 8 月	上海市药材有限公司总经理	余卫东

2017 年 12 月—2020 年 8 月	上海市药材有限公司常务副总经理	苏俊英
2017 年 12 月—2019 年 1 月	上海市药材有限公司副总经理	徐文财
2017 年 12 月—2018 年 5 月	上海市药材有限公司副总经理	吴佩颖
2017 年 12 月—2020 年 8 月	上海市药材有限公司副总经理	李 琦
2017 年 12 月—2018 年 5 月	上海市药材有限公司副总经理	汤雅萍
2019 年 12 月—2020 年 8 月	上海市药材有限公司副总经理	邹 敏
2017 年 12 月—2020 年 8 月	上海市药材有限公司财务总监	刘勇军

2020 年 8 月至今	上海市药材有限公司总经理	张 聪
2020 年 8 月—2021 年 9 月	上海市药材有限公司常务副总经理	苏俊英
2020 年 8 月—2021 年 9 月	上海市药材有限公司副总经理	李 琦
2020 年 8 月至今	上海市药材有限公司副总经理	邹 敏
2021 年 9 月至今	上海市药材有限公司副总经理	胡 怡
2020 年 8 月至今	上海市药材有限公司财务总监	刘勇军

二、上海雷允上药业有限公司历年党政领导班子成员名录

2000 年 9 月　　　　　　上海雷允上药业有限公司（上海市药材有限公司全资子公司）

历年党组织书记、纪委书记名录

2021 年 9 月—2023 年 3 月	上海雷允上药业有限公司党委书记	苏俊英
2021 年 9 月—2023 年 3 月	上海雷允上药业有限公司纪委书记	刘咏海
2023 年 3 月至今	上海雷允上药业有限公司第一届党委书记	苏俊英
2023 年 3 月至今	上海雷允上药业有限公司纪委书记	刘咏海

历年行政领导班子成员名录

2000 年 10 月—2001 年 4 月	上海雷允上药业有限公司董事长	高均芳
2000 年 10 月—2001 年 4 月	上海雷允上药业有限公司总经理	吴伟英
2000 年 10 月—2001 年 4 月	上海雷允上药业有限公司副总经理	丁建弥
2000 年 10 月—2001 年 4 月	上海雷允上药业有限公司副总经理	戚建敏
2001 年 4 月—2001 年 12 月	上海雷允上药业有限公司董事长	吴伟英
2001 年 4 月—2001 年 12 月	上海雷允上药业有限公司副董事长	朱　翔
2001 年 12 月—2003 年 5 月	上海雷允上药业有限公司董事长	朱　翔
2001 年 4 月—2003 年 4 月	上海雷允上药业有限公司总经理	陈保华
2001 年 4 月—2003 年 4 月	上海雷允上药业有限公司副总经理	丁建弥
2001 年 4 月—2003 年 4 月	上海雷允上药业有限公司副总经理	戚建敏
2001 年 8 月—2003 年 4 月	上海雷允上药业有限公司副总经理	王　宁
2001 年 9 月—2003 年 4 月	上海雷允上药业有限公司副总经理	方　亮
2003 年 5 月—2008 年 12 月	上海雷允上药业有限公司董事长	陈保华

2003 年 4 月—2004 年 3 月	上海雷允上药业有限公司总经理	杨义超
2004 年 3 月—2008 年 12 月	上海雷允上药业有限公司总经理	陈保华
2003 年 4 月—2004 年 5 月	上海雷允上药业有限公司副总经理	丁建弥
2003 年 4 月—2008 年 12 月	上海雷允上药业有限公司副总经理	戚建敏
2003 年 4 月—2004 年 5 月	上海雷允上药业有限公司副总经理	王　宁
2003 年 4 月—2003 年 9 月	上海雷允上药业有限公司副总经理	方　亮
2003 年 4 月—2008 年 12 月	上海雷允上药业有限公司副总经理	徐福莺
2003 年 11 月—2006 年 1 月	上海雷允上药业有限公司副总经理	侯　伟
2004 年 5 月—2008 年 12 月	上海雷允上药业有限公司副总经理	谢德隆
2007 年 3 月—2008 年 12 月	上海雷允上药业有限公司副总经理	杨　弘
2008 年 12 月—2013 年 2 月	上海雷允上药业有限公司董事长	杨　弘
2008 年 12 月—2013 年 2 月	上海雷允上药业有限公司总经理	吴佩颖
2008 年 12 月—2010 年 6 月	上海雷允上药业有限公司副总经理	刘冬雪
2021 年 9 月—2023 年 8 月	上海雷允上药业有限公司董事长	张　聪
2021 年 9 月至今	上海雷允上药业有限公司总经理	苏俊英
2021 年 9 月至今	上海雷允上药业有限公司副总经理	李　琦
2021 年 9 月至今	上海雷允上药业有限公司副总经理	龚　铭
2024 年 8 月至今	上海雷允上药业有限公司副总经理	李　晔
2021 年 9 月至今	上海雷允上药业有限公司财务总监	龚　铭

历年工会负责人名录

2002 年 4 月—2004 年 8 月	上海雷允上药业有限公司工会主席	杨义根
2021 年 9 月—2022 年 8 月	上海雷允上药业有限公司工会主席	刘咏海
2022 年 8 月至今	上海雷允上药业有限公司第一届工会主席	刘咏海

历年团委负责人名录

2022 年 11 月	上海雷允上药业有限公司第一届团委书记	温强蔚

三、上药集团中药与天然药物事业部
历年党政领导班子成员名录

2003年4月—2008年12月　　上药集团中药与天然药物事业部（由上海市药材有限
公司、上海雷允药业有限公司、中华制药厂、青岛国
风药业组成）

历年党组织书记、副书记、纪委书记名录

2004年6月—2006年4月　　中药与天然药物事业部党委书记　　　　陈保华
2004年6月—2006年4月　　中药与天然药物事业部党委副书记　　　卢静雯
2004年6月—2006年4月　　中药与天然药物事业部纪委书记　　　　卢静雯

2006年4月—2008年12月　中药与天然药物事业部第一届党委书记　陈保华
2006年4月—2008年12月　中药与天然药物事业部第一届党委副书记　卢静雯
2006年4月—2008年12月　中药与天然药物事业部第一届纪委书记　卢静雯

历年行政领导班子成员名录

2003年4月—2008年12月　中药与天然药物事业部总裁　　　　　　陈保华
2003年7月—2004年3月　　中药与天然药物事业部副总裁　　　　　杨义超
2003年7月—2008年12月　中药与天然药物事业部副总裁　　　　　杨　弘
2003年7月—2006年1月　　中药与天然药物事业部副总裁　　　　　侯　伟
2003年11月—2008年12月　中药与天然药物事业部副总裁　　　　　徐福莺
2005年6月—2008年5月　　中药与天然药物事业部副总裁　　　　　刘冬雪
2003年7月—2008年9月　　中药与天然药物事业部财务总监　　　　戚建敏
2008年9月—2009年6月　　中药与天然药物事业部财务总监　　　　孙庆新

| 2008 年 12 月—2009 年 6 月 | 中药与天然药物事业部总经理 | 陈保华 |
| 2008 年 12 月—2009 年 6 月 | 中药与天然药物事业部副总经理 | 杨　弘 |

历年工会组织负责人名录

| 2004 年 8 月—2005 年 6 月 | 中药与天然药物事业部工会筹建组负责人 | 卢静雯 |
| 2005 年 6 月—2008 年 12 月 | 中药与天然药物事业部第一届工会主席 | 卢静雯 |

历年团委负责人名录

| 2005 年 12 月 | 上药集团中药与天然药物事业部团委书记 | 胡　怡 |
| 2007 年 12 月 | 上药集团中药与天然药物事业部第一届团委书记 | 胡　怡 |

四、上海市药材有限公司历届工会及负责人名录

1955 年 1 月	**中国药材公司上海市公司成立**	
1955 年 1 月—1959 年 12 月	中国药材公司上海市公司第一届工会主席	朱建萍
1958 年 1 月	**中国药材公司上海市公司更名上海市药材公司**	
1959 年 12 月—1961 年 7 月	上海市药材公司第二届工会主席	王忠发
1961 年 7 月—1962 年 12 月	上海市药材公司第三届工会主席	郭继忍
1962 年 12 月—1966 年	上海市药材公司第四届工会主席	杨德常
1964 年 1 月	**上海市药材公司更名中国药材公司上海市公司**	
1966 年—1971 年 11 月	中国药材公司上海市公司第五届工会主席	俞德庆
1967 年 10 月	**成立中国药材公司上海市公司革命委员会**	
1971 年 11 月—1973 年 2 月	中国药材公司上海市公司工代会主任	宋学文
1972 年 5 月	**中国药材公司上海市公司革命委员会更名上海市药材公司革命委员会**	
1973 年 2 月—1978 年 11 月	上海市药材公司第六届工代会主任	林秀琴
1978 年 9 月	**变更为上海市药材公司**	
1978 年 11 月—1984 年 12 月	上海市药材公司第七届工会主席	王忠发
1981 年 12 月	上海市药材公司工会负责人	蔡祖慈
1984 年 8 月—1984 年 12 月	上海市药材公司工会主席	杨义根
1984 年 12 月—1990 年 7 月	上海市药材公司第八届工会主席	杨义根
1990 年 9 月—1992 年 10 月	上海市药材公司第九届工会主席	杨义根
1992 年 4 月	**组建实体性上海市药材公司**	
1992 年 10 月—1996 年 1 月	上海市药材公司第一届工会主席	杨义根

1996 年 1 月	**上海市药材公司更名为上海市药材有限公司**	
1996 年 1 月—1998 年 7 月	上海市药材有限公司第一届工会主席	杨义根
1998 年 7 月—2002 年 4 月	上海市药材有限公司第二届工会主席	杨义根
2002 年 4 月—2004 年 8 月	上海市药材有限公司第三届工会主席	杨义根
2009 年 2 月—2010 年 6 月	上海市药材有限公司工会副主席（主持工作）	凌文婕
2010 年 6 月—2015 年 10 月	上海市药材有限公司第四届工会主席	凌文婕
2015 年 10 月—2020 年 12 月	上海市药材有限公司第五届工会主席	凌文婕
2020 年 12 月至今	上海市药材有限公司第六届工会主席	凌文婕

五、上海市药材有限公司历届团委及负责人名录

| 1955 年 1 月 | **中国药材公司上海市公司成立** | |
| 1955 年 1 月 | 中国药材公司上海市公司第一届团总支书记 | 蔡祖慈 |

1958 年 1 月	**中国药材公司上海市公司更名上海市药材公司**	
1958 年 11 月	上海市药材公司第二届团总支书记	赵荣卿
1960 年上半年	上海市药材公司第一届团委书记	郭继忍
1962 年年底	上海市药材公司第三届团总支书记	董炳麟

1964 年 1 月	**上海市药材公司更名中国药材公司上海市公司**	
1967 年 10 月	**成立中国药材公司上海市公司革命委员会**	
1972 年 5 月	**中国药材公司上海市公司革命委员会更名上海市药材公司革命委员会**	
1973 年 1 月	上海市药材公司第二届团委书记	龚佩芬

1978 年 9 月	**变更为上海市药材公司**	
1979 年 4 月	上海市药材公司第三届团委书记	龚佩芬
1981 年 4 月	上海市药材公司第四届团委书记	陈琳根
1984 年 9 月	上海市药材公司第五届团委书记	王 震
1986 年 8 月	上海市药材公司第六届团委书记	张建南
1988 年 9 月	上海市药材公司第七届团委书记	夏 坚
1990 年 9 月	上海市药材公司第八届团委书记	梁 兵

| 1992 年 4 月 | **组建实体性上海市药材公司** | |
| 1993 年 2 月 | 上海市药材公司第一届团委书记 | 武贵英 |

| 1996 年 1 月 | **上海市药材公司更名为上海市药材有限公司** | |
| 1998 年 8 月 | 上海市药材有限公司第二届团委书记 | 卢琦慧 |

2002 年 4 月	**公司团委更名为上海雷允上药业有限公司团委**	
2003 年 4 月	**上药集团中药与天然药物事业部成立**	
2005 年 12 月	上药集团中药与天然药物事业部团委书记	胡　怡
2007 年 12 月	上药集团中药与天然药物事业部第一届团委书记	胡　怡
2010 年 10 月	上海市药材有限公司第三届团委书记	金凤敏
2014 年 5 月	上海市药材有限公司第四届团委书记	李蓉蓉
2018 年 5 月	上海市药材有限公司第五届团委书记	闵莉丽
2022 年 10 月	上海市药材有限公司第六届团委书记	周云鸿

六、公司系统享受国务院政府特殊津贴人员名录

黄哲夫　1992 年 10 月 1 日获上海市经委、上海市人事局批准

　　　　"番红花球茎复壮、增产技术及推广研究"主要研究人员，获国家科技进步二等奖

李绍周　1993 年 8 月 20 日获上海市经委、上海市人事局批准

　　　　国家级老中药专家，掌握贵细药材独特鉴别技能

严崇萍　1999 年 4 月 6 日获上海市人事局批准

　　　　人工麝香主要研制人员之一，1994 年人工麝香被批准为国家一类新药，1997 年"人工麝香新药开发"获国家中医药管理局科技进步一等奖

王　宁　2002 年 6 月 6 日获上海市人事局批准

　　　　参与研制"高含量银杏叶提取物及制剂"，获上海市科技进步二等奖

谢德隆　2004 年 12 月 9 日获上海市人事局批准

　　　　"高含量银杏叶提取物及制剂"项目领衔人、国家重点科技攻关计划先进个人

谢家骏　2009 年 2 月 3 日获上海市人事局批准

　　　　在"中药药理毒理研究及创新中药开发"系列研究上取得成果

高　崎　2015 年 1 月 29 日获上海市人事局批准

　　　　"银杏酮酯及其制剂生产过程的质量变化及临床药代动力学研究"项目主要负责人；"人工麝香关键组分的手性合成及产业化研究"项目主要负责人

詹常森　2019 年 2 月获上海市人力资源和社会保障局批准

　　　　主持在研新药项目 10 项，获临床试验许可 4 项；完成生产质量技术攻关 100 余项，获得授权国内发明专利 26 项、PCT 专利 4 项；获上海市科技进步奖一等奖和国家科技进步奖二等奖各 1 项

张雄毅　2021 年 1 月 28 日获上海市人力资源和社会保障局批准

　　　　在国家级保密产品六神丸微丸手工制作技艺方面成为国家级非遗传承人

七、公司系统荣获全国、上海市"劳动模范"称号人员名录

1979 年 6 月　　中药制药二厂胡阿土荣获"1978 年度上海市劳动模范"

1980 年 4 月　　中药制药二厂胡阿土荣获"1979 年度上海市劳动模范"

1984 年 4 月　　中药制药一厂陈怡霞荣获"1983 年度上海市劳动模范"

1994 年 4 月　　中药制药一厂朱海娣荣获"1993 年度上海市劳动模范"

1996 年 4 月　　成药一分公司缪亿萍荣获"1995 年度上海市劳动模范"

1998 年 5 月　　成药一分公司缪亿萍荣获"1997 年度上海市劳动模范"

1998 年 5 月　　旅游保健品分公司鲍祺威荣获"全国中药系统劳动模范"（享受省部级劳动模范待遇）

2004 年 4 月　　公司陈保华荣获"2001—2003 年度上海市劳动模范"

2004 年 4 月　　中药研究所王建新荣获"2001—2003 年度上海市劳动模范"

2015 年 4 月　　华宇药业毕琳丽荣获"2010—2014 年度上海市劳动模范"

2015 年 4 月　　医药分公司成本海荣获"2010—2014 年度上海市劳动模范"

2020 年 11 月　　上药华宇毕琳丽荣获"2020 年度全国劳动模范"

2020 年 12 月　　上药神象李跃雄荣获"2020 年度上海市劳动模范"

2020 年 12 月　　上海德华国药王平荣获"2020 年度上海市劳动模范"

八、公司系统荣获上海市"模范集体"
称号集体名录

1980 年 4 月　　中药制药一厂丸散车间六神丸包装小组获评"1979 年度上海市模范集体"

1982 年 8 月　　中药制药一厂丸散车间六神丸包装小组获评"1981 年度上海市模范集体"

1984 年 4 月　　中药制药一厂六神丸丸散车间包装小组获评"1983 年度上海市模范集体"

2004 年 4 月　　上海雷允上药业三分厂片剂车间获评"2001—2003 年度上海市劳模集体"

2007 年 3 月　　雷允上药品连锁兰坪店获评"2004—2006 年度上海市劳模集体"

2010 年 4 月　　上海华宇药业科技质量部获评"2007—2009 年度上海市模范集体"

2015 年 4 月　　和黄药业固体车间丸剂班组获评"上海市模范集体"

九、公司系统荣获"上海工匠"称号人员名录

2016 年 10 月　　张雄毅　被上海市总工会命名为 2016 年度"上海工匠"
在国家级保密产品六神丸微丸手工制作技艺方面成为国家级非遗传承人。

2017 年 9 月　　毕琳丽　被上海市总工会命名为 2017 年度"上海工匠"
坚守一线严把商品质量关；获得多项专利及科技奖项，并参与中药饮片质量标准以及上海市、全国炮制规范的制定与修订。

2018 年 11 月　　李跃雄　被上海市总工会命名为 2018 年度"上海工匠"
承接国家工信部、科学技术部等项目，潜心研究濒危野山参资源保护与品质提升，为品质溯源保驾护航；起草了 4 份国家级野山参标准和 1 份市级野山参行业标准，研究成果成功运用于野山参产业化和种植产业化；主持完成 9 个野山参基地建设。

2019 年 12 月　　朱俊江　被上海市总工会命名为 2019 年度"上海工匠"
从事中药丸药生产三十余年，对麝香保心丸的生产技术和设备进行了大量改进创新，获得多项发明成果，填补了技术装备空白。

2019 年 12 月　　王　平　被上海市总工会命名为 2019 年度"上海工匠"
在饮片生产企业从事传统中药炮制及质量管理工作三十余年，参与编写制定了上海市中药饮片质量标准《上海市中药饮片炮制规范》（2018 年版）等多个项目。

2024 年 11 月　　宋　嬿　被上海市总工会命名为 2024 年度"上海工匠"
主导国际标准、国家标准等全系列中药质量标准制修订，产品质量稳定可控。

十、公司系统荣获全国、上海市"五一劳动奖章"人员名录

2007 年 4 月　　吴晓春被上海市总工会、上海市人力资源和社会保障局授予"上海市五一劳动奖章"

2016 年 4 月　　毕琳丽被中华全国总工会授予"全国五一劳动奖章"

2016 年 10 月　张雄毅被上海市总工会、上海市人力资源和社会保障局授予"上海市五一劳动奖章"

2017 年 4 月　　李跃雄被上海市总工会、上海市人力资源和社会保障局授予"上海市五一劳动奖章"

2017 年 4 月　　朱宝中被上海市总工会、上海市人力资源和社会保障局授予"上海市五一劳动奖章"

2018 年 1 月　　毕琳丽被上海市总工会、上海市人力资源和社会保障局授予"上海市五一劳动奖章"

2019 年 12 月　高崎被上海市总工会、上海市人力资源和社会保障局授予"上海市五一劳动奖章"

2023 年 4 月　　凌文婕被上海市总工会、上海市人力资源和社会保障局授予"上海市五一劳动奖章"

2024 年 5 月　　张海江被上海市总工会、上海市人力资源和社会保障局授予"上海市五一劳动奖章"

2024 年 5 月　　段丽颖被上海市总工会、上海市人力资源和社会保障局授予"上海市五一劳动奖章"

十一、公司系统荣获"上海市五一劳动奖状"集体名录

2017 年 1 月　　上药杏灵被上海市总工会授予"上海市五一劳动奖状"

2018 年 2 月　　和黄药业被上海市总工会授予"上海市五一劳动奖状"

2019 年 4 月　　上药药材被上海市总工会授予"上海市五一劳动奖状"

2019 年 4 月　　和黄药业被上海市总工会授予"上海市五一劳动奖状"

2022 年 9 月　　上药神象被上海市总工会授予"上海市五一劳动奖状"

十二、公司系统荣获"上海市工人先锋号"集体名录

2009 年 4 月　　　和黄药业固体车间丸剂班组荣获上海市总工会颁发的"上海市工人先锋号"

2014 年 4 月　　　上药华宇饮片营销部班组荣获上海市总工会颁发的"上海市工人先锋号"

2016 年 4 月　　　上药杏灵提取车间生产班组荣获上海市总工会颁发的"上海市工人先锋号"

2018 年 4 月　　　上药杏灵科研发展部荣获上海市总工会颁发的"上海市工人先锋号"

2021 年 10 月　　中药资源分公司"中药资源智慧云平台建设"项目荣获上海市总工会颁发的"上海市工人先锋号"

2023 年 4 月　　　上药神象终端管理部荣获上海市总工会颁发的"上海市工人先锋号"

十三、公司系统荣获市级及以上荣誉称号人员名录

1956 年 6 月　　沈纪卿被评为上海市先进生产（工作）者

1959 年 10 月　　上海中药切制厂陆来贵被评为先进生产者

1960 年 3 月　　上海中药联合制药厂工人封翠英被授予"上海市三八红旗手"称号

1962 年 3 月　　上海中药联合制药厂徐宝树被评为 1960—1961 年度市先进生产
（工作）者

1963 年 2 月　　上海市药材公司中药切制厂陆来贵、上海市药材公司批发部郑德
林、黄浦中药联合制药厂张景飞被评为 1960—1962 年度市先进生
产（工作）者

1966 年 3 月　　中药制药一厂林茂宝、陈双娣，中药职业学校鲍珊珊，外马路批
发部杨根芳，黄浦中药联合制药厂姚凤英被评为"上海市三八红
旗手"

1977 年 8 月　　中药制药二厂司炉工胡阿土被评为 1976 年度市先进生产（工作）
者，还荣获全国先进生产（工作）者称号，出席全国工业学大庆
会议

1978 年 3 月　　中药制药二厂胡阿土和公司采购科金伴被评为 1977 年度市先进生
产（工作）者

1979 年 3 月　　中药制药一厂朱春英、中药制药二厂庄希萍、技工学校劳倩华获
"上海市三八红旗手"称号

1979 年 6 月	杨家渡分库俞鑫棠被评为 1978 年度市先进生产（工作）者
1983 年 3 月	中药制药一厂陈怡霞被评为"上海市三八红旗手"
1994 年	公司质量科科长林秀琴获得国家技监局、中国科协、中华全国总工会、中国质量协会等颁发的"全国优秀质量管理工作者"证书
1994 年	外马路仓库顾振声获中国中药仓储管理委员会授予的"全国优秀中药仓储工作者"称号
1995 年	公司经理许锦柏获第二届全国中药行业优秀企业家称号，这次评选由国家中医药管理局委托中国中药企业管理协会组织进行
2000 年	华宇药业员工杨斐从 1980 年起参加无偿献血，至 2000 年共献出 7 200 毫升，被授予"无偿献血全国金杯奖"
2006 年 2 月	杏灵药业总经理、总工程师谢德隆荣获上海市总工会首届"上海市十大职工科技创新英才"称号
2009 年 5 月	公司团委书记胡怡荣获"上海市新长征突击手"称号
2012 年 12 月	"雷氏"六神丸制作技艺传承人张雄毅荣获第七届"上海市技术能手"称号
2016 年 11 月	上药华宇毕琳丽荣获上海市人力资源和社会保障局授予的第九届"上海市技术能手"称号
2017 年 5 月	上药华宇毕琳丽荣获全国总工会授予的"全国五一巾帼标兵"称号

2017 年 6 月　　上药神象胡怡荣获上海市妇女联合会授予的 2016 年度"上海市三八红旗手"称号

2018 年 12 月　　"雷氏"六神丸制作技艺传承人张雄毅荣获上海市人力资源和社会保障局授予的第十届"上海市杰出技术能手"称号

2021 年 6 月　　公司西红花事业部张雪荣获上海市妇女联合会授予的 2019—2020 年度"上海市三八红旗手"称号

十四、公司系统荣获市级及以上荣誉称号集体名录

1959 年 10 月　　上海中药联合制药厂修配车间被评为上海市工业、财贸社会主义建
　　　　　　　　　设先进集体；同年又被评为全国先进集体；谢杏富代表先进集体参
　　　　　　　　　加全国社会主义建设先进集体和先进生产者代表大会

1978 年 3 月　　　公司外马路仓库杨家渡分库被评为 1977 年度市先进集体

1980 年 4 月　　　中药制药一厂被评为大庆式企业

1983 年 3 月　　　中药制药一厂丸散车间六神丸包装小组获"三八红旗集体"称号

1983 年 9 月　　　中药制药一厂丸散车间六神丸包装小组获"全国三八红旗集体"
　　　　　　　　　称号

1984 年 11 月　　中山西路仓库通过上海市文明单位验收；1985 年 3 月，被上海市
　　　　　　　　　政府评为"1984 年度上海市文明单位"，并授予"建设精神文明模
　　　　　　　　　范"锦旗；这是公司第一个市级文明单位

1984 年　　　　　中药制药一厂由国家经委授予全国工业交通系统经济效益先进单
　　　　　　　　　位，成为全国 102 个获奖单位中唯一的中药制药厂

1986 年 3 月　　　中山西路仓库、外马路仓库被国家医药局评为全国医药商业"四
　　　　　　　　　好仓库"

1986 年 4 月　　　中药制药一厂被上海市政府评为"1985 年度上海市文明单位"

1986 年 7 月　　　中药制药一厂连续第三年（1983、1984、1985）获"全国工业交

通系统经济效益先进单位"

1986 年 10 月	中山西路仓库被国家医药局评为"全国医药系统先进集体"
1987 年 5 月	中山西路仓库被上海市政府评为"1986 年度上海市文明单位"
1988 年	中山西路仓库被评为全国医药系统先进集体；同年中药制药一厂获市级文明单位称号
1989 年	国家中医药局授予公司"先进中药商业企业"、中药制药三厂"先进中药工业企业"、中山西路仓库等先进中药商业企业"四好仓库"称号；同年，中山西路仓库保持市级文明单位称号
1990 年	公司被上海市企业管理指导委员会评为"市级先进企业"
1993 年	中药制药一厂六车间灌封小组评为"市红旗班组"
1998 年 5 月	神象参茸分公司荣获"全国中药系统先进集体"称号
1999 年 5 月	中山西路仓库荣获第九届（1997—1998 年度）"上海市文明单位"称号
1999 年	公司工会荣获"全国模范职工之家"称号，这是上海医药系统唯一获此殊荣的工会组织
2000 年 12 月	雷允上药业获"2000 年度上海工业优秀企业"称号
2005 年 5 月	雷允上药业团委被授予"2003—2004 年上海市新长征突击队"称号

| 2005 年 6 月 | 雷允上药业三分厂六神丸班组获"上海市红旗班组"称号 |

2006 年　　　　雷允上药品连锁汉光店被上海市总工会授予 2005 年度首届"五一巾帼奖"

2007 年 3 月　　雷允上药品连锁兰坪店荣获"2005—2006 年度上海市三八红旗集体"称号

2010 年　　　　公司被上海市社会治安综合治理委员会授予 2009 年度"上海市平安单位"称号；2012 年，公司又获此荣誉

2001—2012 年　公司获五届"上海市文明单位"称号

2016 年 4 月　　公司团委被共青团上海市委员会授予"2015 年度上海市五四特色团委"称号

2019 年 4 月　　公司被上海市人民政府授予第十九届（2017—2018 年度）"上海市文明单位"称号

十五、公司历届继承老中医药专家学术经验人员名录

第一批（全国第一批）：1991—1994

指导老师：李绍周

继承人：叶愈青、陈立羽　　　　　继承专业：贵稀药材鉴别

指导老师：孔庆蕃

继承人：陈军力、李跃雄　　　　　继承专业：参茸鉴别

指导老师：冯世镐

继承人：张增良、韩素琴　　　　　继承专业：中草药鉴别

指导老师：黄有云

继承人：应杨生、赵士凯　　　　　继承专业：中药饮片炮制

带教期满学员全部通过结业考核

第二批（上海市举办）：1993—1996

指导老师：冯世镐

继承人：柏巧明、冯伯荫　　　　　继承专业：中草药鉴别

指导老师：顾孝铨

继承人：江立钧、方伟德　　　　　继承专业：中草药鉴别

指导老师：沈宏涛

继承人：谢金龙、杨天宝　　　　　继承专业：中药调剂

指导老师：王惠清

继承人：王依群、颜建平　　　　　　　继承专业：中药调剂

带教期满学员全部通过结业考核

第三批（全国第二批）：1997—2000

指导老师：叶根良

继承人：夏霞云、王士祥　　　　　　　继承专业：参茸鉴别

指导老师：应志麟

继承人：王琳娣、付龙庚　　　　　　　继承专业：参茸鉴别

带教期满学员全部通过结业考核

第四批（全国第三批）：2000—2006

指导老师：谢金龙

继承人：顾学梅、施松春　　　　　　　继承专业：中药调剂

指导老师：陈立羽

继承人：吴咏梅、吴晓春　　　　　　　继承专业：参茸鉴别

带教期满学员全部通过结业考核

第五批（全国第四批）：2008—2011

指导老师：叶愈青

继承人：杨弘、吴树华　　　　　　　　继承专业：贵稀药材鉴别

带教期满学员全部通过结业考核

第六批（全国第五批）：2012—2016

指导老师：叶愈青

继承人：俞磊明、张琦　　　　　　　　继承专业：贵稀药材鉴别

带教期满学员全部通过结业考核

第七批（全国第六批）：2017—2021

指导老师：陈军力

继承人：胡怡、张雪　　　　　　　　　继承专业：参茸鉴别

指导老师：张增良

继承人：毕琳丽、朱光明　　　　　　　继承专业：中草药鉴别

带教期满学员全部通过结业考核

第八批（全国第七批）：2022—2025

指导老师：叶愈青

继承人：杨勇、傅颖　　　　　　　　　继承专业：贵稀药材鉴别

十六、全国名老中医药专家传承工作室、上海市中药专家传承工作室建设项目名录

2019 年 4 月　　叶愈青被国家中医药管理局纳入 2019 年全国名老中医药专家传承工作室建设项目专家名单

　　　　　　　　工作室专家：叶愈青

　　　　　　　　工作室负责人：吴树华

2022 年 5 月　　陈军力被国家中医药管理局纳入 2022 年全国名老中医药专家传承工作室建设项目专家名单

　　　　　　　　工作室专家：陈军力

　　　　　　　　工作室负责人：李跃雄

2022 年 5 月　　张增良被国家中医药管理局纳入 2022 年全国名老中医药专家传承工作室建设项目专家名单

　　　　　　　　工作室专家：张增良

　　　　　　　　工作室负责人：王卫红

2020 年 12 月　　高崎上海市中药专家传承工作室、王平上海市中药专家传承工作室、张增良上海市中药专家传承工作室、戴一民上海市中药专家传承工作室纳入 2020 年上海市中药专家传承工作室建设工作